James Cook, James King, Johann Ludwig Wetzel

Capitain Cooks dritte und letzte Reise

oder Geschichte einer Entdeckungsreise nach dem Stillen Ocean - 3. Band

James Cook, James King, Johann Ludwig Wetzel

Capitain Cooks dritte und letzte Reise
oder Geschichte einer Entdeckungsreise nach dem Stillen Ocean - 3. Band

ISBN/EAN: 9783743476622

Hergestellt in Europa, USA, Kanada, Australien, Japan

Cover: Foto ©ninafisch / pixelio.de

Weitere Bücher finden Sie auf **www.hansebooks.com**

Capitain Cook's
dritte und letzte Reise.

Dritter Band.

Capitain Cook's britte und letzte Reise,
oder
Geschichte
einer Entdeckungsreise
nach dem stillen Ocean,
welche auf Befehl
Sr. Großbritannischen Majestät,
zu genauerer
Erforschung der nördlichen Halbkugel
unternommen,
und unter der Anführung der Capitaine Cook, Clerke
und Gore, in Sr. Majestät Schiffen, der Resolution
und der Discovery, während der Jahre
1776, 1777, 1778, 1779 und 1780
ausgeführt worden ist.
Aus den Tagbüchern der Capitaine James Cook, M. d. K. S.
und
James King, D. d. R. u. M. d. K. S.
Eine Uebersetzung
nach der zwoten großen Englischen Ausgabe
in drey Bänden in Quart,
mit einigen Anmerkungen
von
Johann Ludwig Wetzel,
Brandenburg-Aaspachl. Hoffammerrath, Bibliothekar
und ersten Pagenhofmeister.

Dritter Band,
mit Kupferstichen.

Anspach,
Kosten des Uebersetzers gedruckt mit Meffererschen Schriften.
1789.

Vorbericht.

Später als ich voraus sehen konnte, erscheint dieser Band. Aber nicht Saumseligkeit, sondern ein ganz eigener Zusammenfluß von physischen und moralischen Hindernissen verzögerte dessen Ausgabe, und ich kann auf Begehren, durch die unverwerflichsten Zeugen beweisen, nicht nur, daß schon lange zu drey Bänden Manuscript vorräthig war, sondern auch, daß ich Papier und Druck größtentheils voraus bezahlt hatte. Indessen bitte ich meine edeldenkenden, nachsichtsvollen Herren Unterzeichner, dieses Aufschubs wegen, mit eben der Angelegenheit um Vergebung, als wenn er meine Schuld gewesen wäre.

Wenn übrigens von sechshundert Subscribenten etwa Einhundert, auf die drey ersten Bände, gegen die ganze Sammlung von Charten und Kupferstichen, pränumerirt haben; diese aber, ausser den abgelieferten zwey Bänden, eben an diesen Kupfern mehr als den Preis eines ruckständigen Bandes in Händen hatten; so konnte nur geflissentliche Gehässigkeit, in einem öffentlichen Blatte, den hämischen Wink geben, als hätte ichs auf Vervortheilung des Publicums angetragen. Ich kann vielmehr darthun, daß ich allein der leidende Theil bin; denn verschiedenen meiner Herren Sammler war es gefällig, bey den ansehnlichsten Bestellungen, bis hieher noch kein Zeichen des Lebens von sich zu geben.

Ob die beiden letzten Bände mit künftiger Ostermesse erscheinen werden, getraue ich mir, nach so sonderbaren Erfahrungen, nicht zuverlässig zu bestimmen. Meiner Rechnung nach, könnte es noch früher geschehen.

Dem billigen Herrn Recensenten des ersten Bandes, in der All. D. Bibliothek B. 84. S. 174. sage ich meinen verbindlichsten Dank. Auch die von ihm vorgeschlagenen wenigen Verbesserungen nach Herrn Hofrath Forsters Ausgabe, will ich mir zum Theil gefallen lassen; nur glaube ich mich berechtiget, für einige von mir ganz anders angesehene Stellen, vor der Hand um Schonung zu bitten.

Anspach, am 27. October 1789.

Der Uebersetzer.

Inhalt des Dritten Bandes.

Fortsetzung des Dritten Buchs.

Achtes Kapitel.

Ankunft zu Bolabola. — Unterredung mit Opoony. — Beweggründe, Hrn. von Bougainvilles Anker zu kaufen — Abreise von den Societäts-Inseln. — Nachrichten von Bolabola. — Geschichte der Eroberung von Otaha und Ulietea. — Ruhm der Bolabolaner. — Thiere die man in Ulietea und Bolabola zurückließ. — Großer Vorrath an Lebensmitteln; Verfahren beym Einsalzen des Schweinfleisches. — Allgemeine Bemerkungen über Otaheite und die Societäts-Inseln. — Astronomische und nautische Beobachtungen.

Neuntes Kapitel.

Die Nachrichten von Otaheite sind noch mangelhaft. — Herrschende Winde — Schönheit des Landes. — Anbau. — Naturseltenheiten. — Bildung der Eingebohrnen. — Krankheiten. — Allgemeiner Charakter. — Hang zum Vergnügen. — Sprache. — Wundarzney und Heilkunde. — Nahrungsmittel. — Wirkung des Avatranks. — Wann und wie man speist. — Umgang mit dem andern Geschlechte. — Beschneidung. — Religionssystem. — Begriffe über die Seele und ein zukünftiges Leben. — Aberglaube. — Traditionen über die Schöpfung. — Eine historische Legende. — Ehrenbezeugungen, die man dem König erweist. — Rangordnung. — Bestrafung der Verbrechen. — Merkwürdigkeiten der benachbarten Inseln. —

Namen ihrer Gottheiten. — Namen der Inseln die
sie besuchen. — Umfang ihrer Seefahrt.

Zehendes Kapitel.

Fortsetzung der Reise, nach Abgang von den Societäts-Inseln. — Entdeckung der Weihnachts-Insel, und dortige Station der Schiffe. — Dahin gesandte Boote. — Schildkrötenfang. — Beobachtung einer Sonnenfinsterniß. — Ungemach zweyer verirrten Matrosen. — Innschrift, die in einer Glasflasche zurückgelassen wird. — Beschreibung der Insel. — Boden. — Bäume und Pflanzen. — Vögel. — Umfang, Gestalt und Lage der Insel. — Ankergrund.

Eilftes Kapitel.

Entdeckung einiger Inseln. — Nachrichten von den Einwohnern von Atooi, die an die Schiffe kamen. Ihr Betragen, als sie an Bord kamen. — Einer derselben wird getödet. — Maasregeln um den Umgang mit den Weibspersonen zu verhindern. — Man findet einen Wasserplatz. — Empfang, als wir an Land giengen. — Spaziergang im Innern des Landes. — Man findet ein Morai. — Beschreibung desselben. — Gräber der Oberhäupter und der geopferten Menschen. — Besuch auf einer andern Insel, Onee heow genannt. — Ceremonien der Eingebohrnen, als sie an die Schiffe kamen. — Ursachen, sie für Menschenfresser zu halten. — Eine Partey Mannschaft wird ans Land geschickt, und verbleibt zwey Nächte dort. — Nachricht von dem, was bey dieser Landung vorfiel. — Die Schiffe verlassen die Insel, und seegeln nordwärts.

Zwölftes Kapitel.

Lage der neu entdeckten Inseln. — Ihre Namen. — Sie werden von uns Sandwichs-Inseln genannt. — Beschreibung von Atooi. — Erdreich. — Klima. — Pflanzen. — Vögel. — Fische. — Hausthiere. — Beschreibung der Einwohner. — Ihre Gestalt und Gemüthsart. — Kleidung. — Putz. — Wohnungen. — Speisen. — Kochkunst — Ergötzlichkeiten. — Handarbeiten. — Wie sie zur Kenntniß des Eisens mögen gekommen seyn. — Kähne. — Feldbau. — Nachricht von einem ihrer Oberhäupter. — Waffen. — Große Uebereinstimmung ihrer Gebräuche mit denen zu Tongataboo und Otaheite. — Einerley Sprache. — Ausbreitung dieser Nation über das ganze stille Meer. — Vortheile, die man aus ihrer Lage ziehen könnte. 135

Dreyzehentes Kapitel.

Betrachtungen über die Meereslänge, Abweichung des Compasses, Ebbe und Fluth auf den Sandwich-Inseln. — Fortsetzung unserer Reise. — Bemerkungen über die gelinde Witterung, bis wir den 44° nördlicher Breite erreicht hatten. — Seltenheit der Seevögel auf der nördlichen Halbkugel. — Beschreibung einiger kleinen Seethierchen. — Ankunft an der Küste von Nord-America. — Ansicht der Gegend. — Widrige Winde und stürmisches Wetter. — Bemerkungen über Martin D'Aguilar's Strasse und Juan de Fuca's fabelhafte Meerenge. — Entdeckung einer Einfahrt, wo die Schiffe ankerten. — Betragen der Eingebohrnen. 181

Viertes Buch.

Verkehr mit den Eingebohrnen von Nord-America; Entdeckungen längs der Küste und am östlichen Ende von Asien, nordwärts des Eisvorgebirges; Rückkehr auf die Sandwich-Inseln.

Erstes Kapitel.

Ankunft der Schiffe in dem Sunde, und Bevestigung derselben in einem Haven. — Verkehr mit den Eingebohrnen. — Waaren die sie uns zu Kauf brachten. — Diebereyen. — Es werden Sternwarthen errichtet. — Beschäftigungen der Zimmerleute. — Eifersucht der Einwohner gegen andere Volksstämme, die sich mit den Schiffen in Handel einließen. — Stürme und Regen-

wetter. — Untersuchung des Sundes. — Lebensart der
Einwohner in ihren Dörfern. — Ihre Art Fische zu
trocknen ꝛc. — Merkwürdiger Besuch, den ein fremder
Volksstamm bey uns ablegt, und dabey beobachtetes
Ceremoniel. — Wir nehmen ein anderes Dorf in Au-
genschein. — Müssen die Erlaubniß, Gras abzuschnei-
den, erkaufen. — Die Schiffe gehen unter Seegel. —
Abschiedsgeschenke von unserer und der Einwohner Seite.   202

Zweytes Kapitel.

Namen des Sundes, und Anweisung, was beym
Einsegeln in Acht genommen werden muß. — Beschreibung der umliegenden Gegenden. — Wasser.
Clima. — Bäume und andere Produkte des Pflanzenreichs. — Thierarten, deren Felle man an uns verhandelte. — Seethiere. Beschreibung einer Seeotter. —
Vögel. — Wassergeflügel. — Fische. — Schaalthiere. — Amphibien. — Insecten. — Steine. —
Bildung der Einwohner. — Ihre Farbe. — Ihre Kleidung und Putz. — Anzug bey gewissen Gelegenheiten,
und Gebrauch abscheulicher hölzerner Masken. — Ihre
Gemüthsart. — Gesänge. — Musikalische Instrumente. — Ihre große Begierde nach Eisen und andern   228
Metallen.

Drittes Kapitel.

Bauart im Nootka-Sunde. — Beschreibung des
innern Theils ihrer Häuser. — Hausrath und Geschirr. — Von Holz geschnitzte Bilder. — Beschäftigung der Männer. — Arbeiten der Weiber. — Ihre
Speisen sowohl aus dem Thier- als Pflanzenreiche. —
Art und Weise, solche zuzurichten. — Waffen. —
Manufacturen und mechanische Künste. — Schnitzwerk
und Mahlerey. — Kähne. — Fischerey- und Jagdgeräthe. — Eiserne Werkzeuge. — Wie dieses Metall
zu ihnen gekommen ist. — Bemerkungen über ihre
Sprache, und Verzeichniß einiger Wörter. — Astronomische und nautische Wahrnehmungen im Nootka-Sunde.   266

Viertes Kapitel.

Ein Sturm nach unsrer Abreise aus dem Nootka-sunde. — Die Resolution bekommt einen Leck. — Wir passiren Admiral de Fonte's vorgebliche Strasse. — Fahrt längs der Küste von America. — Behrings Meerbusen. — Kaye's Eiland. — Nachrichten davon. — Die Schiffe gehen vor Anker. — Besuch von den Eingebohrnen. — Ihr Betragen. — Sie sind sehr auf Eisen und Glaskorallen erpicht. — Sie versuchen, die Discovery zu bestehlen. — Der Leck der Resolution wird verstopft. — Wir gehen tiefer in den Sund. — Die Herren Gore und Roberts werden ausgeschickt, desselben Umfang zu erforschen. — Gründe, warum keine nördliche Durchfahrt daselbst zu suchen ist. — Die Schiffe gehen abwärts aus dem Sunde in die offenbare See. 305

Das fünfte Kapitel.

Die Oeffnung wird Prinz Wilhelms-Sund genannt. — Ihre Ausdehnung. — Leibesgestalt der Eingebohrnen. — Ihr Anzug. — Sie haben durchschnittene Unterlippen. — Zierrathen. — Boote. — Waffen. Jagd- und Fischergeräthe. — Hausrath. — Werkzeuge. — Gebrauch des Eisens. — Speisen. — Sprache und Verzeichniß einiger Wörter. — Thiere. — Vögel. — Fische. — Woher sie Eisen und Glasperlen mögen erhalten haben. 341

Sechstes Kapitel.

Fortsetzung unserer Reise längs der Küste. — Cap Elisabeth. — Cap St. Hermogenes. — Die Nachrichten von Behrings Reise sind sehr mangelhaft. — Spitzige Bänke. — Cap Douglas. — Cap Bede. — St. Augustins Berg. — Hoffnung eine Durchfahrt in einer Oeffnung zu finden. — Die Schiffe nehmen ihren Weg dahin. — Sichere Kennzeichen, daß es

ein Fluß war. — Wird Cooks Fluß genannt. — Die
Schiffe seegeln wieder rückwärts. — Etliche Besuche
von den Eingebohrnen. — Der Lieutenant King geht
ans Land und nimmt von der Gegend Besitz. — Dessen Rapport. — Die Resolution geräth auf eine
Untiefe. — Gedanken über die Entdeckung des Cooks
Flußes. — Ursache der daselbst bemerkten beträchtlichen Ebbe und Fluth.

Seite

354

Siebentes Kapitel.

Entdeckungen, nachdem man den Cooks-Fluß verlassen hatte. — Insel S. Hermogenes. — Cap Whitsunday (Pfingst-Cap.) — Cap Greville. — Twoheaded Cap (Zweyköpfiges Vorgebirg.) — Trinity
Island (Drenfaltigkeits-Insel.) — Behrings Nebel-Insel. — Beschreibung eines schönen Vogels. —
Kodiak- und die Schumagins-Inseln. — Ein Eingebohrner bringt einen russischen Brief an Bord. —
Muthmassungen wegen dieses Briefs. — Rock-Point
(Felsenspitze.) — Halibut-Eiland. — Feuerspeyender Berg. — Glücklich überstandene Gefahr. — Ankunft der Schiffe zu Oonalaschka. — Verkehr mit
den Eingebohrnen. — Ein zweyter russischer Brief. —
Beschreibung des Havens Samganoodha.

391

Achtes Kapitel.

Fortsetzung der Fahrt nach unserer Abreise von
Unalaschka. — Die Inseln Oonella und Acootan. —
Ooneemak. — Seichtes Wasser längs der Küste. —
Bristol-Bay. — Rund-Eiland. — Calm Point
(Windstille Spitze.) — Cap Newenham. — Lieutenant Williamson geht ans Land; dessen Bericht. —
Die Schiffe müssen der Untiefen wegen zurückgehen. —
Besuch der Eingebohrnen. — Tod des Herrn Anderson; dessen Charakter; Eine Insel wird nach ihm
benannt. — Point-Rodney. — Sledge Island
(Schlitten-Insel), und Bemerkungen bey einer Lan

bung daselbst. — Kings-Island. — Prinz von
Wales-Cap, oder westliches Ende von America. —
Lauf nach Westen. — Ankerstelle in einer Bay an der
asiatischen Küste.

Seite

424

Erklärung
der in diesem Bande vorkommenden und insonderheit
bey Seeleuten gebräuchlichen Kunstwörter.

Ankerwächter, oder Anker-Buoy, ein hölzerner Klotz, oder auch eine Tonne, die auf dem Wasser schwimmt, und die Lage des Ankers auf dem Grunde anzeigt.

Backbord, die linke Seite des Schiffs, wenn man vom Hintertheile nach dem Vordertheile siehet.

Barckhölzer, sind diejenigen Leisten, welche in der Länge um den Bauch des Schiffes gehen, und auf welche man bey dem Ein- und Aussteigen tritt.

Besanmast, der hinterste Mast am Schiffe.

Betackeln, ein Schiff mit Tau, Seegeln, Seegelstangen und was zur Ausrüstung desselben gehört, versehen, oder in seegelfertigen Stand setzen.

Bordung, eines Schiffes äusserste Bekleidung, bestehet aus acht bis neun Zoll dicken und anderthalb Fuß breiten Bohlen, die die äussern Seiten des Schiffes ausmachen, und an den Innhölzern stark bevestiget sind.

Cutter, ein großes, schnell laufendes Seegel-Boot.

Eselshaupt, ein längliches Stück Holz auf dem Maste, worinn die Stengen stehen.

Fahrwasser, eine große Einbucht oder Oeffnung in der See, welche mit Schiffen befahren werden kann.

Fockmast, der vordere Mastbaum.

Halsertau, ein 120 Klaftern langes Tau, welches den Schaluppen und andern Fahrzeugen entgegen geworfen wird, wenn sie an Bord legen wollen.

Klampen, (the Cheeks of the Mast) oder **Mast-Klampen,** sind die schrägen Stützen, welche die überzwerch gelegten Queerhölzer, auf denen der Mastkorb ruht, beveſtigen und aufrecht halten.

Kranbalken, ſind die Hölzer, womit man die Anker, wenn ſie vor die Kluſe oder das Loch, wo das Ankertau herausgeht, in die Höhe gebracht worden, aufwindet, um weiter aus dem Waſſer gehoben zu werden.

Peilen, die Tiefe der See mit dem Senkbley unterſuchen.

Preßwind, ein Wind, der um 6 Striche mehr oder weniger von der rechten Fahrt entfernt iſt, und das im Seegeln begriffene Schiff auf die Seite preßt.

Rumb, Compaßſtrich, eines der 32 Theile, wodurch die Winde, auf der Compaßroſe angedeutet ſind.

Stehendes Unterwerk, alles Tauwerk, damit die untern oder Hauptmaſten veſt in ihrem Stande erhalten werden.

Vorbramſtenge, die zweite Verlängerung des Fockmaſts.

Wände, ſind ſieben bis neun große Taue, die an beiden Seiten des Schiffes beveſtiget und bis zum Maſtkorbe an allen Maſten gehen. Sie bekommen von den Maſten, zu welchen ſie gehören, beſondere Namen.

Wall, Land von der Seeſeite her.

Subſcribenten-Nachtrag.

Herr Ritterrath Freyherr von **Weyler,** auf **Weyler.**
— Hauptmann von **Fiſcher** zu **Pappenheim.**
— Hofrath und Profeſſor **Schreber** zu **Erlang.**
— Garniſonsprediger **Chemnitz** zu **Koppenhagen.**
— Kommerzienkommiſſär **Riedel** zu **Neuſtadt an der Ayſch.**

Erklärung der Kupfertafeln,
und
Anweisung an den Buchbinder, wohin sie
gebunden werden müssen.

Seite

- A MORAI in ATOOI.
  Ein Morai, oder Begräbnisplatz in Atooi. 107
- The INSIDE of the HOUSE in the MORAI in ATOOI.
  Das Innere des Gebäudes auf dem Morai zu Atooi. 108
- An INLAND VIEW in ATOOI.
  Prospect innerhalb Landes auf Atooi. 153
- A CANOE of the SANDWICH ISLANDS, the ROWERS MASKED.
  Ein Kahn von den Sandwiches-Inseln, mit verlarvten Ruderern. 168
- A SEA OTTER.
  Eine Meerotter. 238
- A MAN and WOMAN of NOOTKA SOUND.
  Ein Mann und eine Frau aus dem Nootka Sounde. 253
- A VIEW of the HABITATIONS in NOOTKA SOUND.
  Ansicht der Wohnung im Nootkasunde. 267
- The INSIDE of a HOUSE in NOOTKA SOUND.
  Das Innere eines Hauses im Nootkasunde. 272
- A VIEW of SNUG CORNER COVE in PRINCE WILLIAMS SOUND.
  Ansicht der engen Winkelbucht in Prinz Wilhelms-Sunde. 335
- MAN and WOMAN of PRINCE WILLIAMS SOUND.
  Ein Mann und eine Frau in Prinz Wilhelms-Sunde. 345

Geschichte
einer
Entdeckungsreise
nach
der Südsee.

Fortsetzung
des
Dritten Buchs.

Achtes Kapitel.
Ankunft zu Bolabola. — Unterredung mit Opoony. — Beweggründe, Hrn. von Bougainvilles Anker zu kaufen. — Abreise von den Societäts-Inseln. — Nachrichten von Bolabola. — Geschichte der Eroberung von Otaha und Ulietea. — Ruhm der Bolabolaner. — Thiere die man in Ulietea und Bolabola zurückließ. — Großer Vorrath an Lebensmitteln; Verfahren beym Einsalzen des Schweinfleisches. — Allgemeine Bemerkungen über Otaheite und die Societäts-Inseln. — Astronomische und nautische Beobachtungen.

1777. December.

So bald wir den Haven von Ulietea verlassen hatten, richteten wir unsern Lauf nach Bolabola. Meine Absicht bey dem Besuch dieser Insel war, von Opoony, dem Könige derselben, einen Anker

1777.
December.

zu erhalten, den Hr. von Bougainville bey Otaheite verlohren hatte, den nachher die Insulaner wieder aufholten, und, wie sie uns sagten, jenem Oberhaupte als ein Geschenk zuschickten. Es fehlte uns zwar nicht an Ankern; aber wir hatten nunmehr unsern ganzen englischen Vorrath an Beilen und andern Eisengeräthe gegen Erfrischungen vertauscht und sahen uns schon genöthigt, alles alte Eisen, was wir an Bord hatten, zusammen zu nehmen, theils um neue Handelswaare nachschmieden zu lassen, theils den gelegenheitlichen Abgang an den Schiffen selbst damit zu bestreiten. Da nun auch dieses beynahe verbraucht und in unserer Lage ein so nützliches Metall nicht zu entbehren war; so dachte ich, Hrn. von Bougainvilles Anker könnte uns am besten aus der Noth helfen, und ich würde den Opoony leicht bewegen können, mir solchen abzutreten.

Oreo nebst sechs bis acht andern Ulieteanern begleiteten uns nach Bolabola, ja, wenn ich das Oberhaupt ausnehme; so wären die meisten andern gerne mit uns nach England gegangen. Mit Sonnenuntergang waren wir auf der Höhe der südlichen Spitze von Bolabola. Wir nahmen nun die Seegel ein, und lavirten die Nacht hindurch mit kurzen Schlägen. Mit Anbruch des Tages seegelten wir dem Haven zu, der an der Westseite der Insel liegt, allein, da wir nur schwachen Wind hatten und immer hin und her kreutzen mußten, so war es schon neun Uhr, ehe wir nahe genug waren,

Montag, den 8ten.

den Eingang des Havens durch ein ausgesetztes Boot sondiren zu lassen; denn ich gedachte mit den Schiffen hineinzulaufen und auf ein Paar Tage daselbst vor Anker zu gehen.

1777. December.

Bey Zurückkunft des Bootes meldete mir der dazu commandirte Schiffer, am Eingange des Havens sey zwar der Grund etwas felsicht, weiter hinein aber hätte es guten Boden; die Ankertiefe betrage sieben und zwanzig bis fünf und zwanzig Faden, auch könnten die Schiffe ganz bequem darinnen umwenden, indem die Einbucht eine Drittelmeile breit wäre. Auf diesen Bericht machten wir Anstalt, einzulaufen; allein die Ebbe und der Wind setzten sich dagegen, und nach drey bis vier Schlägen fand ich, daß vor rückkehrender Fluth nichts zu thun sey. Ich gab nunmehr mein Vorhaben auf, die Schiffe in den Haven zu bringen, und ließ mich, in Gesellschaft des Oreo und seines Gefolges, in einem bereit gehaltenen Boote, an die Insel rudern.

Wir landeten an einer Stelle, die uns die Einwohner anzeigten; und bald darauf wurde ich, mitten in einer Menge herbeygeeilten Volks, dem Opoony vorgestellt. Um keine Zeit zu verlieren, bat ich, nach beobachteten nöthigen Ceremonien, um den Anker, und zeigte zugleich die dagegen mitgebrachten Geschenke, welche in einem leinenen Schlafrocke, in einem Hemde, einigen dünnen seidenen Schnupftüchern, einem Spiegel, in Glaskorallen und andern Tändeleyen, dann sechs Beilen bestanden.

1777.
December.

Beym Anblick der letztern, schrie alles laut auf. Opoony wollte aber die Geschenke durchaus nicht annehmen, bis ich den Anker gesehen hätte. Er befahl drey Insulanern hinzugehen und mir denselben zu überliefern, und, wenn ich recht verstanden habe, so sollte ich ihm alsdann durch sie so viel dagegen schicken, als ich selbst für gut fände. Mit diesen Abgeordneten fuhren wir in unserm Boote nach einem Eilande an der Nordseite des Eingangs in den Haven, wo der Anker lag. Ich fand ihn bey weitem nicht so groß, und viel mangelhafter als ich mir vorgestellt hatte. Seinem Zeichen nach, hatte er neu siebenhundert Pfund gewogen; allein nun fehlte der Ring, ein Theil des Schaftes und die Fliegen. Jetzt begriff ich, weswegen Opoony mein Geschenk nicht annehmen wollte. Vermuthlich dachte er, es sey ungleich mehr werth als der Anker, wie er jetzt war, und ich würde mich über den schlechten Handel ärgern, wenn ich ihn zu sehen bekäme. Dem sey wie ihm wolle, ich nahm den Anker, wie ich ihn fand, und schickte dem Könige alles, was ich ihm zugedacht hatte. Da nunmehr dieses Geschäft berichtigt war, kehrte ich wieder zurück an Bord, ließ die Boote aufnehmen, und steuerte von dieser Insel an, nordwärts.

Mittlerweile man die Boote aufholte, kamen einige Eingebohrne in drey bis vier Kähnen, um, wie sie sagten, die Schiffe zu betrachten, und hatten etliche Kokosnüsse und ein Ferkel bey sich. Ob wir gleich sonst nichts von dieser Insel bekamen, so

1777.
December.

zweifle ich doch nicht, daß wir einen hinreichenden Vorrath an Lebensmitteln würden bekommen haben, wenn wir uns einen Tag länger hier aufgehalten hätten, und daß es den Einwohnern mag leid gethan haben, als sie am folgenden Morgen sahen, daß wir abgereist waren. Da wir aber schon Schweine und Früchte genug, und nur wenig Tauschwaare an Bord hatten, so wüßte ich nicht, aus welcher Ursache ich mich hätte länger hier aufhalten sollen.

Der Haven von Bolabola, den die Einwohner Oteavanooa nennen, liegt an der Westseite der Insel, und ist einer der geräumigsten, die ich je angetroffen habe. Ungeachtet wir nicht hineinkamen, so war mir doch lieb, daß ich bey dieser Gelegenheit ihn durch meine Leute konnte untersuchen lassen, und wir ihn als einen sichern Ankerplatz anzeigen können. *)

Der hohe Berg mit zwey Spitzen, in der Mitte der Insel, scheint an der Ostseite unfruchtbar zu seyn, an der Westseite aber wachsen sogar an seinen schroffesten Abhängen Bäume und Sträuche. Das niedere Land um ihn her, nach der See zu, ist, wie in den übrigen Inseln dieses Oceans, mit Kokospalmen und Brodfruchtbäumen bedecket, und da auch die Menge kleiner Eilande, die innerhalb des

*) S. die Charte von Bolabola in Hawkesworths Geschichte der Seereisen ꝛc. (II. B. der deutschen Ausgabe, S. 245.) Wir haben zwar keinen besondern Plan von diesem Haven, aber er ist auf jener Charte richtig und deutlich angezeigt.

1777.
December.

Riffs, diese Insel umgeben, bewohnt und bebauet sind, so ist leicht zu erachten, daß sie mit vegetabilischen Produkten und Einwohnern reichlich versehen ist.

Bey alle dem ist es merkwürdig, daß die Bewohner dieser Insel, die nicht mehr als acht Seemeilen im Umfang hat, sich haben beykommen lassen, Ulietea und Otaha zu erobern, welches erstere allein noch einmal so groß ist als Bolabola; noch merkwürdiger, daß sie auch wirklich beide erobert haben. Ich hörte auf meinen drey Reisen über den Krieg, der diese Revolution nach sich zog, vieles sprechen; vielleicht ist das Resultat unseres Nachforschens dem Leser nicht unangenehm, und ich rücke es hier ein, als Probe einer Geschichte unerer Freunde in jenem Welttheile, so wie wir sie von ihnen selbst erhalten haben. *)

Die Einwohner von Ulietea und dem nächst daran gelegenen Otaha lebten lange mit einander in guter Freundschaft, oder, wie sich die Eingebohrnen ausdrückten, beide Inseln waren Brüder, die ein gemeinschaftliches Interesse verband. Sie nahmen auch Huaheine in ihren Bund, obwohl in nicht so engem Verstande. Otaha begieng aber die Treulosigkeit und verband sich mit Balabola, um Ulietea anzugreifen. Die Einwohner dieser letztern Insel suchten Beystand gegen jene

*) Diese, wie noch andere Nachrichten über diese Völkerschaften, haben wir Hrn. Anderson zu verdanken.

beide Mächte bey ihren Freunden in Huaheine. Die Bolabolaner verließen sich auf den Ausspruch einer Priesterin oder Prophetin, die ihnen unfehlbaren Sieg weissagte, und zu mehrer Bekräftigung ihrer Prophezeyung verlangte, daß man an einem angezeigten Platz in die See schicken sollte, wo sodann aus einer großen Tiefe ein Stein emporsteigen würde. Nun ruderte ein Mann auf einem Kahn an die bezeichnete Stelle, und wollte so eben untertauchen, um den Stein zu suchen, als sich dieser auf einmal von selbst über die Fläche erhob und ihm in die Hand sprang. Das Volk erstaunte bey dem Anblick; der Stein wurde als ein Heiligthum in das Haus des Etooa gebracht, und man bewahrt ihn noch jetzt in Bolabola als ein Denkzeichen der göttlichen Eingebung dieses Weibes. Begeistert durch die Hofnung eines unbezweifelten Sieges, setzte man nun alle Kriegs-Kanote von Bolabola aus, um sich mit den Ulieteanern und Huaheinern in ein Treffen einzulassen. Diese hatten ihre Kähne vest unter einander mit Seilen verbunden. Das Gefecht dauerte lang, und würde sich, aller Weissagungen und Wunder zum Trotz, mit dem Untergange der bolabolanischen Flotte geendiget haben, wenn nicht in dem kritischen Augenblicke die Flotte von Otaha angelangt wäre. Dieser Umstand entschied das Glück des Tages. Ihre Feinde wurden geschlagen und ein großes Blutbad unter ihnen angerichtet. Die Bolabolaner verfolgten ihren Sieg; sie wußten, daß Huhaheine, bey

1777.
December.

1777.
December.

Abwesenheit des größten Theils seiner Mannschaft, sich nicht wohl vertheidigen konnte; sie griffen also zwey Tage darauf die Insel an, und nahmen sie in Besitz. Indessen flüchteten sich viele Huaheiner nach Otaheite, und erzählten da ihre traurige Geschichte. Gerührt von ihrem Schicksale, versprachen ihnen die Landsleute, und Ulietaner, die sie dort antrafen, einigen Beystand. Ihre ganze Flotte bestand aus zehen Kriegskanoten; aber sie betrugen sich gegen eine so überlegene Macht mit solcher Klugheit, daß sie bey finsterer Nacht in Huaheine landeten, die Bolabolaner überfielen, einen großen Theil derselben tödeten und die übrigen in die Flucht schlugen. Solchergestalt nahmen sie wieder ihre Insel ein, die nunmehr ganz unabhängig ist und durch ihre eigene Häupter regiert wird. Bald nach der Niederlage der vereinigten Flotten von Ulietea und Huaheine, verlangten die Einwohner von Otaha, von ihren Bundesgenossen, den Bolabolanern, gleichen Antheil an den gemachten Eroberungen. Da dieses die letztern nicht eingehen wollten, zerschlug sich das Bündniß, und es kam zu einem Kriege, in welchem Otaha und Ulietea erobert wurden, und seit der Zeit unter bolabolanischer Botmäßigkeit stehen. Ihre Oberhäupter sind blos Abgeordnete von Opoony, dem Könige. Die Bezwingung beider Inseln erfolgte erst nach fünf Schlachten, die an verschiedenen Gegenden geliefert wurden, und in welchen auf beiden Seiten viele Menschen ums Leben kamen.

So viel von den Eingebohrnen. Ich habe schon öfters erwähnt, daß diese Völker die Zeit vergangener Begebenheiten nicht genau anzugeben wissen. Was diesen Krieg anlangt, welcher vor nicht gar langen Jahren muß vorgefallen seyn, so konnten wir nur aus einigen selbst bemerkten Nebenumständen schliessen, wann er ungefähr mag angegangen seyn, und wann er aufgehört hat. Bey den Eingebohrnen war hierüber alle unsre Nachfrage verlohren. Die Eroberung von Ulietea, womit sich der Krieg endigte, geschah vor meiner Landung auf dieser Insel, auf der Endeavour, im Jahre 1769. Lang vorher konnte es aber doch nicht Friede geworden seyn, weil wir noch hie und da Spuren unlängst verübter Feindseligkeiten auf der Insel wahrgenommen hatten. *) Auch das Alter Teereetareeas, des jetzigen Oberhauptes von Huaheine, kann uns hierinnen einiges Licht geben. Dem Ansehen nach, kann er nicht über zehen bis zwölf Jahre alt seyn, und man sagte uns, sein Vater sey in einer dieser Schlachten geblieben. Was den Anfang des Kriegs betrift, so könnten wir unsere Muthmassungen auf sonst nichts gründen, als daß die jungen Leute von zwanzig Jahren sich kaum der ersten Schlacht erinnern konnten, auch habe ich bereits erwähnt, daß Omai's Landsleute, die wir in Wateeo fanden, gar nichts von dem Kriege

1777.
December.

---

*) Man findet davon einige Nachricht in Hawkesworths Südseereisen ic. 2te B.

1777. December.

wußten; er muß also erst nach ihrer Reise ausgebrochen seyn. *)

Seit der Eroberung von Ulietea und Otaha, werden die Bolabolaner von ihren Nachbaren für unüberwindlich gehalten, und ihr Ruhm ist so ausgebreitet, daß man sie selbst in Otaheite, welches doch noch weit von ihnen entlegen ist, ihrer Tapferkeit wegen, wo nicht fürchtet, doch in grossen Ehren hält. Sie stehen im Rufe, nie vor dem Feinde zu fliehen, und daß, bey gleicher Anzahl anderer Insulaner, allemal sie den Sieg davon tragen. Bey diesen persönlichen Vorzügen, sollen sie, der Meinung ihrer Nachbaren zufolge, vieles der Ueberlegenheit ihres Gottes gegen andere Götter zu danken haben, der unter andern auch uns durch widrige Winde in Ulietea zurückhielt, und nicht gestatten wollte, daß wir eine Insel besuchten, die unter seinem besondern Schutze stehe.

Wie sehr die Bolabolaner in Otaheite angesehen sind, läßt sich auch daraus abnehmen, daß man ihnen des Herrn von Bougainville Anker als ein Geschenk zugeschickt hat. Wahrscheinlich hat man ihnen auch deswegen den spanischen Stier zugedacht; eine dritte europäische Seltenheit, nämlich das Männchen eines Thiers, welches die Spanier in Otaheite zurückließen, hatte man ihnen bereits überliefert. Nach der undeutlichen Beschreibung der Eingebohrnen, konnten wir uns

*) Jene Ulieteaner waren ungefähr zwölf Jahre in Wateeo, als sie Omai antraf. S. I. B. S. 286. W.

lange keinen Begriff machen, was es wohl seyn möchte, bis wir von Capitain Clerke's entlaufenen und von Bolabola wieder zurück gebrachten Leuten hörten, daß sie das Thier gesehen hätten, und daß es ein Widder wäre. Es ist nicht leicht ein Uebel, aus welchem nicht zuweilen etwas gutes entstehe. Wären die beiden Leute nicht entlaufen, so hätte ich diesen Umstand nicht erfahren, und für die Insel keinen so vortheilhaften Gebrauch davon machen können. Denn als ich ans Land gieng, um mich mit Opoony zu besprechen, ließ ich zu gleicher Zeit ein Mutterschaf, welches wir vom Vorgebirge der guten Hoffnung mitgebracht hatten, ans Ufer bringen, und ich hoffe durch dieses Geschenk den Grund einer Schafzucht in Bolabola gelegt zu haben. Auch in Ulietea ließ ich, unter Oreo's Aufsicht, nicht nur ein Paar Ziegen, sondern auch einen englischen Eber, mit einer Schweinsmutter; so daß sich in wenig Jahren in Otaheite, wie in den benachbarten Inseln, die dortige Race von Schweinen sehr verbessern wird, und wahrscheinlich die Einwohner von allen nützlichen Thierarten, welche die Europäer zu ihnen brachten, einen reichen Vorrath haben werden. Geschieht dieses, so wird keine Gegend in der Welt für Seefahrende diesen Inseln an Mannigfaltigkeit und Ueberfluß der Erfrischungen gleichkommen. Schon wie sie jetzt sind, kenne ich keinen Platz, der sie überträfe. Wir haben, bey unsern wiederholten Reisen, aus mehrmaliger Erfahrung, daß, wenn sie nicht innerliche

1777.
December.

1777.
December.

Unruhen zerrütten, sondern sie unter einander in gutem Vernehmen stehen, wie es seit einigen Jahren her der Fall ist; ihre Naturprodukte, und besonders das wichtigste von allen, die Schweine, in grossem Ueberflusse zu haben sind.

Hätten wir mehr Tauschwaaren und einen hinlänglichen Vorrath von Salz an Bord gehabt, so hätten wir gar leicht, auf ein ganzes Jahr, beide Schiffe mit hinreichendem eingesalzenen Fleische versehen können; allein unser Besuch in den Freundschafts-Inseln, unser langer Aufenthalt in Otaheite und der Nachbarschaft erschöpfte alle unsere Handelsartikel, besonders die Aexte, gegen welche allein nur Schweine zu bekommen waren. Wir hatten kaum Salz genug, fünfzehn kleine Tonnen Fleisch einzubökeln; fünf davon kamen auf den Freundschafts-Inseln zu unserem Vorrath, die übrigen zehn in Otaheite. Eine verhältnißmäsige Quantität ließ auch Capitain Clerke für die Discovery einsalzen.

Wir verfuhren dabey auf eben die Art, wie bey meiner letzten Reise, und es ist vielleicht der Mühe werth, sie hier zu wiederholen. Man schlachtete Abends die Schweine, reinigte und zertheilte sie, nahm die Knochen heraus, und salzte das Fleisch, indessen es noch warm war. Hierauf legte man es so, daß das Flüßige davon abtropfen konnte. Am folgenden Morgen salzte man es noch einmal, legte es in ein Faß und goß Böckellake darüber. So ließ man es vier, fünf, auch wohl acht Tage stehen,

nahm es alsdann heraus und besichtigte es Stück für Stück; was davon auch nur im mindesten anbrüchig war, that man beyseite, legte das übrige in ein anders Faß, schüttete gute Lake darüber, und schlug es zu. Nach acht oder zehen Tagen wurde abermals nachgesehen; doch war diese Vorsicht mehrentheils überflüßig und das Fleisch fand sich alles gut gebökelt. Ein Gemisch von Boysalz und weissem Salze scheint hiezu am besten zu taugen; doch thut auch jedes allein fast die nämlichen Dienste. Vor allen Dingen muß man zusehen, daß kein großes Blutgefäß im Fleische zurückbleibt, weil das Blut der einige Theil des Thiers ist, der am leichtesten in Fäulniß übergeht. Auch darf man beym ersten Einsalzen nicht zu viel Fleisch auf einmal in die Tonne legen, damit die in der Mitte liegenden Stücke sich nicht erhitzen und das Eindringen des Salzes verhindern, wie es uns geschah, als wir einmal gar zu viel Schweine schlachten liessen. In Gegenden zwischen den Wendekreisen, ist regnichtes, schwüles Wetter dem Einsalzen sehr nachtheilig.

Vielleicht haben die neuerlich so oft auf einander gefolgten Besuche der Europäer zu der großen Schweinszucht auf diesen Inseln vieles beygetragen; denn die Einwohner sahen, daß, so oft wir kamen, sie für ihre Schweine alles haben konnten, was ihnen unter unsern Waaren am anständigsten war. In Otaheite erwartet man täglich, daß die Spanier wieder kommen sollen, und binnen zwey bis

1777.
December.

1777.
December.

drey Jahren, wird man nicht nur dort, sondern auch auf den andern Inseln, der Rückkehr englischer Schiffe entgegen sehen. Es war vergebliche Mühe ihnen zu sagen, daß wir nie mehr wieder kämen; sie denken, das könne gar nicht anders seyn, ob gleich keiner weiß, noch sich die Mühe giebt, nachzudenken, weswegen wir hieher gekommen sind. Wenn ich meine Meinung offenherzig sagen soll, so glaube ich, daß es für diese armen Menschen besser gewesen wäre, wenn sie nie mit unserer Ueberlegenheit in Künsten und andern Bequemlichkeiten des Lebens bekannt geworden wären, als nunmehr, da sie sie kennen, und auf einmal wieder ihrer ursprünglichen Unfähigkeit, weiter zu gehen, überlassen sind. Wird einmal unsere Gemeinschaft mit ihnen aufhören; so können sie nie mehr in jenen glücklichen Mittelstand zurückkommen, in welchem sie vor unserer Entdeckung gelebet haben. Meines Bedünkens ist es daher für die Europäer gewissermassen Pflicht geworden, sie allemal nach drey bis vier Jahren wieder zu besuchen, und ihnen neuen Vorrath von jenen Bequemlichkeiten zu überbringen, die wir dort eingeführt und so beliebt gemacht haben. Der gänzliche Mangel an dergleichen gelegentlicher Unterstützung, würde sie dann sehr drücken, wenn es so weit mit ihnen gekommen ist, daß sie ihre alten, obgleich mangelhaften Kunstgriffe werden vergessen haben; denn schon jetzt achten sie solche nicht mehr; sie halten sich an das, was sie von uns bekommen haben, und unsere eiser-

nen Werkzeuge werden kaum verbraucht seyn, so
werden sie schon nicht mehr wissen, wie sie die ihri=
gen verfertigen sollen. Eine steinerne Axt ist ge=
genwärtig schon eine eben so große Seltenheit bey
ihnen, als vor acht Jahren eine von Eisen. Meis=
sel von Stein oder von Knochen bekommt man gar
nicht mehr zu sehen, und sie bedienen sich dagegen
großer Nägel. Auch sind sie einfältig genug, zu
glauben, ihr Vorrath daran sey unerschöpflich; denn
diesmal fragten sie gar nicht darnach. Doch nah=
men sie eine kleinere Sorte gegen Früchte. In
Ulietea standen jetzt die Messer in hohem Werthe,
aber in allen Inseln behielten immer Aexte und Hand=
beile vor allen unsern Waaren den Vorzug. Bey
Artikeln des Putzes sind diese Völker so veränder=
lich, als es nur immer eine der policirtesten europäi=
schen Nationen seyn kann; was heute die Mode in
ihren Augen schön machte, wird morgen verworfen
und durch eine andere Laune verdrängt. Eisenwaa=
ren hingegen werden, wegen ihrer auffallend vor=
züglichen Brauchbarkeit, immer ihren großen Werth
behaupten; die guten Leute aber, wenn der Trans=
port einmal aufhören sollte, doppelt übel daran
seyn, da sie weder zu diesen ihnen unentbehrlich ge=
wordenen Bedürfnissen Materialen haben, noch sie
zu bearbeiten unterrichtet worden sind.

Otaheite ist zwar nicht unter den Inseln be=
griffen, denen wir den Namen Societäts=Inseln
beygelegt haben; es wird aber von eben derselben
Menschenrace bewohnt, deren Hauptzüge in Cha=

1777.
December.

1777.
December.

rakter und Sitten fast dieselben sind. Es war ein günstiger Zufall für uns, daß wir diese Königin der Inseln im Südmeere, vor den andern entdecken mußten, wo man uns so liebreich aufnahm, und mit so vieler Gastfreyheit begegnete, daß wir sie nachher bey andern Reisen in dieser Gegend des stillen Oceans, zu unserer Hauptstation machten. Durch diesen öftern Verkehr hatten wir Gelegenheit, mit ihrer Beschaffenheit und den Einwohnern besser bekannt zu werden, als auf den übrigen nahe gelegenen, minder beträchtlichen Inseln. Indessen sahen wir von diesen so viel, daß wir uns damit begnügen konnten, und alle unsere angezeigten Bemerkungen in Otaheite lassen sich, mit geringer Ausnahme, auch auf jene anwenden.

In unsern vorigen Reiseberichten ist von einer gewissen Lebensweise, die so manchem, am Bord unserer Schiffe, Otaheite zu einem so angenehmen Aufenthalt machte, vielleicht schon zu viel gesagt worden. Ich hätte Stof genug, ein Gemählde zu vollenden, dessen Umriß bereits genau genug gezeichnet ist; ich trage aber Bedenken, in diesem Tagebuche Schilderungen einer Zügellosigkeit aufzunehmen, die bey dem Leser, für dessen Unterricht ich schreibe, nur Ekel erregen würden. Was übrigens die häußliche, politische und gottesdienstliche Verfassung dieser Völkerschaften anlangt, so sind noch viele Punkte, worüber man, aller unserer Besuche ungeachtet, noch sehr unvollständige Begriffe hat. Die während unseres gegenwärtigen

Aufenthaltes aufgezeichneten und oben eingerückten 1777.
Vorfälle, werden hierüber vielleicht noch einiges December.
Licht verbreiten. Zu mehrerer Aufklärung aber,
werde ich weiter unten Herrn Andersons Bemerkungen mittheilen.

Bey den verschiedenen untergeordneten Verrichtungen, die uns bey dem diesmaligen Besuch dieser
Inseln beschäftigten, wurden die Hauptgegenstände
unserer Sendung nicht vergessen. So versäumten
wir keine Gelegenheit, astronomische und nautische
Beobachtungen anzustellen, deren Resultat wir in
nachstehender Tabelle anzeigen:

	Südl.Breite.	Oestl.Länge.	Abweichung des Compasses.	Neigung der Nadel.
Spitze Maravai, in Otaheite	17° 29¼'	210° 22' 28"	5° 34' östl.	29° 12'
Haven Owharre, in Huaheine	16° 42¾'	208° 52' 24"	5° 13½' östl.	28° 28
Haven Ohamaneno, in Ulietea	16° 45¼'	208° 25' 22"	6° 19' östl.	29° 5'

Die Länge dieser drey Plätze wurde durch die
mittlere Zahl von 145 Beobachtungen am Ufer
bestimmt, welche theils auf einerley Standpunkt,
theils auf einem andern angestellt, und auf jeder
Station durch die Längenuhr reducirt wurden. Da
man schon auf meiner ersten Reise die Lage dieser
Plätze mit möglichster Schärfe bestimmt hatte, so
war mir diesmal blos darum zu thun, zu sehen,
wie weit man sich auf eine gewisse Anzahl Mondsbeobachtungen verlassen dürfe, und wie nahe sie an

Dritter Th. B

1777.
December.

jene kamen, die im Jahre 1769, in Otaheite, angestellt wurden, und die Spitze Matavai unter den 210° 27′ 30″ östlicher Länge setzten. Man sieht, daß der ganze Unterschied nur 5′ 2″ beträgt, und vielleicht hätte keine andere Methode ähnlichere Resultate hervorbringen können. Ich kann nicht sagen, welche von beiden Berechnungen der Wahrheit am nächsten kommt; doch werde ich mich jetzt nach der neuen Beobachtung richten, und die Länge von der Motavai-Spitze mit 210° 22′ 28″, oder welches einerley ist, die Länge von Ohamaneo mit 208° 25′ 22″, beym Gebrauch der Seeuhr annehmen, von welcher wir, durch ein Medium aller zu dem Ende auf diesen Inseln angestellten Beobachtungen, wissen, daß sie täglich 1″ 69 mittlere Zeit verliert.

Bey unserer Ankunft in Otaheite betrug die Abweichung der Längenuhr,

von { Greenwich aus, 1° 18′ 58″
     { Tongataboo - 0° 16′ 40″.

Auch über Ebbe und Fluth stellten wir, besonders in Otaheite und Ulietea, Beobachtungen an, um das höchste Antreten auf jener Insel zu bestimmen. Auf meiner zweyten Reise glaubte Herr Wales dort eine höhere Fluth bemerkt zu haben, als ich im Jahre 1769, bey meinem ersten Besuche in Otaheite, wahrgenommen hatte. Unsere diesmaligen Beobachtungen zeigten es nicht; und ihre ganze Höhe betrug nie mehr als zwölf,

Otaheite,
:avai unter
:n. Man
2" beträgt,
e ähnlichere
kann nicht
der Wahr-
ch mich jetzt
nd die Länge
° 22′ 28″,
n Ohama-
ch der See-
:in Medium
angestellten
1″ 69 mitt-

: betrug die

′ 58″

40″.

vir, beson-
bachtungen
r Insel zu
ise glaubte
bemerkt zu
inem ersten
hatte. Un-
es nicht;
als zwölf,

höchstens vierzehn Zoll. Die Fluthzeit ist gegen 1777.
Mittag, nicht nur bey den Vierteln, sondern auch December.
bey vollem und neuem Lichte.

Nachstehende Beobachtungen wurden in Ulietea angestellt:

November.	Zeit der Fluth.		Mittlere Zeit der Fluth.	Senkrechte Höhe.
Am 6ten, von 11 U. 15 m. bis 12 U. 20 m.			11 U. 48 m.	5, Zoll 5.
7	11 40	1 00	12 20	5, 2
8	11 35	12 50	12 12	5, 0
9	11 40	1 16	12 28	5, 5
10	11 25	1 10	12 18	6, 5
11	12 00	1 40	12 20	5, 0
12	11 00	1 05	12 02	5, 7
13	9 30	11 40	10 35	8, 0
14	11 10	12 50	12 00	8, 0
15	9 20	11 30	10 25	9, 2
16	10 00	12 00	11 00	9, 0
17	10 45	12 15	11 30	8, 5
18	10 25	12 10	11 18	9, 0
19	11 00	1 00	12 00	8, 0
20	11 30	2 00	12 45	7, 0
21	11 00	1 00	12 00	8, 0
22	11 30	1 07	12 18	8, 0
23	12 00	1 30	12 45	6, 5
24	11 30	1 40	12 35	5, 5
25	11 40	1 50	12 45	4, 7
26	11 00	1 30	12 15	5, 2

Dieses ist alles, was ich über diese Inseln zu sagen hatte, die einen so ansehnlichen Rang auf der Liste unserer Entdeckungen behaupten. Der Leser wird mir erlauben, hier mein Tagebuch zu unterbrechen, um im folgenden Abschnitte Herrn Anderson's Bemerkungen einzuschalten. B 2

Neuntes Kapitel.

Die Nachrichten von Otaheite sind noch mangelhaft. — Herrschende Winde — Schönheit des Landes. — Anbau. — Naturseltenheiten. — Bildung der Eingebohrnen. — Krankheiten. — Allgemeiner Charakter. — Hang zum Vergnügen. — Sprache. — Wundarzney und Heilkunde. — Nahrungsmittel. — Wirkung des Avatranks. — Wann und wie man speist. — Umgang mit dem andern Geschlechte. — Beschneidung. — Religionssystem. — Begriffe über die Seele und ein zukünftiges Leben. — Aberglaube. — Traditionen über die Schöpfung. — Eine historische Legende. — Ehrenbezeugungen, die man dem König erweist. — Rangordnung. — Bestrafung der Verbrechen. — Merkwürdigkeiten der benachbarten Inseln. — Namen ihrer Gottheiten. — Namen der Inseln die sie besuchen. — Umfang ihrer Seefahrt.

1777. December.
Nach dem was bereits in Capitain Wallis, in des Herrn von Bougainville und Capitain Cook's Reiseberichten über Otaheite gesagt worden ist, möchte es vor der Hand überflüssig scheinen, noch etwas hinzuzufügen, und man wird vielleicht glauben, es könnten hierüber nicht viel mehr, als Wiederholungen bekannter Dinge zum Vorschein kommen. Ich bin indeß ganz anderer Meinung und getraue mir zu behaupten, daß, so genau auch die Beschreibungen sind, die man uns, und vorzüglich Capitain Cook, über das Land und einige in die Augen fallende Gebräuche der Einwohner gegeben hat, nicht nur noch vieles ganz unberührt geblieben ist, sondern daß auch in manchen Stücken, Irrthü-

mer mit untergelaufen sind, die nur durch wiederholte Beobachtungen berichtiget werden konnten. Besonders sind wir noch jetzt in Ansehung der wichtigsten Gesetze und Einrichtungen dieser Völkerschaft, Fremdlinge, und es konnte wohl nicht anders seyn, da unsere obgleich öftern Besuche allemal nur vorübergehend gewesen sind, da viele unter uns keine Neigung, die meisten aber nicht Fähigkeit genug hatten, zweckmäsige Beobachtung anzustellen, da wir endlich alle, verhältnißmäsig mehr oder weniger, mit den Schwierigkeiten zu kämpfen hatten, die mit der mangelhaften Kenntniß einer Sprache verknüpft sind, aus der wir allein Bescheid erhalten konnten. Die Spanier hatten schon mehr Gelegenheit diese Hindernisse aus dem Weg zu räumen, da sie sich länger in Otaheite aufhielten, als andere Europäer. Haben sie diesen Vortheil benutzt, so mußte es ihnen leicht seyn, über die wichtigsten Gegenstände dieser Insel die vollständigsten Nachrichten einzuziehen, und ihre Tagebücher würden uns vermuthlich, so wohl in Ansehung der Zuverläßigkeit, als Bestimmtheit, mehr liefern, als alles was wir, bey unserm besten Willen, hierinnen zu leisten im Stande waren. Allein, da es nicht nur ungewiß, sondern vielmehr unwahrscheinlich ist, daß wir von daher einigen Aufschluß zu gewarten haben, so will ich hier alles, was ich über Otaheite und die nahegelegenen Inseln gesammelt habe, als einen Nachtrag zu dem bereits Bekannten, mittheilen, so wie ich es, theils von Omai, so lang er an Bord war, theils durch

1777.
December.

1777.
December.

Umgang mit andern Eingebohrnen, während unseres Aufenthalts, habe erfahren können.

Der Wind steht den größten Theil des Jahres hindurch, zwischen Ost-Süd-Ost und Ost-Nord-Ost. Dies ist der eigentliche Passatwind, oder Maaraee, wie ihn die Eingebohrnen nennen. Er wird zuweilen sehr ungestümm, und dann ist der Himmel öfters umwölkt, und es setzt Regengüsse; ist er hingegen gemäßiget, so hat man reines, heiteres, beständiges Wetter. Dreht sich der Wind mehr südwärts, und setzt sich in Süd-Ost, oder Süd-Süd-Osten, so weht er gelinder, die See wird ruhig, und man nennt ihn alsdann Maoai. In den Monaten, wo die Sonne beynahe im Scheitelpunkte stehet, nämlich im December und Jänner, ist Wind und Wetter sehr veränderlich; doch hat man mehrentheils West-Nord-West- oder Nord-Westwind. In dieser Richtung heißt er bey den Insulanern Toerou und ist gemeiniglich mit finsterer, regnerischer Witterung begleitet. Zuweilen weht er sehr heftig, mehrentheils aber gemäßigt, dauert aber überhaupt selten länger als fünf bis sechs Tage. Bey diesem einigen Winde können die Einwohner der leewärts liegenden Inseln nach Otaheite kommen. Wendet er sich aber noch weiter gegen Norden; so wird er gelinder, und bekommt den Namen Era-Potaia. Dieser Wind ist, nach ihrer Mythologie, eine weibliche Gottheit, und die Gemahlin des vorhin genannten Toerou, der männlichen Geschlechts ist.

1777.
December.

Häufiger als dieser ist der Wind aus Süd-West und West-Süd-West. Er weht gemeiniglich nur sanft, und wird zuweilen durch Stillen, oder Kühlungen aus Osten unterbrochen, aber doch mit unter stellte er sich in heftigen Stößen ein. Die Witterung ist sodann mehrentheils trübe, wolfig und regnerisch; die Luft schwühl und heiß, und es giebt Gewitter, mit Blitz und Donnerschlägen begleitet. Dieser Wind heißt Etoa, und folgt öfters auf den Toerou, wie der Farooa, der südlicher ist, und manchmal so ungestümm wird, daß er Häuser und Bäume und besonders die hohen Kokos-Palmen umstürzt. Doch dauert er nicht lange.

Von allen diesen Veränderungen scheinen die Eingebohrnen keine genaue Kenntniß zu haben, ob sie gleich aus ihren Würkungen einige allgemeine Folgerungen wollen gezogen haben. Sie sagen, unter andern, wann die See hohl klänge, und sich langsam am Ufer, oder vielmehr am äussern Riff bräche; so bedeute es gutes Wetter. Schalleten hingegen die Wogen scharf, und trieben sich schnell auf einander, so würde schlechtes Wetter eintreten.

Ich glaube nicht, daß es eine Gegend in der Welt giebt, die einen so überschwänglich reichen Prospekt darböte, als der südöstliche Theil von Otaheite. Die Berge sind hoch und steil; an verschiedenen Stellen haben sie die Gestalt rauher Klippen; und doch sind sie, so viel nur immer möglich, mit Bäumen und Gesträuchen, bis an die höchsten Gipfel bewachsen, und man kann sich, beym ersten

1777.
December.

Anblick, kaum des Gedankens erwehren, daß hier sogar Fels und Stein die Kraft habe, diese grüne Decke hervorzubringen und zu unterhalten. Auf dem flachen Lande, welches diese Berge bis an die See umgiebt; in den Thälern zwischen diesen Bergen, sproßt und treibt eine Menge verschiedener Gewächse, in solcher Kraft und Fülle, daß keinem Reisenden vielleicht dergleichen noch vorgekommen ist. Die freygebige Natur hat hier nicht weniger für den Ueberfluß an frischem Wasser gesorgt. Jedes Thal hat einen kleinen Bach, der, in seinem Laufe nach der See, sich in mehrere Arme vertheilt, und die angrenzenden Ebenen fruchtbar macht. Auf diesem platten Lande liegen, ohne alle Ordnung, die Wohnungen der Insulaner zerstreut. Verschiedene sind nicht weit vom Ufer; und gewährten uns auf unsern Schiffen den reitzendsten Anblick. Hiezu kommt noch, daß die See, innerhalb des Riffs, welches die Küste umgiebt, vollkommen ruhig ist, und den Einwohnern zu allen Zeiten sichere Schiffahrt gewähret, daher man sie dann beständig auf ihren Kähnen, in aller Sorglosigkeit von einer Gegend zur andern dahin rudern, oder ihrem Fischfange nachgehen sieht. Oft wenn ich meine Augen an diesen bezaubernden Scenen weidete, bedauerte ich, daß ich nicht im Stande war, dem Leser, der sie nie sehen wird, eine getreue Schilderung davon zu machen, und einen Theil des Eindrucks mitzutheilen, den sie auf jedem machen müssen, der das Glück hatte, selbst an Ort und Stelle gewesen zu seyn.

Ohne Zweifel ist die natürliche Fruchtbarkeit des Bodens, bey der Gelindigkeit und Heiterkeit des Klima, die Ursache, daß die Eingebohrnen sich so wenig um dessen Anbau bekümmern. An vielen Orten, wo die schönsten Produkte in größter Menge hervorwachsen, sieht man keine Spur davon. Das einzige, worauf sie einige Mühe verwenden, ist der Baum, woraus sie ihre Zeuge verfertigen, *) und die Ava- oder berauschende Pfefferstaude.**) Jenen ziehen sie aus dem Saamen, den man aus den Gebirgen bringt, und diese bedecken sie, wenn sie noch zart ist, mit Blättern vom Brodbaume, um sie vor der Sonnenhitze zu bewahren. Beide werden auch vom Unkraute rein gehalten.

Ich habe mich sorgfältig erkundiget, wie sie beym Anbaue des Brodfruchtbaumes zu Werke giengen; man hat mir aber allemal geantwortet, er werde nie gepflanzt. Dieses muß auch jedem einleuchten, der die Stellen untersucht, wo die jungen Bäume hervorkommen. Man wird allezeit finden, daß sie aus den Wurzeln der alten aufsprossen, die nahe an der Oberfläche des Bodens fortlaufen. Es ist daher zu vermuthen, daß die Brodfruchtbäume unter die Gewächse gehören, die ganz natürlich das platte Land bedecken würden, wenn auch die Insel nicht bewohnt wäre, so wie wir gesehen haben, daß die Bäume mit der weissen Rinde die Wälder von

1777. December.

*) Morus papyrifera. *Linn.* Papiermaulbeerbaum.
**) Piper methysticum. *Forst.* W.

1777.
December.

Van Diemenoland ausmachen. *) Man kann also sagen, der Otaheiter habe nicht nur nicht nöthig, sein Brod zu bauen, sondern er müsse vielmehr dafür sorgen, daß es nicht allzu sehr überhandnehme. Ich glaube auch, daß er zuweilen Brodbäume ausrottet, um andere Bäume an die Stelle zu setzen, und sich dadurch Abwechslung in seinen Nahrungsmitteln zu verschaffen.

Unter diesen andern Bäumen sind die Cocospalme und der Pisangbaum die vorzüglichsten. Erstere braucht keine weitere Pflege, so bald sie einen oder zwey Fuß hoch über die Erde aufgeschossen ist; aber der Pisangbaum erfordert mehr Sorgfalt. Er ist kaum gesetzt, so treibt er schon in die Höhe, und in drey bis vier Monaten fängt er an, Früchte zu tragen; unterdessen giebt er junge Schößlinge, die zu ihrer Zeit wieder Früchte tragen; denn die alten Stöcke werden abgehauen, so bald die Frucht abgenommen ist.

Sonst zeichnet sich diese Insel nicht sowohl durch die Mannigfaltigkeit ihrer Produkte, als durch die große Menge derselben aus. Andere Naturmerkwürdigkeiten giebt es nur wenige. Hieher gehört ein kleiner See süssen Wassers, der auf einem der höchsten Berge liegt. Die Hin- und Herreise erfordert drey bis vier Tage. Er ist wegen seiner Tiefe merkwürdig und hat Aale von ungeheurer Grösse, welche die Einwohner auf kleinen Flößen auffangen, die aus zwey bis drey zusammen gebundenen wilden

*) S. I. Band, S. 155. W.

Pisangstämmen bestehen. Dieser See wird in der ganzen Gegend als eine große Naturseltenheit betrachtet, und wenn andere Insulaner, die Otaheite besuchen, wieder zurückkommen, fragt man sie vor allen Dingen, ob sie den tiefen See nicht gesehen haben. Eben so weit von der Küste findet man auch eine Art Wasser, in einer Lache - die jedoch nur die einzige auf der Insel ist - welches dem Anschein nach gut ist, und einen gelben Bodensatz hat; aber der Geschmack ist widerlich, und es bekömmt nicht nur denen übel, die viel davon trinken, sondern verursacht auch einen Ausschlag auf der Haut, wenn man sich darinnen badet.

Bey unserer Ankunft fiel uns im ersten Anblick nichts mehr auf, als der merkwürdige Unterschied zwischen den starken Körpern nebst der dunkeln Farbe der Eingebohrnen von Tongataboo, und dem feinen Gliederbau und der Weisse der Einwohner von Otaheite. Es gehört einige Zeit dazu, bis bey diesem Contraste unsere Augen zum Vortheil der Otaheiter entschieden, und auch dann geschah es vielleicht blos, weil wir uns nach und nach daran gewöhnten, und sich die Züge verlöschten, die uns eine so vortheilhaft darstellten. Den otaheitischen Weibern gebührt hingegen in allem Betracht der Vorzug vor jenen, und alles Feine, wodurch sich ihr Geschlecht von dem unsrigen unterscheidet, zeichnet sie sogar vor dem Frauenzimmer vieler andern Länder aus. Der lange Bart der Otaheiter und die Haare, welche sie nicht, wie die Einwohner von

1777.
December.

1777.
December.

Tongataboo kurz abschneiden, biethet noch eine Verschiedenheit dar, und ich weiß nicht ob ich mich irre, aber sie kamen mir bey allen Gelegenheiten schüchterner und schwächer vor. Der muskelreiche Körperbau, der unter den Eingebohrnen der freundschaftlichen Inseln so gemein und eine Folge einer gewohnten Thätigkeit ist, verschwindet hier, wo die ungleich grössere Fruchtbarkeit des Landes die Einwohner zu einem müssigen Leben verleitet. An dessen Stelle sieht man hier eine gewisse Fülle und Glätte der Haut, die sich vielleicht mehr mit unsern Begriffen von Schönheit verträgt, im Grunde aber kein wesentlicher Vorzug ist, weil sie in allen Bewegungen dieser Insulaner mit einer Art von Schlaffheit begleitet ist, die man bey jenen nie wahrnimmt. Dies zeigt sich vorzüglich bey ihrem Boxen und Ringen, welches, im Vergleich mit den derben Faustkämpfen der Einwohner der Freundschafts-Inseln, nicht viel mehr als Kinderspiel ist.

Da sie sehr viel auf äusserliche Vorzüge ihrer Person halten; so bedienen sie sich gewisser Hülfsmittel, sie, nach ihren Begriffen von Schönheit, vollkommner zu machen. So ist es unter andern bey ihnen, und vorzüglich bey den *Erreoes*, oder unverheuratheten Standspersonen gewöhnlich, sich einer Art von Cur zu unterwerfen, um eine weissere Haut zu bekommen. Sie gehen nämlich ein oder zwey Monate lang nicht aus dem Hause, hüllen sich dabey in eine Menge Kleider ein, und essen nichts als Brodfrucht, welche hiezu trefliche Dienste

thun soll. Da sie, nach Maasgabe der Jahreszeiten, genöthiget sind, gewisse Arten von Nahrungsmitteln zu entbehren, und andere dagegen zu geniessen, wollen sie bemerkt haben, daß ihre Corpulenz und ihre Farbe von diesen verschiedenen Speisen abhänge.

Wenigstens neun Zehntheile ihrer gewöhnlichen Nahrung liefert das Pflanzenreich, und besonders die Mahee, oder gegohrne Brodfrucht, die sie fast bey allen ihren Speisen gebrauchen. Sie äussert sehr heilsame Wirkungen bey ihnen, indem sie nicht nur aller Verstopfung vorbeugt, sondern auch eine merkliche Erfrischung im Körper hervorbringt, die wir bey unserm Fleischessen nicht wahrnehmen. Dieser gemäßigten Diät haben sie es vermuthlich zu danken, daß sie so wenigen Krankheiten unterworfen sind.

Sie kennen deren nur fünf bis sechs, die man chronische, oder Nationalkrankheiten nennen könnte, worunter die Wassersucht und die Fefai, oder jene unschmerzhafte Geschwulst zu rechnen ist, welche wir so häufig in Tongataboo bemerkt und bereits davon Meldung gethan haben. Wenn ich von fünf bis sechs Krankheiten rede, so ist dieses vor der Epoche zu verstehen, da die Europäer zu ihnen kamen. Denn wir haben dieses kurze Verzeichniß mit einer Krankheit vermehrt, die die andern alle aufwiegt und nunmehr fast allgemein unter ihnen geworden ist. Es scheint, daß sie kein wirksames Mittel gegen dieses Uebel kennen. Ihre Priester geben ihnen

1777.
December.

zwar dawider ein Gemengſel von Kräutern; allein ſie geſtehen ſelbſt, daß es nie helfe, daß aber, in einigen wenigen Fällen, die Natur, ohne Beyhülfe des Arztes, das Gift dieſer traurigen Seuche ausſtoſſe, und eine gänzliche Geneſung bewirke. Sie behaupten, daß ein Angeſteckter die Krankheit den Uebrigen im Hauſe mittheilte, wenn ſie mit ihm aus einerley Gefäſſen äßen, oder auch nur dieſelben berührten. In dieſem Falle ſtarben die letztern ſehr oft, während daß der andre genäſe. Den Grund hievon vermag ich nicht einzuſehen.

Das Betragen der Inſulaner zeugt bey allen Gelegenheiten von ausnehmender Offenherzigkeit und edler Denkungsart. Omai, der als ihr Landsmann geneigter ſeyn mußte, ihre Fehler zu bemänteln als aufzudecken, geſtand indeſſen, daß ſie ihre Feinde auf eine grauſame Art behandelten. Er erzählte uns, daß ſie ſie mit aller Ueberlegung zu peinigen ſuchten, indem ſie ihnen zuweilen von verſchiedenen Theilen des Leibes kleine Stücken Fleiſch ausriſſen, zuweilen die Augen ausſtächen, ſodann die Naſe abſchnitten, endlich den Bauch aufſchlitzten und ſie ſo ſterben ließen. Dieſes findet aber nur bey gewiſſen beſondern Veranlaſſungen Statt. Wenn ein fröhliches Gemüth ein Kennzeichen eines reinen Gewiſſens iſt; ſo könnte man annehmen, daß dieſe Leute von keinem Laſter wiſſen. Ich halte aber dafür, daß dieſe Fröhlichkeit in ihren zwar lebhaften aber nie lange anhaltenden Gefühlen ihren Grund habe. Ich habe nie geſehen, daß ſie, bey irgend

einem Unfalle, wenn der kritische Augenblick vorbey war, sich einem anhaltenden Kummer überlaſſen hätten. Keine Sorge zieht Runzeln auf ihre Stirne, ja! ſelbſt der herannahende Tod ſcheint ihre gewöhnliche Lebhaftigkeit nicht zu ſtöhren. Ich habe Leute geſehen, die durch Krankheit am Rande des Grabes ſtanden, und andre, die ſich zur Schlacht rüſteten; aber ich habe, in keinem dieſer Fälle, Spuren von Bangigkeit oder eines ernſten Nachdenkens in ihrem Geſichte entdecken können.

Bey dieſer Anlage kann es ihnen wohl um nichts mehr zu thun ſeyn, als ſich Vergnügen und Gemächlichkeit zu verſchaffen. Alle ihre Ergötzlichkeiten gehen darauf hinaus, die Leidenſchaft der Liebe zu erregen und zu unterhalten, und ihre Geſänge, die ihnen über alles gehen, haben eben dieſen Zweck. Um jedoch der Ueberſättigung vorzubeugen, die bey allem ſinnlichen Genuſſe unvermeidlich iſt, wählen ſie öfters etwas verfeinerte Gegenſtände. Sie beſingen alsdann, mit innigem Behagen, bald ihre Siege in Schlachten, bald ihre Geſchäfte des Friedens, ihre Reiſen nach andern Eilanden, ihre dort beſtandenen Abentheuer, die Schönheiten und Vorzüge ihrer Inſel vor andern, auch wohl nur beſondere Lieblingsgegenden derſelben. Man ſieht daraus, daß Muſik einen groſſen Theil ihrer Glückſeligkeit ausmacht. Unſere verwickeltern Compoſitionen fanden zwar keinen ſonderlichen Beyfall bey ihnen; aber einzle Töne, die man auf unſern melodiſchern

1777.
December.

Instrumenten angab, setzten sie in Entzücken, weil sie der Simplicität der ihrigen näher kamen.

Sie kennen auch die angenehmen Gefühle, die aus einer gewissen körperlichen Thätigkeit entspringen und in manchen Fällen der traurigen Stimmung der Seele eben so gut abhelfen, als die Musik. Ich will hievon ein nicht unbedeutendes Beyspiel anführen. Als ich eines Tages in der Gegend der Spitze Matavai spazieren gieng, wo unsere Gezelte aufgerichtet waren, sah ich einen Mann in einem kleinen Kahne so schnell fortrudern, und mit solcher Heftigkeit bald links, bald rechts umher blicken, daß er mich aufmerksam machte. Anfänglich dachte ich, er habe etwas aus einem unserer Schiffe entwendet, und man verfolge ihn; als ich aber die Sache ruhig abwartete, sah ich, daß er das Manoeuver blos zum Zeitvertreib wieder von vorn anfieng. Er ruderte vom Ufer aus bis in die Gegend, wo die Woge vom Riff her sich zu erheben anfieng, gab dann genau auf ihren ersten Stoß Acht, ruderte immer tapfer vor ihr her, bis er merkte, daß sie ihn erreicht hatte und stark genug war, seinen Kahn vor ihm her zu treiben, ohne darunter hinzugleiten. Nun blieb er unbeweglich sitzen, und überließ sich völlig der Woge, die ihn dann schnell und wohl behalten auf den Strand setzte. Hier sprang er heraus, leerte seinen Kahn aus, und setzte sich wieder hinein, um es mit einer andern Woge zu versuchen. Ich müßte mich sehr irren, wenn sich dieser Mensch nicht über alle Maßen glücklich schätzte, so schnell und dabey so sanft von dem Meere dahin getrieben zu werden. Unsere Schiffe und Gezelte waren so nahe; eine Menge seiner Landsleute drängte sich hinzu, diese seltenen Gegenstände zu betrachten: aber dies alles bekümmerte ihn nichts. Indem ich so stand und ihm zusah, kamen zwey bis drey Eingebohrne, die an seiner Glückseligkeit Theil zu nehmen schienen. So oft sich eine günstige Woge zeigte, riefen sie ihm zu; denn es geschah zuweilen, daß er beym Umschauen, wo sie herkäme, sie noch gerade verfehlte. Von diesen Männern hörte ich, daß man diese Uebung Ehooroe nenne, und daß sie unter ihnen sehr gewöhnlich sey. Sie haben vermuthlich mehrere ähnliche Zeitvertreibe, die ihnen wenigstens eben so viel Vergnügen machen, als uns das Schlittschuhfahren, welches man ungefähr mit jener Bewegung vergleichen könnte.

Die otaheitische Sprache ist mit der, die man in Neu-Seeland und auf den Freundschafts-Inseln redet, unstreitig einerley Ursprungs, doch wird sie nicht so durch die Kehle gesprochen, und es fehlen ihr einige Consonanten, die in jenen Dialekten sehr häufig vorkommen. Die übrigen Hauptabweichungen werden aus den bereits mitgetheilten Proben zu ersehen seyn, welche zugleich beweisen, daß hier die Sprache, so wie die Sitten der Einwohner, einen sanftern und anmuthigern Charakter angenommen habe. Da ich auf meiner

Dritter Th.   C

1777.
December.

vorigen Reise ein beträchtliches Verzeichniß von Wörtern gesammelt hatte, war ich auf dieser eher im Stande, den otabeitischen Dialekt mit der Mundart der übrigen Inseln zu vergleichen, und ich versäumte keine Gelegenheit, theils durch öftern Umgang mit dem Omai, ehe wir ankamen, theils durch tägliches Verkehr mit den Eingebohrnen, während unsers dasigen Aufenthalts, mit dieser Sprache noch bekannter zu werden. *) Sie ist reich an schönen, bildlichen Ausdrücken, und ich zweifle nicht, daß sie bey genauerer Untersuchung, ihrer warmen und kühnen Züge wegen, vielen in Ansehen stehenden Sprachen könnte gleichgesetzt werden. Wenn die Otaheiter z. B. ihre Vorstellungen vom Tode ausdrücken wollen, so sagen sie sehr emphatisch: "Die Seele geht hin in Finsterniß; oder in Nacht." Fragt man jemand zweifelhaft, ob diese oder jene Person seine Mutter ist; so antwortet er augenblicklich und mit einer Art von Verwunderung: "Ja, die Mutter die mich getragen hat." Sie haben einen Ausdruck, der mit einer unserer biblischen Redensarten übereinkommt. Wenn sie nämlich sagen wollen, "es jammert mich;" so sprechen sie, "mir bellen die Eingeweide." Sie bedienen sich desselben in allen Fällen, wo sie von einer unangenehmen Leidenschaft befallen werden; denn ihrer Meynung nach, hat aller Schmerz, der durch Betrübniß, sehnliches Verlangen und andere

---

*) Dieses Wörterverzeichniß ist im 2ten Bande von Capt. Cook's second Voyage etc. befindlich.

Gemüthsbewegungen entsteht, seinen Sitz in den Eingeweiden, wo auch, nach ihrem Begriff, alle Verrichtungen der Seele vorgehen. Ihre Sprache läßt fast alle die Inversionen, oder versetzten Wortfügungen zu, wodurch sich die griechische und lateinische so sehr von allen lebenden europäischen Sprachen unterscheiden, die wegen ihren mancherley Unvollkommenheiten, eine strenge Ordnung erfordern, wenn Doppelsinn soll vermieden werden. Sie ist übrigens so reich, daß sie über zwanzig Wörter hat, welche die Brodfrucht, nach ihrem verschiedenen Zustand, bezeichnen; eben so viel hat sie für die Taro, oder Aronswurzel, und gegen zehen für die Cocosnuß. Hierzu kommt noch, daß diese Insulaner, ausser ihrer gewöhnlichen Sprache, öfters noch in einer Art von Stanzen oder Recitativen deklamiren, worauf ihnen andere auf gleiche Weise antworten. Die Anzahl ihrer Künste belauft sich nicht hoch, und sie sind alle sehr einfach. Darf man ihnen indessen glauben, so unternehmen sie einige chirurgische Curen, die wir, bey allen unseren ausgebreiteten Kenntnissen dieser Art, ihnen noch nicht haben nachthun können. Einfache Beinbrüche heilen sie blos durch darum gebundene Schienen; ist aber ein Theil des Knochens verlohren gegangen: so legen sie ein Stück Holz in die Lücke, welches eben so wie der fehlende Theil ausgehöhlt ist. Nach fünf bis sechs Tagen sieht der Rapaoo, oder Wundarzt, wieder nach, und findet gemeiniglich

1777.
December.

das Holz schon ziemlich mit Fleisch überwachsen; in eben so viel Tagen aber ist es durchaus bedeckt. So bald sich der Patient etwas erholt hat, muß er sich baden, und die Cur hat ein Ende. Es ist uns zwar nicht unbekannt, daß öfters Wunden, über bleyernen Kugeln, auch in einigen wenigen Fällen, über andern fremden Körpern zuheilen; allein ich muß an der Wahrheit jener so ausserordentlichen Methode um so mehr zweifeln, da mir hier so viele Fälle vorgekommen sind, wo ich nicht die geringste Spur einer großen Geschicklichkeit habe entdecken können. So sah ich einen Mann, der sich, durch den Fall von einem Baum, den Arm zerschellt hatte, und dem er mußte abgenommen werden. An diesem Stumpfen sah man keine kunstmäsige Operation, wiewohl auch vieles auf Rechnung ihrer mangelh— Instrumente muß geschrieben werden. Einen a..ern Menschen sah ich, mit einer verrenkten Schulter, noch einige Monate nach dem Zufalle herumgehen, weil man sie nicht wieder einzurichten wußte, so eine leichte Sache dies auch für unsere Wundärzte ist. Indessen wissen sie, daß die Brüche und Verrenkungen des Rückgrabs tödlich sind, daß es aber bey zersplitterten Hirnschalen weniger Gefahr habe. So hat sie auch die Erfahrung gelehrt, an welchen übrigen Theilen des Leibes die Wunden tödlich werden können oder nicht. Sie haben uns oft Narben von Speerstichen, und die Richtung der Wunde gezeigt, wobey wir alle Hoffnung würden aufgegeben haben; und gleichwohl kamen diese Leute davon.

Ihre Kenntnisse in der Medicin sind noch eingeschränkter, und dies kommt vermuthlich daher, weil sie ungleich mehr äusserlichen Zufällen als innerlichen Krankheiten unterworfen sind. Doch verordnen ihnen ihre Priester, in gewissen Fällen, verschiedene Kräutersäfte. Bey den Nachwehen und andern Umständen der Kindbetterinnen, bedienen sie sich eines Mittels, welches man in diesem heißen Klima für überflüssig halten sollte. Sie erhitzen nämlich Steine, wie sie es beym Zurichten ihrer Speisen zu thun pflegen, bedecken sie alsdann mit einem groben Zeuge, worauf sie ein kleines senfartiges Kraut, in ziemlicher Quantität legen; hierüber breiten sie wieder ein Tuch aus, und die Wöchnerin setzt sich darauf. Dieses bringt sie in einen starken Schweiß und sie ist genesen. Man hat dieses Mittel auch für Mannspersonen gegen die Lustseuche versucht, aber ohne allen Erfolg. Von Brechmitteln wissen sie nichts.

Ungeachtet der ausserordentlichen Fruchtbarkeit der Insel, entsteht doch öfters eine Hungersnoth, die vielen Eingebohrnen das Leben kosten soll. Ob Mißwachs, oder der mögliche Fall einer allzugroßen Volksmenge, oder Kriege daran Schuld sind, habe ich nicht erfahren können. Daß sich aber der Fall wirklich ereignen mag, wird daher wahrscheinlich, weil man hier, auch bey allem Ueberfluß an Lebensmitteln, doch sehr sparsam damit umgeht. Sind, in Zeiten des Mangels, die Brodfrüchte und Yamswurzeln aufgezehrt: so nimmt man seine Zuflucht zu

1777.
December.

1777. December.

andern Wurzeln, die ohne Pflege in den Gebirgen wachsen. Vor allem bedient man sich der Patarra, die man hier in Menge findet. Sie hat viel Aehnliches mit einer großen Kartoffel, oder auch einer Yamswurzel, und läßt sich sehr wohl genießen, so lange sie noch im Wachsen ist; wird sie aber alt: so steckt sie voll harter, zäher Fasern. Man ißt noch zwey andre Wurzeln, wovon die eine der Taro gleicht; die andere, so die Einwohner Ehoee nennen, ist von zweyerley Gattung. Eine davon äussert, roh genossen, schädliche Wirkungen, verliert sie aber, wenn man sie, vor dem Backen, zerschneidet und eine Nacht hindurch im Wasser liegen läßt. Sie gleicht in diesem Stücke der westindischen Cassava-Wurzel *), giebt aber, auf die Art, wie sie hier zugerichtet wird, einen geschmacklosen, feuchten Teig, den sie hier zu Lande gerne essen, wenn auch kein Mangel an Lebensmitteln ist. Die Ehoee und Patarra gehören unter die kriechenden Pflanzen; letztere hat in drey Lappen zertheilte Blätter.

Der niedern Volksklasse fällt von Speisen aus dem Thierreiche nur ein sehr geringer Antheil zu; und dann sind es entweder Fische, oder Meerigel und andere Seeprodukte. Selten oder niemals essen sie Schweinfleisch. Der Eree-de-hoi **)

*) Jatropha Manihot. Linn. W.

**) Herr Anderson schreibt immer Eree-be-hoi. Capitain Cook, Eree-rahie. Ein abermaliger Beweis, daß ein und dasselbe Wort von verschiedenen unserer Leute verschieden geschrieben wird.

allein kann es täglich haben; die untergeordneten
Häupter aber, nach Maasgabe ihres Vermögens,
alle acht oder vierzehn Tage, auch wohl nur einmal
im Monate. Bisweilen wird ihnen auch dieses nicht
gestattet; denn wann die Insel durch Krieg oder an#
here Ursachen erschöpft ist: so verbietet der König
allen Unterthanen, Schweine zu schlachten, und
dieses Verbot soll manchmal etliche Monate, ja zu#
weilen ein oder zwey Jahre lang dauren. Unter#
dessen vermehren sich die Schweine wieder, und dies
so schnell, daß man Fälle hat, wo sie aus der zah#
men Art geschlagen und wild geworden sind. Wenn
es der König für gut befindet, das Verbot wieder
aufzuheben, so versammeln sich alle Oberhäupter in
seiner Wohnung, und bringen ihm Geschenke an
Schweinen. Er läßt sodann einige davon schlach#
ten, setzt sie seinen Gästen vor, und sie kehren mit
der Erlaubniß zurück, so viel zu metzeln, als sie nur
immer wollen, oder verbrauchen können. Bey un#
serer letzten Ankunft fand wirklich ein solches Ver#
bot Statt, wenigstens in allen Bezirken, die unmit#
telbar unter Otoo's Botmäßigkeit standen. Damit
es uns aber nicht abhalten möchte, von Oheite#
peha aus, nach Matavai zu gehen: so schickte er
Boten an uns ab, und ließ uns versichern, es sollte
gleich nach Ankunft unsrer Schiffe aufgehoben wer#
den. Dies geschah auch, doch blos für uns;
allein es gieng dabey eine so große Menge Schwei#
ne auf, daß es, nach unserer Abreise, ohnfehl#
bar wird wieder erneuert worden seyn. Ein ähn#

1777.
December.

liches Verbot erstreckt sich auch zuweilen auf das Federvieh.

Der Ava-Trank ist auch nur für die Vornehmen. Er ward hier etwas anders zubereitet, als auf den Freundschafts-Inseln. Man gießt nämlich nur eine geringe Quantität Wasser auf die Wurzel; röstet oder bäckt und zerstößt auch zuweilen die Stengel, ohne sie vor dem Aufgießen zu käuen. Auch die Blätter werden hier gebraucht; man quetscht sie und schüttet Wasser darauf, wie auf die Wurzel. Große Gesellschaften kamen hier nicht zusammen, Ava mit einander zu trinken, wie in Tongataboo; aber die schädlichen Wirkungen dieses Getränks sind hier auffallender, vermuthlich weil es auf eine andere Weise zubereitet wird. Wir sahen nicht nur Beyspiele von dessen berauschender, oder vielmehr gänzlich betäubenden Kraft, sondern auch diejenigen unserer Gesellschaft, welche schon hier gewesen sind, waren erstaunt, verschiedene Insulaner, die sich damals durch ihre ansehnliche Gestalt und Fettigkeit auszeichneten, zu Gerippen verdorrt zu sehen, welches einmüthig dem unmäsigen Avatrinken zugeschrieben wurde. Die Haut dieser Leute war rauh und trocken, und mit Schuppen bedeckt; man sagte uns, daß diese nach und nach abfallen und darunter eine frische Haut zum Vorschein käme. Zur Beschönigung einer so übeln Gewohnheit, geben sie vor, dieses Getränk verhindere eine allzu große Fettigkeit; aber augenscheinlich schwächt es den ganzen Körper, und verkürzt wahrscheinlich ihre Tage.

Da wir bey unsern vorigen Besuchen, dergleichen 1777.
Wirkungen nicht wahrgenommen haben, so ist zu December.
vermuthen, daß diese Art von Unmäßigkeit damals
noch nicht so sehr im Schwange war. Dauert diese
vornehme Mode noch lange, so wird sie, nach und
nach, eine große Anzahl Menschen aufreiben.

Die Essenszeiten in Otaheite sind zahlreich.
Die erste Mahlzeit, welche man eigentlich die letzte
nennen könnte, weil sie sich gleich darauf schlafen
legen, halten sie des Morgens gegen zwey Uhr,
die nächstfolgende um acht Uhr. Um eilf nehmen
sie ihr Mittagmahl ein, und setzten es, wie sich
Omai ausdrückte, um zwey und um fünf Uhr
fort. Um acht Uhr gehen sie zum Abendessen. Bey diesen Perioden ihres häuslichen Lebens bemerkt man
einige sehr wunderliche Gewohnheiten. Zum Beyspiel, die Weiber haben nicht nur die Kränkung, daß
sie an einem abgesonderten Theile des Hauses essen
müssen, sondern, vermöge einer ganz eigenen Polizey, sind ihnen auch die bessern Gattungen von
Speisen untersagt. So dürfen sie keine Schildkröten, keine Art von Thunfischen *), die hier
sehr beliebt sind, und keine Pisange von der guten
Sorte essen; und was das Schweinfleisch anlangt,
so ist dieses sogar den Weibern vom ersten Rang
nur selten erlaubt. Auch die Kinder beiderley Geschlechts essen abgesondert. Die Weiber tragen sich
ihre Speisen selbst auf, und sie könnten wohl eher

---

*) Scomber Thynnus. L. Albicorem, eine Art Makrelen. W.

1777.
December.

verhungern, bevor eine erwachsene Mannsperson ihnen diesen Dienst leistete. Hierinnen, so wie in noch verschiedenen andern Gebräuchen bey ihren Mahlzeiten, ist etwas geheimnißvolles, welches wir weder begreifen, noch erforschen konnten; denn so oft wir nach der Ursache fragten, erhielten wir keine andere Antwort, als daß es so recht und nothwendig wäre.

Bey den übrigen Gewohnheiten, die das andre Geschlecht, und besonders ihre Verbindungen mit dem unsrigen betreffen, findet sich weniger Dunkelheit. So bald ein junger Mensch und ein Mädchen sich gewählt und vertrauten Umgang mit einander gepflogen haben, so bringt die Mannsperson dem Vater seiner Geliebten allerhand Bedürfnisse des gemeinen Lebens, als Schweine, Zeuge, oder auch Kähne, je nachdem ihr Umgang kürzer oder länger gedauert hat. Glaubt der Vater, er habe für seine Tochter zu wenig bekommen; so zwingt er sie, ohne alles Bedenken, ihren Freund zu verlassen, und mit einem andern zu leben, der vermuthlich freygebiger ist. Auch der Mann kann seiner Seits eine andre Wahl treffen; und wenn seine Geliebte schwanger würde, kann er das Kind umbringen, und, nachdem er es gut findet, entweder die Mutter verlassen, oder den Umgang mit ihr fortsetzen. Nimmt er sich des Kindes an, und läßt es leben, so werden beide Theile für verheurathet angesehen, und gemeiniglich bleiben sie nachher beständig bey einander. Indessen wird es für nichts sträfliches ange-

1777.
December.

sehen, wenn der Mann noch eine jüngere Person seiner ersten Frau beigesellt, und so mit beiden lebt. Dieses geschieht aber nicht so oft, als daß die erste Verbindung ganz aufgegeben wird, und der Fall ist so gewöhnlich, daß man davon wie von einer gleichgültigen Sache spricht. Unter der höhern Klasse der Insulaner sind es blos die Erreoes, welche bey ihrer Leichtsinnigkeit zugleich die Mittel besitzen, eine Reihe neuer Verbindungen einzugehen, und daß sie überall herumschwärmen. Unfähig sich mit einem Gegenstand zu begnügen, bequemen sie sich selten zu jener ruhigen, häuslichen Lebensweise, und dieser zügellose Lebensplan ist ihrer Gemüthsart so angemessen, daß die schönsten Geschöpfe, beyderley Geschlechts, ihre Jugendtage gemeiniglich auf diese Art verschleudern, und sich an Ausschweifungen und Schandthaten gewöhnen, die die wildesten Menschenraçen entehren würden, welche aber bey einem Volke doppelt Abscheu erregen müssen, dessen allgemeiner Charakter sonst so augenscheinliche Spuren von vorzüglicher Menschenliebe und Zärtlichkeit verräth. *)

*) Es ist in einigen vorhergehenden Anmerkungen hinreichend gezeigt worden, daß die Carolinen-Inseln von eben der Menschenrace bewohnt werden, die Capitain Cook, so fern von ihnen, im südlichen stillen Meere überall verstreut gefunden hat. Die Lage der Ladronen- oder Marianens-Inseln, die, in nicht beträchtlicher Weite, den Carolinen nordwärts liegen, begünstigen schon beym ersten Anblick, die Vermuthung, daß
auch

1777. December. So bald eine weibliche Erreoe niederkömmt, legt man dem Kinde ein feuchtes Stück Zeug auf Mund und Nase, und läßt es so ersticken. Da bey einem solchen Leben die Weiber zu der Glückseligkeit der Männer so vieles beytragen: so ist es zum Verwundern, daß man sie, ausser der Demüthigung in An-

auch diese Inselgruppe von jenem Stamme bevölkert worden ist. Diese Vermuthung wird aber zur Gewißheit, wenn man des Pater Le Gobien Histoire des Isles Mariannes etc. zur Hand nimmt. Die Gesellschaft der Erreoes, deren oben Erwähnung geschieht, ist sicherlich eine der auffallendsten Merkwürdigkeiten, in Ansehung der otaheitischen Sitten. Nun sehen wir im Pater Le Gobien, daß auf den Ladronen- oder Diebsinseln eine ähnliche Gesellschaft vorhanden ist. Les Urrioles, sagt er, sont parmi eux les jeunes gens qui vivent avec des Maitresses, sans vouloir s'engager dans les liens du mariage. Daß es auf den Ladronen, wie in Otaheite, junge Leute gebe, die mit Buhlerinnen leben, ohne sich verheurathen zu wollen, ist freylich noch kein hinreichender Beweis von der Verwandschaft beyder Völkerschaften. Daß aber diese lockern jungen Leute auf den Ladronen und in Otaheite eine besondere Brüderschaft ausmachen, und mit einem eigenen Namen benennt werden; daß sogar dieser Name in beiden Landschaften beynahe derselbe ist: diese merkwürdige Aehnlichkeit der Sitten, vereinigt mit der Uebereinstimmung der Sprache, ist ein unstreitiger Beweis, daß die Einwohner dieser und jener Inseln einerley Nation sind. Wir wissen, daß die Aussprache der Otaheiter überhaupt

1777.
December.

sehung der ihnen so karg zugetheilten Speise, öfters noch mit einem Grad von Härte, oder vielmehr von Unmenschlichkeit behandelt, die man keinem Manne, bey dem Gegenstande seiner Zuneigung, zutrauen sollte. Nichts ist indessen gemeiner, als daß sie von den Männern ohne alle Barmherzigkeit

haupt sanft ist, und wenn man bedenkt, daß der weggelassene Mitlauter r das Wort Urriotes der Ladronen, dem Worte Arreoys, wie es Hawkesworth schreibt, oder dem Erreoes des Hrn. Andersons, dem Laute nach so ähnlich macht, als es nur immer eine blos gesprochene Sprache seyn kann: so wird man ohne Bedenken annehmen können, daß beide einerley Wort sind, ohne sich einer spöttischen Kritik auszusetzen.

Von dieser Aehnlichkeit der Sprache kann man noch einige Beyspiele anführen. Pater Le Gobien bemerkt, die Einwohner der Ladronen beteten ihre Todten an, und nennten sie Anitis. Nimmt man hier den Mitlauter n weg, so haben wir ein Wort, welches mit den Earoos, oder Gottheiten der Societäts-Inseln, wovon so oft in Cap. Cook's Reisen die Rede ist, viel Aehnliches hat. Auch ist merkwürdig, was uns Pater Cantova (S. Lettres édifiantes et curieuses Tom. XV. p. 309. 310.) sagt, daß man nämlich auf den Ladronen die todten Oberhäupter anbete, und sie Tahutup nenne. Mildert oder unterdrückt man die harten Buchstaben am Anfange und Ende des Worts: so lautet das Ahutu der Carolinen, das Aiti der Ladronen und das Earooa der Inseln in der Südsee, fast eines wie das andre, und ihr gemeinschaftlicher Ursprung ist wohl nicht zu verken-

1777.
December.

geschlagen werden; und wenn diese Mißhandlungen nicht die Wirkung der Eifersucht sind, zu der beide Geschlechter geneigt seyn sollen: so würde es schwer halten, solche zu erklären. Man kann diesen Beweggrund um so eher annehmen, da ich selbst verschiedene Male bemerkte, daß Weiber persönliche

verkennen. Le Gobien lehrt uns ferner, daß die Einwohner der Mariannen ihre Oberhäupter **Chamorri** oder **Chamori** nennen; verändert man die Aspiration des **Ch** in **T**, und das harte **r** in **l** — wovon in den vergleichenden Wörterverzeichnissen verschiedener Inseln so häufige Exempel vorkommen —: so entsteht das **Tamole** der Carolinen, und das **Tamoloo**, oder **Tamaha** der Freundschafts-Inseln.

Sollten diese Beyspiele der Verwandschaft dieser Sprachen nicht hinlänglich seyn; so wird die auffallende Uebereinstimmung der Gebräuche und der Verfassung allen Zweifel heben. 1.) Capit. Cook hat auf den Freundschafts- und Societäts-Inseln dreyerley unterschiedene Classen von Einwohnern bemerkt: den Adel, den mittlern Rang und das Volk. Pater Le Gobien sagt ausdrücklich von den Ladronen: il y a trois états parmi les Insulaires, la Noblesse, le moyen et le menu. 2.) In Capitain Cook's Reisen kommen häufige Beyspiele vor, wie sehr in den Societäts- und Freundschafts-Inseln ꝛc. das Volk unter der Gewalt der Vornehmen stehe. Le Gobien versichert uns das nämliche von den Diebsinseln. La noblesse, schreibt er, est d'une fierté incroyable, et il tient le peuple dans un abaissement qu'on ne pourroit imaginer en Europe — 3.) Der Zeitvertreib der

Ein-

Schönheit dem Eigennutze vorgezogen haben, ob ich gleich nicht behaupten will, daß sie in diesen Fällen, jener feinen Empfindung fähig seyen, die aus gegenseitiger Zärtlichkeit entspringen; und ich glaube, daß wohl in keinem Lande weniger platonische Liebe anzutreffen ist, als in Otaheite.

Einwohner von Wateeoo, der Freundschafts- und der Societäts-Inseln, den Capit. Cook sehr weitläuftig beschreibt, hat mit den Ergötzlichkeiten der Insulaner auf den Labronen wieder sehr viele Aehnlichkeit. — Ils se divertissent à danser, courir, sauter, lutter, pour s'exercer et éprouver leurs forces. Ils prennent grand plaisir à raconter les aventures de leurs ancêtres, et à reciter les vers de leurs Poëtes — 4. Eben so auffallend ist die Uebereinstimmung dessen was Capitain Cook bey so vielen Gelegenheiten von dem großen Antheil der Weiber seiner Insel sagt, mit Le Gobiens Bericht von seinen Labronen-Eiländern. — Dans leurs assemblées elles se mettent douze ou treize femmes en rond, debout, sans se remuer. Dans cette attitude elles chantent les vers fabuleux de leurs Poëtes, avec un agrément et une justesse qui plairoit en Europe. L'accord de leurs voix est admirable et ne cède en rien à la musique concertée. Elles ont dans les mains de petites coquilles, dont elles se servent avec beaucoup de précision. Elles soutiennent leurs voix et animent leurs chants avec une action si vive, et des gestes si expressifs, qu'elles charment ceux qui les voient et les entendent. 5. Wir finden in Hawkesworths Nachricht von Capit. Cook's erster Reise, (2ter B. S. 232.

1777.
December.

Das Beschneiden, oder vielmehr Einschneiden der Vorhaut ist bey ihnen ein angenommener Gebrauch, wobey gewisse Begriffe von Reinlichkeit zum Grund liegen mögen. Sie haben so gar ein schimpfliches Beywort in ihrer Sprache, für diejenigen die diesen Gebrauch nicht beobachten. Wenn
S. 234. deutsche Ausgabe) daß man in Otaheite Guirlanden von Palm-Nüssen und Cocosblättern nebst andern Dingen, die den Leichenfeyerlichkeiten vorzüglich gewevhet sind, in das Todtenhaus bringe, und nicht weit davon auch Lebensmittel und Wasser zurück lasse. Le Gobien sagt von den Labronern: Ils font quelques repas autour du tombeau; car on en éleve toujours un sur le lieu où le corps est enterré, ou dans le voisinage; on le charge de fleurs, de branches de palmiers, de coquillages et de tout ce qu'ils ont de plus précieux. 6. In Otaheite wird der Schädel eines Oberhauptes nie mit den übrigen Gebeinen begraben, sondern in ein hiezu gemachtes Kästchen gelegt; (S. Hawkesworth 2 Band, deut. Ausg. S. 234.) Von den Einwohnern der Labronen sagt Pater Le Gobien: qu'ils gardent les cranes en leurs maisons, daß sie solche in kleine Körbchen legten (petites corbeilles) und daß diese toben Oberhäupter die Anitis sind, welche von ihren Priestern angerufen werden. 7. Capit. Cook erzählt uns, bey Gelegenheit des beygesetzten Thee's, daß die Otaheiter Cocosnußoel und andere Ingredienzien zum Einbalsamiren ihrer Leichname nehmen. (S. C. Cooks dritte Reise. 2. B. S. 357.) Le Gobien sagt von den Einwohnern der Labronen —

fünf bis sechs ziemlich erwachsene Knaben in einem Bezirke vorhanden sind, so geht einer ihrer Väter zu einem Tahoua, oder Mann von Einsichten, um ihn davon zu benachrichtigen. Dieser begiebt sich sodann mit den Knaben, im Gefolge eines Dieners, auf den Gipfel eines Berges, wo er einen

1777. December.

nen — d'autres frottent les morts d'huiles odoriférantes. 8.) Die Otaheiter glauben die Unsterblichkeit der Seele, und daß es zwey Orte und verschiedene Stufen von Glückseeligkeit gebe, die mit unserm Himmel und unsrer Hölle einigermaffen übereinkommen. (S. Hawkesworth 2. Band, S. 237. b. Ausg.) allein sie glauben nicht, daß ihre Handlungen auf Erden einige Beziehung auf ihren künftigen Zustand haben. In dieser dritten Entdeckungsreise (S 2. B. S. 259.) finden wir, daß die Einwohner der Freundschafts-Inseln gleicher Meynung sind. Eben diesen Glauben haben die Einwohner der Labronen. Ils sont persuadés, schreibt Le Gobien, de l'immortalité de l'ame; ils reconnoissent même un paradis et un enfer, dont ils se forment des idées assez bizarres; ce n'est point, selon eux, la vertu ni le crime qui conduit dans ces lieux-là; les bonnes ou les mauvaises actions n'y servent de rien. 9.) Wir wollen zu diesem langen Verzeichniß von Aehnlichkeiten nur noch eine sehr auffallende hinzufügen. Capit. Cook gedenkt in seinem letztern Bericht von den Neu-Seeländern (S. 1. Band, S. 197.) daß nach ihren Religionsbegriffen die Seele des Menschen, der von seinen Feinden gefressen worden ist, zu einem ewigen Feuer verdammt sey, da die Seele derer, die natür-

Dritter Th. D

1777.
December.

der jungen Leute bequem zur Operation niederſetzen läßt, darauf ein Stückchen Holz unter die Vorhaut ſteckt, und unter dem Vorwand, als ſähe er etwas kommen, ſeine Aufmerkſamkeit auf einen andern Gegenſtand lenkt. In dieſem Augenblicke durchſchneidet er mit einem Hayfiſchzahn die Vorhaut bis aufs Holz, und dieß gemeiniglich durch einen Schnitt. Er legt ſodann die getrennten Theile zurück, verbindet ſie und ſchreitet zu der Operation eines andern Knabens. Fünf Tage darauf müſſen ſie ſich baden, der Verband wird weggenommen und die Wunde gereiniget. Nach Verlauf andrer fünf Tage baden ſie wieder, und ſind geheilt. Weil aber an der Stelle, wo die Haut durchſchnitten worden iſt, eine Art von Geſchwulſt zurückbleibt, ſo

natürlichen Todes geſtorben ſind, zu den Wohnungen der Götter aufſteigt. Die Inſulaner, deren Pater Le Gobien gedenkt, machen ſich eben dieſe Vorſtellung. — Si on a le malheur de mourir d'une mort violente, on a l'enfer en partage.

Dergleichen ausgezeichnete Uebereinſtimmungen können unmöglich ein Werk des bloßen Zufalls ſeyn. Verbindet man ſie noch mit den oben angeführten Beyſpielen einer augenſcheinlichen Verwandſchaft der Sprache, ſo darf man wohl ohne Bedenken behaupten, daß die Einwohner der verſchiedenen, von Capitain Cook in dem ſüdlichſtillen Meere entdeckten oder beſuchten Inſeln, und diejenigen welche die Spanier auf den Ladronen, oder Mariannen = Eilanden gefunden haben, ihre Sprache, Sitten, Gebräuche und

Mey=

gehen sie mit dem Tahoua und seinem Diener, noch einmal auf das Gebirge. Hier macht man ein Feuer an, bey welchem einige Steine gewärmt werden. Der Tahoua bringt die Vorhaut zwischen zwey derselben, preßt sie sanft, und die Geschwulst vergeht. Die Jungen kehren darauf, mit wohlriechenden Blumen auf dem Kopfe und an andern Theilen des Leibes, nach Hause und der Tahoua bekommt von den Vätern für seine Dienste, nach Maasgabe ihres Vermögens, ein Geschenk von Schweinen oder Zeuge; sind sie aber arm, so sorgen die Anverwandten bey dieser Gelegenheit für die Belohnung.

Ihr Religionssystem ist von ziemlichem Umfang, und in vielen Stücken sonderbar. Nur wenige von Meynungen aus einem gemeinschaftlichen Mittelpunkte, von welchem sie ausgewandert sind, mit sich genommen haben, mithin als zerstreute Glieder einer und derselben Nation anzusehen sind.

Die Materialien zu dieser Anmerkung hat man aus Pater *Le Gobien*, Histoire des Isles marianes Liv. II. genommen, deren Auszug in Histoire des Navigations aux Terres australes (par le Président *De Brosse*) T. II. p. 492-512. zu finden ist. (S. Vollständige Geschichte der Schiffahrten nach den Südländern, aus dem Franz. des Hrn. Präsid. DeBrosse übers. mit Anmerkungen und Zusätzen begleitet von J. C. Adelung. Halle 1767. 4. Herr Adelung hat eine vollständigere Geschichte der Marianen aus der allgem. Weltgeschichte eingerükt. W.

1777.
December.

dem gemeinen Manne haben eine vollständige Kenntniß davon, welche vorzüglich ihrer zahlreichen Priesterschaft vorbehalten ist. Es scheint nicht, daß sie bey ihren vielen Gottheiten, ein einiges über alle erhabenes Wesen anbeten; sie glauben vielmehr, daß alle sehr mächtig sind. Da nun nicht nur die benachbarten Eilande, sondern auch fast jeder Bezirk der Insel ihren eigenen Gott haben; so glauben die Bewohner sicher, daß sie sich den erhabensten gewählt haben, oder daß er wenigstens mächtig genug sey, sie zu beschützen und mit allen ihren Bedürfnissen zu versorgen. Sollte er ihrer Erwartung nicht entsprechen, so halten sie es für keinen Frevel, ihn abzudanken, wie es unlängst in Tiaraboo geschehen ist, wo man anstatt der zwey alten Gottheiten den Oraa, *) Gott von Bolabola, angenommen hat, vermuthlich, weil er der Beschützer eines Volks ist, das immer im Kriege siegreich gewesen ist. Seit dem sie diese Wahl getroffen haben, sind sie immer gegen die Einwohner von Otaheite-nooe, oder Groß-Otaheite, glücklich gewesen, und nun schreiben sie diese Siege dem Oraa zu, der, wie sie sich ausdrücken, ihre Treffen liefert.

Der Eifer, mit welchem sie ihren Göttern dienen, zeichnet sich ganz besonders aus. Nicht nur ihre Whattas, oder großen Opfer-Bühnen, an den Morais, sind beständig mit Früchten und Thieren beladen, sondern man sieht auch wenig Häuser, in

*) Capitain Cook nennt diesen Gott Olla, (S. oben 2ten B. S. 303.)

deren Nähe nicht dergleichen kleine Opferplätze anzutreffen wären. Viele der Einwohner sind so gewissenhaft, daß sie nie eine Mahlzeit halten, ohne vorher einen Bissen für den Eatooa beyseite zu legen; aber den höchsten Grad ihres verderblichen Aberglaubens sahen wir, auf dieser Reise, an einem Menschenopfer, die, aller Wahrscheinlichkeit nach, nur allzu oft bey ihnen Statt finden mögen. Vielleicht nehmen sie ihre Zuflucht zu denselben, so oft ihnen gewisse Unfälle begegnen; denn, als einer unserer Leute, zufälliger Weise, da wir übeln Wind hatten, in Arrest kam; fragten sie, ob er taboo, oder der den Göttern gewidmete Mann wäre. *) Ihre Gebete, die sie beynahe auf eben die Weise, wie sie bey öffentlichen Feyerlichkeiten zu thun pflegen, absingen, sind sehr häufig. Bey ihren gottesdienstlichen Gebräuchen ist die vorhin gedachte Demüthigung der Weiber eben so auffallend. Wenn sie bey einem Morai vorübergehen, müssen sie sich zum Theil entblößen,**) oder solchen durch einen beträchtlichen Umweg vermeiden. Nach ihrem Religionsbegriffe, ist ihr Gott nicht immer gehalten, Ihnen Wohlthaten zu erzeigen, und sie nie zu vergessen. In diesem Falle schreiben sie die Unfälle die ihnen zustossen, der Bosheit einer feindlichen

---

* S. oben 2ten B. S. 340. W.

**) Nach Capit. Cook's Bericht seiner ersten Reise müssen sich auch die Männer bis auf den Unterleib entblößen, wenn sie einem Morai nahe kommen. S. Hawkesworth. 2. B. 239. W.

1777.
December.

Macht zu, die ihnen zu schaden sucht. Sie sagten uns, daß Etee ein böser Geist sey, der ihnen öfters Schaden zufüge, sie bringen ihm daher Opfer, wie ihrem Gotte; indessen sind alle Uebel, die sie von irgend einem unsichtbaren Wesen befürchten, blos zeitliche Dinge.

Sie glauben eine Art von Immaterialität der Seele, und ihre Unsterblichkeit. Sie halten dafür, daß in der Todesstunde die Seele die Lippen der Sterbenden umflattere, sich sodann aufschwinge, und mit der Gottheit vereiniget werde, oder, wie sie sich ausdrücken, von dem Gotte gegessen werde. In diesem Zustande verbliebe sie eine Zeitlang, hernach aber gehe sie an einem zur Aufnahme menschlicher Seelen bestimmten Ort, wo sie in ewiger Nacht, oder wie sie zuweilen sagen, in ewiger Dämmerung fortlebe. Von unaufhörlichen Strafen nach dem Tode, die für lebenszeitliche Verbrechen auf sie warten sollten, haben sie keinen Begriff, und sie glauben, daß die Gottheit ohne allen Unterschied die Seelen guter und böser Menschen esse. Doch sehen sie, aller Vermuthung nach, diese Vereinigung mit der Gottheit als eine Art von Reinigung an, die zum Uebergang in ein besseres Leben nöthig ist. Denn, nach ihrer Lehre, kommt die Seele eines Menschen, der sich einige Monate vor seinem Tode alles Umgangs mit dem andern Geschlechte enthalten hat, unmittelbar, und ohne von seinem Gotte verzehrt zu werden, in die ewigen Wohnungen, weil er durch seine Enthaltsamkeit schon genug ge-

1777.
December.

reiniget, und dadurch von dem sonst so allgemeinen Loose befreyet worden ist.

Uebrigens haben sie bey weitem nicht die erhabenen Vorstellungen von jener künftigen Glückseligkeit, welche uns Religion und Vernunft darbieten, und das einzige grosse Vorrecht, welches sie nach dem Tode zu erwarten scheinen, ist, nicht mehr zu sterben. Denn, ihrer Meynung nach, sind die Geister nicht ganz von den Leidenschaften frey, die sie, während ihrer Verbindung mit der materiellen Hülle, in Bewegung setzten. So geschähe es, daß wenn Seelen, die vorher Feinde waren, sich dort begegnen sollten, sie sich tapfer mit einander herumbalgen würden; doch wahrscheinlich ohne Erfolg, weil sie in diesem unsichtbaren Zustande für unverwundbar gehalten werden. Eine ähnliche Vorstellung machen sie sich in Ansehung der Zusammenkunft eines Mannes mit seiner Frau. Ist der Mann vor der Frau gestorben; so kennt er ihre Seele, so bald sie in das Land der Geister kommt, und erneuert seine Bekanntschaft mit ihr, in einem geräumigen Hause, Tourooa genannt, wo sich die abgeschiedenen Seelen versammeln, und an den Ergötzlichkeiten der Götter Theil nehmen. Sie begeben sich darauf beide in eine abgesonderte Wohnung, wo sie von nun an beständig bey einander bleiben und Kinder zeugen, die aber ganz geistig sind, weil keine eigentliche Ehe Statt findet und hier die Umarmungen von anderer Art sind, als die bey körperlichen Wesen.

1777.
December.

Einige ihrer Begriffe von Gott, sind über alle Maſſen ausſchweifend und abgeſchmackt. So glauben ſie, unter andern, von ihrer Gottheit, daß ſie der Macht eben derer Geiſter unterworfen ſey, denen ſie ſelbſt das Daſeyn gegeben habe, und daß der alle Seelen freſſende Gott, ſeiner Seits wieder von ihnen gegeſſen, oder verſchluckt werde, daß er aber dabey das Vermögen behalte, ſich ſelber wieder hervor zu bringen. Ohne Zweifel bedienen ſie ſich dieſer Art zu reden, weil es ihnen an Ausdrücken fehlt, ſich über unmaterielle Gegenſtände verſtändlich zu machen, und daher immer zu körperlichen Bildern ihre Zuflucht nehmen müſſen. In eben dieſer Sprache ſagten ſie uns, der Gott frage die im Tourooa verſammelten Geiſter, ob ſie Willens wären, ihn zu verzehren, oder nicht; und wenn dieſe den Entſchluß wirklich gefaßt hätten, ſo könne er es nicht verhindern. Kommt es dazu, ſo wiſſen dieſes die Bewohner der Erde ſo gut wie die Geiſter; denn wann der Mond im Abnehmen iſt, ſo iſt es auch ein Zeichen, daß ſich die Geiſter über den Eatooa hermachen und ihn verzehren. Iſt der Mond im Zunehmen, ſo bringt der Eatooa ſich ſelbſt wieder hervor. Dieſem Schickſale ſind die größten wie die kleinſten Götter unterworfen. — Sie glauben, daß es auſſerdem noch andre Orte gebe, wo die abgeſchiedenen Seelen aufgenommen werden. Diejenigen die in der See ertrinken, bleiben daſelbſt, wo ſie ein ſchönes Land, und Häuſer und alles was ſie glücklich machen kann, antreffen. Noch ſonderbarer

1777.
December.

ist, daß nach ihrer Meynung, nicht nur alle andere Thierarten, sondern auch Bäume, Früchte und sogar Steine Seelen haben, die nach ihrem Tode, oder nach ihrer Zersetzung, zur Gottheit aufsteigen, mit welcher sie sich zuerst vermischen, und alsdann in die ihnen angewiesenen Wohnungen gelangen.

Ihrer Einbildung nach, verschaft ihnen eine genaue Beobachtung ihrer Religionspflichten alle Art von zeitlicher Glückseligkeit; da sie sich übrigens vorstellen, daß der belebende, mächtige Einfluß des Gottesgeistes allenthalben verbreitet sey, so darf man sich nicht wundern, daß sie dabey eine Menge abergläubischer Meynungen über seine verschiedenen Wirkungen hegen. So glauben sie z. B. ein schleuniger Tod, oder jeder andere Zufall sey eine unmittelbare Wirkung irgend einer Gottheit. Stößt sich jemand an einen Stein, und verletzt sich an der Zehe, so schreiben sie dieses einem Eatooa zu, und man kann buchstäblich von ihnen sagen, daß sie bey ihrem Religionssystem, immer auf bezauberten Boden treten. Wenn sie bey Nachtzeit einem Toopapaoo, wo ihre Todten ausgesetzt sind, nahe kommen, so überfällt sie ein Schauer, so wie sich unwissende und abergläubische Leute vor Geistern fürchten, wenn sie einen Kirchhof erblicken. Sie halten auch sehr viel auf Träume und betrachten sie als Eingebungen von ihrem Gotte, oder von den Seelen ihrer verstorbenen Freunde, wodurch sie in Stand gesetzt werden, zukünftige Dinge voraus zu sagen. Diese Gabe von Weissagung wird indessen nur einigen

1777.
December.

Personen zu Theil. Omai gab vor, sie zu besitzen. Er sagte uns, am 26sten Jul. 1776, daß ihm die Seele seines Vaters im Traum entdeckt habe, er würde binnen drey Tagen ans Land kommen; allein er war mit seiner ersten Prophezeyhung nicht glücklich, denn wir erreichten erst Teneriffa zu Anfang des August. Gleichwohl stehen hier diese Träumer in nicht viel geringerem Ansehen, als ihre begeisterte Priester und Priesterinnen, deren Vorherverkündigung sie blindlings glauben, und sie in allen ihren wichtigen Unternehmungen zur Richtschnur annehmen. Die Priesterin, welche den Opoony beredete Ulietea anzugreifen, wird von ihm in großen Ehren gehalten, und er geht nie in eine Schlacht, ohne sie vorher um Rath zu fragen. Auch unsre alte Lehre vom Einfluß der Planeten ist bey ihnen in Ansehen, wenigstens richten sie sich, bey ihren öffentlichen Berathschlagungen nach gewissen Mondsaspecten. Wenn er z. B. in einer horizontalen Lage erscheint oder sich mit seinem convexen Theile sehr abwärts neigt; so halten sie dieses für den glücklichsten Zeitpunkt Kriege zu führen, und gehen mit vestem Vertrauen auf Sieg in die Schlacht.

Sie haben allerley Traditionen über die Schöpfung, die, wie man sich leicht vorstellen kann, sehr verwickelt und mit Dunkelheit umgeben sind. Sie sagen, daß eine Göttin eine Erdmasse an einem Strick aufgehängt gehalten, diese herumgeschwungen, und auf diese Weise Trümmer Landes ausgestreuet habe; So sey Otaheite und die übrigen benachbarten

1777.
December.

Inseln entstanden, die alle von einem Mann und einer Frau ursprünglich von Otaheite aus wären bevölkert worden. Doch dieses bezieht sich nur auf ihre unmittelbare eigene Schöpfung; denn über die allgemeine ältere Erschaffung der Welt und einiger andern Länder haben sie wieder besondere Traditionen. Ihre ältesten Nachrichten hierüber gehen bis auf Tatooma und Tapuppa, welches ein Paar Felsen, männlichen und weiblichen Geschlechts sind und der ganzen Land- und Wasser-Masse oder unserer Erdkugel zur Grundlage dienen. Diese zeugten den Totorro, der nachher umgebracht und in Land zertheilt wurde. Nach ihm wurden Otaia und Oroo gebohren, die einander heuratheten, und zuerst Land, darauf aber ein Geschlecht von Göttern erzielten. Auch Otaia wurde getödet; Oroo vermählte sich mit ihrem Sohn, dem Gott Teorraha, und befahl ihm, mehr Land zu erschaffen, imgleichen Thiere und alle Arten von Lebensmitteln, die man auf Erden findet, und endlich den Himmel, welcher von Menschen getragen wird, die man Teeferai nennt. Die Flecken im Monde sind in ihren Gedanken Wälder, von einer Art Bäume, die ehehin in Otaheite wuchsen, aber durch einen Zufall ausgerottet worden sind; der Saamen davon wurde von Tauben in den Mond getragen, und daraus sind jene Wälder entstanden.

Sie haben auch eine Menge religiöser und historischer Legenden, von welchen letztern ich eine, die sich auf das Menschenfressen bezieht, zur Probe,

1777.
December.

und zwar nach ihrer Weise mittheilen will. Vor langer Zeit lebten in Otaheite zween Männer, die hießen Taheeai, — der einzige Name, womit sie noch alle Menschenfresser bezeichnen. — Man wußte weder, woher sie kamen, noch wie sie auf die Insel gekommen sind. Sie wohnten in den Gebirgen, und pflegten nur hervorzukommen, um eine Menge Einwohner zu tödten und aufzufressen, wodurch dann der Fortgang der Bevölkerung verhindert wurde. Zwey Brüder entschlossen sich, ihr Vaterland von so furchtbaren Feinden zu befreyen, und bedienten sich zu dem Ende einer List, die ihnen auch glücklich gelang. Sie wohnten noch etwas weiter hinauf in dem Gebirge, als die Toheeai, und zwar in einer solchen Lage, daß sie mit ihnen sprechen konnten, ohne ihr Leben in große Gefahr zu setzen. Nun luden sie selbige zu einem Gastmahl ein, welches auch angenommen wurde. Die Brüder machten Steine im Feuer heiß, steckten sie in Stücke von Mahee, oder gegohrner Brodfrucht, verlangten von dem einen Tahecai, daß er den Mund öffnen sollte, ließen ihm diese Stücke verschlingen, und goßen Wasser nach, wovon ein solches Aufbrausen, beym Ablöschen der Steine entstand, daß der eine Menschenfresser daran sterben mußte. Nun machten sie sich an den andern, der es aber abzulehnen suchte, und ihnen die schlimmen Folgen dieser Speise bey seinem Kameraden, vorstellte. Da sie ihn aber versicherten, daß es ein herrliches Gericht sey, daß diese Wirkung bald vorübergehe, und der andre sich

1777.
December.

bald wieder erholen würde: so war er leichtgläubig genug, sich auf diese Art füttern zu lassen und hatte mit dem erstern gleiches Schicksal. Die Einwohner schnitten sie darauf in Stücken, gruben sie ein, und übertrugen aus Dankbarkeit, den beiden Brüdern, die ihr Vaterland von diesen Ungeheuren befreyet hatten, die Regierung der Insel. Die Wohnung dieser Taheeais war in dem Bezirk Whapacenoo; und noch auf den heutigen Tag zeigt man einen Brodfruchtbaum, der ihnen gehört haben soll. Sie hatten ein Weib bey sich, mit ein Paar ungeheuer großen Zähnen, die, nachdem die Männer umgebracht waren, auf der Insel Otaha lebte, und nach ihrem Tod unter die Gottheiten versetzt wurde. Sie aß kein Menschenfleisch wie die Männer; man giebt aber, ihrer großen Zähne wegen, einem jeden Thier, das ein wildes Ansehen hat, oder mit großen Hauzähnen vorgestellt wird, den Namen Taheeai.

Diese Geschichte hat gerade so viel Wahrscheinliches, wie die Fabel vom Herkules, der die Hydra erlegte, oder das neuere Mährchen von Jack dem Riesentödter. Den darunter liegenden Sinn finde ich hier eben so wenig, als bey den meisten alten Fabeln dieser Art, die Unwissenheit und Blödsinn zu Geschichten stempelte. Sie kann indessen zu einem schicklichen Beweis dienen, welchen Abscheu man hier zu Lande vor allen denen hat, die Menschenfleisch essen. Gleichwohl habe ich einige Gründe zu glauben, daß die Einwohner dieser Insel ehehin

1777.
December.

Cannibalen gewesen sind. Omai wollte es zwar nie dazu kommen lassen, doch gedachte er eines Vorfalls, den er sehr genau wissen konnte, der meine Meynung noch mehr bestättigte. In einem der Treffen, die die Bolabolaner gegen die Einwohner von Huaheine gewonnen, wurden auch sehr viele von seinen Verwandten erschlagen. Einer dieser Blutsfreunde fand nachher Gelegenheit sich zu rächen, als die von Bolabola ihrer Seits geschlagen wurden. Er schnitt ein Stück Fleisch aus den Schenkeln eines seiner Feinde, bratete es, und ließ sichs wohl schmecken. Auch jenen Umstand bey ihren Menschenopfern, wo dem Oberhaupte das Auge des geopferten Mannes dargebracht wird, *) betrachte ich al Ueberbleibsel eines alten Gebrauchs, der sich ehemals weiter erstreckte, und dessen Andenken noch durch eine sinnbildliche Ceremonie erhalten wird.

Die Bekleidung mit dem Maro, und der Vorsitz bey den Menschen-Opfern, scheinen die ausgezeichneten Vorrechte der Königswürde zu seyn. Hieher kann man vielleicht noch das Blasen in eine Posaunen-Schnecke rechnen, die einen sehr starken Laut von sich giebt, und bey deren Ertönen alle Unterthanen des höchsten Oberhaupts, nach Maasgabe ihres Vermögens, alle Arten von Lebensmitteln in seine Residenz bringen müssen. Bey einigen andern Gelegenheiten, treiben sie die Ehrfurcht vor seinem blosen Namen zu einer höchst ausschwei-

*) S. Seite 330. des 2ten Bandes.

senden und sogar verderblichen Höhe. Denn wann bey seiner Investitur, in ihrer Sprache Worte gefunden werden, welche mit seinem Namen einige Aehnlichkeit haben, so werden sie verboten und andere an ihre Stelle gesetzt. Sollte indeß jemand verwegen genug seyn, sie doch zu gebrauchen, so wird nicht allein er, sondern auch seine ganze Verwandschaft ums Leben gebracht. Eben so streng wird mit denen verfahren, die sich unterstehen sollten, diesen geheiligten Namen einem Thiere beyzulegen. Diesem Nationalvorurtheile gemäß, konnte Omai äusserst aufgebracht werden, wenn die Engländer ihren Pferden oder Hunden die Namen, Prinz oder Prinzeßin beylegten. Gleichwohl lassen es eben die Insulaner, die den Misbrauch des königlichen Namens mit dem Tode bestrafen, bey einer blosen Confiscation der Grundstücke oder Häuser bewenden, wenn jemand an der Regierung des Königs etwas zu tadeln findet.

Der König betritt nie das Haus eines seiner Unterthanen, sondern er hat in jedem Bezirke, den er besucht, eigene Wohnungen. Sollte er aber durch irgend einen Zufall sich genöthiget sehen, von dieser Regel abzuweichen; so wird das Haus, welches er mit seiner Gegenwart beehrte, mit allem darinnen befindlichen Geräthe verbrannt. Seine Unterthanen entblößen sich nicht nur in seiner Gegenwart von oben herab bis auf den Gürtel, sondern an jedem Orte, wo er sich aufhält, wird, in einiger Entfernung, eine Stange errichtet, an der man

1777.
December.

ein Stück Zeug bevestiget, welcher sie gleiche Ehre erweisen. Vor seinen Brüdern entblößen sie sich ebenfalls; jedoch die Weiber nur vor den Frauenspersonen aus der königlichen Familie. Mit einem Worte, ihre Ehrfurcht für den König geht bis zum Aberglauben, und seine Person wird beynahe heilig gehalten. Diesem Vorurtheile hat er vielleicht den ruhigen Besitz seiner Staaten zu verdanken. Denn selbst die Einwohner von Tiaraboo, die ihr Oberhaupt für weit mächtiger halten, bezeigen ihm die nämliche Ehrerbiethung, als ein ihm zustehendes Recht. Uebrigens sehen sie ihren Befehlshaber für den künftigen Beherrscher der ganzen Insel an, wenn die jetzige königliche Familie aussterben sollte, welches er in diesem Fall auch leicht werden kann, da Waheiadooa, nicht nur Tiaraboo, sondern auch viele Distrikte in Opooreonoo besitzt. Sein Land ist daher fast so groß, als Otoos Land; es ist dabey volkreicher und bey weitem der fruchtbarste Theil der beiden Halbinseln. Auch haben seine Unterthanen, durch häufige Siege, die sie über die Einwohner von Groß-Otaheite erhalten haben, Proben ihrer Ueberlegenheit abgelegt, und sie sprechen von jenen, als von schlechten Kriegern, welche leicht zu bezwingen wären, wenn es ihrem Oberhaupte einfallen sollte, mit ihnen sein Heil zu versuchen.

Auffer dem Eree-de-Hoi und seiner Familie, sind die Einwohner in drey Classen eingetheilt, nämlich in die Erees, oder die mächtigsten Oberhäupter;

1777.
December.

ie gleiche Ehre
blößen sie sich
den Frauen,
 Mit einem
z geht bis zum
d beynahe hel=
at er vielleicht
zu verdanken.
aboo, die ihr
, bezeigen ihm
m zustehendes
fehlshaber für
en Insel an,
sterben sollte,
werden kann,
oo, sondern
besitzt. Sein
os Land; es
r fruchtbarste
ben seine Un=
e sie über die
halten haben,
und sie spre=
iegern, wel=
ihrem Ober=
Heil zu ver=

iner Familie,
etheilt, näm=
Oberhäupter;

in die Manahoone, oder Vasallen, und in die Teon oder Toutou, welches Knechte oder vielmehr Leibeigene sind. Nach ihrer gesetzmäßigen Einrichtung, verbinden sich die Männer einer jeden Classe mit Weibern gleichen Standes. Indessen geschieht es oft, daß sie sich mit Frauenspersonen von einer niedrigern Classe einlassen; das Kind bleibt beym Leben, und bekommt den Rang seines Vaters, wenn er anders kein Eree ist, in welchem Falle es umgebracht wird. So werden auch diejenigen Kinder ermordet, die aus der Verbindung einer vornehmern Frau mit einem Geringern erzeugt worden. Sollte ein Toutou auf einem vertrauten Umgang mit einer Frauensperson aus dem königlichen Geblüte ertappt werden; so hat er das Leben verwirkt. Der Sohn des Eree=de=hoi hat gleich nach seiner Geburt den Titel und Rang des Vaters. Wenn aber dieser keine Kinder hat, so übernimmt sein Bruder, nach dessen Tode die Regierung. In andern Familien ist allemal der älteste Sohn der Erbe, jedoch mit der Bedingung, für den Unterhalt seiner Brüder und Schwestern zu sorgen, und ihnen auf seinen Länderen Wohnungen zu verschaffen.

Die Gränzen der verschiedenen Bezirke in Otaheite sind gemeiniglich entweder Bäche, oder kleine Hügel, die sich an vielen Orten bis in die See erstrecken. Die Unterabtheilungen des Privateigenthums werden durch große Steine bezeichnet, die seit vielen Generationen nicht verändert worden sind.

Dritter Th.   E

1777.
December.

Will jemand diese Gränzsteine verrücken, so entstehen Streitigkeiten, die gemeiniglich durch die Waffen entschieden werden, wobey jede Parthei ihre Freunde ins Feld bringt. Werden aber die Klagen vor den König gebracht, so schlichtet er den Streit durch gütlichen Vergleich. Doch sind Eingriffe dieser Art sehr selten, und verjährte Gewohnheit scheint hier das Eigenthum eben so gut zu sichern, als in andern Ländern die strengsten Gesetze. So werden, vermöge eines alten Herkommens, auch gewisse Verbrechen, die mit dem allgemeinen Besten in nicht allzu naher Verbindung stehen, dem beleidigten Theile zur Bestrafung überlassen, ohne daß er nöthig habe, sich an einen höhern Richter zu wenden. In diesen Fällen glauben sie, er werde ein eben so billiges Urtheil fällen, als Leute denen die Sache gar nichts angeht; und da eine lange Gewohnheit für allerley Vergehungen gewisse Strafen vestgesetzt hat: so kann der Beleidigte den Beleidiger damit belegen, ohne jemand darüber Rechenschaft geben zu dürfen. Wenn, z. B. jemand auf einem Diebstahl ertappt wird, welches gemeiniglich bey Nachtzeit geschieht; so kann der Eigenthümer den Dieb auf der Stelle umbringen, und sollte man bey ihm nach dem Entleibten fragen, so ist es zu seiner Rechtfertigung schon hinreichend, wenn er die Ursach angiebt, weswegen er ihn getödet hat. Doch findet diese harte Strafe nur selten Statt, es müßte dann seyn, daß die entwendeten Sachen von großem Werthe waren, als Brustschilder und Haargeflechte. Werden nur

Zeuge oder Schweine gestohlen, und der damit ausgetretne Dieb wird nachher wieder entdeckt, so geschieht ihm kein Leid, wenn er verspricht, eine gleiche Anzahl von Zeugen und Schweinen zurückzugeben. Ja, man vergiebt ihm wohl ganz und gar, wenn er sich einige Tage verborgen gehalten hat, oder er kommt mit einer Tracht Schläge davon. Geschieht bey einer Zänkerey ein Todschlag, so versammeln sich die Verwandten des Verstorbenen, und greifen den Ueberbliebenen mit seinen Beyständen an. Siegen sie; so nehmen sie von dem Hause, den Ländereyen und Gütern des Gegenparts Besitz; unterliegen sie, so widerfährt ihnen gleiches Schicksal. Wenn ein Manahoone einen Toutou, oder Sclaven eines Oberhauptes umbringt, so schickt dieser Leute ab, und läßt des Mörders Haus und Güter in Beschlag nehmen, der unterdessen nach einem andern Theil der Insel, oder in ein benachbartes Eiland flüchtet. Einige Monate nachher kommt er wieder, findet seine Heerde Schweine sehr vermehrt; biethet einen beträchtlichen Theil davon, nebst einigen rothen Federn, oder andern Sachen von Werth, dem Herrn des Toutou an, der dann gemeiniglich diese Entschädigung annimmt, und Haus und Güter seinem ersten Eigner wieder überläßt. Diese Gewohnheit zeigt den äussersten Grad von niedriger Ungerechtigkeit und Gewinnsucht. Der Mörder des Sclaven muß sich blos zum Schein eine Zeitlang verborgen halten, um der geringen Classe des Volks, die der

1777.
December.

1777.
Dezember.

beleidigte Theil ist, ein Blendwerk vorzumachen; denn ein untergeordneter Befehlshaber scheint hier eigentlich nicht die Gewalt zu haben einen Manahoone, oder Vasallen zu strafen, sondern bey dem ganzen Handel liegen beide unter einer Decke, wodurch zugleich die Rachgierde des Manahoone und die Habsucht des Oberhauptes befriediget wird. Uebrigens darf man sich gar nicht wundern, daß das Leben eines Menschen hier für Schweine und rothe Federn feil ist, da man es für kein Verbrechen hält, seine eigene Kinder zu ermorden. Ich habe oft mit den Einwohnern über diese unnatürliche Grausamkeit gesprochen, und sie gefragt, ob die Oberhäupter oder Vornehmen des Volks darüber nicht ungehalten würden, und keine Strafe darauf gesetzt sey: aber ich erhielt zur Antwort, der König könne und wolle sich in diese Sache nicht mischen, und ein jeder habe das Recht, mit seinen Kindern zu machen was ihm beliebe.

Obgleich die Produkte, der Volksstamm, die Sitten und Gebräuche aller benachbarten Inseln, im Ganzen genommen, die nämlichen sind, die man in Otaheite findet: so giebt es doch einige Verschiedenheiten, welche wohl verdienten angezeigt zu werden, weil sie mit der Zeit zu wichtigern Untersuchungen Anlaß geben können. Uns sind indessen nur wenige bekannt.

Auf der kleinen Insel Mataia, oder Osnabrück-Eiland, die zwanzig Seemeilen ostwärts von Otaheite liegt, und einem otaheitischen

Oberhaupte gehört, dem sie eine Art von Tribut bezahlen muß, spricht man eine Mundart, die von der in Otaheite verschieden ist. Auch tragen die Einwohner von Mataia ihre Haare lang, und bedecken im Kriege ihre Arme mit einer Substanz, die mit Hayfischzähnen besetzt ist, den übrigen Körper aber mit einer Art von Chagrin, oder vielmehr Fischhaut. Bey eben der Gelegenheit, sind sie auch mit polirten Perlenmuscheln geziert, die in der Sonne einen ausserordentlichen Glanz von sich geben; und eine sehr große Muschel dient ihnen zum Brustschild.

Die Otaheite westwärts gelegenen Inseln haben alle einerley Sprache und Mundart; in der otaheitischen aber kommen eine Menge Wörter und so gar Redensarten vor, die man in jenen nicht kennt. So ist auch bey dieser Insel merkwürdig, daß sie eine vortrefliche Frucht, in großer Menge hervorbringt, die wir Aepfel nannten, *) und welche, Eimeo ausgenommen, sonst auf keiner der übrigen Inseln anzutreffen ist. Auch bringt Otaheite ein wohlriechendes Holz hervor, Eahoi genannt, welches in allen benachbarten Eilanden in großem Werthe steht, wo es nicht wächst, sogar in Tiaraboo nicht, oder der mit Otaheite zusammenhängenden südöstlichen Halbinsel. Huaheine und Eimeo haben hingegen den Vorzug, daß sie eine größere

---

*) Es ist vermuthlich jene äpfelähnliche Frucht, die mit der brasilanischen Myrobalan-Pflaume (Spondias) die nächste Verwandschaft hat. S. Hrn. R. Forsters Bemerkungen ꝛc. S. 381. W.

1777.
December.

Menge Yamswurzeln hervorbringen als die andern Inseln. In Mourooa findet man in den Gebirgen, einen besondern Vogel, der wegen seiner weissen Federn sehr geschätzt ist; auch sollen daselbst einige von jenen Apfelbäumen angetroffen werden, die in Otaheite und Eimeo einheimisch sind, obgleich Mourooa unter allen Societäts-Inseln am weitesten davon entlegen ist.

Die Religion auf allen diesen Inseln ist im Grunde, zwar eben dieselbe; doch hat jede derselben einen eigenen Gott, auf dessen vorzüglichen Schutz sie sich verlassen. Folgendes Verzeichniß habe ich nach den bestmöglichsten Nachrichten zusammengetragen.

Namen der Inseln.	Götter der Inseln.
Huaheine,	Tanne.
Ulietea,	Oro.
Otaha,	Tanne.
Bolabola,	Oraa.
Mourooa,	Oroo, ee weiahoo.
Toobaee,	Tamouee.
Tabooymanoo, oder Saunder's Insel, Huaheine unterworfen.	Taroa.
Eimeo,	Oroo-Haboo.
Otaheite { Otaheite-noœe	Ooroo.
Otaheite { Tiazaboo	Opoonoœ und Whatooteeree, welche aber neuerlich mit dem Oraa, Gott von Bolabola vertauscht worden sind.
Mataia, oder Osnabrück-Eiland	Tooboo, Toobooai, Rymaroia.
Die niedrigen östlichen Inseln	Tammatee.

1777.
December.

Ausser der Gruppe von hohen Inseln, von Mataia an, bis Mourooa, kennen die Otaheiter noch eine kleine, niedre, unbewohnte Insel, die sie Mopheea nennen, und welche vermuthlich Howe's Eiland ist. In unsern neuesten Charten der Südsee ist sie nordwärts von Mourooa angezeigt. Die Einwohner der am meisten unter dem Winde, oder westwärts gelegenen Inseln kommen bisweilen dahin. Auch liegen noch verschiedene niedere Eilande nordwärts von Otaheite, welche von den Eingebohrnen dann und wann, aber nicht gewöhnlich besucht werden. Man soll bey gutem Winde in zwey Tagen dahin segeln können. Man hat mir ihre Namen folgendermassen angegeben:

Mataeeva,

Oanaa, in Hrn. Dalrymple's Briefe an Hrn. Hawkesworth, Oannah.

Taboohoe,

Awehee,

Raoora,

Orootooa,

Otavaoo, wo es grosse Perlen geben soll.

Die Einwohner dieser Eilande kommen dagegen oft nach Otaheite und den übrigen hohen Inseln. Sie sind dunkler von Farbe, haben ein wilderes Ansehen, und sind anders punktirt. In Mataeeva und einigen andern dieser Eilande soll es Sitte seyn, dass die Väter ihre Töchter den ankommenden Fremden übergeben; das Paar muss aber fünf Nächte, eines an des andern Seite zubringen, ohne sich die

1777. December.

mindeste Freyheit zu erlauben. Am sechsten Abend bewirthet der Vater seinen Gast mit reichlicher Speise, und zeigt der Tochter an, daß sie den Fremden diese Nacht als ihren Mann anzusehen habe. Sollte sie auch noch so häßlich seyn, so darf der Fremde nicht die geringste Abneigung gegen sie blicken lassen, denn dieses würde als eine unverzeihliche Beleidigung angesehen werden, die mit dem Tod bestraft werden müßte. Vierzig Bolabolaner, die durch Neugierde verleitet, in einem Kanote bis nach Mataeeva fortruderten, erfuhren dieses Schicksal. Einer von ihnen hatte, unvorsichtiger Weise, sein Mißfallen an der ihm zugefallenen Frau zu erkennen gegeben; ein Knabe, der es hörte, gab dem Vater Nachricht davon. Nun fielen die Eingebohrnen über die Bolabolaner her; diese kriegerischen Insulaner wehrten sich zwar tapfer und erschlugen dreymal mehr Feinde als sie selbst stark waren, doch unterlagen sie endlich, bis auf fünf. Diese verbargen sich in einem Gehölze, sahen die Gelegenheit ab, während daß jene mit dem Begraben der Todten beschäftiget waren, in eines der Häuser zu kommen, und sich mit Lebensmitteln und Wasser zu versehen; dieses luden sie in ihr Fahrzeug, und machten sich davon. Sie fuhren bey Matai vorbey, ohne anzulegen, und kamen endlich glücklich nach Eimeo. Die Bolabolaner waren indessen billig genug einzusehen, daß die Abentheurer unrecht hatten, und da kurz hernach ein Kanot mit Insulanern von Mataeeva nach Bolabola kam, waren

1777.
December.

sie so weit entfernt, an ihnen den Tod ihres Landsleute zu rächen, daß sie vielmehr gestanden, sie hätten ihr Schicksal verdient, und die Fremden wurden von ihnen aufs freundlichste behandelt.

Weiter als auf diese niedern Inseln erstreckt sich wohl dermalen die Schiffahrt der Einwohner von Otaheite und der Societäts-Inseln nicht, und Herr von Bougainville setzet ohne Grund voraus, daß sie Reisen von so ungeheurer Weite unternehmen, als er vorgiebt, *) denn ich hörte dort als von einem Wunder sprechen, daß einmal ein Kahn in einem Sturme von Otaheite aus, bis nach Mopeeha, oder Howe's-Eiland getrieben worden war, obgleich diese Insel nicht sehr weit davon, und gerade unter dem Wind belegen ist. Alles was sie von andern entfernten Inseln wissen mögen, haben sie, ohne Zweifel, von Hörensagen, und ist ihnen von jenen fremden Inselbewohnern mitgetheilt worden, die zufälliger Weise an ihre Küsten verschlagen wurden. Von diesen konnten sie die Namen, die verhältnißmäsige Lage der Gegenden woher sie kamen, auch die Anzahl der Tage erfahren, die sie auf der See zugebracht hatten. Auf solche Art mögen auch die Einwohner von Wateeoo ihr Inselverzeichniß mit Otaheite und seinen benachbarten Eilanden, durch die Erzäh-

*) Er behauptet, diese Völker machten zuweilen Reisen von mehr als dreyhundert großen Seemeilen. S. Voyage autour du Monde, par Mr. de Bougainville. p. 228.

1777.
December.

lung jener aus dem Schiffbruch geretteten Leute, vermehrt haben, die wir dort antrafen, und die ihnen vermuthlich noch viele andre Inseln, von denen sie reden hörten, werden angezeigt haben. Hieraus lassen sich auch die ausgebreiteten Kenntnisse erklären, die die Herren auf der Endeavour dem Tupia in diesem Stücke beymaßen. *) Ich will seine Glaubwürdigkeit zwar nicht in Zweifel ziehen, aber ich sollte fast denken, daß er durch ähnliche Nachrichten die Lage so vieler Inseln wußte, und im Stande war, das Schiff nach Oheteroa zu führen, ohne wie er vorgab, selbst vorher da gewesen zu seyn, welches auch in mehr als einem Betrachte unwahrscheinlich ist.

*) S. Hawkesworth, Geschichte der Seereisen ꝛc. 2ten B. 178. f.

Zehendes Kapitel.

Fortsetzung der Reise, nach Abgang von den Societäts-Inseln. — Entdeckung der Weihnachts-Insel, und dortige Station der Schiffe. — Dahin gesandte Boote. — Schildkrötenfang. — Beobachtung einer Sonnenfinsterniß. — Ungemach zweyer verirrten Matrosen. — Innschrift, die in einer Glasflasche zurückgelassen wird. — Beschreibung der Insel. — Boden. — Bäume und Pflanzen. — Vögel. — Umfang, Gestalt und Lage der Insel. — Ankergrund.

1777.
December.
Montag,
den 8ten.

Nachdem wir Bolabola verlassen hatten, steuerte ich nordwärts, aber immer dicht bey einem Winde zwischen Nord-Ost und Osten, der sich fast nie nach Ost gegen Süden umsetzte, bis wir die Linie passirt hatten, und in die nördliche Breite gekommen war. Unser Lauf war also entweder beständig westlich gen Norden, oder manchmal nicht viel besser als nordwestwärts.

Es waren nun seit unserer Abreise von England siebenzehn Monate verflossen. Wir hatten zwar, im Ganzen genommen, unsere Zeit nicht unnütze zugebracht, indessen fühlte ich doch, daß, in Rücksicht auf den Hauptgegenstand meiner Instruction, unsere Reise erst angieng, und daß ich von neuem alle meine Aufmerksamkeit auf jeden kleinen Umstand zu richten hätte, der nur irgend zu unserer Erhaltung und endlicher Erreichung unserer Absichten dienlich seyn könnte. Zu dem Ende hatte ich, auf den letzten Stationen, den Bestand unseres Mundvorrathes genau untersucht, und so bald wir die

1777.
December.

Societäts=Inseln, und meine vorhin gemachten Entdeckungen im Rücken hatten, ließ ich auch in den Magazinen des Oberbootsmanns und Schiffzimmermeisters nachsehen, und von der Anzahl und Beschaffenheit eines jeden Artikels genaue Verzeichnisse verfertigen, damit ich seiner Zeit den vortheilhaftesten Gebrauch davon machen könnte.

Ehe wir jene Inseln verließen, versäumte ich nicht, mich bey den Einwohnern zu erkundigen, ob gegen Nord, oder Nord=West keine Inseln vorhanden wären, aber sie wußten von keiner einzigen. Auch wir seegelten lange, ohne Anzeigen eines nahen Landes zu entdecken, bis wir ungefähr den 8° südlicher Breite erreicht hatten, wo wir Tölpel, Tropikvögel, Fregatten, Seeschwalben und andere Gattungen zu Gesicht bekamen. Unsere östliche Länge war hier 205°. Mendana entdeckte auf seiner ersten Reise, im Jahre 1568,*) im 6° 45' südlicher Breite, und 1450 Seemeilen von Callao, oder im 200° östlicher Länge von Greenwich, eine Insel, die er *Isla de Jesus* nannte. Wir passirten also diese Breite fünf Grade, oder hundert Seemeilen östlicher, und doch sahen wir eine Menge dieser Vögel, die sich bekanntlich selten weit vom Lande entfernen.

Montag den 22sten.
Dienstag den 23sten.

In der Nacht vom 22sten auf den 23sten passirten wir die Linie, im 203° 15' östlicher Länge, wo die östliche Abweichung der Magnetnadel ungefähr 6° 30' betrug.

*) S. Dalrymple's Collection, Vol. I. p. 45.

Am 24ften, etwa eine halbe Stunde vor Tages- 1777.
anbruch, entdeckten wir Land, in Nord-Oft, gen December.
Oft, halb Oft. Als wir näher kamen, fanden wir,
daß es eine eben so niedre Insel war, deren so viele Mittwoch
in diesem Meere angetroffen werden, nämlich eine den 24ften.
schmale Bank, innerhalb welcher die See eine Lagune bildete. An zwey bis drey Stellen zeigten sich
etliche Cocospalmen, übrigens aber sah das Land
sehr unfruchtbar aus. Mittags um 12. Uhr, da
wir noch ungefähr vier Mellen von ihr entfernt
waren, erstreckte sie sich von Nord-Oft gen Osten,
gegen Süd gen Oft halb Oft. Wir hatten Oft-
südostwind, und mußten einige kurze Schläge hin
und her thun, um an die Lee- oder Westseite zu
kommen, wo wir in vierzig, zwanzig und vierzehen
Faden Wasser, einen feinen Sandboden fanden.
Die letzte Tiefe war eine halbe Meile, die größte
aber noch einmal so weit von den Brechern entfernt. Da wir so bequemen Grund fanden, entschloß ich mich vor Anker zu gehen, und zu versuchen, ob ich nicht Schildkröten bekommen könnte,
wozu es auf dieser, vermuthlich unbewohnten Insel, einigen Anschein hatte. In einer Tiefe von
dreyßig Faden ließ ich die Anker fallen, und schickte
ein Boot aus, welches nachsehen sollte, wo allenfalls zu landen wäre; wozu freilich wenig Hoffnung
war, da sich die See überall in fürchterlichen Brandungen gegen das Ufer brach. Der zu dem Boote
commandirte Officier brachte mir bey seiner Rückkehr die Nachricht, daß er keinen Landungsplatz hätte

IMAGE EVALUATION
TEST TARGET (MT-3)

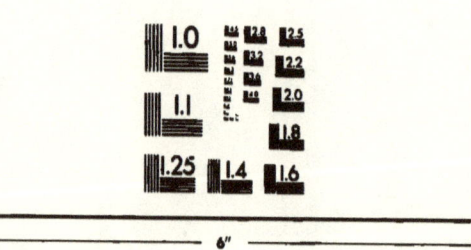

Photographic
Sciences
Corporation

1777.
December.

Donnerstag
den 25sten.

ausfündig machen können, daß es aber, ausserhalb der Brecher, in den Untiefen eine Menge Fische gäbe.

Am folgenden Morgen ließ ich mit Anbruch des Tags, von jedem Schiffe ein Boot aussetzen, um noch genauer untersuchen zu lassen, wo der Insel beyzukommen wäre. Zwey andre sollten unterdessen hie und da, unweit des Ufers, ankern, um Fische zu fangen. Letztere kamen gegen acht Uhr wieder zurück, und brachten über zwey hundert Pfund Fische mit. Diese reiche Beute veranlaßte mich, sie nach dem Frühstücke noch einmal dahin zu schicken; ich aber setzte mich in ein Boot, und nahm mir vor, selbst die Küste zu untersuchen, und zu sehen, ob nicht an Land zu kommen wäre. Ich fand es auf keine Weise möglich. Gegen Mittag kamen die in gleicher Absicht ausgeschickten beiden Boote zurück. Der Schiffer von der Resolution brachte mir die Nachricht, daß er, ungefähr anderthalb Seemeilen nordwärts, eine Oeffnung gegen das Land und einen Kanal in die Lagune gefunden habe, daß also höchstwahrscheinlich ein bequemer Landungsplatz dort seyn müsse. Die Wassertiefe ausserhalb dieser Einfahrt wäre der gleich, wo wir jetzt lägen. Auf diesen Bericht lichteten die Schiffe die Anker, und nach zwey bis drey Schlägen, giengen wir wieder, in zwanzig Faden Tiefe, auf einem feinen, schwärzlichen Sandboden, vor einer ganz kleinen Insel, am Eingang der Lagune, vor Anker. An jeder Seite der kleinen Insel geht ein Kanal in die Lagune, den

1777.
December.

Freytag den 26sten.

aber nur Boote befahren können. In der Lagune selbst ist das Wasser überall seicht.

Am 26sten Morgens ließ ich den Capitain Clerke ein Boot mit einem Officier nach dem südöstlichen Theil der Lagune abschicken, um Schildkröten zu suchen; Herr King und ich giengen, jeder in einem eigenen Boote, nach dem nordöstlichen Theile. Ich wollte das östliche Ende untersuchen; allein ein heftiger Gegenwind gestattete es nicht, und wir waren genöthigt, etwas mehr westwärts auf einer sandigen Fläche zu landen, wo wir eine Schildkröte fanden; die einzige, die wir in der Lagune zu sehen bekamen. Wir giengen, oder wateten vielmehr durch das Wasser bis an ein Inselchen, wo wir sonst nichts als einige Vögel antrafen. Ich verließ es, und begab mich nach dem Lande, welches gegen Nord-West die See umgiebt. Herr King aber blieb zurück, um die mittägliche Sonnenhöhe zu nehmen. Ich fand dieses Land noch unfruchtbarer, als die Insel, die ich eben verlassen hatte; als ich aber bis an die Seeküste fortwanderte, sah ich fünf Schildkröten dicht am Ufer; wovon aber nur eine gefangen wurde; die übrigen entkamen, und es ließ sich keine weiter sehen. Ich kehrte also wieder an Bord, wohin Herr King bald folgte, ohne eine Schildkröte gefangen zu haben. Wir zweifelten indessen nicht, noch einen guten Vorrath daran zu bekommen, da es einigen von Capitain Clerke's Officieren, die südwärts des Kanals ans Land gegangen waren, besser glückte und sie verschiedene von daher mit zurück brachten.

1777.
December.

Sonnabend
den 27sten.

Am 27sten des Morgens schickte ich die Pinnasse und den größten Cutter, unter Herrn Kings Anführung, nach dem südöstlichen Theil der Insel, innerhalb der Lagune, den kleinen Cutter aber nordwärts, wo ich Tags zuvor gewesen war, um auf den Schildkrötenfang auszugehen. Capitain Clerke hatte, seiner Seits, einige seiner Leute die Nacht hindurch am Lande gelassen; die auch so glücklich waren, vierzig bis funfzig Schildkröten auf dem Sand umzulegen, welche dann besten Fleißes an Bord gebracht wurden. Nachmittags kamen meine nordwärts geschickten Leute mit sechs Schildkröten zurück: Ich ließ sie noch einmal dahin gehen, wo sie auch blieben, bis wir absegelten, und eine ganz gute Beute machten.

Sonntag
den 28sten.

Am 28sten landete ich, in Herrn Bayly's Gesellschaft, auf dem kleinen Eilande, welches zwischen den beiden Kanälen, am Eingang der Lagune liegt, um die Telescope zu der bevorstehenden Sonnenfinsterniß zuzurichten, welch: ein großer Beweggrund für mich war, hier vor Anker zu gehen. Gegen Mittag kam Herr King mit einem Boote und acht Schildkröten zurück; sieben hatte er zurückgelassen, die mit dem andern Boote kommen sollten, dessen Mannschaft noch mehrere zu fangen gedachte. Gegen Abend wurde das Boot wieder dahin gesandt, um ihnen Mundvorrath und Wasser zu bringen. Herr Williamson wurde an Herrn Kings Stelle dazu commandirt, der an Bord blieb, um die Sonnenfinsterniß zu beobachten.

Am folgenden Tag schickte Hr. Williamson zwey mit Schildkröten beladene Boote an die Schiffe zurück, und ließ mich dabey ersuchen, die Boote ausserhalb der Lagune an die Südostseite der Insel zu schicken, wo er einen Landungsplatz gefunden habe, und die meisten Schildkröten gefangen worden wären; auf diese Art würde man der Mühe überhoben seyn, sie, wie bisher, so weit über Land bis in die Lagune zu tragen. Dem zufolge wurden die Boote an den von ihm angezeigten Platz abgeschickt.

Den 30sten, an welchem Tage die Sonnenfinsterniß eintreten sollte, gieng ich des Morgens, nebst Herrn King und Hrn. Bayly auf vorhin erwähnter kleiner Insel ans Land, um unsere Beobachtungen anzustellen. Bis nach neun Uhr war der Himmel überzogen, da sich dann die Wolken zertheilten, und die Sonne lang genug zu sehen war, daß man ihre Höhe nehmen konnte, um unsere Uhr mit der scheinbaren Zeit zu vergleichen. Nachher versteckte sie sich wieder, bis ungefähr dreyßig Minuten nach neun, wo wir sahen, daß die Finsterniß bereits angegangen war. Wir befestigten nun unsre Mikrometer an die Teleskope, und beobachteten, der maßen den unverfinsterten Theil der Sonnenscheibe. Ich verfolgte diese Beobachtungen bis drey Viertelstunden vor dem Ende der Finsterniß, wo ich sie aufgab, weil ich es wegen der großen Sonnenhitze, die durch das Zurückprallen der Strahlen

1777.
December.

Montag, den 29sten.

Dienstag, den 30sten.

1777. von dem Sandboden noch vermehrt wurde, nicht
December. länger aushalten konnte.

Die Sonne war von Zeit zu Zeit mit Wolken bedeckt, beym Ende der Finsterniß aber völlig unbewölkt. Der Austritt geschah:

St. M. S.

Nach { Hrn. Bayly - 0 26 3 } Scheinbare Zeit
{ Hrn. King - 0 26 1 } N. M.
{ meiner Beob. - 0 25 37 }

Herr Bayly und ich beobachteten mit großen achromatischen Fernröhren, Herr King mit einem Spiegel-Telescop. Da mein und Herrn Bayly's Instrument gleich vergrößerten, so hätte das Resultat meiner Beobachtung von der seinigen nicht so sehr abweichen sollen. Vielleicht kam es zum Theil, wo nicht ganz, daher, daß ich eine Erhöhung im Monde nicht bemerkte, dergleichen die beiden andern Herren wahrnahmen.

Nachmittags kamen die Boote, die an den südöstlichen Theil der Insel, auf den Schildkrötenfang ausgeschickt waren, wieder zurück, aber es fehlt ein Matrose von der Discovery, den man schon zwey Tage vermißt hatte. Anfänglich hatten sich ihrer zwey verirret; weil sie aber über den wahrscheinlichsten Rückweg nicht einig waren, so trennten sie sich, und der eine kam wieder zur übrigen Mannschaft, nachdem er vier und zwanzig Stunden mit vielem Ungemach zu kämpfen hatte. Nirgends konnte er einen Tropfen frischen Wassers finden — woran es dieser Insel gänzlich gebricht — und in der Gegend wo er sich befand, war auch nicht ein Cocosnußbaum zu sehen. Um seinen Durst zu löschen, kam er auf den Einfall, Schildkröten zu tödten und ihr Blut zu trinken. Sein Mittel sich zu erholen, wenn er sich ermüdet hatte, war eben so sonderbar, und er sagte, es habe ihm gute Dienste gethan. Er zog sich nämlich ganz aus, und legte sich eine Zeitlang in dem seichten Wasser am Strande nieder.

Es war in der That nicht wohl zu begreifen, wie sich diese beiden Leute verirren konnten. Der gerade Weg, den sie von der Seeküste bis an die Lagune zu machen hatten, wo die Boote lagen, betrug nicht mehr als drey englische Meilen; das Land war flach und nur mit einigem Gesträuche bewachsen: mithin hatten sie überall freye Aussicht und an vielen Stellen hätten sie die Maste der Schiffe sehr leicht sehen können. Allein dieses Mittel, sich herauszufinden, fiel ihnen gar nicht ein; sie konnten sich nicht einmal erinnern, ob die Schiffe gegen Osten, Westen, Süden oder Norden vor Anker lagen, und sie wußten so wenig wie sie zu diesen oder ihrem Boote zurückkommen sollten, als wenn sie eben aus den Wolken gefallen wären. Wenn man indessen bedenkt, was für ein sonderbarer Schlag von Geschöpfen die meisten Matrosen auf vestem Lande sind; so ist es nicht so wunderbar, daß sich diese beide verirrten, als daß nicht noch andere von der Parthey, bey dieser Gelegenheit vermißt wor-

1777.
December.

F 2

1777.
December.

den sind. Auch einer von denen, die mit mir an
Land gegangen waren, fand sich fast in gleicher
Verlegenheit; er hatte aber Besonnenheit genug
sich zu erinnern, daß die Schiffe unter dem Wind
lagen, und er war schon wieder an Bord, als wir
kaum bemerkt hatten, daß er fehlte.

So bald Capitain Clerke erfuhr, daß einer der
Ausgebliebenen in so mißlicher Lage war, schickte er
eine Parthey ab, ihn aufzusuchen. Da aber am
folgenden Morgen weder der Verirrte noch die
Mannschaft zurückkam; so beorderte ich zwey andere
Boote in die Lagune, die in verschiedenen Gegenden
nachsuchen sollten. Bald darauf kam Capitain
Clerke's Parthey mit ihrem verlohrnen Kamaraden
zurück. Der arme Kerl muß weit mehr Ungemach
ausgestanden haben, als der andere, da er viel
länger in der Irre gewesen war, und sich eckelte
Schildkrötenblut zu trinken. *)

Ich hatte einige auskeimende Cocosnüsse und
Yamswurzeln an Bord, die ich auf der kleinen
Insel, wo wir die Sonnenfinsterniß beobachteten
in die Erde setzen ließ. Auch befahl ich an einem
andern Orte Melonenkerne zu legen. Endlich ließ
ich auf dem kleinen Eilande in einer Flasche folgende
Innschrift:

*) Die lamentable Geschichte dieser beiden Verirrten
davon der eine Thomas Trecker, der andere, ein
Deutscher, Bartholomäus Lohmann hieß, steht
sehr weitläufig in dem Tagebuche einer Entdeckungsreise nach der Südsee ıc. Berlin.
1781. S. 190 206. W.

Georgius Tertius, Rex, 31 Decembris 1777. 1777.
Naves { Resolution, Jac. Cook, Pr. December.
       { Discovery, Car. Clerke, Pr.

1778.
Januar.

Am erſten Januar ſchickte ich Boote ab, welche
die am Lande befindliche Mannſchaft mit den gefan-
genen Schildkröten an Bord bringen ſollten. Es
war ſchon ſpät am Nachmittage, als ſie zurückkamen; ich hielt es daher für rathſam, erſt am folgenden Morgen unter Seegel zu gehen.   Unſere
beyden Schiffe hatten auf der Inſel an die dreyhundert Schildkröten gefangen, deren jede, eine in die
andere gerechnet, zwiſchen neunzig und hundert Pfund
wog. Sie waren alle von der grünen Gattung,*)
und ſo ſchmackhaft, als ſie vielleicht irgendwo in der
Welt ſeyn können. Wir fiengen auch mit Angel
und Leine Fiſche, ſo viel wir nur während unſeres
Aufenthaltes verzehren konnten, beſonders Caval-
les oder Pferdbrachſem,**) von verſchiedener
Größe; große und kleine Klapperfiſche (Snap-
pers,) auch einige Klippfiſche, (Rockfish) a) von
zweyerley Art, die eine mit ſehr vielen blauen Flecken,
die andere mit umher verbreiteten weiſſen Strei-

Donnerſtag
den 1ſten.

*) Teſtudo Mydas. *Linn.* Sie iſt nicht mit der grün-
ſchalichten Schildkröte, la tortue verte, Damp.
T. I. p. 113. zu verwechſeln, die zwar auch im
Südmeere am Cap Blanco, angetroffen wird,
aber ungleich kleiner iſt. S. Hiſt. naturelle
des quadrupedes ovipares, par le C. de la Ce-
pede. T. I. p. 92. 93. W.

**) Scomber Hippos. a) Chaetodon. *Linn.* W.

1778.
Januar.

Das Erdreich auf dieser Insel ist an einigen Orten locker und schwarz, und besteht augenscheinlich aus vermoderten Pflanzen, Vögelauswurf und Sand. An andern Stellen sieht man nichts als Seeprodukte, zerbrochene Korallsteine und Muschelschalen, welche in langen, schmalen Furchen, gleich einem gepflügten Acker, mit der Küste parallel liegen, und ohne Zweifel von den Wellen angeworfen worden sind, ob diese gleich jetzt, auf eine Meile weit, nicht mehr dahin reichen können. Dies scheint einen unwidersprechlichen Beweis abzugeben, daß die Insel durch Anwürfe der See entstanden ist, folglich auch immer mehr und mehr anwachsen müsse, denn nicht nur die zerbrochenen Korallsteine, sondern auch viele von den zerbrochenen Muscheln sind viel zu groß und schwer, als daß sie vom Ufer aus, an den Platz, wo sie jetzt liegen, Vögel sollten gebracht haben. Von frischem Wasser war hier kein Tropfe zu finden, so fleißig man auch darnach grub. Aber einige Salzwasser-Lachen trafen wir an, die keinen sichtbaren Zusammenhang mit der See hatten, und wahrscheinlich von dem, bey hoher Fluth, durch den Sand rinnenden Wasser, sich mögen angefüllt haben. Einer der Verirrten hat am südöstlichen Theile der Insel Bonsalz gefunden, welches wir sehr wohl hätten gebrauchen können, aber ein Mensch der in der Irre nicht wußte, ob ihn sein Weg gegen Ost, West, Süd oder Nord den führte, war nicht wohl zum Wegweiser nach dem eigentlichen Platz zu gebrauchen.

1778.
Januar.

Es war auch nicht die geringste Spur zu entdecken, daß, vor uns, ein menschliches Geschöpf diese Insel betreten habe. Sollte auch jemand so unglücklich seyn, durch Zufall hieher verschlagen, oder auf derselben zurück gelassen zu werden: so würde er schwerlich sich hier lange erhalten können. An Vögeln und Fischen ist zwar hier ein großer Ueberfluß, aber man sieht hier kein Mittel seinen Durst zu löschen, auch kein vegetabilisches Produkt, welches die Stelle des Brodes verträte, oder den unvermeidlich schlimmen Folgen einer blos aus dem Thierreiche genommenen Nahrung vorbeugen könnte. Die wenigen Cocosbäume, deren wir nicht über dreyßig auf der ganzen Insel angetroffen haben, trugen nur kümmerlich Früchte, und diese wenigen waren entweder nicht ausgewachsen, oder mit einem salzigen Safte angefüllt. Sollte ein Schiff hier anlegen, so darf es nichts als Fische und Schildkröten erwarten, aber beides in großem Ueberfluß.

An einigen Gegenden, im Lande, stehen etliche niedrige Bäume. Herr Anderson sagte mir, er habe auch ein Paar kleine Sträuche, ingleichen zwey bis drey kleine Pflanzen angetroffen, die wir auch alle auf Palmerston's Eiland und Otakootaia gesehen hatten. Hier war auch eine Art *Sida*, oder indianische Pappel, eine Portulak Art, *) eine andere kleine Pflanze, welche nach den Blättern zu urtheilen, ein *Mesembryanthemum* zu seyn schien, und zweyerley Gräser. Aber alle diese Pflanzen

*) Portulaca lutea? P. tetrandra? L.

1778.
Januar.

gattungen wären so dünn gesäet, und hatten ein so ärmliches Ansehen, daß man sich wundern muß, wie sie noch nicht ausgegangen sind.

Unter den vorhin erwähnten niedrigen Bäumen saß eine unbeschreibliche Menge Seeschwalben, oder Eyervögel*) von noch unbekannter Gattung. Sie sind oben schwarz, unten weiß, haben einen weissen Bogen auf der Stirne und sind größer als der gemeine Noddy.**) Die meisten hatten ihre Jungen erst ausgebrütet, welche unter den Alten, ohne Nest, auf dem bloßen Boden lagen. Die übrigen hatten Eyer, von denen sie nicht mehr als eines legen, und welche etwas größer, als ein Taubeney, und bläulich und schwarz eingesprengt sind. Ausserdem gab es auch eine Menge gemeiner Tölpel, (boobies); a) eine andere Art, die viel ähnliches mit der schottischen Gans (ganet) b) hatte, und eine dritte von einer Ruß- oder Chocolatfarbe, mit weissem Bauche. Zu diesem Verzeichniß gehören noch Fregattenvögel, Tropiker, Brachvögel, Sandlaufer, und ein kleiner Landvogel, der unserm Zaunschliefer (hedge-sparrow) gleich sah. c) Endlich Landkrabben, kleine Eidechse, und Ratten.

*) Sterna. *Linn.*   **) Sterna stolida. *L.*

a) Pelecanus piscator. *Linn.*

b) Pelecanus Bassanus. *L.*   c) Pelecanus Aquilus; Phaëton aethereus; Tantalus —; Tringa hypoleucos; Motacilla modularis. *Linn.* W.

1778.
Januar.

Weil wir unsere Weihnachten hier zubrachten, so nannte ich diese Entdeckung Weihnachts-Insel. (Christmas-Island). Meines Dafürhaltens mag ihr Umfang funfzehen bis zwanzig Seemeilen betragen; ihre Gestalt scheint halbcirkelförmig, oder gleich dem Monde im letzten Viertel zu seyn. Die beiden Hörner sind die nördliche und südliche Spitze, welche in der Richtung von Nord gen Ost, und Süd gen West, ungefähr vier bis fünf Seemeilen auseinander liegen. Der westliche Theil, oder die kleine Insel, am Eingang in die Lagune, auf der wir die Sonnenfinsterniß beobachteten, liegt im 1° 59′ nördlicher Breite, und nach dem Resultat einer beträchtlichen Anzahl Mondsbeobachtungen, (welches von dem Zeithalter nur um 7′ verschieden war,) im 202° 30′ östlicher Länge. Die östliche Abweichung der Magnetnadel war 6° 22½′; die Neigung ihrer nördlichen Spitze 11° 54′.

Weihnachts-Eiland ist wie die meisten Inseln dieses Oceans, mit einem Riffe von Korallfelsen umgeben, welches aber nicht weit vom Strande entfernt ist. Ausserhalb des Riffs, gegen Westen, ist eine Bank, feinen Sandes, die sich eine englische Meile weit in die See erstreckt, an welcher in einer Tiefe zwischen achtzehn bis dreyßig Faden, sich ein guter Ankergrund findet. In einer geringern Tiefe als achtzehen Klaftern, würde man allzu nahe an das Riff kommen; und bey einer größern als dreyßig, würde die Spitze der Bank

1778.
Januar.

nicht weit genug entfernt seyn. So lange wir hier vor Anker waren, hatten wir immer, einen oder zwey Tage ausgenommen, frischen Ost- oder Ostsüdwind. Dabey kam eine starke Deinung von Norden, die sich an dem Riffe in fürchterlichen Brandungen brach. Wir hatten schon diese hohle Wogen, ehe wir hieher kamen, und sie hielten noch einige Zeit an, nachdem wir die Insel verlassen hatten.

91

Eilftes Kapitel.

Entdeckung einiger Inseln. — Nachrichten von den Einwohnern von Atooi, die an die Schiffe kamen. Ihr Betragen, als sie an Bord kamen. — Einer derselben wird getödet. — Maasregeln um den Umgang mit den Weibspersonen zu verhindern. — Man findet einen Wasserplatz. — Empfang, als wir an Land giengen. — Spazirgang im Innern des Landes. — Man findet ein Morai. — Beschreibung desselben. — Gräber der Oberhäupter und der geopferten Menschen. — Besuch auf einer andern Insel, Onee heow genannt. — Ceremonien der Eingebohrnen, als sie an die Schiffe kamen. — Ursachen, sie für Menschenfresser zu halten. — Eine Partey Mannschaft wird ans Land geschickt, und verbleibt zwey Nächte dort. — Nachricht von dem, was bey dieser Landung vorfiel. — Die Schiffe verlassen die Insel, und seegeln nordwärts.

1778.
Januar.

Am 2ten Januar hoben wir, mit Tagesanbruch, die Anker, und richteten unsern Lauf wieder nordwärts. Wir hatten schönes Wetter und eine leichte Kühlung aus Ost, und Ost-Südosten, bis wir im 7° 45' nördlicher Breite, und im 205° östlicher Länge waren, da wir dann einen Tag Windstille bekamen. Hierauf folgte ein Wind aus Nord-Ost gen Osten, und Ost-Nordosten, welcher anfänglich ganz schwach war, aber nach und nach zunahm, je weiter wir nordwärts kamen. Wir sahen täglich noch eine Menge vorhin erwähnter Vögel, an einem Tag mehr, am andern weniger; zwischen dem 10ten und 11ten Grad nördlicher Breite kamen uns auch

Freytag, den 2ten.

1778.
Januar.

Sonntag
den 18ten.

verschiedene Schildkröten zu Gesicht. Alles dies hält man für Zeichen eines nahen Landes, wir entdeckten aber keines, als am siebenzehenden Tage nach unserer Abreise, wo mit Tagesanbruch in Nord-Ost gen Osten eine Insel zum Vorschein kam. Bald darauf sahen wir in Nord noch mehr Land, welches von dem vorhin erblickten gänzlich getrennt war, und, so wie jenes, hohes Land zu seyn schien. Um 12 Uhr Mittags lag uns das erste, in einer muthmaßlichen Entfernung von acht bis neun Seemeilen, in Nord-Ost gen Ost halb Ost, und nahe an der östlichen Spitze des andern, ein hoher Berg in Nord halb West. Unsere nördliche Breite war um diese Zeit 21° 12′; die östliche Länge 200° 41′. Hier fiengen leichte Winde und Meersstillen an abzuwechseln, so daß wir, mit Untergang der Sonne, wenigstens nach neun bis zehen Seemeilen vom nächsten Lande entfernt waren.

Montag,
den 19ten.

Am 19ten, mit Sonnenaufgang, lag uns die zuerst gesehene Insel, in einer Weite von etlichen Seemeilen, in Osten, mithin gerade windwärts, wodurch wir verhindert waren, ihr beyzukommen. Ich steuerte also gegen die andere, die zu erreichen war. Kurz darauf entdeckten wir in West-Nord-West eine dritte Insel, die aber so entfernt war, daß sie eben noch konnte wahrgenommen werden. Wir hatten eine schöne Kühlung aus Ost gen Nord. Ich richtete nun die Vordersteve gegen das östliche Ende der zweyten Insel, welche sich, Mittags um 12 Uhr, von Nord halb Ost, bis zu West-Nord-

West quart West ausbreitete, da dann der nächste
Theil des Landes noch zwey Seemeilen weit von uns
entfernt seyn mochte. Bis hieher hatten wir einigen Zweifel, ob das vor uns liegende Land bewohnt
wäre, aber der verschwand nun bald, als wir verschiedene Canote vom Ufer abstoßen und auf unsere
Schiffe zurudern sahen. Ich ließ sogleich beylegen,
damit sie Zeit gewönnen, uns nahe zu kommen. In
jedem Kahne waren drey bis sechs Männer, und
als sie nicht mehr weit von uns waren, hörten wir
mit angenehmer Ueberraschung, daß sie otaheitisch,
oder die Sprache der Societäts-Inseln, redeten.
Es kostete nicht viel Zuredens, sie an die Schiffsseiten zu bringen; aber nichts in der Welt konnte sie
bewegen an Bord zu kommen. Ich band einige
kupferne Medaillen an ein Seil, und ließ sie in einen
der Kähne herab, da man dann sogleich einige Makrelen dagegen an die Schnur band. Dieser Verkehr wurde fortgesetzt. Man gab ihnen einige kleine
Nägel oder auch Stückchen Eisen; dieses schätzten
sie höher, als alles andre, und gaben uns dafür noch
weit mehr Fische, und eine süße Patate.*) Aus
allem diesen erhellt, daß sie Begriffe vom Tauschhandel hatten, oder wenigstens von Geschenken und
Gegengeschenken. Sonst hatten sie nichts in ihren
Kähnen, als einige große ausgehöhlte Kürbisse und
eine Art von Fischersnetzen. Einer der Insulaner
bot uns aber das Stück Zeug, welches er, nach Art
der Einwohner der Societäts-Inseln, um den

*) Convolvulus chrysorhizus. *Solandr.*

1778.
Januar.

1778.
Januar.

Leib gewunden hatte, zum Verkauf an. Diese Leute waren braun von Farbe; zwar nur von mittlerer Größe, aber stark von Gliedern. Sie zeigten keine sonderliche Verschiedenheit in Ansehung ihrer Farbe, aber in ihren Gesichtszügen war schon mehr Mannigfaltigkeit, und einige sahen beynahe Europäern gleich. Die meisten hatten die Haare kurz abgeschnitten, andere ließen sie fliegen; bey einigen wenigen waren sie auf dem Scheitel in einen Schopf gewunden. Bey allen schien das Haar von Natur schwarz zu seyn, aber die meisten hatten es, nach Art der Einwohner der Freundschafts-Inseln, mit einer Materie beschmiert, wovon es braun oder versengt aussah. Sie hatten fast durchgehends lange Bärte. Am Leibe trugen sie keine Zierrathen, auch bemerkten wir nicht, daß sie durchbohrte Ohren hatten, aber einige waren auf den Händen und in der Gegend des Unterleibes ganz leicht punktirt. Die Zeugstücke, die wir an ihnen sahen, waren auf eine ganz eigene Art mit rother, schwarzer und weisser Farbe bemahlt. Sie schienen von guter Gemüthsart zu seyn, und hatten keine Art Waffen bey sich; man müßte denn einige kleine Steine dafür annehmen, die sie unfehlbar zu ihrer Vertheidigung mitgenommen hatten; denn sie warfen sie über Bord, so bald sie fanden, daß sie überflüßig waren.

Da sich an der östlichen Spitze der Insel kein Ankerplatz zeigte, so gieng ich mit den Schiffen leewärts, und hielt mich längs der südöstlichen Seite, eine halbe Seemeile weit vom Ufer. So bald wir unter Seegel giengen, verließen uns die Kähne; als wir aber längs der Küste hinabfuhren, kamen andere zu uns, welche Bratferkeln und sehr schöne Pataten mitbrachten, die sie, gleich den vorigen, gegen alles, was man ihnen dafür gab, vertauschten. Von einigen Spanferkeln wurde uns das Stück für einen Sechsstüber-Nagel überlassen. Wir befanden uns also aufs neue in einem Lande des Ueberflusses, und gerade, da unsere von der letzten Insel mitgebrachten Schildkröten beynahe aufgezehrt waren. Wir kamen an verschiedenen Dörfern vorbey, deren einige ganz nahe an der See, andre mehr landeinwärts lagen. Aus allen ströhmten die Einwohner dem Ufer entgegen, und stellten sich auf Anhöhen, um die Schiffe zu sehen. Auf dieser Seite erhebt sich das Erdreich, vom Meere an, ganz allmälig bis an den Fuß der Berge, die in der Mitte der Insel liegen, eine einzige Gegend ausgenommen, am östlichen Ende, wo das Gebirge gerade aus der See emporsteigt und aus bloßem Stein, oder wagerechten Felsschichten gebildet zu seyn scheint. Wir sahen kein Gehölze, als auf den innern Gegenden der Insel; doch stehen einige Bäume um die Dörfer herum, in deren Nähe wir auch verschiedene Plantagen von Pisang und Zuckerrohre, ingleichen angebauete Plätze mit Wurzelwerk wahrgenommen haben.

Wir fuhren immer fort, die Wassertiefe zu erforschen, konnten aber mit einer Lothleine von funfzig Klaftern keinen Grund finden, bis wir uns,

1778.
Januar.

1778.
Januar.

Dienstag,
den 20sten.

ungefähr um die Mitte dieser Seite der Insel, oder vielmehr nahe am nordwestlichen Ende derselben, einer niedrigen Spitze gegenüber befanden. Hier zeigte uns das Senkbley zwölf bis vierzehen Faden Wasser, auf einem Felsboden. Als wir diese Spitze umfahren hatten, wo die Küste sich mehr nordwärts zog, fanden wir zwanzig, dann sechzehen, zwölf, und endlich fünf Faden, über einem Sandboden. Die letzten Tiefen zeigten sich ungefähr eine Meile weit vom Ufer. Die Nacht machte allen fernern Untersuchungen ein Ende und wir brachten sie mit laviren hin. Am folgenden Morgen steuerten wir dem Lande zu, wo uns verschiedene Kähne voll Eingebohrner entgegen kamen. Einige faßten Muth und wagten es an Bord zu steigen.

Auf keiner meiner Reisen sind mir noch Einwohner irgend einer Gegend vorgekommen, die, beym Eintritte in ein Schiff, einen so hohen Grad von Erstaunen gezeigt hätten, als diese Leute. Ihre Augen flohen unaufhörlich von einem Gegenstand zum andern; ihre scheuen Blicke und alle ihre Geberden gaben deutlich zu erkennen, daß sie durchaus nicht wußten, wie ihnen geschah, noch was sie sahen; daß sie mithin noch von keinen Europäern müßten besucht worden seyn, und daß ihnen bis auf das Eisen, alle unsere Waaren unbekannt waren. Doch auch von dem Eisen hatten sie sicherlich nur reden gehört, oder in einer entfernten Periode einmal eine geringe Quantität davon erhalten. Sie schienen blos zu wissen, daß es eine Materie sey, die man zum Schneiden und Löcherbohren gebrauchen könne, als alles was ihr Land hervorbringt. Sie forderten es unter dem Namen Hamaite, weil dies vermuthlich ein Werkzeug bedeutet, wozu das Eisen nützlich konnte gebraucht werden; denn sie gaben auch diesen Namen unsern Messerklingen, ob wir gleich überzeugt sind, daß sie keinen Begriff von Messern hatten, und nicht wußten, wie man damit umgehen müsse. Aus eben der Ursache nannten sie das Eisen öfters Toe, welches in ihrer Sprache ein kleines Beil, oder vielmehr eine Art von Hobelmeisel (adze) bedeutet. Als wir sie fragten, ob sie wußten, was Eisen wäre, antworteten sie unverzüglich: "Wir wissen es nicht; ihr wißt es was es ist, wir kennen es nur als Toe und Hamaite." Wir zeigten ihnen Glaskorallen; sie fragten, was es wäre, und ob sie es essen sollten. Als wir ihnen hierauf sagten, daß es Ohrgehänge wären, gaben sie sie als etwas unnützes zurück. Eben so wenig achteten sie einen Spiegel, den man ihnen anbot, und welchen sie aus gleicher Ursache wieder hergaben. Hamaite und Toe hingegen war ihr einziges Begehren, und sie wollten es in großen Stücken haben. Teller von englischem Steingute, porcellanene Tassen und andere Dinge dieser Art, waren ihnen etwas so neues, daß sie fragten, ob sie von Holz wären; doch wünschten sie etwas davon zu haben, und mit an Land zu nehmen, um sie dort ihren Landsleuten sehen zu lassen. Sie besaßen eine gewisse

Dritter Th.   G

1778.
Januar.

1778.
Januar.

natürlicher Höflichkeit, oder eine Art von Besorgniß, uns zu mißfallen; denn sie fragten, ob sie sich setzen sollten, ob es erlaubt wäre auf dem Verdeck auszuspucken, u. d. gl. Einige sagten lange Gebete her, ehe sie an Bord stiegen; andere sangen hernach und machten dabey Bewegungen mit den Händen, wie wir sie bey den Tänzen der Einwohner auf den vorhin besuchten Inseln zusehen gewohnt waren. Sie glichen auch jenen Insulanern noch in einer andern Rücksicht vollkommen. Denn als sie zuerst auf das Schiff gekommen waren, suchten sie alles zu stehlen, was ihnen nahe genug war; oder sie nahmen es ganz unverhohlen, als ob sie überzeugt wären, daß wir es nicht übel nehmen, oder sie wenigstens nicht daran verhindern würden. Wir benahmen ihnen aber bald diesen Irrthum, und wenn sie nach der Hand nicht mehr so gierig waren, alles zu sich zu nehmen, was ihnen anständig war, so geschah es blos, weil sie sahen, daß wir ein wachsames Auge auf sie hatten.

Um neun Uhr waren wir ziemlich nahe am Ufer. Ich beorderte daher den Lieutenant Williamson, mit drey bewafneten Booten, einen Landungsplatz und frisches Wasser ausfündig zu machen. Ich befahl ihm zugleich, daß im Fall er nöthig fände, an Land zu gehen, um einen Wasserplatz zu suchen, er nicht mehr als einen Mann mitnehmen sollte. Eben da die Boote vom Schiffe abstießen, stahl ein Eingebohrner des Fleischers Hackmesser, sprang damit über Bord, erreichte seinen Kahn, und eilte dem Ufer zu, wohin ihn die Boote vergeblich verfolgten.

Ich hatte den Befehl, daß sich keiner von der Bootsbesatzung ans Land begeben sollte, gegeben, weil ich, so viel nur immer in meinen Kräften war, die Mittheilung einer Seuche auf der Insel verhüten wollte, von welcher verschiedene unserer Leute angesteckt waren, und welche, unglücklicher Weise, durch uns auf mehrere Inseln dieses Oceans gebracht worden ist. Aus eben dem Grunde ließ ich auch keine Weibspersonen auf die Schiffe kommen. Es waren ihrer verschiedene in den Kähnen, die an Statur, Farbe und Gesichtszügen nicht viel von den Männern verschieden waren; und so viel trauliche Offenherzigkeit, und so gar Anmuth auch ihr Gesicht zeigte, so sah man doch weder in ihren Zügen, noch in der Proportion der übrigen Formen, viele Spuren weiblicher Feinheit. Im Anzuge unterschieden sie sich von den Männern blos dadurch, daß sie um den Leib ein Stück Zeug trugen, das von der Mitte desselben bis auf die halben Schenkel herab hieng, da jene das Maro um die Lenden gewickelt hatten. Sie hätten uns so gerne mit ihrem Zuspruch an Bord beehrt, als die Männer; allein ich wollte durchaus allem Umgang mit ihnen vorgebeugt wissen, der, höchst wahrscheinlich, nicht nur ihnen selbst, sondern auch ihrer ganzen Nation, durch sie, einen unersetzlichen Schaden würde zugezogen haben. Ich gebrauchte auch noch die nöthige Vorsicht, und gab die strengsten Befehle, niemand, ausserhalb der Schiffe auf einen Posten zu schicken,

1778.
Januar.

von dem allenfalls zu vermuthen wäre, daß er das Uebel weiter verbreiten könne.

Ob diese Maasregeln, die mir die Menschenliebe vorschrieb, den erwünschten Erfolg gehabt haben, oder nicht, muß die Zeit lehren. Ich hatte auf diesen Gegenstand gleiches Augenmerk gerichtet, als ich zum erstenmal (1773) die Freundschafts Inseln besuchte; allein zu meinem großen Leidwesen fand ich, bey meinem letzten Aufenthalte, daß alle meine Vorsicht vergebens war. Ich fürchte auch, daß auf Reisen, wie die unsrigen, dieß immer der Fall seyn wird, wenn es die Umstände erfordern eine gewisse Anzahl Mannschaft an Land zu haben. Der Gelegenheiten und Veranlassungen zum Umgang zwischen beyden Geschlechtern sind zu viel, als daß man allen vorbeugen könne; wie sehr sich auch ein Befehlshaber bemühet, auf die Gesundheit seiner Leute Bedacht zu nehmen, so findet er doch öfters zu spät, daß er sich geirret habe. Es steht sogar noch dahin, ob auch der geschickteste Arzt mit Zuverlässigkeit behaupten kann, daß eine, bis auf einen gewissen Grad mit dieser Krankheit angesteckte Person nach seiner Cur so vollkommen hergestellt sey, daß man von derselben keine Mittheilung mehr zu befürchten habe. Ich könnte einige Fälle beybringen, die meiner Meynung das Wort zu reden scheinen. Hiezu kommt noch, daß unter einer gewissen Anzahl von Leuten, sich immer einer oder der andere findet, der aus Schamhaftigkeit sein Uebel zu verheelen sucht. Andere sind dagegen leichtsinnig und verderbt genug,

sich wenig darum zu bekümmern, wenn sie diese Krankheit mittheilen. Von der letzten Art kann der Constabler von der Discovery ein Beyspiel abgeben, der, bey unserm letzten Besuch auf den Freundschafts-Inseln, in Tongataboo an das Land beordert war, um Lebensmittel für das Schiff einzutauschen. Er wußte seine Krankheit, aber dem ungeachtet unterließ er nicht, sich mit Weibspersonen einzulassen, von denen er beynahe gewiß wissen konnte, daß sie nicht angesteckt waren. Seine Camaraden machten ihm darüber Vorwürfe; er kehrte sich aber wenig daran, bis Capitain Clerke von dieser verderblichen Unordnung Nachricht erhielt, und ihn wieder an Bord schickte.

Indeß die Boote die Küste untersuchten, steuerten wir mit den Schiffen ab und zu, um ihre Wiederkehr zu erwarten. Gegen Mittag kam Herr Williamson zurück, mit der Nachricht, daß er hinter dem Sandgestade, nicht weit von einem Dorfe, einen großen Teich gesehen habe, der, nach der Versicherung der Eingebohrnen, frisches Wasser enthalte; diesem Teiche gegen über sey auch ein bequemer Ankerplatz; er hätte noch an einem andern Orte landen versucht, wäre aber von den Eingebohrnen daran verhindert worden, indem sie sich haufenweise an die Boote gedrängt und versucht hätten, Ruder, Flinten - kurz, alles was ihnen vor die Hände kam, wegzunehmen. In diesem Gedränge habe er sich genöthiget gesehen, Feuer zu geben, wobey ein Insulaner wäre erschossen worden. Die

1778.
Januar.

sen letzten traurigen Umstand erfuhr ich aber nicht eher, als bis wir die Insel verlassen hatten; alle meine Maasregeln waren mithin hier so unbefangen, als wenn gar nichts von der Art vorgefallen wäre. Herr Williamson erzählte; so bald der Insulaner gefallen sey, hätten ihn seine Landsleute aufgehoben und weggetragen; auch die andern hätten sich von den Booten entfernt, im Weggehen aber unsern Leuten Zeichen gegeben, daß sie ans Land kommen sollten, welches er aber abgelehnt habe. Herr Williamson glaubte indessen nicht, daß die Eingebohrnen im Sinn gehabt hätten, einen seiner Leute zu töben oder sonst ihm Schaden zuzufügen, sondern daß sie blos die Neugier verleitet habe, nach jenen Sachen zu greifen, und daß sie dagegen auch das Ihrige gern würden hergegeben haben.

Die Boote waren kaum an den Schiffen, als ich eines davon wieder abschickte, um an dem besten Ankerplatze zu halten. So bald es auf dieser Station angelangt war, führte ich auch die Schiffe dahin, und ankerte in fünf und zwanzig Faden auf einem feinen, grauen Sandboden. Die östliche Spitze der Rheede, welche das vorhinerwähnte flache Landende war, lag Süd 51° Ost; die westliche Spitze, Nord 65° West; und das Dorf, hinter welchem das frische Wasser seyn sollte, in der Entfernung von einer englischen Meile, in Nord-Ost gen Osten. Nicht gar eine englische Viertelmeile von uns waren Brecher, welche ich aber nicht eher entdeckte, als bis das Schiff seine Stelle einge-

nommen hatte. Die Discovery gieng ostwärts 1778. von uns, und weiter vom Lande vor Anker. Nach- Januar. dem auf solche Art die Schiffe an Ort und Stelle waren, gieng ich zwischen drey und vier Uhr, mit drey bewaffneten Booten, und zwölf Mann See- soldaten nach dem Ufer, theils das Wasser zu un- tersuchen, theils die Gesinnungen der Eingebohr- nen kennen zu lernen, von welchen einige Hunderte auf dem Sandgestade, vor dem Dorfe, versammelt waren. Hinter dem Dorfe war ein enges Thal, dessen Grund der Teich einnahm.

In dem Augenblicke, da ich ans Land sprang, fiel die ganze versammelte Menge der Eingebohrnen platt auf ihr Angesicht, und blieb in dieser demü- thigen Lage, bis ich durch die nachdrücklichsten Be- wegungen sie zum Aufstehen brachte. Sie brachten sodann eine Menge kleiner Ferkeln, die sie mir zu- gleich mit Pisangstämmen überreichten, und beob- achteten dabey eben die Ceremonien, die wir bey ähnlichen Gelegenheiten, in den Societäts- und andern Inseln gesehen hatten; besonders sagte einer dabey ein langes Gebeth her, in welches andere aus der Versammlung zuweilen mit einstimmten. Ich gab ihnen zu erkennen, wie angenehm mir die Merk- male ihrer Freundschaft wären, und überreichte ihnen dagegen die Geschenke, die ich in dieser Ab- sicht mit ans Land genommen hatte. Nach Endi- gung dieses vorläufigen Geschäftes, stellte ich eine Wache auf den Strand, und bat einige Einwohner, mich an das Wasser zu führen. Ich fand es wirk-

1778.
Januar.

Mittwoch,
den 21sten.

lich gut, und für unsere Absicht in sehr bequemer Lage. Diese Wassersammlung ist so beträchtlich, daß sie den Namen eines Sees verdiente. Sehr zufrieden, sowohl in Ansehung dieses wichtigen Punktes, als der friedfertigen Gesinnungen der Einwohner, kehrte ich wieder an Bord zurück, und gab Befehle, daß alles zur Landung und Füllung der Fässer auf den folgenden Morgen bereit seyn sollte, da ich dann selbst wieder mit der dazu bestellten Mannschaft ans Land gieng, und eine Partey Seesoldaten mitnahm, die als Wache den Strand besetzen mußten.

So bald wir ans Land gekommen waren, gieng der Handel mit Schweinen und Pataten an, welche die Einwohner gegen Nägel und Stücke Eisen vertauschten, denen man einigermaßen die Gestalt von Meißeln gegeben hatte. Unsere Leute beym Wasser wurden nicht nur nicht gehindert, sondern die Eingebohrnen halfen ihnen vielmehr die Fässer hin und her wälzen, und thaten, was man nur von ihnen verlangte. Da alles so gieng, wie ich es nur wünschte, und meine Gegenwart hier entbehrlich war; überließ ich die Aufsicht Herrn Williamson, der mit mir ans Land gestiegen war, und gieng in Begleitung Herrn Andersons und Herrn Webbers landeinwärts und zwar das Thal hinauf. Der erstere besaß alle Eigenschaften, das Merkwürdige, so wir finden würden, mit der Feder darzustellen, der andere mit dem Reißbley. Ein großer Schwarm von Eingebohrnen folgte uns nach; einem davon,

1778.
Januar.

der sich sehr thätig bewies, die andern in Ordnung zu halten, wählte ich zu unserm Wegweiser. Von Zeit zu Zeit machte dieser Insulaner unsre Annäherung durch ein gewisses Ausrufen bekannt, und alle die uns begegneten, warfen sich mit dem Gesichte zur Erde nieder, und blieben so liegen, bis wir vorüber waren. Wie ich nachher erfuhr, bezeigen sie auf diese Art, nur ihren höchsten Oberhäuptern gleiche Ehrerbietung. Als wir mit den Schiffen, von Osten her, längs der Küste hinabgesegelt waren, hatten wir in jedem Dorfe einen oder mehrere weisse, erhabene Gegenstände bemerkt, welche wie Pyramiden, oder vielmehr wie Obelisken aussahen. Einer dieser Obelisken, dessen Höhe nach meinem Augenmaaße wenigstens funfzig Fuß betrug, fiel uns vorzüglich von der Station unserer Schiffe in die Augen, und schien nicht sehr weit thaleinwärts zu liegen. Die Hauptabsicht bey meinem Spaziergange war, diese Masse näher zu betrachten; unser Wegweiser begrif auch sehr wohl, wo er uns hinführen sollte. Allein es fand sich, daß sie jenseit des Teiches lag, wohin wir für diesmal nicht kommen konnten. Indessen war eine andre, eben dieser Art, diesseits im Thale, eine halbe englische Meile weit von uns, nach welcher wir uns auf den Weg machten. Als wir hinkamen, sahen wir, daß sie in einem Begräbnißplatze oder Morai stand, und wir waren nicht wenig über die Aehnlichkeit betroffen, die dieser Platz, in vieler Rücksicht, mit den Morais hatte, die wir auf andern Inseln des Süd-

1778.
Januar.

meeres, und vorzüglich in Otaheite gesehen hatten; sogar die besondern Theile desselben nannte man uns wie auf jenen Inseln. Es war ein länglichter Platz, von ansehnlicher Größe und mit einer etwa vier Fuß hohen Mauer von Steinen umgeben. Inwendig war er mit lockern, kleinern Steinen überschüttet, und an einem Ende stand die von mir so genannte Pyramide, die in der Landsprache Henananoo hieß. Sie hatte genau dieselbe Form, wie jene, die wir von unsern Schiffen aus sahen, nur daß sie kleiner war. Sie hatte unten etwa vier Fuß ins Gevierte; ihre Höhe betrug an die zwanzig Fuß. Die vier Seiten bestanden aus dünnen Stangen, welche mit Ruthen und Zweigen durchflochten waren, und einer schlechten Korbmacherarbeit gleich sahen. Der innere Theil war hohl von unten bis oben. Ob sie gleich schon anfieng in Verfall zu gerathen, so sah man doch noch hinlängliche Spuren, daß sie vormals mit einem dünnen, leichten, grauen Zeuge überzogen war. Diese Art Zeug scheint hier vorzüglich zu gottesdienstlichen Absichten bestimmt zu seyn; denn wir sahen viele Stücke davon an verschiedenen Orten des Morai hangen, auch waren mir, bey meiner ersten Landung, einige derselben aufgebrungen worden. An jeder Seite der Pyramide waren lange Stücke von Flechtwerk, Hereanee genannt, welche gleichfalls verfielen, nebst zwey dünnen, in einen Winkel sich gegen einander neigenden Stangen, wo, auf einem Brete, welches fünf bis sechs Fuß hoch dazwischen angebracht war, einige Pisange lagen. Man sagte uns, die Früchte 1778. wären ein Opfer für ihren Gott; das geringste Januar. nannten sie Herairemy, und es ist mit dem Whatta in Otaheite einerley. Vor dem Henanonoo, oder der Pyramide, standen einige Stücken Holz, in welchen etwas, das Menschenfiguren ähnlich sah, eingegraben war. Diese, nebst einem zwey Fuß hohen Steine, waren mit Stücken Zeug bedeckt, und man nannte sie Hoho; sie sind dem Tongarooa, dem Gott dieser Insel geweihet, und sie erinnerten uns immer mehr und mehr an alles was wir, von dieser Art, auf den unlängst verlassenen Inseln gesehen hatten. *) Nicht weit von diesen Holzstücken, aber an der Außenseite des Morai, war eine kleine Hütte, nicht viel geräumiger als ein Hundsstall, die sie Hareepahoo nannten. Vor dieser war eine Grabstätte, worinn, wie man uns sagte, der Leichnam einer Frau lag.

An der entferntesten Seite des Morai stand ein Haus, oder ein Schoppen, welcher an die vierzig Fuß lang war, dessen Breite an den beiden Enden acht bis neun, in der Mitte aber zehen Fuß, wie die Höhe, betrug. Dieses Gebäude nannten sie Hemanaa, und es soll, ihrer Aussage nach, zwar um vieles länger, aber niedriger, als ihre gewöhnlichen Wohnungen seyn. Der Eingang war in der Mitte der dem Morai zugekehrten Seite. In der

*) Man sehe die Beschreibung des Morai in Otaheite, in welchem das Menschenopfer vergieng. (2. B. S. 340. 341.)

1778.
Januar.

Tiefe dieses Schoppen, dem Eingange gegenüber, standen zwey hölzerne, aus einem Stück geschnitzte Bilder, mit Fußgestellen, in allem an die drey Schuh hoch, von nicht ganz schlechter Zeichnung und Arbeit. Man sagte uns, es wären Eatooa no Veheina, oder Abbildungen weiblicher Gottheiten. Die eine Figur hatte einen geschnitzten Helm, der mit den alten Sturmhauben viel ähnliches hatte; die andere eine cylinderförmige Mütze wie der Tanou, oder Turban der Otaheiterinnen. Beide hatten Stücken Zeug um die Lenden gewunden, welche sehr weit herab hiengen; jeder Figur stand ein ausgeschnitztes länglichtes Stück Holz zur Seite, welches gleichfalls mit Stückchen Zeug behängt war. Zwischen den Fußgestellen oder vielmehr vor denselben, lag eine Menge Farrnkraut aufgehäuft. Es war leicht abzunehmen, daß diese Stengel einzeln, und zu verschiedenen Zeiten hieher gebracht worden sind; denn es waren daran alle Grade vom Grünen und Frischseyn, bis zur Vermoderung zu erkennen.

In der Mitte des Hauses, und vor beiden Figuren war ein länglichter Raum, der mit Steinen umgeben, und mit Lappen des so oft erwähnten Zeugs belegt war. Dies waren Grabstätte von sieben Oberhäuptern, deren Namen man uns anzeigte; der Platz selbst aber wurde von unserm Wegweiser Heneene genannt. Wir hatten an diesem Begräbnißplatze schon so viele auffallende Aehnlichkeiten mit den Grabstätten der vorhin von uns besuchten Inseln im stillen Weltmeere, bemerkt, daß

1778.
Januar.

wir den Argwohn nicht unterdrücken konnten, es möchte diese Uebereinstimmung der Ceremonien, auch in Ansehung der greulichen Menschenopfer Statt haben. Unsere Vermuthung wurde nur allzubald bestättiget; denn als wir aus dem Hause traten, sahen wir nahe am Eingange einen kleinen viereckigten Platz, dann weiter hin noch einen kleinern, und als wir unsern Wegweiser fragten, was dieses wäre, sagte er uns, auf dem ersten läge ein geopferter Mann begraben, auf dem andern ein Schwein, welches ebenfalls der Gottheit dargebracht worden wäre. Das Menschenopfer nannte er Tanata- oder Tangata-Tofoo (im otaheitischen: Taato-Taboo.) Nicht weit von diesen Gräbern, und beynahe in der Mitte des Morai, waren drey andere eingeschlossene viereckigte Plätze, und in jedem ein Stück eingekerbtes Holz, welches mit Farrnkraut beladen war. Hier lagen nach des Insulaners Berichte, drey Oberhäupter begraben. Weiter vorwärts sahen wir wiederum einen ablangen, eingeschlossenen Raum, welchen unser Führer Tangata-taboo nannte, und seinem Reden nach konnten wir gar nicht mehr zweifeln, daß hier nicht drey Menschenopfer eingegraben wären, und daß man nicht jedem dieser Oberhäupter, bey seiner Beerdigung, eines zugetheilt hätte. Mit inniger Betrübniß überzeugte ich mich von der unläugbaren Gewißheit, daß dieser blutige Religionsgebrauch in diesem unermeßlichen Ocean bey Völkern Statt habe, die von einander so weit entfernt sind, daß eines

1778.
Januar.

des andern Existenz nicht einmal weiß, ob sie gleich ursprünglich aus einem Stamm entsprossen zu seyn scheinen. Besonders that es mir leid, diesen unmenschlichen Gebrauch, aller Wahrscheinlichkeit nach, hier so allgemein eingeführt zu sehen. Denn außer diesem unbeträchtlichen Morai, scheint die Insel noch eine Menge dergleichen Opferplätze zu haben, wovon wir selbst mehr als einen, von den Schiffen aus, längs der Küste wahrgenommen hatten, besonders den, welcher jenseit des Teiches in unserm Thale lag, ich meyne den weissen Hennananoo, oder die Pyramide, deren in die Augen fallende Farbe uns nunmehr durch die daran angebrachten Stücke geweiheten Zeuges, ganz begreiflich wurde. Innerhalb der Mauern des Begräbnißplatzes waren einige Sebestenbäume, (Cordia Sebestena,) und etliche None- oder indianische Maulbeerbäume, (Morinda citrifolia) gepflanzt, auch einige Etee oder Jeejee, die wir in Tongataboo gesehen hatten, mit deren Blättern das Henanau, oder jener Schoppe gedeckt war. Da ich nicht wahrgenommen habe, daß man sich dieser Pflanze bey den Dächern der Wohnhäuser bedient, so scheint es, daß sie blos zu gottesdienstlichem Gebrauche bestimmt ist.

Unser Weg nach dem Morai, welches ich beschrieben habe, und davon wieder zurück, gieng durch Pflanzungen. Der Boden war mehrentheils eben, hie und da mit Wassergräben durchschnitten, und die Fußwege schienen durch Kunst erhöhet zu seyn.

Die Zwischenräume waren größtentheils mit Taro *) bepflanzt, die hier sehr stark wird, weil die Felder niedriger liegen, als das übrige Erdreich, mithin das Wasser, welches dieser Wurzel nöthig ist, sich länger darinnen aufhalten kann. Dieses Wasser kommt wahrscheinlich mit demjenigen welches den Teich anfüllt, wo wir unsre Fässer hatten, aus einer Quelle. In den trockenen Gegenden fanden wir regelmäßig angelegte Pflanzungen von Zeug- oder Papier-Maulbeerbäumen, die in vollem Wachsthum waren und von Unkraut sehr rein gehalten wurden. Die Kokosnußbäume kamen nicht so gut fort, und waren alle sehr niedrig; aber die Pisangstämme, ob sie gleich nicht von den größten waren, hatten ein besseres Ansehen. Ueberhaupt sind alle Bäume, welche wir sowohl um dieses Dorf herum antrafen, als bey den übrigen Dörfern, an denen wir, vor unserm Ankern, vorbey kamen, Sebestenbäume, aber von weit niedererm Wuchse, als dieser Baum in den südlich gelegenen Inseln zu seyn pflegt. Der größte Theil des Dorfs liegt an dem Strande und besteht wenigstens aus sechzig Häusern; und ungefähr vierzig andere liegen tiefer im Lande nach dem Begräbnißplatze hin zerstreuet.

Nachdem wir alles, was in und um das Morai herum zu sehen war, sorgfältig in Augenschein, und Herr Webber Zeichnungen davon

1778.
Januar.

―――――

*) Arum esculentum. Linn. Die eßbare Aronswurzel. W.

1778.
Januar.

genommen hatte, kehrten wir auf einem andern Wege zurück. Ich fand einen zahlreichen Haufen Leute am Strande versammelt, die einen lebhaften Handel mit Schweinen, Geflügel und Wurzelwerke trieben, wobey jedoch alles in größter Ordnung zugieng, und ich nicht bemerken konnte, daß eine Person vorzüglich über die andern Eingebohrnen eine Art Befehlshaberey ausgeübet hätte. Mittags gieng ich zum Essen an Bord, Herrn King aber schickte ich ans Land, die dortige Mannschaft zu commandiren, welchen Dienst er schon diesen Morgen würde übernommen haben, wenn ihn nicht Mondsbeobachtungen auf dem Schiffe zurückgehalten hätten. Nachmittags gieng ich mit Capitain Clerke wieder ans Land, in der Absicht, noch einen Streifzug landeinwärts vorzunehmen. Allein ehe es geschehen konnte, wurde es beynahe Nacht; ich mußte also für diesmal meinen Vorsatz aufgeben, und nachher zeigte sich auch keine Gelegenheit mehr dazu. Mit Sonnenuntergang ließ ich alle unsre Leute an Bord zurückkehren. Sie hatten den Tag über neun Tonnen Wasser gefüllt, und siebenzig bis achtzig Schweine, einiges Geflügel, eine Menge Pataten, etliche Pisange und Tarowurzeln bekommen, wofür sie mehrentheils Nägel und Stückchen Eisen gegeben haben. Ich muß hier diesen Insulanern zum Lobe nachsagen, daß sie, bey ihrem Tauschhandel, sowohl zu Land, als an den Schiffsseiten, uns nie zu betrügen suchten; und wenn einige, wie ich oben erzählte,

1778.
Januar.

eine Neigung zum Stehlen verrathen hatten, so war es, weil sie sich einbildeten, ein Recht auf alles zu haben, was ihnen unter die Hände käme; und sie betrugen sich gar bald anders, wie sie sahen, daß wir jenes Benehmen nicht ungestraft hingehen ließen.

Unter den Waaren, die sie an diesem Tage zu Markt brachten, fiel uns vorzüglich eine sonderbare Art von Mänteln auf, die selbst in Ländern, wo man auf den Anzug mehr Aufmerksamkeit richtet, für schön würden gehalten werden. Die ersten haben beynahe die Größe und Form der kurzen Mäntel, welche in England von dem Frauenzimmer, und in Spanien von den Männern getragen werden. Sie gehen den halben Rücken herab, und werden vorn ganz locker zusammen gebunden. Der Grund ist ein Netzgestricke, auf welches die schönsten rothen und gelben Federn so dicht an einander aufgetragen sind, daß die Oberfläche den vestesten, reichsten Sammet zu vergleichen ist, dem sie sowohl in Weichheit als glänzendem Ansehen beykommen. Das Muster und die Abwechslungen der Farben waren sehr verschieden; einige hatten kleine roth und gelb auf einander folgende Dreyecke, andere, dergleichen halbe Monde; manche waren ganz roth, und hatten einen breiten gelben Rand, so daß man sie von weitem für scharlachene, mit goldenen Tressen besetzte Mäntel halten könnte. Der prächtige Farbenglanz der Federn trug bey denen, die noch neu waren, zu

Dritter Th. H

1778.
Januar.

ihrer Schönheit ungemein viel bey. Auch fanden wir, daß die Eigner selbst einen sehr hohen Werth darauf setzten; denn anfänglich wollten sie solche auch gegen keine unserer Waaren, die ihnen angeboten wurden, abtreten, und sie forderten nicht weniger dafür, als eine Flinte. Indessen verkauften sie uns endlich einige um sehr große Nägel. Die von der besten Sorte waren sehr rar; und es scheint, daß sie nur bey gewissen Feyerlichkeiten, oder Ergötzungen getragen werden. Wenigstens machten diejenigen, die sie trugen, allerley Geberden, wie wir sie an denen sahen, die uns vorgesungen hatten.

Die Mütze hat fast ganz die Gestalt eines Helms mit einem handbreiten Kamm oder Busche in der Mitte; sie liegt überall ganz dicht am Kopfe an; für die Ohren sind Ausschnitte gelassen. Das Ganze ist eine Art Korbmacherarbeit, mit einem Neßgestricke überzogen, worein auf die nämliche Weise, wie an den Mänteln, Federn eingeflochten sind, aber noch dichter und nach einfacheren Mustern. Das meiste daran ist roth, mit schwarzen, gelben oder grünen Streifen an den Seiten, die mit der Krümme des Kammes parallel laufen. Vermuthlich machen sie mit den Mänteln einen vollständigen Anzug aus; denn zuweilen kamen uns Eingebohrne zu Gesicht, die mit beiden bekleidet waren.

Anfänglich konnten wir nicht begreifen, wo sie eine solche Menge schöner Federn hernähmen; bald aber bekamen wir wenigstens über eine Sorte Aufschluß, denn sie brachten nachher eine große Anzahl

Häute von kleinen rothen Vögeln zum Verkauf, die oft zu zwanzigen oder mehr, in Bündel zusammen gebunden, oder mittelst dünner, durch die Nasenlöcher gesteckter Hölzchen angereihet waren. Die ersten, die man uns gab, waren nur halb, nämlich die Haut, vom Kopf an, bis hinter die Flügel; nach der Hand bekamen wir aber verschiedene, woran noch der übrige Theil mit Schwanz und Füssen befindlich war. Bey den erstern wurde es uns auf einmal anschaulich, wie die Fabel vom Paradiesvogel entstanden seyn mag, der keine Füsse haben soll. Vermuthlich schneiden die Einwohner der Inseln, die den Molucken ostwärts liegen, und woher die Häute der Paradiesvögel gebracht werden, ihnen die Füsse aus eben der Ursache ab, die uns die Einwohner von Atooi dieses Verfahrens wegen anführten. Sie sagten uns nämlich, man könne die Häute auf diese Art weit besser erhalten, ohne daß irgend ein brauchbarer Theil daran verderbe. Herr Anderson hielt den rothen Vogel für eine Art von Bienenfresser (Merops.) Er ist ungefähr von der Größe eines Sperlings; seine Farbe ein schönes Scharlachroth; Schwanz und Flügel sind schwarz; er hat einen stark gekrümmten Schnabel, der zweymal so lang wie der Kopf, und, so wie die Füsse, von röthlicher Farbe ist. *) Die Schädel waren

*) Dieser Merops des Hrn. Anderson, ist die Certhia coccinea. Forst. S. Götting. Magazin. 1. Jahrg. 6. Stück, S. 346. u. f. W.

1778. Januar.

1778.
Januar.

ausgenommen, wie bey den Paradiesvögeln; übrigens schien es nicht, daß man zu ihrer Erhaltung sich eines andern Mittels bediene, als sie zu trocknen; denn obgleich die Häute die man uns brachte, feucht waren, so konnte man doch weder im Geschmack noch Geruch etwas von einem antiseptischen Verwahrungsmittel daran wahrnehmen. *)

Donnerstag den 22sten.

Die ganze Nacht und den Morgen des 22sten regnete es fast unaufhörlich. Der Wind war in Südost, Südsüdost und Süden, und schlug die See in kurz gebrochenen Wellen. Dabey war unser Schiff mit der Hintersteve nicht zwey Ankertaulängen (240 Faden) von den Klippen und Brechern entfernt,

*) Es ist sehr merkwürdig, daß in allen Inseln des unermeßlichen Südmeeres, rothe Federn so vorzüglich geschätzt werden. Wer übrigens den wunderbaren Wanderungen einer Familie, oder eines Stammes in die entlegensten Weltgegenden nachspüren will, findet in dem, was oben gesagt wird, einen neuen Umstand zum Behuf der, sonst auf mehrere Aehnlichkeiten gegründeten, Hypothese: daß Neu-Guinea mit den nächst gelegenen ostindischen Inseln, woher die Holländer ihre Paradiesvögel bringen, ursprünglich von eben der Menschenrace bevölkert worden ist, welche Capitain Cook auf allen Inseln, von Neu-Seeland an, bis zu der neu entdeckten Gruppe, (wozu Atooi gehört,) angetroffen hat.

Was Herr Sonnerat von den Paradiesvögeln schreibt, kommt vollkommen mit dem überein, was hier von dem Aufbewahren der rothen Vögel gesagt wird. Er erzählt von den Papous:

„Ils

mithin unsere Lage nicht die allersicherste. Die Brandung gieng übrigens an der Küste so hoch, daß man mit den Booten nicht an Land kommen konnte. Gleichwohl war der Tag nicht ganz verlohren; denn die Eingebohrnen wagten es dem ungeachtet, uns in ihren Kähnen Schweine und Wurzelwerk zuzuführen, und den angefangenen Tauschhandel fortzusetzen. Einer von ihnen, der einige Angelhacken zum Kauf anbot, hatte an einer Angelschnur ein kleines Päckchen bevestiget, welches er mit großer Sorgfalt losmachte, und für sich behielt, nachdem wir ihm die Angel abgekauft hatten. Als man ihn fragte, was es wäre, zeigte er auf seinen Bauch,

„Ils nous préſenterent pluſieurs espèces d'oi-
„ſeaux auſſi élegans par leur forme, que bril-
„lans par l'éclat de leurs couleurs; la depouille
„des oiſeaux ſert à la parure des Chefs, qui la
„portent attachée à leurs bonnets en forme
„d'aigrette; mais en preparant la peau, ils coupent
„les pieds. Les Hollandais qui trafiquent ſur ces
„Côtes, y achetent de ces peaux ainſi preparées,
„les transportent en *Perſe*, à *Surate*, dans les
„*Indes*, où ils les vendent fort cher aux habi-
„tans riches, qui en font des aigrettes pour
„leurs turbans, et pour le casque des guerriers,
„et qui en parent leurs chevaux. C'eſt de là
„qu'eſt venu l'opinion, qu'une de ces espèces
„d'oiseaux (l'oiſeau du paradis) *n'a point de pat-*
„*tes*. Les Hollandais ont accrédité ces fables,
„qui, en jettant du merveilleux ſur les objèts
„dont ils trafiquoient, étoient propres à les ren-
„dre plus précieux, et à en rehauſſer la valeur.„
Voyage à la nouvelle-Guinée, pag. 154.

1778.
Januar.

und sagte etwas von tod seyn, und setzte noch hinzu, es sey nichts werth, um sich nicht weiter in unsere Fragen einlassen zu dürfen. Da wir ihn so ängstlich sein Päckchen, oder vielmehr was darinn war, verbergen sahen, baten wir ihn um desto mehr, es uns sehen zu lassen, welches er auch endlich that, jedoch mit großem Widerwillen, und einiger Mühe, weil es sehr oft in Zeug eingewickelt war. Nun kam ein ungefähr zwey Zoll langes Stückchen Fleisch zum Vorschein, welches, dem Anschein nach, anfänglich getrocknet gewesen, nachher aber in Salzwasser eingeweicht war. Wir kamen sogleich auf die Gedanken, es möchte Menschenfleisch seyn, und die Einwohner wären vielleicht gewohnt, gleich einigen andern Insulanern in der Südsee, ihre Feinde zu verzehren. Wir richteten diese Frage auch wirklich an den Mann, der das Päckchen aufgewickelt hatte, und hörten von ihm, daß es in der That Menschenfleisch wäre. Man fragte einen andern seiner Landsleute, der nicht weit von ihm stand, ob es hier zu Lande Sitte sey, die in der Schlacht gebliebenen Feinde aufzuessen, und er bejahete es ohne Bedenken.

Nachmittags hatten wir zuweilen recht schönes Wetter, auch schien sich der Wind gegen Ost, und Nordost umzusetzen. Allein gegen Abend sprang er wieder nach Südsüdost; es fieng an aufs neue zu regnen, und hörte auch die ganze Nacht nicht auf. Zum Glück war kein starker Wind dabey; ich ließ aber dem ungeachtet, aus Vorsorge, noch den kleinen Buganker fallen, und die Bramraaen herunterlassen.

1778.
Jenner.

Am folgenden Morgen erhob sich ein frischer Nordostwind. Ich hielt es also für rathsam, die Anker zu lichten, um das Schiff weiter hinaus in See zu bringen. In dem Augenblick aber, da der letzte Anker in die Höhe gebracht war, drehete sich der Wind nach Osten, und wir sahen uns genöthiget, alle Seegel beyzusetzen, um von der Küste abzukommen. Indessen hatten wir noch keinen sonderlichen Seeraum gewonnen, als wir uns schon eine gute Strecke unter den Wind getrieben sahen. Wir versuchten, wo möglich, die Rheede wieder zu erreichen, aber, da wir nur wenig Wind, und noch überdies einen starken Strohmgang gegen uns hatten; so mußte ich mein Vorhaben aufgeben. Ich schickte also die Herren Ring und Williamson, mit drey Booten ans Land, um mehr Wasser einzunehmen, und frische Lebensmittel einzutauschen. Zu gleicher Zeit beorderte ich Capitain Clerke, im Fall ich der Rheede nicht beykommen sollte, mir in See zu folgen. Da ich immer noch Hoffnung hatte, eine andere Rheede, oder vielleicht einen Haven an der westlichen Spitze der Insel zu finden: so tröstete ich mich leicht darüber, daß ich nicht mehr auf meinen vorigen Ankerplatz zurückkommen konnte. Gleichwohl, weil ich die Boote dahin geschickt hatte, hielt ich mich so dicht bey dem Winde, wie möglich; aber dem ungeachtet waren wir um Mittag drey große Seemeilen weit leewärts. So wie wir dem westli-

Freytag den 23sten.

1778. Januar.

chen Ende der Insel näher kamen, fanden wir, daß sich die Küste, nach Norden zu, allmälig abrundete, ohne irgendwo eine kleine Bucht oder Bay zu bilden, wo ein Schiff vor der hohlen See, von Norden her, in Sicherheit wäre, welche in fürchterlichen Brandungen am Ufer tobte, so daß uns auch nicht die geringste Hoffnung übrig blieb hier eine Ankerstelle zu finden.

Des Morgens stießen verschiedene Kähne vom Land ab, und als sie sahen, daß wir uns in die breite See machten, folgten sie uns nach, um Wurzelwerk und andere Waaren an uns zu verhandeln. Ich kam so ungerne daran, diese Leute für Menschenfresser zu halten - obgleich der gestrige Umstand sehr gegen sie war - daß ich mir vornahm, bey dieser Gelegenheit, die Sache genauer zu untersuchen. Unter andern Waaren, die sie an uns verkauften, befand sich ein kleines hölzernes, mit Hayfischzähnen besetztes Instrument, welches der Säge oder dem Messer, womit die Neuseeländer die Körper ihrer Feinde zerschneiden, so gleich sah, daß wir auf die Gedanken kamen, es möchte hier zu ähnlichem Gebrauche dienen. Einer der Eingebohrnen, den man hierüber befragte, nannte uns das Instrument, und setzte hinzu, man schnitte den Erschlagenen damit die fleischichten Theile aus dem Leibe. Nun ward uns begreiflich, weswegen der Insulaner, der uns gestern das eingewickelte Stückchen Fleisch zeigte, auf seinen Bauch deutete. Als wir darauf den Mann, der uns die vorhin angezeigte Antwort gab, noch

befragten, ob seine Landsleute die ausgeschnittenen Stücken verzehrten, läugnete er es durchaus und da wir noch mehr in ihn drangen, wurde ihm so bange, daß er in die See sprang und schwimmend seinem Kahne zueilte. In dem Augenblicke, da er ihn erreicht hatte, wiederholte er die Zeichen, die uns nunmehr über den Gebrauch des Instruments nicht mehr in Zweifel ließen. Wir wandten uns noch mit derselben Frage an einen alten Insulaner, der ganz vorn im Kahne saß; dieser bejahete sie nicht nur, sondern lachte auch darüber, vermuthlich weil sie ihm sehr einfältig vorkam. Wir fragten noch einmal, und er bestättigte die Sache, setzte zugleich hinzu, es sey ein vortrefliches Gerücht, oder, wie er sich ausdrückte: „ein wohlschmeckendes Essen."

Abends gegen sieben Uhr kamen die Boote mit zwey Tonnen Wasser, etlichen Schweinen, einer Menge Pisangs und einigen Wurzeln zurück. Herr King meldete, er habe am Wasser- oder Landungsplatze eine große Anzahl Einwohner angetroffen, die, seinem Vermuthen nach, aus allen Gegenden der Insel herbeygekommen wären. Sie hätten eine Menge schöner, fetter Schweine bey sich gehabt, die aber unsre Leute, in Ermanglung daran zu gebender Waaren, hätten zurücklassen müssen. Im Grunde war dies eben kein großer Verlust, weil wir bereits so viele an Bord hatten, als wir zu unserm täglichen Gebrauche nöthig hatten, und es uns an Salz fehlte, sie einzubökeln. Herr King sagte uns auch, sie hätten am Lande viel Regen gehabt,

1778.
Januar.

1778.
Januar.

indeß wir in See nur einige kleine Schauer verspürten; übrigens wären die Brandungen am Ufer so stark gewesen, daß die Leute nicht nur Mühe gehabt hätten, zu landen, sondern auch mit den Booten wieder zurück zu kommen.

Die ganze Nacht hindurch wechselten leichte Winde mit Seestillen und Regengüssen ab. Als es Tag wurde, sahen wir, daß die Ströhmungen das Schiff nach Nordwest und Nord geführt hatten, und daß die Westspitze der Insel, auf der wir an Land gegangen waren, und welche die Einwohner Atooi nannten, nunmehr eine Seemeile weit von uns in Osten lag. Ein anderes Eiland, Oreehoua, sahen wir im Striche West-gen Süd, und das hohe Land einer dritten Insel, Oneeheow genannt, von Südwest gen West, bis Westsüdwest. Bald darauf erhob sich ein steifer Wind aus Norden, bey welchem, meiner Meinung nach, die Discovery in See kommen könnte. Ich steuerte also gegen Oneeheow, um dieses Eiland näher in Augenschein zu nehmen, und dort, wo möglich, vor Anker zu kommen. Wir setzten bis nach eilf Uhr unsern Lauf dahin fort, und waren kaum zwey Seemeilen weit entfernt, als wir die Discovery noch immer nicht ansichtig wurden. Zweifelhaft, ob sie uns noch sehen könne, und besorgt, unser Auseinanderkommen möchte von übeln Folgen seyn, gab ich für diesmal mein Vorhaben, Oneeheow zu besuchen, auf, und drehete das Schiff wieder nach Atooi, um in der vorigen Rheede zu ankern und unsre leeren Fässer zu füllen. Um zwey Uhr Nachmittags verlohr sich der Nordwind, und nun hatten wir nichts als leichte, unbeständige Lüfte, oder Windstillen, bis Nachts um eilf Uhr, wo wir südostwärts steuerten, bis der Tag anbrach. Hier legten wir um, die Vorsteve nach Atooi gekehrt, welche Insel wir beynahe in Norden hatten. Bald darauf kam auch die Discovery wieder zu uns.

1778. Januar.

Sonntag den 25sten.

Wir näherten uns dem Lande ungefähr zwey Seemeilen weit unter dem Winde der Rheede. Allein dieser Nähe ungeachtet konnten wir sie doch nicht erreichen; denn was wir zu einer Zeit gewannen, verlohren wir zu einer andern wieder, und am 29sten des Morgens hatten uns die Strohmgänge bereits drey Seemeilen weit wieder gegen Oneeheow geführt. Nun ward ich müde, ohne allen Vortheil immer dicht am Winde zu halten; ich ließ daher alle weitere Gedanken auf Atooi fahren, und wollte nunmehr versuchen, ob wir uns nicht die nöthigen Bedürfnisse auf der andern uns nähern Insel verschaffen könnten. Zu dem Ende schickte ich den Schiffer in einem Boote aus, der die Küste erforschen und einen Landungsplatz suchen, und im Fall er einen gefunden, nachsehen sollte, ob in der Nähe nicht unsre Wasserfässer auf eine bequeme Art gefüllt werden könnten. Um ihm zu seinem Geschäfte Zeit zu lassen, machten wir kleine Seegel, um ihm mit den Schiffen langsam nachzufolgen. Als wir der Süderspitze von Oneeheow gegenüber, oder ihr westwärts waren, fanden wir die Wassertiefe,

Donnerstag den 29sten.

1778.
Januar.

eine englische Meile weit vom Ufer, dreyßig, fünf und zwanzig und zwanzig Klafter, auf einem Boden von Korallensand.

Um zehn Uhr kam der Schiffer zurück und meldete, er habe zwar einen Landungsplatz, auch längs der Küste hin, Ankerstellen, aber kein frisches Wasser gefunden. Inzwischen fiel mir, etwas weiter leewärts, ein Dorf in die Augen, bey welchem, nach Aussage einiger Insulaner, die an die Schiffe gekommen waren, Wasser zu haben wäre. Ich segelte deswegen gerade darauf hinab, und legte mich dem Dorfe gegenüber, etwa drey Viertelmeilen vom Ufer vor Anker, in einer Wassertiefe von sechs und zwanzig Faden. Das südöstliche Ende der Insel lag, an die drey Meilen von uns, 65° Ost, das andere Ende, auch zwey bis drey Meilen weit, in Nord gen Osten; ein spitziger Berg, landeinwärts, Nordost-quart Ost, und die Insel Tahoora, die wir Tags vorher entdeckt hatten, in Süd 61° West, in einer Entfernung von sieben Seemeilen.

Wir waren noch nicht vor Anker, als schon sechs bis sieben Kähne mit Eingebohrnen neben den Schiffen waren, und uns etliche kleine Schweine, Patatten, imgleichen eine Menge Yams und Matten zuführten. Sie sahen den Einwohnern von Atooi sehr ähnlich, und schienen mit dem Gebrauche des Eisens eben so bekannt zu seyn, wie jene. Sie verlangten es auch unter gleichen Namen, nämlich Hameite und Toe, und gaben für dieses schätzbare Metall, ohne Anstand, alles was sie hatten. Als

die Schiffe geankert hatten, kamen noch mehrere 1778.
Kähne an die Seiten, doch schien es, als wenn die Januar.
Leute darauf blos in der Absicht gekommen wären,
uns förmliche Besuche abzustatten. Viele stiegen unbedenklich an Bord, schmiegten und beugten sich aber auf dem Verdecke zur Erde, und verließen diese demüthige Lage nicht eher, als bis wir
sie darum gebeten hatten. Sie hatten auch einige
Weibspersonen mit an die Schiffe gebracht, aber
diese blieben in den Kähnen zurück, und benahmen
sich bey weitem nicht so ehrbar als ihre Landsmänninnen von Atooi. Zuweilen stimmten sie alle einen
Gesang an, dessen Melodie freylich nicht viel sagen
wollte, der aber ein ziemlich genaues Concert ausmachte, wobey sie den Takt mit Schlägen der Hand
gegen die Brust angaben. Die Männer hielten sich
nicht lang bey uns am Bord auf; ehe sie sich aber
wegbegaben, baten einige um die Erlaubniß, Locken
ihrer Haare auf das Verdeck zu legen.

Dieser Besuch verschafte uns zufälligerweise, und
ohne alle vorhergegangene Frage, eine neue Gelegenheit, uns beynahe vollständig zu überzeugen, daß
die Einwohner dieser Inselgruppe Menschenfresser
sind. Einer derselben, der zurückgehalten wurde,
als er durch die Constablerkammerpforte ins Schiff
steigen wollte, fragte, ob man ihn todschlagen und
fressen würde, wenn er doch hineinkäme. Er begleitete diese Frage mit so bedeutenden Geberden,
daß uns kein Zweifel übrig blieb, ihn recht verstanden zu haben. Hiedurch bekamen wir nun eine sehr

1778.
Januar.

schickliche Veranlassung, über diesen Landsgebrauch neue Fragen an sie zu thun. Ein Mann, der hinter dem andern im Kahne saß, und genau auf alles Acht gab, was vorgieng, antwortete ganz schnell, wofern man uns am Lande todschlagen sollte, würde man uns zuverläßig auch fressen. Er sagte dieses aber mit solcher Kaltblütigkeit, daß wir wohl abnehmen konnten, er wolle nicht damit sagen, man habe im Sinn, uns wirklich am Lande umzubringen und zu verzehren, sondern dieses würde nur geschehen, wenn wir Feindseligkeiten gegen sie ausüben sollten. Was über diese Materie hier beygebracht worden, habe ich Herrn Anderson's gesammelten Bemerkungen zu verdanken. Es thut mir leid, zu bekennen, daß ich nunmehr gewiß überzeugt bin, daß diese abscheulichen Gastmahle, hier mitten im Ueberflusse an Lebensmitteln, eben sowohl Statt haben, als in Neuseeland.

Nachmittags beorderte ich den Lieutenant Gore, mit drey bewafneten Booten, sich sowohl nach einem guten Landungsplatze, als auch nach frischem Wasser umzusehen. Gegen Abend kamen sie wieder; sie waren an dem vorhin erwähnten Dorfe ausgestiegen, und man führte sie eine gute halbe Meile tiefer ins Land; allein das Wasser war für unsre Bedürfniße nicht nur nicht hinreichend, sondern der Weg dahin war so schlecht, daß man die Fässer nicht wohl hätte hin und her bringen können.

Freytag, den 30sten.

Am 30sten schickte ich Herrn Gore abermals mit einer Bedeckung Seesoldaten und anderer Mann-

schaft ans Land, um Erfrischungen zu erhandeln. Meine Absicht war, ihm bald selbst nachzufolgen, und ich hatte bereits das Schiff verlassen, als die Brandung unterdessen so ausserordentlich zunahm, daß zu befürchten war, wenn ich auch das Ufer erreichen könnte, es würde doch schwer halten, wieder zurückzukommen. Dieses begegnete auch wirklich unsern Leuten, die mit Herrn Gore gelandet hatten; denn alle Gemeinschaft zwischen ihnen und den Schiffen hörte nun bald auf. Abends gaben sie uns durch Signale zu verstehen, daß sie die Boote verlangten. Man schickte sie ihnen, und nicht lange hernach, kamen sie mit einigen Yams und etwas Salz zurück. Man hatte zwar den Tag über von beiden Artikeln eine ziemliche Quantität eingetauscht; aber die Brandungen waren so stark, daß beym Einbringen in die Boote ein großer Theil davon verlohren gieng. Herr Gore blieb mit zwanzig Mann die Nacht über am Lande, weil er sah, mit welcher Gefahr vom Ufer abzukommen war. Durch diesen unglückseligen Umstand geschah, was ich so sehr zu verhindern suchte, und was ich leider mir so irrig einbildete, wirklich verhindert zu haben. Die fürchterlichen Seestürzungen, denen unsre Boote nicht entgegen arbeiten konnten, hielten unterdessen die Eingebohrnen nicht ab, in ihren Kähnen an die Schiffe zu kommen. Sie hatten allerley frische Lebensmittel bey sich, welche sie uns gegen Nägel und Stücken von eisernen Reifen überließen. Ich vertheilte unter die Weiber in den Kähnen viele

1778.
Januar.

1778.
Januar.

Stücken Band, und einige Glaskorallen zu Armbändern. Einer von den Männern hatte die Figur einer Eidechse auf der Brust einpunktirt, andere aber sehr unförmliche Menschenfiguren. Wir hörten von diesen Leuten, daß die Insel kein Oberhaupt oder einen Hairee habe, sondern sie stünde unter dem Teneooneoo, einem Befehlshaber von Atooi, welche Insel selbst von keinem eigenen Oberhaupte beherrschet werde, sondern viele Herren habe, denen die Ehrerbietung des Moe, oder Niederfallens gebühre. Unter diesen nannten sie vorzüglich Otaeaio und Terarotoa. Unter ihren mitgebrachten Waaren befand sich auch eine Trommel, die den otaheitischen sehr ähnlich war.

Zwischen zehen und eilf Uhr lief der Wind nach Süden um, und der Himmel schien einen Sturm zu bedrohen. Da wir unter diesen Umständen allzunahe am Ufer gewesen wären, ließ ich die Anker heben, und verfügte mich an einen sicherern Platz, wo ich sie wieder fallen ließ. Diese Vorsicht war indessen unnöthig; denn der Wind drehete sich auf einmal nordnordostwärts, und verwandelte sich in eine steife Kühlung, mit Stössen und tüchtigen Regengüssen.

Sonnabend den 31sten.

Das Wetter hielt solchergestalt den ganzen folgenden Tag an, und die See ward so ungestümm, daß wir von unserer an Land befindlichen Mannschaft ganz abgeschnitten waren, und so gar die Eingebohrnen sich nicht getraueten, an die Schiffe zu kommen. Abends commandirte ich den Schiffer,

in einem Boote nach dem südöstlichen Cap oder
Ende der Insel, um hinter derselben eine Landung
zu versuchen. Er kam mit einem ganz günstigen
Berichte zurück, allein es war nunmehr zu spät,
unsere Partey abholen zu lassen. Es blieb ihnen
also noch eine Nacht, um am Land ihren Umgang
fortsetzen zu können.

1778.
Januar.

Da des Schiffers Bericht so vortheilhaft war,
so sandte ich schon mit der Morgendämmerung
ein Boot an die südöstliche Spitze, und ließ Herrn
Gore wissen: wenn er an dem Orte, wo er
wäre, sich mit seinen Leuten nicht einschiffen
könnte, sollte er mit ihnen an erstherwähnte Spitze
marschiren. Das Boot konnte nicht an den Strand
kommen; einer der Bootsknechte schwamm ans
Land und überbrachte den Befehl. Als das Boot
zurück war, gieng ich selbst mit der Pinasse und
der Schaluppe an die Spitze, um die Leute wieder
an Bord zu bringen. Ich nahm zugleich einen
Ziegenbock und zwey Ziegen, einen Eber nebst
einem trächtigen Schweine von englischer Zucht,
imgleichen Gesäme von Melonen, Kürbissen und
Zwiebeln mit, in der Absicht, diesen guten Leuten
einen neuen Zuwachs von Lebensmitteln zu verschaffen.
Ich kam ohne alle Schwierigkeit hinter
der Westseite der Spitze an Land, wo meine Leute
bereits angelangt waren, und ihnen einige Eingebohrne
Gesellschaft leisteten. Einem, der nach des
Herrn Gore Wahrnehmen, über die andern be-

Februar.
Sonntag
den 1sten.

Dritter Th.   I

1778.
Februar.

fehlen hatte, gab ich die Ziegen und Schweine, imgleichen das Samenwerk. Dieses wohlgemeynte Geschenk war eigentlich für Atooi bestimmt, aber wir wurden zu unvermuthet von dieser Insel abgetrieben.

Indeß meine Leute an einem kleinen Bache, der durch den letzten Regen entstanden war, vier Tonnen anfüllten, machte ich einen kleinen Spaziergang landeinwärts, wohin mich der ersterwähnte vornehme Insulaner, nebst den beiden andern, die die Schweine trugen, begleiteten. Als wir auf eine etwas erhabene Gegend gekommen waren, und ich stehen blieb, mich umzusehen, bemerkte ich an der entgegengesetzten Seite des Thales, wo ich landete, eine Frauensperson, die ihren Landsleuten, meinen Begleitern, etwas zurief; der Befehl her murmelte darauf einige Worte her, die vermuthlich ein Gebeth seyn sollten; die zwey Kerl aber, die die Schweine trugen, giengen mittlerweile rings um mich herum, und hatten diesen Kreisgang wohl zwölfmal gemacht, ehe der andere mit seinem Gebethe fertig war. Nach dieser Ceremonie begaben wir uns weiter, und sahen nun von allen Seiten her Leute auf uns zukommen, die, auf den Zuruf meiner Begleiter, sich mit ihrem Angesicht auf die Erde warfen, bis ich vorüber gegangen war, und sie mich nicht mehr sehen konnten. Der Bezirk, durch welchen wir kamen, war unbebauet und steinig, und das Erdreich schien schlecht; doch war es mit Gesträuchen und Kräutern bewachsen, wovon einige die Luft mit so herrlichen Wohlgerüchen erfüllten, als ich 1778. noch auf keiner Insel dieses Oceans angetroffen habe. Februar. Eben dieses hatten auch unsre Leute, die so lange am Land blieben, wahrgenommen, als sie diesen Theil der Insel passiren mußten. Diese hatten auch einige Salzteiche gefunden, von denen etliche noch etwas Wasser hatten, andere abernicht mehr; auch war die in letztern zurückgebliebene Salzrinde so dünn, daß davon nur eine geringe Quantität konnte eingesammelt werden. Von fließendem Wasser sahen sie keine Spur, und wenn sie gleich etliche kleine Brunnquellen fanden, wovon sich das Wasser recht wohl trinken ließ, so war es doch für unsere Absicht nicht hinreichend. Die Wohnungen der Eingebohrnen lagen sehr zerstreut. Man schätzte ihre Anzahl, auf der ganzen Insel, nicht über fünfhundert, weil sie fast alle auf unserm Marktplatze zu sehen waren, und unsere Leute, auf ihren Spaziergängen im Innern der Insel, nur sehr wenige bey den Häusern wahrgenommen haben. Sie hatten auch Gelegenheit die häußliche Einrichtung und Lebensweise der Eingebohrnen zu bemerken, und sie fanden alles ganz reinlich und ehrbar. Doch sahen sie kein einziges mal Männer und Weiber miteinander speisen, sondern letztere hielten sich ganz abgesondert beysammen auf. Sie sahen daß man hier, wie in Otaheite, die oelichte Nuß des Dooe-dooe-baumes *) bey Nacht anstatt der Lichter brannte; auch daß man

J 2

*) Aleurites triloba. *Forst.* Charact. gen. 56. W.

1778.
Februar.

die Schweine in Oefen backe, nur giengen sie hier in darinnen von der Gewohnheit auf den Societäts- und Freundschafts-Inseln ab, daß sie die Schweine der ganzen Länge nach entzwey hauen. Unsere Leute bemerkten auch, daß das Taboo (oder Tafoo, wie man es hier ausspricht,) dessen wir bey Gelegenheit jener Inseln gedachten, *) gleichfalls hier Statt habe; denn sie sahen, daß einem Weibe, welches unter dieser Art von Bann war, von einem andern Weibe die Speise in den Mund gesteckt wurde. Sie sahen noch andere geheimnißvolle Ceremonien, unter andern eine, die von einer Frau verrichtet wurde. Diese nahm ein kleines Schwein und warf es in die Brandung, daß es ertrinken mußte; hierauf band sie ein Bündel Holz zusammen, und warf es nach. Eben dasselbe Weib schlug zu einer andern Zeit einen Mann mit einem Stecken auf die Schultern, der sich zu dem Ende vor ihr niedergesetzt hatte. Für die Nachteulen, deren hier viele zahme angetroffen werden, scheinen sie eine besondere Ehrfurcht zu haben; auch soll es hier fast allgemein Sitte seyn, sich einen Zahn auszureissen.**)

*) S. 2ten Band, S. 268.
**) Dieser Gebrauch ist so unnatürlich, daß man kaum glauben sollte, daß er bey verschiedenen Stämmen herrsche, die ursprünglich nicht mit einander verbunden zu seyn scheinen. Es ist daher merkwürdig, daß oben erwähnte Insulaner, und Dampiers so unermeßlich weit davon entlegenen Einwohner der Westküste von Neu-Holland sich gewöhnlich einen Zahn ausreissen lassen.

Als man sie nach der Ursache dieses sonderbaren Gebrauchs fragte, konnte man keine andere Antwort von ihnen bekommen, als es sey teeha, welches sie uns damals auch zur Antwort gaben, als wir sie fragten, warum sie Locken von ihren Haaren auf das Verdeck gelegt hätten.

Nachdem die Wassertonnen gefüllt und in die Boote geschaft waren, wir auch von den Einwohnern einiges Wurzelwerk, etwas Salz und gesalzene Fische gekauft hatten, gieng ich mit aller meiner Mannschaft wieder an Bord, jedoch mit dem Vorsatze, am folgenden Tag die Insel noch einmal zu besuchen. Allein Abends um sieben Uhr, hatte sich der Anker der Resolution vom Grunde abgelöset, und das Schiff wurde von der Küste abgetrieben. Da wir das ganze Cabeltau heraus hatten, so vergieng eine geraume Zeit, bis der Anker wieder an die Krahnbalken herauf gebracht ward; überdem mußte auch das große Boot eingenommen werden, ehe wir wieder unter Seegel giengen. Am andern Morgen, bey Tagesanbruch fanden wir, daß wir durch diesen verdrüßlichen Zufall drey Seemeilen weit unter dem Winde von unserer vorigen Station abgekommen waren, und weil ich voraus sah, daß, um wieder dahin zu kommen, es mir mehr Zeit wegnehmen würde, als ich anzuwenden gesonnen war; so gab ich der Discovery ein Signal, ihre Anker zu lichten, und mir zu folgen. Gegen Mittag war sie auch bey uns, worauf wir sogleich nordwärts steuerten, um unsere Reise zu verfolgen.

1778.
Februar.

Montag, den 2ten.

1778.
Februar.

Auf diese Art haben wir uns länger bey diesen Inseln aufgehalten, als es, dem Anschein nach, zu Erreichung aller unserer Absichten nöthig gewesen wäre, und doch mußten wir sie verlassen, ehe wir unsern Wasservorrath ergänzt, und daraus so viel frische Lebensmittel gezogen hatten, als uns die Einwohner, ohne ihren Nachtheil, nicht nur geben konnten, sondern auch mit aller Bereitwilligkeit gegeben hätten. Indessen machte unser Schiff hier wenigstens auf drey Wochen Vorrath; Capitain Clerke war glücklicher als wir, und brachte an vegetabilischen Produkten so viel zusammen, daß seine Mannschaft mehr als zwey Monate davon leben konnte.

Noch einige Bemerkungen, die ich über diese Inseln zu machen Gelegenheit hatte, werden nebst denen, die ich Herrn Anderson, jenem treuen und nützlichen Gefährten, zu verdanken habe, den Inhalt des nächsten Hauptstücks ausmachen.

Zwölftes Kapitel.

Lage der neu entdeckten Inseln. — Ihre Namen. — Sie werden von uns Sandwichs=Inseln genannt. — Beschreibung von Atooi. — Erdreich. — Klima. — Pflanzen. — Vögel. — Fische. — Hausthiere. — Beschreibung der Einwohner. — Ihre Gestalt und Gemüthsart. — Kleidung. — Putz. — Wohnungen. — Speisen. — Kochkunst — Ergötzlichkeiten. — Handarbeiten. — Wie sie zur Kenntniß des Eisens mögen gekommen seyn. — Kähne. — Feldbau. — Nachricht von einem ihrer Oberhäupter. — Waffen. — Große Uebereinstimmung ihrer Gebräuche mit denen zu Tongataboo und O-Taheite. — Einerley Sprache. — Ausbreitung dieser Nation über das ganze stille Meer. — Vortheile, die man aus ihrer Lage ziehen könnte.

1778. Februar.

Es verdient bemerkt zu werden, daß die Inseln im stillen Meere, womit unsere neuern Reisen die Erdbeschreibung bereichert haben, mehrentheils in Gruppen beysammen liegen. Der einzeln darzwischen liegenden, von denen man bis hieher Kenntniß hat, sind verhältnißmäßig nur wenige, ob es gleich wahrscheinlich ist, daß ihrer noch viele unbekannt seyn mögen, die gleichsam als Sprossen dieser großen Massenleiter können angesehen werden. Die Inselmenge dieses neuen Archipelagus zu bestimmen, bleibt künftigen Erforschungen vorbehalten. Wir sahen deren fünf, welche uns die Eingebohrnen Woahoo, Atooi, Oneeheow, Oreehoua und Tahoora nannten. Die letztere ist ein kleines hohes Eiland, welches bis fünf Seemeilen weit von der südöstlichen Spitze der Insel Oneeheow, in

1778.
Februar.

Süd 69° West liegt. Man sagte uns, es hielte sich daselbst eine unbeschreibliche Menge Vögel auf, welche die einzigen Bewohner dieser Insel wären. Die Einwohner gedachten noch eines flachen unbewohnten Eilandes in der Nähe, welches sie Tammata-Pappa nannten. Außer diesen sechs Inseln, deren Namen wir angeben können, sollen, nach dem Zeugnisse der Insulaner, mit denen wir Verkehr hatten, noch verschiedene andere sowohl ostwärts als westwärts liegen. Ich nannte die ganze Gruppe, dem Grafen von Sandwich zu Ehren, Sandwich's-Inseln. Diese, welche ich gesehen habe, liegen zwischen dem 21° 30' und dem 22° 15' nördlicher Breite, und zwischen dem 199° 20' und 201° 30' östlicher Länge.

Von Woahoo, der östlichsten dieser von uns gesehenen Inseln, haben wir sonst nichts erfahren, als daß sie hoch und bewohnt sey.

Was man uns über Oneeheow sagte, haben wir bereits mitgetheilt. Diese Insel liegt sieben Seemeilen westwärts von unserm Ankerplatze zu Atooi, und hat nicht mehr als funfzehen Seemeilen im Umfange. Nach dem was uns die Eingebohrnen zubrachten, zu urtheilen, schienen Yams das Hauptprodukt der Insel zu seyn. Sie haben Salz, welches sie Patai nennen, und in verdünsteten Salzwasserteichen erzeugt wird. Sie salzen Fische und Schweinfleisch damit ein; von jenen brachten sie uns verschiedene zu Kauf, die sich lange hielten, und sehr gut zu essen waren. Der größte Theil der In-

sel ist niedriges Land, ausgenommen die Küste, die Atooi gegen über liegt, und gleich von der See aus in ziemlicher Höhe emporsteigt; auch die südöstliche Spitze ist etwas steil, und endiget sich in einen runden Hügel. An der Westseite dieser Spitze lagen wir vor Anker.

Von Oreehoua wissen wir weiter nichts, als daß es ein kleines hohes Eiland ist, und nahe an der Nordseite von Oneeheow liegt.

Atooi ist die größte von diesen Inseln; und weil wir hier am längsten zu thun hatten, so finde ich mich im Stande, dem Leser über die Beschaffenheit dieser Insel mehrere Nachricht zu geben, als über die andern. Ich theile sie hier mit, wie wir sie sowohl mittels eigener Erfahrung am Lande, als aus Unterredung mit den Eingebohrnen, gesammelt haben, die so lange wir hier lagen, beständig an Bord der Schiffe sich einfanden, und von unsern Leuten, die mit der Mundart der Südsee Inseln bekant waren, recht gut verstanden wurden. Nur ist zu beklagen, daß wir genöthigt waren, ein Land so bald zu verlassen, welches, nach dem, was wir davon sahen zu urtheilen, gar wohl einer genauern Untersuchung werth zu seyn scheint.

Atooi ist, meinem Bedünken nach, von Osten nach Westen gerechnet, wenigstens zehn Seemeilen lang, woraus sich ihr Umfang muthmaßlich schliessen läßt, wenn man jedoch hieben bedenkt, daß sie an der Westspitze nicht so breit als an der östlichen zu seyn scheint, weil hier eine doppelte Reihe von

1778.
Februar.

Bergen wahrgenommen wird. Die Rheede, oder der Ankerplatz, wo wir lagen, befindet sich an der Südwestseite der Insel, ungefähr sechs englische Meilen von ihrer Westspitze, vor einem Dorfe, Namens Wymoa. So weit wir mit dem Senkbley die Küstenbank erforschten, fanden wir allenthalben, einen feinen, grauen Sandgrund, ohne die mindesten Klippen, ausgenommen etwas ostwärts vom Dorfe, wo eine Untiefe in die See ausläuft, und einige Felsen und Brecher, aber gar nicht weit vom Ufer, verhanden sind. Die Rheede würde vollkommen vor dem Passatwinde geschützt seyn, wenn nicht die Höhe des Landes, über welches er weht, seine Richtung bräche, so daß er sich nun an die Richtung der Küste hält, und auf einer Seite Nordost, und auf der Ostsüdost, oder Südost bläst, und folglich immer schräg auf die Küste fällt. Auf diese Weise ist die Rheede, bey all ihrer Lage an der Leeoder Westseite der Insel, doch dem Passatwinde ausgesetzt. Sie giebt aber demungeachtet keinen übeln Ankerplatz, und ist vielen bekannten Rheeden vorzuziehen, wo täglich Schiffe ankern müssen, wie z. B. bey Teneriffa, Madeira und den Azorischen Inseln, in welchen Gegenden die Winde viel veränderlicher und ungestümmer sind. Das Anlanden ist hier auch nicht so beschwerlich, als an den meisten dieser Plätze, und kann zu allen Zeiten geschehen, es müßte dann außerordentlich übles Wetter seyn. Das frische Wasser ist hier vortreflich; es kann in der Nähe geschöpft und mit leichter Mühe in die Boote geschafz werden. Allein um Holz in einer mäsigen Entfernung zu bekommen, müßte man die Einwohner dieser Gegend bewegen, ihre wenigen Etooabäume (*Cordia Sebestena*,) welche um ihren Dörfern her stehen, oder eine Art, die sie Dooe dooe*) nennen, und etwas mehr landeinwärts wächst, abhauen zu lassen.

1778. Februar.

Dem allgemeinen Anblick nach, kann die Landschaft von Atooi mit keiner andern Insel, die wir bis hieher innerhalb des Wendekreises, auf der südlichen Seite des Aequators gesehen haben, verglichen werden; etwa die Berge ausgenommen, die, wie in mehrern Inseln, fast in der Mitte liegen, hier ziemlich hoch sind, und in allmäliger Abnahme, sich gegen die See, oder das flache Land verlieren. Man sieht zwar hier weder die bezaubernden Gestade von Otaheite, noch die fruchtbaren Ebenen von Tongataboo, mit ihren Hainen von mancherley Bäumen, die nicht nur das Auge ergözen und gastfreundlichen Schatten gegen die brennende Sonnenhize gewähren, sondern auch den glücklichen Bewohnern eine schmackhafte Nahrung darbieten, die die einzige Mühe erfordert, von dem Stamm in den Mund genommen zu werden. Dagegen aber hat Atooi, vor jenen beliebten Gegenden, grössere Distrikte sanft sich erhebenden Landes, mithin verhältnißmäsig mehr Flächen, welche sie zu einem grössern und reichern Anbaue fähig machen.

*) Aleurites triloba. *Forst.* W.

1778.
Februar.

Aus der Höhe des mittlern Theils der Insel, und aus der Menge Wolken, die, so lange wir hier waren, die Gipfel der Berge nebst andern Gegenden umhüllten, läßt sich zuverläßig schliessen, daß hier ein reicher Vorrath von frischem Wasser anzutreffen sey, daß auch, besonders in den tiefen Thälern, an deren Mündung gemeiniglich die Dörfer liegen, einige ströhmende Bäche vorhanden seyn müssen, ob wir sie gleich nicht gesehen haben. Von der waldichten Gegend an bis zur See ist das Erdreich mit einer vortreflichen, zwey Fuß hohen Art Grases, bewachsen, welches zuweilen buschweise hervorkommt, in der Gegend, wo wir waren, zwar nicht sehr dick stand, woraus aber doch eine Menge schönes Heu könnte gemacht werden. Auf diesem beträchtlichen Stück Landes wächst keine einzige Staude wild.

Das Erdreich in der Oeffnung oder dem engen Thale, durch welches wir unsern Weg nach dem Morai nahmen, ist schwarzbraun und locker; je nachdem wir aber höher kamen, wurde es röthlichbraun, zäher und thonartig, ob es gleich dermalen, wegen großer Trockenheit, leicht brüchig war. Vermuthlich ist es in allen angebauten Gegenden von gleicher Beschaffenheit; denn was noch davon an den Patatten hieng, die man wahrscheinlich aus mehrern Distrikten zu uns brachte, war eben diese Erdart. Von ihrer Güte läßt sich indessen besser nach ihren Produkten als nach dem äusserlichen Ansehen urtheilen. Das Thal, oder der feuchte Grund bringt Taro, oder Aronswurzeln hervor, aber sie

waren von einer Größe, dergleichen wir noch nie
geſehen hatten. So liefert auch das höhere Erdreich ſüſſe Paratten, welche öfters zehen, zuweilen zwölf bis vierzehen Pfund wogen; die wenigen
geringern hatten drey Pfund.

Die Temperatur der Luft läßt ſich leicht aus der
Lage der Inſel abnehmen. Wollten wir nur nach
unſerer Erfahrung urtheilen, ſo würden wir ſie als
ſehr veränderlich angeben müſſen. Denn, nach den
allgemein angenommenen Grundſätzen hätte gerade
bey dieſer Zeit im Jahre, wo die Sonne hier am
weiteſten von der Erde entfernt iſt, die Witterung
mehr als jemals beſtändig ſeyn ſollen. Die Hitze
war ſehr gemäſigt; auch ſcheint es, daß man hier
wenig von den Unbequemlichkeiten weiß, denen ſo
viele Gegenden zwiſchen den Wendekreiſen, in Anſehung der Hitze oder Feuchtigkeit unterworfen ſind,
denn die Wohnungen der Eingebohrnen waren alle
verſchloſſen. Sie ſalzen auch Fiſche und Schwein-
fleiſch ein, und dieſer Vorrath hält ſich ſehr gut,
welches in heiſen Ländern gar nicht angehen würde.
Wir haben auch hier niemals einen ſtarken Thau
bemerkt, welches auch daher kommen mag, weil
die niedrigern Gegenden des Landes ganz von Bäumen entblößt ſind.

Der Fels, welcher die Seiten des Thales ausmacht, und vermuthlich mit verſchiedenen Theilen
der Küſte, die wir bemerkten, einerley Geſtein hat,
iſt eine graulich ſchwarze, ſchwere, zellichte Bergart, mit klein eigeſprengten glänzenden Theilchen,

1778.
Februar.

1778.
Februar.

und rostfarbenen Flecken, die ihm in der Ferne ein röthliches Ansehen geben. Die Felsenwand ist von ausserordentlicher Tiefe, scheint aber in Schichten getheilt zu seyn, zwischen welchen nichts fremdartiges innen liegt; denn es spalteten sich immer große Stücken, von einer bestimmten Dicke, die mit den untern nicht zusammen zu hängen schienen. Von andern Steinen muß es, wahrscheinlicher Weise, hier noch weit mehrere Arten geben als auf den südlichern Inseln. Denn ausser dem Probierstein, (Lapis lydius,) der in allen Südinseln vorkommt, fanden wir bey unserm kurzen Aufenthalte, eine Art gelblicht-weissen Schleifstein, der zuweilen, wie Marmor, schwärzere oder hellere Adern hatte, zuweilen auch, wie Wurststein (*Breccia*) gefleckt war. Wir sahen auch ein Paar Schieferarten; den gemeinen Tafelschiefer, und noch einen andern gröbern, beide aber nicht in rohen Blättern. Die Eingebohrnen brachten uns ferner etliche Stücke von einem groben, weißlichten Bimsstein; und endlich eine Art braunen Blutsteins, (*Hæmatites*) der stark vom Magnete angezogen wurde, mithin die Menge des enthaltenen Metalls verrieth. Diese Art schien zu Cronstedts zwoter Gattung zu gehören, ob sie gleich Linne' unter seine Eisenerze setzt, die sich roh nicht vom Magnete anziehen lassen. (*intractabilia*) Es war uns nicht möglich, diese Abart zu bestimmen; denn die Stücke, die man uns davon zeigte, waren, wie die Schiefer und Schleifsteinarten, durch Kunst zugeschnitten.

Außer den Produkten des Pflanzenreichs, die wir für unsre Bedürfnisse eintauschten, unter welchen viele Spielarten von Pisangen vorkamen, bringt auch diese Insel den Brodfruchtbaum hervor. Doch muß er hier selten seyn, denn wir haben nicht mehr als einen einzigen angetroffen, der aber ziemlich stark war, und einige Früchte trug. Ferner findet man hier einige Cocospalmen; auch soll es Yams hier geben, wovon wir aber keine gesehen haben. Das Kappe*) der Freundschafts-Inseln, oder die virginische Aronswurzel, der Etooabaum,**) die wohlriechende Gardenie, oder der Cap-Jasmin a) sind auch hier einheimisch. Ueberdieß sahen wir noch verschiedene Dooedooe-Bäume b), die wegen ihrer öllichten Nüsse den Otaheitern so wohl zustatten kommen, die sie auf eine Art hölzerne Spießchen stecken, und an statt der Lichter brennen. Nach Aussage unserer Leute macht man in Oneeheow gleichen Gebrauch davon. In Atooi, wo wir nur bey Tageszeit am Lande waren, bemerkten wir blos, daß die Eingebohrnen dergleichen Nüsse, an Schnüren angereihet, um den Hals trugen. Hier wächst auch eine Art *Sida*, oder indischer Pappel, welche nur durch das Klima von der, die wir auf der Weihnachtsinsel

*) Arum macrorhizon *Linn.* S. *Forster.* plant. escul. p. 59.
**) Cordia Sebestena. *Linn.*
a) Gardenia florida. *Linn.*
b) Aleurites triloba. *Forst.* W.

1778.
Februar.

angetroffen hatten, etwas verschieden war; imgleichen die *Morinda citrifolia*, welche auch hier Nono heißt; eine Art Glockenwinde (*Convolvulus*); den Ava oder Taumelpfefferstrauch*), und eine Menge Kürbisse. Letztere waren sehr groß und haben allerley Formen, welche man ihnen vermuthlich durch Kunst gegeben hat. Auf dem dürren Sande, am Dorfe, wächst eine Pflanze, die wir noch auf keiner Insel in diesen Gewässern angetroffen haben. Sie war von der Größe und Gestalt einer gemeinen Distel, eben so stachlicht; hatte aber eine schöne weisse Blume, die dem Mohn ähnlich sah. Diese, nebst noch einer kleinen Pflanze, waren die einzigen neuen Kräuter, die wir auf unserem kleinen Spaziergange wahrgenommen haben.

Von den schon beschriebenen, scharlachfarbenen Vögeln, die man an uns verkaufte, haben wir keinen lebendig zu sehen bekommen; aber wir sahen einen einzigen kleinen Vogel von dunkler Karmosinfarbe, ungefähr von der Größe eines Canarienvogels; ferner eine große Nachteule; zwey große braune Habichte, oder Hühnergeyer (*Kites*); und eine wilde Ente. Die Insulaner nannten uns noch einige andere Vögel, von denen uns der Otoo, oder bläulichte Reiher, und der Torata, eine Art kleiner Brachvögel, (*Whimbrel*) **) bekannt war, weil sie in Otaheite gleichen Namen führen. Nach der Menge von schön gelben, grünen und sehr

---

*) Piper methysticum. *Linn.*
**) Scolopax Phaeopus. *Linn.* W.

keinen schwarzen, sammetartigen Federn zu urtheilen, die wir auf den Mänteln und am andern Putze der Einwohner bemerkten, muß es hier noch viel mehrere Vögelarten geben.

1778. Februar.

An Fischen und andern Seeprodukten scheint hier keine sonderliche Verschiedenheit obzuwalten; denn außer den kleinen Makrelen, sahen wir blos die gemeine Meerbarbe*) und noch eine matt- oder kreidenweisse Barbe; einen kleinen bräunlichen, blaugefleckten Klippfisch**), eine Schildkröte, die man in einem Teiche aufbewahrte, und drey bis viererley Fische, die eingesalzen waren. Von den wenigen Schalenthieren, die es hier geben mag, sahen wir blos die Muscheln, die mehrentheils zu Zierrathen angewandt, und weder ihrer Schönheit noch Seltenheit wegen bemerkenswerth waren.

Die Schweine, Hunde und das Huhngeflügel, welche die hiesigen zahmen, oder Hausthiere ausma- chen, waren alle von eben der Gattung, wie wir sie in den Südsee-Inseln sahen; auch kamen uns kleine Eidechsen und einige Ratten zu Gesicht, die denen, die wir bisher auf andern Inseln wahr- nahmen, ganz ähnlich waren.

Die Einwohner sind von mittlerer Statur, und im Ganzen genommen, von starkem Knochenbau. Man kann nicht sagen, daß sie sich weder durch eine schöne Gestalt, noch durch auffallende Gesichtszüge auszeichneten, und letztere kündigten mehr Offenheit

*) Mullus barbatus, *Linn.* **) Chaetodon. *Linn.*

Dritter Th.   K

1778.
Februar.

und Gutmüthigkeit, als Anlage zu Scharfsinn und Einsicht an. Ihre Gesichter, vornehmlich die Gesichter der Frauenspersonen, sind mehrentheils von runder Form; doch haben wir auch längliche bemerkt. Ueberhaupt kann man nicht sagen, daß sie eine eigene Nationalphysionomie hätten. Ihre Farbe ist beynahe nußbraun, und sie wird schwerlich mit einer andern besser verglichen werden können, wenn man die verschiedenen Schattirungen dieser Farbe in Erwägung zieht. Indessen haben wir einige Personen von dunklerer Haut angetroffen. Es ist bereits erwähnt worden, daß die Frauenspersonen nicht viel zarter und feiner gebildet sind, als die Männer; etliche wenige ausgenommen, können sie auch keine sonderliche Ansprüche auf jene eigene Vorzüge machen, die dieses Geschlecht in andern Ländern von dem unsrigen unterscheidet. Diese merkwürdige Gleichheit unter Männern und Weibern, in Ansehung der Größe, der Farbe und Bildung, ist uns noch nirgends vorgekommen. Bey alle dem kann man nicht sagen, daß die Nation häßlich ist, und wir haben wenig natürliche Gebrechen bey ihr wahrgenommen. Ihre Haut ist weder sanft noch glänzend, vermuthlich weil es bey ihnen nicht gebräuchlich ist, sich, wie die Insulaner der südlichern See, mit Oel zu beschmieren. Sie haben meistentheils schöne Augen und Zähne; fast durchgehends schlichte, selten krause Haare, die von Natur gemeiniglich schwarz sind, aber wie auf den Freundschafts-Inseln ꝛc. ꝛc. gefärbt werden. Wir sahen

1778.
Februar.

nur wenig wohlbeleibte Personen, und zwar mehr corpulente Frauen als Männer. Dagegen bemerkten wir fast allein an den Mannspersonen einige körperliche Gebrechen, und doch waren es nur junge Männer, bey welchen die kleine Ausnahme von Schönheit gelten konnte.

Sie sind übrigens starke, thätige Leute, und die erfahrensten Schwimmer. Beym geringsten Anlaß springen sie aus ihren Kähnen, schwimmen darunter hinweg, und zu andern Kähnen, wenn sie auch noch so weit entfernt sind. Wenn die Brandung öfters zu stark war, als daß man mit Kähnen hätte landen können, war es nichts seltenes, Weiber zu sehen, die mit Kindern an der Brust, sich über Bord stürzten, und ohne ihren Säugling einer Gefahr auszusetzen, durch die fürchterlichsten Fluthen an das Ufer schwammen.

Sie scheinen von der Natur mit einer offenen, fröhlichen Gemüthsart beglückt zu seyn, und wenn ich Vergleiche anstellen sollte, so würde ich sagen, daß sie gleichweit von dem flatterhaften Leichtsinn der Otaheiter, und dem ernsthaften Wesen der meisten Einwohner von Tongataboo entfernt sind. Sie leben, wie es scheint, sehr gesellschaftlich unter einander; und wenn man den Hang zur Dieberey ausnimmt, der den Insulanern dieses Oceans gleichsam angebohren zu seyn scheint, so betrugen sie sich auch gegen uns mit ausnehmender Leutseligkeit. Wir bemerkten zur Ehre ihres Verstandes, und

K 2

1778.
Februar.

ohne uns deßwegen zu überheben, daß sie beym An# blicke unserer europäischen Manufakturen, ihre Verwunderung mit einem gewissen Gefühle von Freude und Niedergeschlagenheit zu Tage legten, und jedes Stück als eine Art von Demüthigung be# trachteten. Das Bewußtseyn ihrer Inferiorität schien bey allen Gelegenheiten durch, und diese ver# nünftige Rückkehr in sich selbst erhebt ihren Natio# nalcharakter weit über den thörichten Eigendünkel der gesitteten Japoneser oder der noch roheren Grönländer. Mit innigem Vergnügen sahen wir, wie zärtlich die Mütter hier für ihre Kinder Sorge trugen, und wie bereitwillig ihnen die Männer, bey diesem rührenden Geschäfte Hülfe leisteten. Schon dieser Zug zeichnet sie vortheilhaft von jenen Wilden aus, die Weib und Kind mehr für nöthige Dinge, als für Gegenstände ihrer Liebe und Achtung anse# hen.

Nach der Menge der Einwohner zu urtheilen, die wir bey unserm Vorüberseegeln an der Küste, vor allen Dörfern versammelt antrafen, muß die Insel sehr bevölkert seyn. Jede Berechnung, die wir darüber versuchen wollten, würde nur muth# maßlich ausfallen. Um jedoch einen ziemlich annä# hernden Begriff davon zu geben, will ich annehmen, daß mit Inbegriff der einzelnen zerstreueten Woh# nungen, auf dem ganzen Eilande sechzig solcher Dörfer seyn mögen, wie dasjenige war, vor wel# chem wir geankert hatten; rechne ich nun auf jedes Haus fünf, und auf jedes Dorf, von sechzig Häusern,

1778.
Februar.

nebst den zerstreuten Wohnungen, fünfhundert Seelen; so kommen in allem dreyßig tausend Einwohner heraus. Diese Zahl ist gewiß nicht übertrieben; denn wir sahen öfters mehr als dreytausend Menschen allein am Strande versammelt, und es ist nicht zu vermuthen, daß mehr als ein Zehntheil der Einwohner sollte hier gewesen seyn.

Der gewöhnliche Anzug sowohl der Frauenspersonen als der Männer ist bereits beschrieben worden. Jene haben öfters viel größere Stücke Zeug um den Leib gewickelt, als die Männer, und dieser Gurt gieng dicht unter den Brüsten an, und reichte bis an die Kniee, und noch weiter. Andere hatten dergleichen Stücke Zeug nur leicht um die Schultern geworfen, wodurch der größte Theil des Körpers bedeckt ward. Die Kinder giengen ganz nackend. Ihr Kopf ist selten bedeckt; aber das Haar hatten beide Geschlechter auf mancherley Weise zugeschnitten; doch war die allgemeinere Mode, sonderlich bey den Weibern, es vorn lang und hinten kurz zu tragen. Die Männer hatten es öfters an beiden Halbtheilen des Kopfs dergestalt abgeschnitten, oder vielmehr abgeschoren, daß das Stehengebliebene, dem Kamm oder Busch an ihren vorhin beschriebenen Helmmützen gleich sah. Uebrigens scheinen weder die Männer noch die Weiber viele Sorgfalt auf ihre Haare zu verwenden; denn sie haben nichts, was ihnen statt eines Kammes diente, um es in Ordnung zu halten. Unter den Männern sahen wir einige, die es auf eine ganz seltsame Weise behau-

1778.
Februar.

delt hatten. Es war nämlich in viele, einzelne, fingersdicke Theile gedrehet, ungefähr wie die Schwänze an den Allonge=Perücken, deren viele öfters so lang waren, daß sie über den ganzen Rücken herunter hiengen, jedoch, wie wir deutlich merken konten, meistentheils falsche, auf dem natürlichen Haare bevestigte Zöpfe waren. *)

Es ist merkwürdig, daß die Einwohner der Sandwichs=Inseln von der allgemeinen Sitte der Insulaner, die wir bishieher im stillen Meere entdeckt haben, darinnen abgehen, daß sie keine durchlöcherte Ohren, auch keinen Begriff von Zierrathen haben, die man darinn anbringen könnte. Dagegen schmücken sich beide Geschlechter mit Halsbändern, die öfters aus hundertfältig umher gewundenen kleinen, schwarzen Schnüren, gleich unsern Hutschnüren, bestehen, und vollkommen den Halsbändern der Einwohner von Wateeoo gleich sehen, nur daß man hier, anstatt der beiden kleinen Kugeln, die vorn in der Mitte angebracht sind, ein kleines, zwey Zoll langes Stückchen Holz, Stein oder Muschelschale bevestiget, woran noch ein breiter, unten vorwärts gebogener, wohlpolirter Hacken hängt. Sie haben noch eine Art Halsgehänge, die

*) Die Abbildung von Horn=Eiland, bey Le Maire und Schoutens Reise, in Hrn. Dalrymple's Sammlung, stellt einige Eingebohrne der Insel vor, denen eben dergleichen lange Zöpfe über die Schultern herunterhängen. S. Dalrymple's Collection of Voyages to the South Pacific, Vol. II. p. 58.

aus vielen Schnüren bestehen, an welche ganz kleine 1778.
Muscheln, oder getrocknete Blumen der indischen Februar.
Pappel angereihet sind. Manche hatten einen drey
Zoll langen Knochen, der ein Menschenbild vorstellte,
und sehr schön geglättet war, am Halse hängen.
Die Weiber tragen Armbänder, entweder von ein=
zelnen Muscheln aus dem Ganzen gearbeitet, oder
von kleinen, mittelst einer Schnur an einander ge=
reihten, schwarzen Holzstückchen, die mit Elfen=
bein (?) eingelegt, und ebenfalls sehr schön polirt
waren. Noch eine Art dieses Armschmuckes bestand
aus den krummen Hauzähnen von Schweinen, wel=
che der Länge nach, dergestalt parallel an einander
angereihet waren, daß der hohle Theil der Krümme
auswärts zu stehen kam; die unteren rauhen oder
spitzigen Theile der Zähne waren ganz gleich geschnit=
ten. Dergleichen Armbänder von lauter großen
Eberhauern haben ein elegantes Ansehen. Die
Männer stecken zuweilen in ihre Haare Federn aus
den Schweifen der Tropikvögel, oder auch von
Hähnen, welche letztern sie rings um zwey Fuß lange,
glatte Stäbe bevestigen, an deren unterm Theile
gemeiniglich Oora, oder rothe Federn, angebracht
sind. Zu eben dem Ende bedienen sie sich eines
weissen Hundeschwanzes, den sie über einen Stock
nähen, so daß der zotige Theil am obersten Ende
zu stehen kommt. So tragen sie öfters auch eine
Art von Kopfputz, von der Dicke eines Fingers,
welcher mit roth und gelb abwechselnden Federn
bedeckt ist, und hinten zugebunden wird. Endlich

1778.
Februar.

haben einige um den Arm, über dem Ellbogen, eine breite Binde von Muschelwerk, welches auf einen Netzgrund bevestiget ist.

Unter den Männern trift man viele punktirt an; doch sind sie es nicht, wie die Einwohner von Otaheite oder Tongataboo, an einem Theile vorzüglicher als an einem anderen, sondern ihre wenigen Punkturen waren bald auf den Händen, bald an den Armen, bald auf den Lenden; an vielen bemerkten wir gar keine. Doch sahen wir hier Leute, die diese Art von Zierrathen sowohl auf den Armen als am Vordertheile des Körpers in größerer Menge und Abwechslung von artig gezeichneten Linien und Figuren hatten, als sie uns sonst wo vorgekommen sind. Einige derselben hatten die Figur des Taame, oder des otaheitischen Brustschildes einpunktirt, ob wir gleich diese Art von Schild selbst hier nicht angetroffen haben. Noch in einem Stücke gehen sie von den Einwohnern der Societäts- und Freundschafts-Inseln ab; sie wissen nämlich von keiner Art Beschneidung, sondern sie ziehen die Vorhaut hinter die Eichel, und binden sie mit einer Schnur vest, wie es bey den Neuseeländern gewöhnlich ist.

Ob sie gleich die Weise, in Dörfern beysammen zu leben, angenommen haben, so sieht man doch an keinem, auch nur einen Gedanken von Ringmauer oder Bollwerk, sondern ihre Häuser sind sowohl der Lage, als der Richtung nach, ohne alle Ordnung zerstreut; auch in Ansehung ihrer Größe wird kein bestimmtes Verhältniß beobachtet; einige sind weitläufig und bequem, haben vierzig bis funfzig Fuß in der Länge und zwanzig bis dreyßig Fuß in der Breite: andere sind blos Hütten, die einem länglichten Korn- oder Heuschober gleich sehen, oder, um einen deutlichern Begriff davon zu haben, wie ein hohes, in einen sehr scharfen First zusammen laufendes Scheuerndach, welches man auf die Erde gestellt hätte; gleichwohl sind darunter zwey niedrige Wände angebracht, die man aber in einiger Entfernung gar nicht gewahr wird. Die Giebel passen dergestalt in jedes Ende, daß die Wohnung überall geschlossen ist. Die Bedachung daran ist gut und besteht aus einem langen Grase, welches auf ziemlich regelmäßig geordnete Sparren und Querstäbe gelegt ist. Der Eingang ist bald am Ende, bald an der Seite angebracht, und ist ein niedriges Loch, durch welches man nicht anders als kriechend kommen kann. Anstatt der Thüre, wird ein Bret von an einander gefügten Planken vorgelegt, woran keine Angeln sind, sondern welches erforderlichen Falls nur weggeschoben wird. Durch diese einzige Oeffnung kommt Licht in das Haus. So gut auch diese wohlverwahrten Wohnungen gegen üble Witterung schützen, so scheinen sie doch dem hiesigen warmen Klima nicht sehr gemäß zu seyn. Uebrigens werden sie ausnehmend rein gehalten. Der Boden ist mit einer Menge trockenen Grases belegt, auf welches sodann Matten ausgebreitet werden, um sich darauf zu setzen oder schlafen zu legen. An einem

1778.
Februar.

1778.
Februar.

Ende stehet eine drey Fuß hohe Bank, worauf sich das Hausgeräthe befindet, dessen Verzeichniß freylich nicht weitläufig ist. Es bestehet nämlich aus ausgehöhlten Kürbissen, welche ihnen theils zu Wasserflaschen, theils zu Körben dienen, um ihre Lebensmittel und andere Sachen darinnen aufzubewahren. Die Deckel darauf sind gleichfalls Kürbisschalen. Endlich haben sie noch einige hölzerne Schalen und Teller von verschiedener Größe.

Nach den Produkten zu urtheilen, die wir entweder selbst auf der Insel sahen, oder die man uns zu Markt brachte, ist es wohl außer Zweifel, daß die Nahrung, welche ihnen das Pflanzenreich liefert, größten Theils aus süssen Pataten, Taro oder Aronswurzeln und Pisangen besteht, und daß Brodfrucht und Yams hier mehr als Seltenheiten anzusehen sind. An Speisen aus dem Thierreiche können sie keinen Mangel haben; denn es giebt hier eine Menge Schweine, die in aller Freyheit um ihre Häuser herum laufen. Essen sie noch Hunde, wie es sehr wahrscheinlich ist, so sind sie in diesem Stücke eben so reichlich versehen. Die Menge Fischangeln, die wir hier fanden, beweisen, daß sie auch aus der See keinen geringen Vorrath von Lebensmitteln erhalten. Da jedoch das Einsalzen der Fische gebräuchlich ist, so ist zu vermuthen, daß sie bey einer so offenen Küste nicht allezeit Fische fangen können, weil, wahrscheinlicher Weise, kein Volk auf die künstliche Aufbewahrung irgend einer Speise verfallen wird, wenn es sich darauf verlaß sen kann, täglich und stündlich dieselbe frisch zu bekommen. Diese Art zu schließen leidet indessen eine Ausnahme in Ansehung ihres eingesalzenen Schweinfleisches. So wohl dieses als die Fische bewahren sie in Kürbißschalen auf, und bedienen sich dazu einer großen Menge Salzes von röthlichter Farbe, und nicht sehr grobem Korne, welches vermuthlich mit dem, welches unsere Verirrten auf der Weihnachtsinsel fanden, von einerley Beschaffenheit seyn mag. Es scheint seine Farbe von der Beymischung des rothen Schlickgrundes zu haben, auf welchem es zuweilen erzeugt wird; denn was davon in größern Klumpen zusammenhieng, war ziemlich weiß und rein.

Ihre Speisen aus dem Pflanzenreiche backen sie vermittelst erhitzter Steine, wie es auf den südlichern Inseln geschieht. Da wir eine beträchtliche Menge derselben zu gleicher Zeit zugerichtet sahen, so vermuthen wir, daß das ganze Dorf, oder wenigstens mehrere Haushalten sich eines gemeinschaftlichen Ofens bedienen. Wir selbst sahen auf dieser Insel keine Fleischspeisen zurichten, aber, wie bereits angeführt worden, Herrn Gore's Partey sah sie in Onceheow in eben dergleichen Oefen zubereiten. Es ist also um so mehr zu vermuthen, daß man in Atooi auf gleiche Art verfahren wird, da wir daselbst kein Geschirr sahen, worinn etwas hätte gedämpft oder gesotten werden können. Das einzige künstliche Gericht, welches wir hier sahen, war ein Taro-Pudding, der seiner widerlichen

1778.
Februar.

Säure ungeachtet, von den Eingebohrnen sehr gierig verschluckt wurde. Sie essen aus einer Art hölzerner Schüsseln oder Teller, und wenn gleich, nach einem Beyspiel zu urtheilen, die Weiber, wie in Otaheite, mit den Männern nicht zugleich aus einer Schüssel essen dörfen, so ist es ihnen doch wenigstens erlaubt, an eben dem Platze und nahe an ihnen zu speisen.

Ihr Zeitvertreib ist vermuthlich sehr mannigfaltig, da wir, bey unserm kurzen Aufenthalte, verschiedene Arten desselben wahrgenommen haben. Wir sahen zwar keinen ihrer Tänze, bey welchen sie vorzüglich in ihren Federmänteln und Helmen erscheinen; aber nach den Bewegungen ihrer Hände zu urtheilen, die wir sie bey andern Gelegenheiten machen sahen, und besonders wenn sie sangen, mögen sie gewissermassen mit den Tänzen der Insulaner in den südlichern Inseln viele Aehnlichkeit haben, wiewohl sie schwerlich mit gleicher Geschicklichkeit werden ausgeführt werden. Sie hatten keine Flöten oder Rohrpfeifen, und die zwey einzigen Instrumente, die wir sahen, waren äußerst roh. Das eine davon war gerade so melodisch wie eine Kinderklapper. Seiner Form nach, könnte man es mit einer kegelförmigen, umgekehrten Mütze vergleichen. Es ist aus einer groben Art Binsen oder Riedgras geflochten, etwas über einen Fuß hoch, und an der Grundfläche nur wenig ausgehöhlt. Der obere Theil, und die Ränder sind mit schönen rothen Federn geschmückt, und an dem untern Theil, oder der Spitze, ist ein hohler Kürbiß, von der Größe einer Faust angebracht, worein man etwas gethan hat, das ein Klappern verursachet. Dieses Instrument wird bey dem dünneren Theile angefaßt, und geschüttelt, oder man bewegt es vielmehr sehr geschwind von einer Seite zur andern, bald rückwärts bald vorwärts, gerade vor dem Gesichte, und schlägt sich zugleich mit der andern Hand auf die Brust. Das zweyte musikalische Instrument, (wenn anders beide diesen Namen verdienen,) war ein hohles, hölzernes Gefäß, das einer Schüssel gleich sah; um davon Gebrauch zu machen, gehören noch zwey Stücke dazu, und einer unserer Herren hatte einen Insulaner darauf spielen gehört. Dieser hielt nämlich den einen der Stäbe, der ungefähr zwey Fuß lang war, mit der einen Hand, wie wir eine Geige zu halten pflegen, und schlug mit dem andern, der kleiner war, und einem Trommelschlägel gleich sah, bald in geschwinder, bald langsamer Mensur, auf jenen, und stampfte zugleich mit dem Fuße auf die umgekehrte Schüssel die auf der Erde lag, welches keine üble Musik hervorbrachte, die noch überdem mit einigen angenehmen und zärtlichen weiblichen Stimmen begleitet war.

Wir sahen eine große Menge kleiner, glattgemachter Ruthen, die ungefähr vier bis fünf Schuh lang, etwas dicker als ein Ladstock, und an dem dünnen Ende mit einem Büschel langer weisser Hundshaare versehen waren. Wahrscheinlich bedienen sie sich derselben auch zu ihrem Zeitvertreibe.

1778.
Februar.

1778.
Februar.

Wir sahen einen Insulaner eine solche Ruthe in die Hand nehmen, er hielt sie sodann in die Höhe, führte einen schnellen Streich, bis sie eine horizontale Lage hatte; stampfte zugleich mit dem Fuß auf die Erde und pochte dabey mit der Hand auf die Brust. Sie haben eine Art Kugelspiel, wozu Stücke von dem vorhin erwähnten Wetzstein gebraucht werden, ungefähr von der Schwere eines Pfundes, und von der Form kleiner, an Rand und Seiten abgerundeter Käse, die sehr glatt geschliffen waren. Andere Kugeln dieser Art waren aus einem schweren, röthlichbraunen Thone gemacht, und mit einer gleichfarbenen glänzenden Composition überzogen; noch andere waren von grobem dunkelgrauen Schiefer. Sie bedienen sich auch kleiner, flacher abgerundeter Stücken Tafelschiefers, die mit jenen Kugeln einerley Durchmesser haben, kaum einen Viertelszoll dick und ebenfalls gut polirt sind. Mit diesen werfen sie nach einem gewissen Ziele, wie wir mit unsern Wurfsteinen. Nach der Größe dieser Kugeln zu urtheilen, scheinen ihre Spiele mehr auf Geschicklichkeit, als auf Stärke abzuzwecken.

Alle Handarbeiten dieser Völkerschaft verrathen, bey vieler Zierlichkeit, einen nicht gemeinen Grad von Erfindsamkeit. Die Zeuge, eine ihrer vornehmsten Manufacturwaare, verfertigen sie aus dem *Morus papyrifera*, (Papiermaulbeerbaum,) und allem Anschein nach, auf eben die Art, wie in Otaheite und Tongataboo; denn wir kauften einige der eingekerbten Klöppel, womit die Zeuge gebläuet

1778.
Februar.

werden. Der Stof an diesen Zeugen ist zwar dichter, aber sonst viel geringer, als an den Zeugen erstwähnter Inseln; dagegen zeigen die Einwohner von Atooi weit mehr Geschmack in der Farbengebung und der unendlichen Mannigfaltigkeit der Figuren und Muster. Wenn man eine gewisse Anzahl solcher Zeuge beysammen sieht, so sollte man glauben, die Patronen wären aus dem Laden eines Seidenhändlers entlehnt worden, wo ein reicher Vorrath auserlesener chinesischer und europäischer Zeuge anzutreffen ist; ob man zwar auch Muster darunter findet, die ihnen ganz eigenthümlich zugehören. Wenn man das Roth ausnimmt, so sind ihre übrigen Farben eben nicht sehr hell; aber die Regelmäßigkeit der Figuren und Streifen ist wirklich bewundernswerth, denn sie haben, so viel wir wissen, keine Druckformen. Wir hatten keine Gelegenheit, wahrzunehmen, auf welche Art sie ihre Farben bereiten. Auſſer den bunten Zeugen haben sie auch einige ganz weiſſe, imgleichen sonst einfärbige, insonderheit dunkelbraune und hellbraune. Die Stücke, die sie uns brachten, waren mehrentheils zwey Fuß breit, und hielten vier bis fünf Yarden (zwölf bis funfzehen Schuh); Dies ist gerade die Form und Länge zu ihrem gewöhnlichen Anzuge, oder dem Maro. Indeß sahen wir etliche, die aus mehreren Stücken zusammen genähet waren. Diese Arbeit, welche wir sonst auf keiner der südlichern Inseln wahrgenommen haben, ist hier stark im Brauche, und wenn sie auch nicht ganz niedlich

1778.
Februar.

ausfällt, so ist sie doch dauerhaft. Man hat hier noch eine Art von dünnem Zeug, der wie geölte Leinwand aussieht; er muß auch wirklich in Oel getränkt, oder mit einer Art Firniß überzogen seyn, denn er scheint ziemlich gut Wasser zu halten.

Sie verfertigten eine beträchtliche Menge weisser Matten, von ziemlicher Stärke und oft sehr ansehnlicher Länge, in welche auf einer Seite eine Menge rother Streifen, Rauten, oder verschobene Vierecke und andere Figuren eingewebt sind. Wahrscheinlich gehören sie bey gewissen Gelegenheiten zu ihrem Anzug; denn sie brachten sie auf den Rücken hängend zu Kauf. Mit den gröbern Matten, die ganz ohne Muster und ebenfalls sehr dauerhaft gearbeitet sind, belegen sie den Fußboden, um darauf zu schlafen.

Ihre ausgehöhlten Kürbisse bemahlen sie mit allerley Wellenlinien, Triangeln und andern Figuren von schwarzer Farbe, wie wir es auch in Neu-Seeland gesehen haben. Sie wissen übrigens eine Art Firniß zu verfertigen; denn einige bemahlte Kürbisse waren mit etwas lakartigem überzogen. Auch bemerkten wir, daß sie manchmal sich eines Kleisters oder einer leimartigen Substanz bedienen, um gewisse Dinge aneinander zu fügen. Ihre hölzernen Schüsseln und Schaalen, aus welchen sie ihren Ava trinken, sind von dem Holze des Etoa, oder Sebestenbaumes (Cordia), und zwar so sauber gearbeitet, als wenn sie ein Drechsler gedrehet hätte, ja wohl noch glätter. Unter ihre Kunstsachen gehören auch noch kleine viereckige Fächer von Matten= oder Korbmachergeflechte, welches öfters auf das niedlichste mit feinen Haarschnüren und Cocosnußfasern durchzogen ist, und mit einem länglichtspitzen Handgriffe, entweder von eben der Arbeit, oder von Holz versehen ist. Ihre Fischangeln, deren sie mancherley Arten haben, sind wohl ausgedacht Einige sind ganz von Knochen, andere von Holz mit einer beinernen Spitze, viele von Perlemutter. Von den letztern sahen wir einige gerade so gestaltet, wie wir verschiedene in Tongataboo gesehen haben; andere sind schlechtweg gebogen, wie die hölzernen, oder gemeinen otaheitischen. Die ganz beinernen sind gemeiniglich klein, und bestehen aus zwey Stücken. Alle diese Angeln haben Wiederhacken, entweder, wie die unsrigen, am innern Theile, oder außerhalb, dem innern Hacken gegen über, oder auch an beiden Seiten zugleich, doch so, daß der äußere am weitesten von der Spitze entfernt ist. Von der letztern Sorte kauften wir eine, neun Zoll lang, die aus einem Stück Knochen, vermuthlich von einem großen Fische verfertigt war, und welche sowohl was ihre zierliche Form, als die schöne Politur betrift, von keinem europäischen Künstler, bey all seiner Zeichnung und dem Vorzug seiner vielen Instrumente, hätte besser gemacht werden können. Ihre Stein= glätten sie durch ein lang fortgesetztes Reiben mit Bimstein im Wasser, und die daraus verfertigten Werkzeuge, wenigstens die wir sahen,

Dritter Th. L

1778.
Februar.

glichen denen in den südlichern Inseln; so sind auch ihre Aexte und Beile, wie jene, theils von eben derselbigen schwärzlichen, theils von einer lehmfarbenen Steinact. Endlich sahen wir kleine Instrumente, welche aus einem einzelnen Hayfischzahne bestehen, der zuweilen in den vordern Theil eines Hundekiefers, oder auch in einem hölzernen Griff von gleicher Form eingefugt ist. Der Griff ist durchbohrt und eine durchgezogene Schnur daran bevestiget. Diese Instrumente dienen ihnen gelegenheitlich als Messer, und sind ohne Zweifel ihre Schnitzwerkzeuge.

Die einzigen Eisengeräthe, oder vielmehr Eisenstücke, die wir bey ihnen fanden, und welche sie schon vor unserer Ankunft hatten, waren ein zwey Zoll langes Stück von einem eisernen Reife, mit einem hölzernen Griffe*); und ein anderes schneidendes Werkzeug, welches unsere Leute für die Spitze einer breiten Degenklinge hielten. Bey Erblickung dieser Stücke, und dem hier allgemein bekannten Gebrauche dieses Metalls, kamen einige unserer Herren Reisegefährten auf die Vermuthung, daß wir nicht die ersten Europäer wären, die an diese Inseln gekommen sind. Meines Dafürhaltens aber läßt sich das unbeschreibliche Erstaunen der Einwohner bey Erblickung und dem genaueren Augenschein unserer Schiffe, ihre gänzliche Unbekanntschaft mit unseren Kanonen und Schiesgewehr ꝛc. mit dieser Vermuthung nicht

*) Dieses Stück besitzt gegenwärtig Capitain Ring, der es erhandelte.

wohl vereinigen. Sollte es nicht andere Mittel und Wege geben, wodurch diese Bruchstücke zu ihnen gekommen sind, oder wodurch sie die Existenz eines solchen Metalls haben erfahren können, ohne mit Völkern, bey denen es gäng und gebe ist, in unmittelbarem Verkehr gestanden zu haben? Man kann sicher annehmen, daß es noch allen Insulanern der Südsee unbekannt war, als Magellan einen Weg zu ihnen fand. Denn alle Schiffe die gleich nach ihm hieher kamen, fanden keines bey ihnen. Und doch bemerkten wir auf unsern beiden letztern Reisen, daß in verschiedenen Inseln, die unseres Wissens, noch kein europäisches Schiff berührt hatte, der Gebrauch des Eisens nicht unbekannt war. Es ist sehr wahrscheinlich, daß Mendanna auf allen Inseln, die er auf seinen beiden Reisen besuchte, Eisen gezeigt und zurückgelassen hat. Diese Kenntniß verbreitete sich nicht nur auf alle übrigen Inseln, die mit diesen in Verkehr standen, sondern sie muß auch noch weiter gekommen seyn. Denn, gesetzt man habe auch nicht überall ein Stück dieses wichtigen Metalls zu sehen bekommen, so hat man doch so genaue Beschreibungen davon machen können, daß es, bey nachherigem Augenschein, nicht leicht zu verkennen war. Die nächste Reise, südwärts der Linie, auf welcher man sich mit den Insulanern dieser See einigermassen eingelassen hatte, war Quiros Expedition, der auf Sagittaria,*) dem Eiland des

1778.
Februar.

*) Vermuthlich Otaheite. W.

1778. schönen Volks,*) und der *Tierra del Espiritu*
Februar. *Santo* (dem H. Geistlande) an Land gieng. Auf
diesen Inseln, und denen die mit ihnen einige Gemeinschaft hatten, mußte das Eisen ebenfalls bekannt
geworden seyn. Nach Quiros beschiffte Le Maire
und Schouten diesen Ocean. Seine Bekanntschaft
mit den Südseeländern fieng weiter ostwärts an,
und endigte sich mit den Cocos- und Horns-Ei-
landen. Mich befremdete es gar nicht, als ich
im Jahre 1773 in Tongataboo ein Stück Eisen
antraf, weil ich wußte, daß Tasman vor mir hier
gelandet hatte. Aber gesetzt, er hätte die Freundschafts-Inseln nicht entdeckt, auf welche sonderbare Vermuthungen würden wir nicht über dieses
Eisen gekommen seyn? Wir haben indessen das Räth-
sel oben erklärt,*) und gezeigt, wie die Einwohner
dieses Metall zum zweyten male haben kennen gelernt; ein Umstand, der meiner Hypothese sehr zu
Statten kömmt. Denn Neeootaboo-taboo,
oder Boscawen's Eiland, wo Capitain Wallis
Schiffe das Stück Eisen zurück liessen, welches ich
auf Tongataboo, in Poulaho's Händen wieder
fand, liegt nur einige Grade nordwärts von dieser
Insel. Es ist übrigens bekannt, daß eines von
Roggeweins Schiffen an den Schlimmen Inseln (Pernicious Islands) scheiterte, die, nach ihrer
Lage zu urtheilen, den Einwohnern von Otaheite
und den Societäts-Inseln gewiß nicht unbekannt

*) Isla de la Gente hermosa.
**) S. 2ten Band, S. 209. W.

1778.
Februar.

seyn konnten, so wenig sie auch dahin mögen gekommen seyn. Eben so gewiß ist es, daß letztere schon von Eisen wußten, als Capitain Wallis Otaheite entdeckte, und daß sie es mit großer Begierde eintauschten. Diese Kenntniß konnten sie aber nur aus den benachbarten Inseln, wo es anfänglich zurück blieb, erhalten haben. Wir hörten sogar seit dem, aus ihrem eigenen Munde, daß sich die Sache so verhalte, und man erzählte uns, daß dieses Metall, vor Capitain Wallis's Ankunft, in so hohem Werthe gewesen wäre, daß ein otaheitisches Oberhaupt mit zwey eisernen Nägeln, die er irgendwo bekommen habe, sich keinen geringen Vortheil dadurch erworben hätte, daß er sie an seine Nachbaren zum Löcherbohren verlieh, wenn sie mit ihren eigenen Werkzeugen nicht fortkommen konnten. *) Jene Societäts-Insulaner, die wir in Wateeoo fanden, waren lange ehe sie hieher verschlagen wurden, mit dem Eisen und dessen Gebrauche bekannt, und wenn sie auch, wahrscheinlicher Weise, kein Stück davon bey sich hatten, so konnten sie doch dieses nützliche

*) Pater Cantova gedenkt einer ähnlichen Spekulation, die er bey den Oberhäuptern der Carolinen-Eilande wahrgenommen hatte. „Si par hazard un Vaisseau étranger laisse dans leurs isles quelques vieux morceaux de fer, ils appartiennent de droit aux *Tamoles*, qui en font faire des outils, le mieux qu'il est possible. Ces outils sont un fond, dont le *Tamole* tire un revenu considérable, car il les donne à louage, et ce louage se paye assez cher." p. 314.

1778.
Februar.

Metall so deutlich beschreiben, daß die Wateeoo-
aner es nun auch kennen mußten. Diese mögen
ihrer Seits wieder, was sie davon gehört, den
Hervey's-Eiländern mitgetheilt haben, und nun
läßt sich die große Begierde nach Eisen erklären,
die wir bey unserm kurzen Aufenthalte an diesen
Inseln wahrgenommen haben.

Erwägt man alle diese Umstände, so läßt sich
leicht begreifen, wie die Kenntniß des Eisens sich
über diesen ganzen Ocean und über Inseln verbreitete, die nie mit Europäern in unmittelbarem Verkehr gestanden hatten. Eben so natürlich ist es, daß
in allen Gegenden, wohin nur der Ruf davon ge-
drungen, oder ein kleiner Vorrath davon zurückge-
blieben war, bey den Einwohnern die Begierde nach
diesem entbehrten Gute, oder nach einem größern Vor-
rathe, ausserordentlich mußte rege geworden seyn.
Die Anwendung auf vorliegenden Fall ist nicht schwer.
Die Einwohner von Atooi und Oneheeow, wohin, vor uns, gewiß keine Europäer gekommen
sind, können ihre Eisenstücke von den Inseln bekommen haben, die zwischen ihnen und den Ladronen
oder Diebs-Inseln liegen, und seit Magalhaens
Reise, von den Spaniern oft besucht worden sind.
Oder sollte die allzuwestliche Lage der Diebsinseln
unsere Erklärung etwas unwahrscheinlich machen, so
liegt ja gerade windwärts das ausgebreitete veste
Land von America, wo sich die Spanier seit mehr
als zweyhundert Jahren niedergelassen haben, in
welchem beträchtlichen Zeitraume so manches Schiff

an jenen Küsten mag zu Grund gegangen seyn.
Wäre es denn etwas so aufferordentliches, wenn ein
Theil des Wracks, woran Eisen befindlich war, zu=
weilen von dem östlichen Paſſatwinde an eine der
zerstreueten Inseln, in diesem breiten Oceane, wäre
angetrieben worden? Die große Entfernung der
Insel Atooi von America kann dieser Annahme
nicht im Wege stehen, wenigstens sie nicht über den
Haufen werfen. Fast alle Jahre gehen spanische
Schiffe über diesen Ocean; wie oft kann es auf
einer so langen Fahrt nicht geschehen, daß Mast=
bäume mit ihrem Zugehöre verlohren gehen, oder
Tonnen mit eisernen Reifen, oder andere mit die=
sem Metall versehene Stücke über Bord fallen und
hernach an Land getrieben werden? Doch dies sind
nicht blos Möglichkeiten und Vermuthungen. Einer
meiner Leute fand wirklich in einem Hause zu Wy=
moa ein Stück Holz, welches, seiner Meynung
nach, von einer Fohre oder Pechtanne war. Es
war wurmstichig, und die Einwohner gaben ihm zu
verstehen, es sey von den Wellen an's Ufer getrie=
ben worden. Noch mehr; sie bezeugten ausdrück=
lich, daß sie die kleinen Eisenstücke, die wir bey ihnen
fanden, von einer östlich gelegenen Gegend her be=
kommen hätten.

Ich kehre von meiner Abschweifung zurück, —
wenn man anders hieher gehörige Umstände mit die=
sem Namen belegen kann — und komme wieder
auf meine Bemerkungen in Atooi, und zwar auf die
Beschreibung der dortigen Kähne. Insgemein sind

1778.
Februar.

1778.
Februar.

sie gegen vier und zwanzig Fuß lang; ihr unterer Theil besteht mehrentheils aus einem einzigen Stück Holz oder Blocke, welcher bis zur Dicke eines, oder ein und eines halben Zolles ausgehöhlt ist, und an jedem Ende spitz zuläuft. Jede Seitenwand besteht aus drey, etwa einen Zoll dicken Brettern, welche genau in das Untertheil eingefugt und mit Schnüren daran bevestiget sind. Das Vorder- und Hintertheil des Kahns geht nur wenig aufwärts, und beide endigen sich in eine Schärfe, gleich einem Keile; doch nimmt hier die Schärfe schneller ab, so daß die beiden zusammenlaufenden Seitenbretter am Ende über einen Fuß höher sind als die Seitenwände. Aus Herrn Webbers hier angefügter Zeichnung, wird man sich von ihrem Bau eine bessere Vorstellung machen können, als aus meiner Beschreibung. Da die Breite der einzelnen Kähne — denn sie haben auch Doppelkähne, wie auf den andern Inseln, — nicht mehr als funfzehen bis achtzehen Zoll beträgt, so sind sie mit Auslegern versehen, die sowohl in Ansehung der Gestalt, als der geschickten Manier, mit welcher sie angebracht sind, alle übertreffen, die ich sonst gesehen habe. Die Ruder waren gerade so, wie wir sie bisher überall angetroffen hatten. Einige Kähne haben, wie auf den Freundschafts-Inseln, ein leichtes dreyeckigtes Seegel, zwischen Mast und Spriet ausgespannt. Die Seile, deren sie sich bey ihren Kähnen bedienen, sind, wie die Schnüre, die sie bey ihrer Fischerey gebrauchen, stark und gut gearbeitet.

1778.
Februar.

Was wir von ihrem Feldbaue sahen, beweiset zur Genüge, daß sie hierinn keine Neulinge sind. Ich habe bereits des Thales erwähnt, welches man als eine ununterbrochene Pflanzung von Taro und einigen andern Produkten ansehen kann, wo überall die fleißigste Warte hervorschien. Bey den Pataten-Feldern, welche, wie die Pflanzungen von Zuckerrohr und Pisang, in den höhern Gegenden liegen, ist durchgehends gleiche Regelmäsigkeit beobachtet. Diese Felder und Anlagen haben alle eine abgemessene Figur, und bilden entweder gleichseitige oder längliche Vierecke; aber keines hat irgend eine Art von Gehäge oder Vermarkung; man müßte denn die Gräben in den tiefen Gründen dafür annehmen, die aber wahrscheinlicher, nur die Wässerung der Tarowurzeln zur Absicht haben. Man kann also den großen Ueberfluß und die Güte der hiesigen Produkte vielleicht eben so wohl der gutverstandenen Pflege der Einwohner, als der natürlichen Fruchtbarkeit des Bodens zuschreiben, der sich übrigens für diese Pflanzenarten besser schicken mag, als für Brodbäume und Cocospalmen. Von beiden letztern sahen wir nur wenige, und auch diese schienen nicht gut fortzukommen. Aus diesem Grunde hält man es auch hier mehr mit dem Anbau jener Produkte, ob sie gleich mehr Warte und Pflege erfordern. So erfahren übrigens die Einwohner im Feldbaue zu seyn scheinen, so zeigt doch der allgemeine Anblick der Insel, daß noch weit mehr Land urbar zu machen wäre, mithin wenigstens noch dreymal so viel Menschen,

1778.
Februar.

als sie gegenwärtig hat, darauf könnten ernähret werden; denn der ungleich größere Theil der Insel liegt jetzt ganz öde, obgleich das Erdreich von eben so guter Beschaffenheit zu seyn scheint, als in den angebauten Gegenden. Es ist also zu vermuthen, daß die Bevölkerung hier nie dermaaßen zunehme, daß die Einwohner zum Anbau der nöthigen Nahrungsmittel, die ganze Oberfläche ihrer Insel nöthig hätten. Was dieser Vermehrung im Wege stehe, hatten wir bey unserm kurzen Aufenthalte nicht Gelegenheit zu untersuchen.

Ich habe zwar keine Befehlshaber von einigem Ansehen bey ihnen bemerkt, doch sagten uns die Eingebohrnen, es hielten sich deren verschiedene in Atooi auf, vor welchen sie, zu Bezeugung ihrer Unterthänigkeit, sich zur Erde niederwärfen. Diese Ehrerbietung wird hier Hamoea oder Moe genennt, und kommt mit dem Moe-Moea der Freundschafts-Inseln überein. Ich kann nicht sagen, ob es Schüchternheit von Seiten dieser Oberhäupter war, daß wir keinen zu sehen bekamen, oder ob sie wirklich gerade zu der Zeit abwesend waren; aber nachdem ich die Insel verlassen hatte, kam einer dieser Vornehmen zum Vorschein, und legte bey Capitain Clerke, am Bord der Discovery, einen Besuch ab. Er kam in einem Doppelkahne und machte es eben so, wie der König der Freundschafts-Inseln; er kehrte sich nämlich nicht an die kleinen Kähne, die ihm in Weg kamen, sondern stieß gegen sie, oder fuhr über sie hinweg, ohne an ein kleines

Ausbeugen zu gedenken. Den armen Leuten, die darinn saßen, war es auch nicht einmal möglich auszuweichen, weil sie ihre Fahrzeuge nicht mehr regieren konnten, sondern alle bey seinem Anblick aus Ehrerbietung niederfallen und liegen bleiben mußten, bis er vorbey war. Seine Begleiter halfen ihn in das Schiff, und setzten ihn auf die Gallerie des Hinterverdecks. Sie selbst stellten sich in einen Kreis um ihn her, indem sie einander bey den Händen hielten, und niemanden, auffer dem Capitain Clerke, sich ihm zu nähern erlaubten. Er war noch jung und vom Kopf bis zu Füssen mit Zeugen bekleidet. Er hatte eine junge Frauensperson bey sich, die vermuthlich seine Gemahlin war. Man nannte ihn *Thamahano.* Capitain Clerke machte ihm einige Geschenke, und erhielt dagegen eine große Schale, die von zwey nicht übel gezeichneten und geschnitzten menschlichen Figuren getragen wurde. Man sagte unsern Leuten, dieses Gefäß fülle man mit *Kava*, oder wie es die Otaheiter aussprechen, mit *Ava*, welches Getränke man hier, wie in andern Inseln dieses Oceans, liebte und auf eben die Weise zubereitete. Capitain Clerke konnte diesen vornehmen Mann nicht überreden, weder herab in die Kajüte zu kommen, noch sonst sich von dem Platze zu bewegen, wo ihn seine Begleiter zuerst hingebracht hatten. Nach einigem Aufenthalte auf dem Verdecke, brachte man ihn wieder in den Kahn, und er fuhr, unter den nämlichen Ehrenbezeugungen, von Seiten der Eingebohrnen, auf

1778.
Februar.

IMAGE EVALUATION
TEST TARGET (MT-3)

Photographic
Sciences
Corporation

23 WEST MAIN STREET
WEBSTER, N.Y. 14580
(716) 872-4503

1778.
Februar.

die Insel zurück. Am folgenden Tage wurde Capitain Clerke durch verschiedene Botschaften, aus Land eingeladen, und man sagte, daß das Oberhaupt bey dieser Gelegenheit ein sehr ansehnliches Geschenk für ihn bereit hielt. Allein Herr Clerke, dem es daran gelegen war, in See zu stechen, und die Resolution nicht zu verliehren, hielt es nicht für rathsam, die Einladung anzunehmen.

Unser Umgang mit den Eingebohrnen war viel zu kurz, und unsere eingezogenen Nachrichten zu unvollständig, als daß wir über ihre Regierungsform ein gründliches Urtheil fällen könnten. Da wir indessen eine so große Uebereinstimmung in den Sitten und Gebräuchen dieser und anderer bisher besuchten Inseln bemerkt haben, und besonders in der Ehrerbietung, die man den Oberhäuptern bewieß; so läßt sich nicht ohne Grund vermuthen, daß sie auch in diesem Stücke mit einander überein kommen. Wahrscheinlich mögen auch diese Inseln, wie jene, öfters mit einander Krieg führen. Dieses läßt sich schon aus der Menge Waffen, die wir bey ihnen sahen, und der treflichen Ordnung und Sorgfalt, mit der sie aufbewahrt werden, schliessen; allein wir hörten die Bestättigung dieser Vermuthung aus ihrem eigenen Munde, und, so viel wir verstanden, sind nicht nur öfters verschiedene Bezirke der Insel selbst mit einander, sondern auch diese mit ihren Nachbarn von Oneeheow und Orrehoua in Kriege verwickelt. Dieses ist vermuthlich auch die einige Ursache, von jenem bereits er-

wähnten Mißverhältnisse der unbeträchtlichen Volksmenge zu dem großen Umfange des noch urbar zu
machenden Landes.

Ihre Speere oder Lanzen sind von schönem,
kastanienbraunen Holze, vortreflich polirt, und zuweilen an einem Ende mit einem Widerhacken versehen, am andern aber platt und zugespitzt. Außer
diesen haben sie eine Art Waffen, die wir zuvor noch
nicht gesehen hatten, wovon auch sonst kein Seefahrer, bey irgend einer der Südsee-Inseln, Erwähnung thut. Es ist nämlich eine Art von Dolch,
der etwa anderthalb Fuß lang, an einem oder auch an
beiden Enden zugespitzt ist, und an der Hand vermittelst
einer Schnur bevestiget wird. Dieser Dolche bedienen
sie sich im gedrängten Handgemenge, wozu sie sich
auch gut zu schicken scheinen. Einige könnte man
Doppeldolche nennen; denn der Griff daran ist in
der Mitte, und man kann damit um so bequemer
die Stösse auf mehr als einer Seite anbringen.
Sie haben auch Bogen und Pfeile. Doch sahen
wir ihrer nur wenige, und diese waren so schwach
und leicht gearbeitet, daß sie wohl schwerlich in
ihren Schlachten davon Gebrauch machen werden.
Das Messer oder die Säge, deren oben gedacht
worden, und womit sie die Leichname der Erschlagenen zerschneiden, kann man auch zu ihren Waffen
rechnen, indem sie bey Handgemengen Schnitte und
Hiebe damit führen. Es ist ein kleines, flaches,
hölzernes Instrument, etwa einen Fuß lang, von
länglicher Form, an den Ecken abgerundet, und

1778.
Februar.

mit einem Griffe versehen, fast wie eine Art der neuseeländischen Patooo; allein die Schärfen sind rings umher mit vest eingelassenen Hayfischzäh-nen besetzt, deren Spitzen alle auswärts gekehrt sind. Durch den Griff geht gemeiniglich ein Loch, wodurch eine lange Schnur gezogen, und beym Gebrauche etliche mal um das Handgelenke gewunden wird. Wir vermuthen, daß sie bey gewissen Gelegenheiten sich der Schleudern bedienen; denn wir bekamen einige Stücken Blutstein, (*haematites*) denen man durch Kunst eine eyförmige Gestalt gegeben hatte, die aber der Länge nach entzwey geschnitten waren, und in der Mitte der abgerundeten Seite eine schma'e Kerbe hatten. In diese sahen wir einen Insulaner eine nicht gar dicke Schnur legen; die Schnur wollte er uns durchaus nicht verkaufen, ob er gleich nicht die geringste Schwierigkeit machte, uns den Stein zu überlassen, der wenigstens ein Pfund wog, und wenn er mit hinlänglicher Stärke geschleudert wird, seinen get offenen Mann gewiß erlegen muß. Wir sahen auch noch ovale, gut po-lirte Stücken Wetzstein, die an beiden Enden etwas spitz zuliefen, und den Steinen, die wir im J. 1774 in Neu-Caledonien gesehen hatten, und gleich-falls zu Schleudern dienten, ziemlich ähnlich waren.

Was wir von ihren gottesdienstlichen Gebräu-chen, und von den damit so nahe verknüpften An-stalten, in Ansehung ihrer Todten, erfahren konn-ten, ist bereits erzählt worden. Da nichts die große Verwandschaft der Sitten dieser Völker mit den

Sitten der Einwohner auf den Societäts- und Freundschafts-Inseln in ein helleres Licht setzen kann, so will ich noch einige Umstände zu mehrerer Bestättigung beybringen, die zugleich zeigen werden, wie auch die geringst: der unzähligen Abänderungen, deren gewisse wenige, allgemeine Grundbegriffe fähig sind, eine Nation von der andern unterscheiden könne. Die Einwohner von Tongataboo beerdigen ihre Toden auf eine sehr anständige Weise; sie begraben auch ihre Menschenopfer, aber, unsers Wissens, bringen sie kein Thier, selbst nicht einmal Gewächse zur Opfergabe. Die Otaheiter begraben ihre Toden nicht, sondern setzen sie in freye Luft, bis Zeit und Fäulniß die Theile aufgelöst hat, da sie denn endlich blos die Knochen verscharren. Ihre Menschenopfer werden hingegen ganz begraben. Sie bringen auch ihren Gottheiten Thiere und Pflanzenprodukte zum Opfer; allein auf die geweihten Plätze, wo diese feyerlichen Handlungen vorgehen, wenden sie nicht die geringste Sorgfalt. Ihre meisten Morais sind verfallen, und zeigen offenbare Spuren von Vernachlässigung. Die Einwohner von Atooi begraben, wie die Tongatabooaner, sowohl ihre Toden als ihre Menschenopfer, aber sie haben dieses mit den Otaheitern gemein, daß sie sich wenig um die Unterhaltung ihrer gottesdienstlichen Plätze bekümmern, und ihren Gottheiten ebenfalls Gewächse und Thiere zum Opfer darbringen.

Das Taboo findet in Atooi in seinem ganzen Umfang Statt, und scheint hier noch strenger als in

1778.
Februar.

1778.
Februar.

Tongataboo zu seyn; denn bey jeder Gelegenheit, fragten die Einwohner aus lebhafter Aengstlichkeit, uns ja nicht unzufrieden zu machen, ob dieses oder jenes, was sie zu sehen verlangten, oder wir ihnen nicht zeigen wollten, taboo, oder, nach ihrer Aussprache, tafoo sey. Die Maia, Raá, oder die verbotenen Dinge in den Societäts-Inseln sind vermuthlich das nämliche; aber wie es scheint, sind die Einwohner von Atooi in diesem Stücke nicht so bedenklich, außer in Ansehung ihrer Todten, wobey sie uns weit abergläubiger vorkamen, als alle die andern. Doch wir sind mit dergleichen Umständen noch viel zu wenig bekannt, als daß wir hierüber entscheiden könnten. Nur will ich noch hinzusetzen, um die Uebereinstimmung dieser und jener Völker in andern gottesdienstlichen Sachen zu zeigen, daß hier die Priester oder Tahounas so zahlreich sind als in den andern Inseln; wenn wir anders bey unsern kurzen Aufenthalten sagen können, daß alle diejenigen Priester gewesen sind, die ihre Poore oder Gebete hersagten.

Was man auch sonst noch für Aehnlichkeiten zwischen den Sitten der Einwohner von Atooi und der Otaheiter entdecken mag, so ist doch keine auffallender, als die Uebereinstimmung der Sprache; denn man kann beynahe sagen, daß man in beiden Inseln Wort für Wort einerley Sprache spreche. Wir bemerkten zwar dann und wann Worte, welche vollkommen wie in Neu-Seeland, und den Freundschafts-Inseln ausgesprochen wurden;

1778.
Februar.

allein, wenn gleich alle vier Mundarten unstreitig zu einer Hauptsprache gehören, so haben doch die Eingebohrnen von Atooi, überhaupt weder die ganz harte Kehlaussprache der erstern, noch die etwas gemilderte der letztern; sondern sie haben nicht nur die sanftere Modulation der Otaheiter angenommen, sondern auch alle Eigenheiten ihrer Sprache; ihre Affixe und Suffixe, oder die einzelnen, vor oder an das Wort gehängten Sylben, um das Verhältniß der Bedeutung dadurch zu bestimmen; so gar, bey ihren Gesängen, eben dasselbe Zeitmaaß und gleiche Tonweise, obzwar auf eine minder angenehme Art. Wer die hiesige Sprache zum erstenmal hört, mag vielleicht einige Verschiedenheit mit der Otaheitischen darinn entdecken; man muß aber bedenken, daß die Otaheiter bey ihrem häufigen Umgang mit den Engländern, gewisser Maaßen gelernt haben, sich nach unserer Unkunde in ihrer Sprache zu richten, und wenn sie sich mit uns unterredeten, nicht nur die allergemeinsten Ausdrücke gebrauchten, sondern auch sogar unsere verdorbene Aussprache annahmen. Denn wenn sie sich unter einander besprachen, und sich nach ihrem gehörigen Redegebrauch richteten, verstanden es selbst diejenigen unter uns mit harter Mühe, die am meisten mit dieser Sprache bekannt waren. Herr Anderson, welcher keine Gelegenheit versäumte, Materialien für diejenigen zu sammeln, die den Wanderungen der verschiedenen Stämme, oder Familien, welche die Erde be-

Dritter Th.　　M

1778.
Februar.

völkerten, nachgehen wollen, und aus der Verwandtschaft der Sprache den stärksten Beweis eines gemeinschaftlichen Ursprungs nehmen, hat ein Wörterverzeichniß der atooischen Mundart zusammengetragen.

Wie sollen wir aber diese Verbreitung einer einzigen Nation über eine Menge so weit aus einander gelegener, und in allen Gegenden des stillen Meeres zerstreuten Inseln erklären? Man findet sie von Neu-Seeland an, in Süden, bis zu den Sandwichs-Inseln in Norden; und in anderer Richtung, vom Oster-Eiland an, bis zu den Neuen Hebriden, also in einer Strecke von sechzig Breitengraden, oder zwölf hundert grossen Seemeilen, von Norden nach Süden, und drey und achtzig Graden der Länge, oder sechzehen hundert und sechzig Seemeilen von Osten nach Westen. Wie viel weiter in jeder dieser Richtungen sich ihre Kolonien erstrecken, ist noch unbekannt, aber nach unsern Erfahrungen, sowohl auf dieser als den beiden vorhergehenden Reisen, zu urtheilen, kann man unbedenklich behaupten, daß diese Völkerschaft, wo nicht die zahlreichste, doch bey weitem die ausgebreiteste des Erdkreises ist. *)

Wären die Sandwich-Inseln in ältern Zeiten von den Spaniern entdeckt worden, so würden diese ohne Zweifel ihre vortrefliche Lage benutzt, und aus Atooi, oder einer andern dieser Inseln, einen bequemen Erfrischungsplatz für ihre Schiffe, die

*) Man sehe mehreres über die Ausbreitung dieser Kolonien in der Einleitung.

jährlich von Acapulco nach Manila seegeln, ge- 1778.
macht haben. Diese Inselgruppe liegt fast gerade Februar.
halben Wegs zwischen Acapulco und Guam, einer
der Ladronen, welche gegenwärtig ihr einziger
Haven ist, wenn sie diesen unermeßlichen Ocean
durchkreutzen. Es würde sie auch von ihrem gewöhnlichen Fahrtstriche um keine Woche lang abge-
bracht haben, wenn sie hier angelegt hätten; sie
hätten auch nicht zu befürchten gehabt, von ihrem
Laufe abzukommen, da diese Inseln noch unter dem
Einfluß des östlichen Paßatwindes gelegen sind.
Auch unsern Bukaniers, oder westindischen Frey-
beutern, würde eine Bekanntschaft mit den Sandwichinseln trefflich zu Statten gekommen seyn, die
zuweilen von der Küste von America nach den Diebsinseln schiffen, und kaum so viel Wasser und Mundvorrath bey sich haben, daß sie ihr Leben hinfristen
können. Hier hätten sie zu allen Zeiten Ueberfluß
an Nahrungsmitteln gefunden, und wären, binnen
Monatsfrist, bey der sichersten Fahrt, gerade an
dem Theil von Californien gewesen, wo sie dem
Manila-Schiffe begegnen mußten. Oder sie wären im schlimmsten Falle, in Zeit von zwey Monaten wieder mit wohlbehaltenen, ausgebesserten
Schiffen an die Küste von America gekommen.
Wie glücklich wäre Lord Anson gewesen, und wie
vielem Ungemach wäre er nicht entgangen, wenn er
gewußt hätte, daß auf halbem Wege zwischen America und Tinian, eine Inselgruppe läge, die allen

M 2

1778.
Februar.

seinen Bedürfnissen so reichlich hätte abhelfen können! Der vortrefliche Geschichtschreiber seiner Reise würde auch von diesen Inseln ein ungleich reitzenderes Gemählde geliefert haben, als ich in diesem Hauptstücke zu entwerfen im Stande war.

Dreyzehentes Kapitel.

Betrachtungen über die Meereslänge, Abweichung des Compasses, Ebbe und Fluth auf den Sandwich-Inseln. — Fortsetzung unserer Reise. — Bemerkungen über die gelinde Witterung, bis wir den 44° nördlicher Breite erreicht hatten. — Seltenheit der Seevögel auf der nördlichen Halbkugel. — Beschreibung einiger kleinen Seethierchen. — Ankunft an der Küste von Nord-America. — Ansicht der Gegend. — Widrige Winde und stürmisches Wetter. — Bemerkungen über Martin D'Aguilars Strasse und Juan de Fuca's fabelhafte Meerenge. — Entdeckung einer Einfahrt, wo die Schiffe ankerten. — Betragen der Eingebohrnen.

1778.
Februar.

Montag, den 2ten.

So bald die Discovery zu uns gestossen war, richteten wir, bey einer leichten Kühlung aus Osten, unsern Lauf nordwärts, hart an dem Winde. Da in dieser Richtung nichts vorfiel, was in diesem Tagebuche einen Platz verdiente, so wird es dem Leser nicht unangenehm seyn, wenn ich hier noch einige nautische Bemerkungen einschalte, die wir auf den erst verlassenen Inseln anzustellen Gelegenheit hatten.

Die Länge der Sandwich-Inseln, mit deren Entdeckung wir das Verzeichniß der Inseln, in diesem Theile des stillen Oceans, zu vermehren das Glück hatten, ward nach zwey und siebenzig Reihen von Mondsbeobachtungen bestimmt, von denen wir einige anstellten, als die Schiffe in der Rheede vor Wimoa vor Anker lagen; andere ehe

1778.
Februar.

wir daselbst ankamen, und noch einige, nachdem wir sie verlassen hatten. Beide letztern wurden auf die Rheede durch die Längenuhr reducirt. Das mittlere Resultat dieser Beobachtungen bestimmt die Länge der Rheede auf — 200° 13′ 0″ östlich,

Die Längen- { nach ihrem Gang von Greenwich aus 202° 0′ 0″
genuhr { nach dem von Ulietea — — 200° 21′ 0″

Die Breite der Rheede beträgt nach dem
mittlern Ausschlag zweyer Meridian- } 21° 56′ 15″ nördl.
Sonnenhöhen — — —

Die Beobachtungen über die Abweichung der Magnetnadel sind ziemlich unter einander verschieden. Es ist zwar hiebey zu gedenken, daß sie nicht alle genau an eben demselben Platze angestellt wurden, aber der durch die Verschiedenheit der Lage erwachsene Unterschied konnte nur sehr gering seyn. Aus folgender Tabelle wird man alles mit einem Blick übersehen können.

Zeit.	Breite.	Länge.	Compaß.	Oestl. Abweich.	Mittlere Abw.
Jan. 18 V. M.	21° 12′	200° 41′	Gregory's	10° 10′ 10″	9° 51′ 38″
			Knight's	9° 20′ 5″	
			Martin's	10° 4′ 40″	
19 N. M.	21° 51′	200° 20′	Knight's	10° 2′ 10″	10° 37′ 20″
			Gregory's	11° 12′ 30″	
23 V. M.	21° 22′	199° 56′	Gregory's	9° 1′ 20″	9° 26′ 57″
			Knight's	9° 1′ 25″	
			Martin's	10° 18′ 5″	
28 N. M.	21° 36′	199° 50′	Gregory's	11° 21′ 15″	11° 12′ 50″
			Knight's	10° 40′ 0″	
			Martin's	11 37 50	

Mittlere Zahl 21° 29′, 200° 12′   10° 17′ 11″

Am 18 Januar 21° 12′ 200° 41′ war die Neigung der
nördlichen Spitze der Nadel 42° 1′ 7″

Die Ebbe und Fluth ist so unbeträchtlich an den Sandwichinseln, daß wir bey den großen Brandungen, die sich an den Ufern brachen, nicht einmal sagen konnten, ob wir hohes oder niedriges Wasser hätten, ob es ebbe oder fluthe. An der Südseite von Atooi fanden wir gemeiniglich eine Ströhmung, die westwärts oder nordwestwärts ihren Gang nahm. Als wir aber auf der Höhe von Oneeheow vor Anker lagen, zog eine Ströhmung sechs Stunden lang ziemlich nordostwärts, dann wieder sechs Stunden gegen Südosten, und zwar so stark, daß sie die Schiffe mit dem Vordertheil gegen den Wind kehrte, ob er gleich heftig genug wehete. Dies war unstreitig eine regelmäßige Ebbe und Fluth, und so viel ich merken konnte, kam letztere aus Nord-West.

1778.
Februar.

Ich komme nun wieder auf unsere Reise zurück. Als wir uns am 7ten im 29° nördlicher Breite und 200° östlicher Länge befanden, wendete sich der Wind nach Süd-Ost. Dieses setzte uns in Stand, nordost und ostwärts zu steuern. In diesen beiden Richtungen blieben wir bis am 12ten, da sich dann der Wind rund über Süd und West nach Nord-Ost und Ost-Nord-Ost umsetzte. Ich ließ also das Schiff wenden und steuerte nordwärts: unsere nördliche Breite war 30°, unsere östliche Länge 206° 15'. In so namhafter Norderbreite wir uns auch, und zwar noch mitten im Winter, befanden, so fiengen wir nur erst seit etlichen Tagen an, Morgens und Abends, etwas Kälte zu verspüren. Dies be-

Sonnabend den 7ten.

Donnerstag den 12ten.

1778.
Februar.

weiset, wie gleich und beständig der Einfluß der Sonnenhitze unter dem 30sten Grade, auf jeder Seite der Linie ist; hingegen wird, bekanntlich, das Mißverhältniß der Temperatur, desto größer, so bald man darüber hinaus kömmt. Der Grund hievon ist also größtentheils in der Richtung des Einfallens der Sonnenstrahlen zu suchen, und nicht in der blosen Entfernung, welche auf keine Weise mit der Wirkung in Verhältniß steht.

Donnerstag den 19ten.

Am 19ten befanden wir uns unter dem 37° nördlicher Breite und dem 206° östlicher Länge; der Wind gieng nach Süd-Ost, ich konnte also wieder ostwärts steuern und dabey gegen Norden halten.

Mittwoch, den 25sten.

Am 25sten hatten wir den 42° 30' der Breite bey der Länge von 219° erreicht. Hier fiengen wir an, jene Art Felsentang (rock-weed) gewahr zu werden, dessen Lord Ansons Reisebeschreiber, unter den Namen Seelauch (Sea-leek) gedenkt, und welchen gewöhnlich die manilischen Schiffe antreffen; *) dann und wann kam uns auch ein Stück

*) In Ansons Reise heißt es: „Wenn die Spanier diese Pflanze, die sie Porra nennen, und welche ich für eine Art Seelauch halte, zu Gesichte bekommen, so halten sie dafür, daß sie der californischen Küste nahe genug sind. — Auf diesen Umstand verlassen sie sich dergestalt, daß bey der ersten Entdeckung der Pflanze die ganze Gesellschaft auf dem Schiffe ein feyerliches Te Deum singt, weil sie glaubt, daß alle Schwierigkeiten und Gefahren ihrer Reise nunmehr ein Ende haben." S. Ansons Reise um die W. ic ic. 1749. 4. S. 224. W.

185

1778.
Februar.

Stück Holz zu Gesicht; hätten wir aber sonst nicht gewußt, daß wir nicht weit mehr von der amerikanischen Küste entfernt wären, so hätten wir, nach den wenigen uns bis hieher vorgekommenen Anzeigen eines nahen Landes, schliessen müssen, es sey keines auf tausend Seemeilen weit um uns her anzutreffen. Seit dem wir die Sandwich-Inseln verlassen hatten, haben wir kaum einen Vogel oder sonst ein Seethier wahrgenommen.

März.
Sonntag
den 1sten.

Unsere nördliche Breite war am 1sten März 44° 49' und unsere östliche Länge 228°. Wir hatten den Tag über Meerstille; am Abend aber erhob sich eine Kühlung aus Norden, mit der ich, dicht bey dem Winde, ostwärts steuerte, um Land zu gewinnen. Es ist in der That bemerkenswerth, daß wir bey dieser Jahreszeit in einer so hohen nördlichen Breite, und nahe an der Küste eines so ausgebreiteten vesten Landes, noch so gemäßigte und gelinde Witterung hatten. Entweder mußte sich dieses Jahr wegen seiner angenehmen Temperatur besonders auszeichnen, oder es ist nicht zu begreifen, wie Sir Francis Drake im Monat Junius, in eben dieser Breite, eine so strenge Kälte angetroffen hat.*) Viscanio, der mitten im Winter, ungefähr in eben derselben Gegend war, spricht nicht viel von Kälte; er gedenkt vielmehr eines mit Schnee bedeckten Berg,

*) S. Collection of Voyages and Travels by J. *Harris*, with great improvements by *Campbell*. Lond. 1715. Vol. I. p. 18. und andere Sammlungen.

1778.
März.

kette, die er hier irgendwo an der Küste sah, als einer sehr merkwürdigen Sache. *) Nächst der lauen Witterung kam es uns überaus sonderbar vor, in Vergleich mit der Menge Vögel, die wir auf der andern Seite der Linie, in eben der Breite sahen, deren hier so wenig anzutreffen. Es muß daher auf dieser Seite weniger verschiedene Arten derselben geben, oder es fehlt ihnen an Plätzen, wo sie sich aufhalten können; wenn also jenseits des 40sten Grades der südlichen Halbkugel die Gattungen zahlreicher sind, so ist es vermuthlich, weil ungleich mehr Inseln in diesem Theile des Oceans ausgestreuet sind, als zwischen den Küsten von Californien und Japan, in eben der Breite.

Montag, den 2ten.

Am 2ten des Morgens bemerken wir bey einer Windstille, daß die See mit einer schleimichten Materie überzogen zu seyn schien, um welche kleine Thierchen herum schwammen. Die, welche am meisten in die Augen fielen, waren gallertartig und rund, und schienen zu den Quallen (*Medusa*) zu gehören; eine andere kleine Art war weiß und glänzend und sehr zahlreich. Von diesen ließen wir einige aufholen, und thaten sie in ein Glas Seewasser. Wenn sie in Ruhe waren, erschienen sie wie kleine Blättchen oder Stückchen Silber, in schiefer Lage; schwammen sie aber hin und wieder,

*) S. Torquemada's Beschreibung von Viscanio's Reise in den J. 1602 und 1603 in Vanegas's History of California, English translation, Vol. II, p. 229-308.

welches sie mit gleicher Leichtigkeit auf dem Rücken, auf der Seite oder auf dem Bauch thaten, so zeigten sie nach Maasgabe der einfallenden Lichtstrahlen, die schönsten Farben der kostbarsten Edelsteine. Bisweilen erschienen sie ganz durchsichtig, zuweilen in allen Schattirungen von Blau, vom bleichsten Sapphir an, bis zum dunkelsten Violett, wobey sie öfters ins Rubinroth und Opalröthliche spielten. Bisweilen hatten sie einen so leuchtenden Glanz, daß das Glas davon erhellet wurde. Hielt man dieses an die Sonne, so wurden die Farben sehr lebhaft; aber sie verschwanden meistentheils, wenn die Thierchen auf den Boden fielen, da sie dann eine bräunliche Farbe annahmen. Bey einem angezündeten Lichte wurden sie größtentheils schön blaßgrün, und hatten ein schimmerndes Ansehen. Im Finstern gaben sie einen schwach glühenden Schein von sich. Es zeigte sich, daß diese Thierchen zu dem Geschlechte der Assel (Oniscus) gehörten, und Herr Anderson, dem wir diese Bemerkungen zu verdanken haben, gab ihnen, wegen der leuchtenden Eigenschaft, den Namen *Oniscus fulgens*. Wahrscheinlich trägt dieses Gewürme zu jenem phosphorischen Lichte bey, welches öfters, bey Nachtzeit, um den Schiffen herum wahrgenommen wird. An eben dem Tage ließen sich zwey große Vögel, nahe an den Schiffen auf die Wellen nieder. Einer davon war ein Petrell von der größten Gattung (Procellaria maxima), oder der von den Spaniern sogenannte Knochenbrecher (Quebrantahuessos), der andere welcher

1778.

März.

1778.
März.

nicht gar um die Hälfte kleiner war, schien zu der Familie der Albatrossen *) zu gehören. Der obere Theil der Flügel und das Ende des Schwanzes waren schwarz, der Schnabel gelblicht, und er sah, überhaupt genommen, einer Seemewe ähnlich, nur daß er größer war.

Freytag den 6ten.

Sonnabend den 7ten.

Am 6ten Mittags, da wir uns unter dem 44° 10' nördlicher Breite und dem 234½° östlicher Länge befanden, sahen wir zwey Robben und verschiedene Wallfische, am folgenden Tag aber, bey Tagesanbruch erblickten wir die so sehnlich gewünschte Küste von Neu-Albion **), die sich, in einer Entfernung von zehen bis zwölf Seemeilen, von Nordost gegen Südost erstreckte. Mittags war unsere nördliche Breite 44° 33', und unsere östliche Länge 235° 20', das Land, von welchem wir noch acht Seemeilen entfernt waren, breitete sich von Nordosthalbost bis Südost gen Süden aus. Hier fanden wir drey und siebenzig Faden Wasser auf einem schlammichten Boden; eine Seemeile weiter hievon ab hatten wir neunzig Klafter. Das Land schien nur von mäßiger Höhe; es wechselte beständig mit Berg und Thälern ab, und war fast überall mit Holz bewachsen. Indessen bemerkten wir sonst nirgends etwas besonder auffallendes, als einen ziemlich erhabenen Berg mit einem flachen Gipfel, der uns um Mittag im Striche von Osten lag. Das nördliche Ende des

*) Diomedea. *Linn.* W.
**) Franc. Drake gab diesen Namen einem Theil der Westseite von America.

1778.
März.

Landes lief in eine Spitze aus, welche ich, der übeln Witterung wegen, die wir bald hernach bekamen, Cap Foulweather (Schlimm-Wetter-Cap) nannte. Es liegt ungefähr im 44° 55' nördlicher Breite, und im 235° 54' östlicher Länge.

Wir hatten bis Abends um acht Uhr immer abwechselnde leichte Lüfte und Seestillen, als sich auf einmal ein frischer Wind aus Südwesten erhob. Bey diesem Winde steuerte ich mit kleinen Seegeln nordwestwärts, und erwartete den Tag, um meinen Lauf längs der Küste zu halten. Allein gegen vier Uhr des Morgens, wendete sich der Wind gerade nordwestwärts, und war mit heftigen Stößen und Regen begleitet. Wir hielten den Strich Nord-Ost, bis gegen zehen Uhr; als ich aber sah, daß ich mit dieser Richtung schlechte Fahrt machte, und nichts erblicken konnte, was einem Haven gleich sah, so ließ ich das Schiff umwenden und gieng südwestwärts in die breite See. Um diese Zeit lag Cap Foulweather, ungefähr acht Seemeilen weit, in Nord-Ost gen Norden. Gegen zwölf Uhr Mittags, lief der Wind mehr gegen Westen um, und der Himmel wurde schön und helle, so daß wir Mondsbeobachtungen anstellen konnten. Wir reducirten nunmehr alle Wahrnehmungen, vom 19ten voriges Monats an gerechnet, mit der Längenuhr, auf gegenwärtige, und das mittlere Resultat dieser Reihe von zwey und siebenzig Beobachtungen bestimmt die östliche Länge auf 235° 15' 26", da der Zeithalter 14' 11" mehr angab. Nach dieser Länge kann die

Sonntag den 8ten.

1778.
März.

tage der Küste beurtheilt werden, und ich hoffe, man wird sich bis auf ein paar Meilen darauf verlassen können.

Aber nunmehr zeigten sich auf allen Seiten Schwierigkeiten. Gegen Abend stürmte der Wind mit heftigen Stössen aus Nordwesten, und war mit Hagel, Schnee und Regen begleitet. Die Luft war dick und nebellg, und ich war genöthiget,

Montag, den 9ten.

bis den andern Tag breite See zu halten. Nur erst gegen Mittag legte ich um, und steuerte gegen das Land, welches uns Nachmittags um zwey Uhr wieder zu Gesicht kam, und zwar in Ost-Nord-Osten. Wind und Wetter waren noch immer einerley, doch gegen Abend wurde jener westlicher, aber die Witterung desto schlimmer. Ich mußte also wieder umwenden und geraume See halten; am Morgen

Dienstag, den 10ten.

des folgenden Tages versuchte ich indeß wieder landwärts zu kommen.

Um vier Uhr Nachmittags sahen wir das Land, welches sich, in einer Weite von acht Seemeilen, von Nordosthalbost bis Südost gen Süden ausbreitete. Hier wendeten wir das Schiff und ließen das Senkbley fallen, allein wir konnten mit einer Lothleine von hundert und sechszig Faden keinen Grund erreichen. Bis gegen Mitternacht steuerte ich ab, und dann wieder zu. Am nächsten Morgen um halb sieben Uhr, waren wir noch drey Seemeilen weit vom Lande, welches sich von Nord gen Osthalbost bis Südhalbost erstreckte, so daß jedes Ende ungefähr sieben Seemeilen weit von uns entfernt war.

Da es immer noch keinen Anschein zu einem Haven hatte, und die Witterung noch so unbeständig war, ließ ich wieder umwenden und steuerte Süd-West. Die Wassertiefe war hier fünf und funfzig Faden auf einem Schlickgrunde.

1778. März.

Dieser Theil des vesten Landes, dem wir so nahe waren, als wir wieder absteuerten, ist, im Ganzen genommen, mittelmäßig hoch, doch wird er, in manchen Gegenden tiefer landeinwärts, von beträchtlicher Höhe. Ueberall zeigten sich eine Menge Bühle und kleine Berge, deren viele theils mit hohen, geraden Bäumen bewachsen waren, theils mit niedrigen, die fleckweise, wie Schlagholz standen. Die Zwischenräume und Abhänge der meisten Anhöhen waren ganz leer. Zu Sommerszeiten mag diese Ansicht sehr angenehm seyn, gegenwärtig aber war sie ziemlich traurig; denn die kahlen Niederungen an der Küste waren alle mit Schnee bedeckt, der zwischen den kleinen Bergen und Hügeln von beträchtlicher Tiefe zu seyn schien, und besonders an einigen Plätzen, gegen die See zu, leicht für weiße Klippen konnte angesehen werden. Auf den Anhöhen lag schon weniger Schnee, und tiefer ins Land hinein war gar keiner mehr zu sehen. Wir kamen daher auf die Vermuthung, daß aller Schnee, den wir in der Nähe der Küste wahrnahmen, erst vorige Nacht gefallen seyn mochte, die überhaupt kälter als alle Nächte war, die wir seit unserer Ankunft an dieser Küste gehabt hatten, auch schneyte und regnete es zugleich. Die Küste erschien über-

1778.
März.

all steil, und ohne mindeste Oeffnung und Fahrwasser; sie scheint indessen in ein weisses Sandufer auszulaufen, wiewohl einige unserer Leute es für Schnee hielten. Das ganze Land, so wir vor uns hatten, endigte sich an beiden Seiten in zwey Spitzen, davon wir die nördliche schon am 7ten gesehen hatten. Ich nannte sie daher, nach unserm Calender, Cap Perpetua. Sie liegt im 44° 6' nördlicher Breite, und im 235° 52' östlicher Länge. Die südliche Spitze nannte ich, nach dem heutigen Tage, Cap Gregory. Ihre Breite ist 43° 50' und ihre östliche Länge 235° 57'. Sie zeichnet sich dadurch aus, daß das Land von der See aus, ganz jäh zu einer ziemlich beträchtlichen Höhe emporsteigt, da es auf beiden Seiten ganz niedrig ist.

Ich hielt noch immer geraume See, bis Nachmittags; hier kehrte ich das Schiff und hielt gegen die Küste zu, in Hoffnung, daß ich die Nacht hindurch Landwind haben würde. Allein hierinn betrog ich mich; denn gegen fünf Uhr drehete er sich allmälig nach West und Süd-Westen, und ich war abermal genöthigt, landabwärts zu steuern. Um diese Zeit lag Cap Perpetua in Nordost gen Norden, und das entfernteste Land, so wir südwärts des Cap Gregory sehen konnten, hielt den Strich Süd gen Ost, und mochte zehen bis zwölf Seemeilen von uns entlegen seyn. Ist meine Schätzung richtig, so hat es 43° 10' Breite, und seine östliche Länge ist 235° 55', welches nahe hin die Lage von Cape Blanco seyn kann, welches Martin

D'Aguilar im Jahre 1603, den 19ten Januar entdeckte, oder gesehen hatte. Ich kann hieben nicht unangemerkt lassen, daß es den Erdbeschreibern gefallen hat, gerade in der Breite, wo wir uns gegenwärtig befanden, eine große Oeffnung der Strasse anzugeben, deren Entdeckung sie eben diesem Seefahrer zuschreiben, da er doch in seiner Reisebeschreibung davon weiter nichts gedenkt, als daß er in dieser Lage ein großes Fahrwasser gesehen habe, welches er würde eingeschlagen haben, wenn er nicht von Strohmgängen daran verhindert worden wäre.*)

1778.
März.

Ich habe bereits gesagt, daß sich, gegen Abend, der Wind nach Süd-West gedreht hatte; aber er war äusserst unstät, und wehete in Stößen mit Schneeschauern. In einem dieser Stürme sprang er auf einmal, um Mitternacht, nach West-Nord-West um, und wurde, bey beständigem Regen und Schneegestöber, so ausserordentlich heftig, daß ich keine andere Wahl hatte, als südwärts anzulegen, um nur von der Küste abzukommen. Ich ließ zwar zwey Marsseegeln dicht einreffen, übrigens aber standen alle Seegel, welches freylich mehr war, als unter diesen Umständen hätte seyn sollen; allein ich mußte bey der dringenden Gefahr, an die Küste getrieben zu werden, aus der Noth eine Tugend machen. Dieser Sturm hielt bis acht Uhr des andern Morgens an, wo sich dann der Wind legte, und ich meinen

Freytag, den 13ten.

*) S. History of California. Engl. trans, Vol. II. p. 292.

Dritter Th.   N

1778.
Mdrz.

Lauf wieder gegen die Küste richtete. Wir waren eine sehr beträchtliche Strecke rückwärts gekommen; denn da wir diesen Morgen das Schiff wendeten, waren wir im 42° 45' der Breite und im 233° 30' der Länge.

Bis zum 21sten des Morgens stand der Wind immer West, und Nord-West, und wir hatten abwechselnd Stürme, leidlich Wetter und See-

Sonnabend den 21sten.

stillen. Hier erhob sich, nach ein Paar Stunden gänzlicher Stille, eine Kühlung aus Süd-Westen, und diese brachte uns schönes Wetter. Ich steuerte also Nord-Ost, um weiter über die Gegend hinauf Land zu gewinnen, wo wir binnen vierzehn Tagen so leidig hin und her getrieben wurden. Gegen

Sonntag, den 22sten.

Abend wurde der Wind noch ernstlicher, und am folgenden Morgen, um acht Uhr, sahen wir das Land wieder, welches sich, in einer Entfernung von neun Seemeilen, von Nordosten gegen Osten ausbreitete. Unsere nördliche Breite war hier 47° 5', die östliche Länge 235° 10'.

Ich hatte immer die Vordersteve gegen Norden gekehrt, und seegelte bey einer schönen Frischung aus West, oder West-Nord-West fort, bis fast Abends um sieben Uhr, wo ich umlegte, und unter Ab- und Zusteuern den Tag erwarten wollte. Um diese Zeit betrug die Wassertiefe acht und vierzig Faden, und wir waren noch an die vier Seemeilen vom Lande entfernt, welches von Nord bis Südost halbost belegen war. Ein kleiner abgerundeter Berg, der das Ansehen einer Insel hatte, und nach meiner

Schätzung, sechs bis sieben Seemeilen weit entfernt seyn mochte, stand in Nord drey quart Ost. Er schien von nicht geringer Höhe zu seyn, und konnte noch gerade von dem Verdeck aus erkannt werden. Zwischen dieser Insel oder Klippe, und dem nördlichen Ende des Landes wurden wir eine kleine Oeffnung gewahr, die wir in unsern Gedanken schon für einen Haven ansahen; allein diese Hoffnung verschwand, als wir näher kamen, und wir hatten Ursache, zu vermuthen, daß der Grund der Oeffnung blos niedres Land sey. Dieser zu Wasser gewordenen Hoffnung wegen, nannte ich die Landspitze an der Nordseite der Einbucht, Cape Flattery. Ihre nördliche Breite ist 48° 15' und die Länge 235° 3'. Auf derselben ist ein abgerundeter, mäsig hoher Hügel; wie denn überhaupt an diesem ganzen Theil der Küste, das Land nicht zu den niedrigen gehört und von ziemlich gleicher Höhe ist. Es ist stark mit Holz bewachsen und bildet eine angenehme und, dem Anschein nach, fruchtbare Landschaft. In die nämliche Breite wo wir uns gegenwärtig befanden, haben einige Erdbeschreiber Juan de Fuca's vorgebliche Strasse gesetzt; wir sahen hier nichts davon, es ist auch nicht wahrscheinlich, daß irgendwo etwas dergleichen in der Welt vorhanden gewesen sey.*)

1778.
März.

*) Man kann im Purchas (Pilgrims, containing a history of the World in Sea-Voyages etc. 1613. in fol.) 1. B. S. 849-852, und andern Sammlungen, Michel Locke's apogryphische Beschreibung von Juan de Fucas Reise und seiner vorgeblichen Strasse nachsehen.

1778.
März.

Montag,
den 23sten.

Ich hielt mich immer südwärts, bis gegen Mitternacht, wo ich sodann umwendete, und bey einem leichten, frischen Südwestwinde nordwestwärts steuerte, in der Meynung, mit Tagesanbruch nahe am Lande zu seyn. Allein um diese Zeit erhob sich ein so heftiger Wind mit Regen, gerade gegen die Küste, daß wir, bis auf zwey Unterseegel, alle übrigen einreffen mußten, und anstatt landwärts zu steuern, froh waren, wieder davon abzukommen, oder wenigstens zu bleiben, wo wir uns gegenwärtig befanden. Der Südwestwind hielt inzwischen nicht lange an; denn gegen Abend lief er wieder nach Westen um, damit wir ja beständig mit den härtesten Winden aus dieser Gegend, oder aus Nordwest zu kämpfen hätten. Wenn er auch zuweilen bey Sonnenuntergang gemäsigter wurde, und sich mehr südwärts drehete, so durften wir uns alsdann immer auf einen Sturm gefaßt machen, der aus Süd-Süd-Ost am heftigsten tobte, und mit Regen und Schneegestöber begleitet war. Indeß dauerte er selten länger, als vier bis sechs Stunden, worauf eine andere steife Kühlung aus Nordwesten folgte, die uns gemeiniglich schönes Wetter brachte. Mit Hülfe solcher südlichen Windstösse kamen wir indessen nordwestwärts.

Sonntag,
den 29sten.

Endlich erblickten wir am 29sten, des Morgens, als das Schiff Nord-Ost stand, das Land wieder, welches, Mittags um 12 Uhr, sich von Nordwestgenwest bis nach Ostsüdost ausbreitete, und dessen nächster Theil etwa sechs Seemeilen weit von uns entfernt seyn mochte. Unsre nördliche Breite war 49° 29'. Dieses Land unterscheidet sich, dem allgemeinen Anblick nach, gar sehr von den Gegenden, die wir vorhin gesehen hatten. Ueberall erblickten wir hohe Gebirge, deren Gipfel mit Schnee belastet waren; aber die dazwischen liegenden Thäler, und sowohl das höhere als niedere Erdreich an der Küste, waren in einer beträchtlichen Breite mit schlanken, hochstämmigen Bäumen bewachsen, welches den schönsten Anblick eines weit ausgebreiteten Waldes gewährte. Das südöstliche Ende des Landes bildete eine niedere Spitze, wo, etwas davon ab, viele Brecher verborgene Klippen verriethen. Ich nannte daher dieses Landende Point Breakers (die Brecherspitze). Es liegt im 49° 15' nördlicher Breite und dem 233° 20' östlicher Länge. Dem andern Ende, unter dem 50° der Breite und 232° der Länge, gab ich den Namen Woody Point (waldigte Spitze.) Es erstreckt sich sehr weit gegen Süd-Westen, und ist hohes Land. Zwischen beiden Spitzen bildet die Küste eine sehr große Bucht, die ich Hope Bay (Hofnungsbucht) nannte, weil ich mir nach dieser Lage schmeichelte, einen guten Haven zu finden; die Folge zeigte, daß ich mich nicht geirrt hatte.

Als wir nahe unter die Küste kamen, glaubten wir zwey Fahrwasser zu bemerken, das eine in Nord-West, das andere in dem nordöstlichen Winkel der Bay. Da ich das erste nicht erreichen konnte, so steuerte ich gegen das andere; hier kam ich vor

1778.
März.

1778.
Februar.

einigen Brechern, oder verborgenen Klippen vorüber, die etwas über eine Seemeile weit vom Ufer lagen. Wir waren noch eine halbe Seemeile von ihnen entfernt, wo die Wassertiefe neun und zwanzig Faden betrug; so bald wir aber vorbey waren, nahm sie wieder auf dreyßig, vierzig und funfzig Faden zu. Der Boden war Sand, aber weiter hin konnte auch die größte Lothleine keinen Grund erreichen. Bey allem vorigen Anschein, waren wir noch nicht ganz sicher, hier eine Einfahrt zu finden. Weil wir uns jedoch in einer tiefen Bucht befanden, so nahm ich mir vor, zu ankern, und mich nach frischem Wasser umzuthun; denn unser Vorrath gieng stark auf die Neige. Indem wir aber weiter kamen, entdeckten wir wirklich eine Oeffnung. Gegen fünf Uhr erreichten wir auch ihre Westspitze, wurden aber auf einige Zeit von einer Windstille überfallen; ich ließ alle Boote ausheben, die die Schiffe hineinboogsiren sollten. Die Boote waren kaum in See, so bekamen wir wieder einen frischen Nordwestwind, der uns in Stand setzte, einen Arm der Einfahrt zu gewinnen, der sich gegen Nord-West hinzog. Hier bekamen wir wieder Stille, und sahen uns genöthigt, in fünf und achtzig Faden Tiefe, die Anker fallen zu lassen, und zwar so nahe am Ufer, daß es mit einer Paarde-Leine zu erreichen war. *) Die Discovery überfiel der schlaffe Wind, ehe sie unter den Arm der Einfahrt kommen konnte. Sie

*) Nach Dassie hält eine Paarde-Linie, wie die Ankertaue, 120 Klaftern. W.

ankerte also ausserhalb derselben, und fand nur siebenzig Faden Tiefe.

1778.
März.

Wir waren kaum der Oeffnung nahe, so bemerkten wir, daß die Küste bewohnt sey; bey der ersten Seestille sahen wir schon drey Kähne vom Ufer abstossen, und an die Schiffe kommen; eines davon war mit zwey, das andre mit sechs, und das dritte mit zehen Mann besetzt. Als sie uns nahe genug waren, stand einer in den zwey letztern Kähnen auf, und hielt eine lange Rede, wobey er Bewegungen mit der Hand machte, daraus wir schließen konnten, wir würden ans Land eingeladen; hiebey warf er zu verschiedenen Malen eine Handvoll Federn, seine Gefährten aber Händevoll röthlichten Staub gegen uns.*) Der Redner trug ein Thierfell, und hielt in jeder Hand, etwas so ein schlotterndes Geräusch machte, so oft er es bewegte. Ermüdet von seinem Vortrage, der leider! für uns ganz verlohren gieng, hörte er endlich auf; nach und nach aber wurde seine Stelle von andern vertreten, die sich kürzer faßten, und nicht mit so vieler Lebhaftigkeit sprachen. Wir bemerkten, daß zwey oder drey von ihnen ihre Haare über und über mit zarten weissen Federchen bestreuet hatten; andere hatten größere Federn an verschiedenen Theilen des Kopfs angebracht. Nach diesem ziemlich lermenden

*) Die zwölf Grad mehr südwärts wohnenden Eingebohrnen dieser Küste brachten bey Sir Francis Drake's Ankunft ebnfalls Federn entgegen. S. *Campbell's edition of Harris Collection.* Vol. I p. 18.

1778. Auftritte, hielten sich die Kähne in einiger Entfer-
März. nung vom Schiffe, und alles besprach sich darauf
ganz ruhig, ohne daß wir weder die geringste Verwunderung noch einiges Mißtrauen bey ihnen hätten wahrnehmen können. Nur dann und wann
stand einer oder der andere auf, und sagte etwas,
das ungefähr wie die ersten Reden lautete; einer
sang sogar ein Lied, wobey Stimme und Melodie
weit annehmlicher waren, als wir hier erwartet
hätten. Das Wort Haela kam oft darinnen vor,
und besonders am Ende der Stanzen. Der nicht
lange hernach wieder aufgekommene Wind brachte
uns näher ans Ufer, und nun ströhmten uns eine
Menge Kähne entgegen, wovon wir einmal, zwey
und dreyßig zugleich am Schiffe hatten, welche alle
mit drey, bis sieben oder acht Personen, sowohl
Männern als Weibern besetzt waren. Auch unter
diesen stand manchmal ein Redner auf, und machte
eben die Bewegungen mit Kopf und Armen, wie
die ersten. Einer der Kähne zeichnete sich durch
ein besonderes Vordertheil aus, welches einen an-
gestrichenen Vogelkopf mit ungeheuern Augen und
Schnabel vorstellte, und worinn ein Mann saß,
der vermuthlich ein Oberhaupt war. Er selbst sah
eben so sonderbar aus; denn es hiengen ihm eine
Menge Federn vom Kopfe herab, und er war auf
eine seltsame Weise bemahlt.*) Er hielt einen ge-

*) Viscanio traf auf der Küste von Californien, im
Haven San Diego, Einwohner an, die weiß
und

schnitzten hölzernen Vogel, von der Größe einer Taube in der Hand, womit er zuweilen ein Geklapper hervorbrachte, wie der vorhin erwähnte erste Abgeordnete. Auch war seine Anrede eben so volltönend, und er begleitete sie mit sehr nachdrücklichen Geberden.

So friedlich sich auch die Küstenbewohner bezeigten, und so wenig wir Ursache hatten, ihnen irgend eine feindliche Absicht zuzutrauen, so war doch keiner zu bewegen, an Bord zu kommen. Uebrigens gaben sie uns alles, was sie hatten, sehr gutwillig, und nahmen dafür, was wir ihnen nur geben wollten. Doch schienen sie auf Eisen am begierigsten zu seyn, und waren vollkommen mit desselben Gebrauche bekannt. Viele Kähne folgten uns, als wir vor Anker giengen; es blieben sogar zehen bis zwölf, fast die ganze Nacht hindurch, an den Seiten der Resolution.

Diese Umstände ließen mich von unserm dermaligen Ankerplatze alles Gute hoffen, und ich gedachte hier nicht nur unsern Abgang an Lebensmitteln zu ersetzen, sondern auch alle ausgestandenen Unbequemlichkeiten und Hindernisse zu vergessen, denen wir, seit unserer Ankunft auf der Küste von America, durch eine Reihe widriger Winde und ein immer fortwährendes stürmisches Wetter ausgesetzt waren.

und schwarz bemahlt waren, und auf dem Kopf eine Menge Federn hatten. History of California, Vol. II, p. 272.

Geschichte einer Entdeckungsreise nach der Südsee.

Viertes Buch.

Verkehr mit den Eingebohrnen von Nord-America; Entdeckungen längs der Küste und am östlichen Ende von Asien, nordwärts des Eisvorgebirges; Rückkehr auf die Sandwich-Inseln.

Erstes Kapitel.

Ankunft der Schiffe in dem Sunde, und Gebefestigung derselben in einem Haven. — Verkehr mit den Eingebohrnen. — Waaren die sie uns zu Kauf brachten. — Diebereyen. — Es werden Sternwarthen errichtet. — Beschäftigungen der Zimmerleute. — Eifersucht der Einwohner gegen andere Volksstämme, die sich mit den Schiffen in Handel einließen. — Stürme und Regenwetter. — Untersuchung des Sundes. — Lebensart der Einwohner in ihren Dörfern. — Ihre Art Fische zu trocknen ic. — Merkwürdiger Besuch, den ein fremder Volksstamm bey uns ablegt, und dabey beobachtetes Ceremoniel. — Wir nehmen ein anderes Dorf in Augenschein. — Müssen die Erlaubniß, Gras

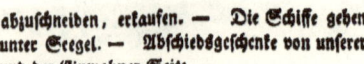

abzuschneiden, erkaufen. — Die Schiffe gehen unter Seegel. — Abschiedsgeschenke von unserer und der Einwohner Seite.

1778.
Mårz.

Da nunmehr die Schiffe einen so sichern und sturmfreyen Meerbusen gefunden hatten, und die Küstenbewohner ein so harmloses, gutmüthiges Volk zu seyn schienen, mit denen man sich ohne alle Gefahr einlassen durfte, so verlohr ich keine Zeit, so bald wir andern Morgens vor Anker waren, mich nach einem bequemen Haven umzusehen, wo wir, während unseres Aufenthaltes im Sunde, still liegen könnten. Ich schickte also in dieser Absicht nicht nur drey bewafnete Boote, unter Herrn Rings Commando, aus, sondern ich nahm selbst ein kleines Boot, um eine hiezu taugliche Stelle aufzufinden. Ich fand bald was wir suchten; denn an der Nordseite des Armes, innerhalb welches wir gegenwärtig lagen, und nicht weit von unsern Schiffen, war eine wohlgesicherte Einbucht, die für unsere Absicht nicht leicht hätte bequemer seyn können. Herr Ring war eben so glücklich; denn als er zu Mittag zurückkam, meldete er, daß er an der Nordwestseite des Landes einen Haven gesehen und untersucht habe, der, seiner Beschreibung nach, noch besser war, als der meinige. Indessen hätte es weit mehr Zeit erfordert, die Schiffe dahin zu bringen, als in die Bucht, die ich untersucht hatte; ich ließ es also, in dieser Rücksicht, bey dem letzten Haven bewenden, und da zu besorgen war, daß wir mit dem Transport und Bevestigung der Schiffe nicht vor

Montag, den 30sten.

1778.
März.

Nachts fertig werden möchten, so hielt ich für rathsam, bis künftigen Morgen zu bleiben, wo wir waren. Damit gleichwohl keine Zeit verlohren gieng, wurde der Ueberrest des Tages mit andern nöthigen und nützlichen Beschäftigungen zugebracht. Ich ließ nämlich die Seegel von den Raaen, und die Stengen von den Masten abnehmen, und da an dem Fokmaste der Resolution eines der Eselshäupter beschädiget war, so wurde auch dieser von seinem Takelwerke frey gemacht.

Inzwischen waren die Schiffe den ganzen Tag über von einer Menge wohlbesetzter Kähne umringt, und es wurde zwischen uns und den Eingebohrnen ein wechselsweiser Handel errichtet, wobey man auf jeder Seite mit der strengsten Ehrlichkeit zu Werke gieng. Ihre Handelswaare bestand in Fellen von Bären, Wölfen, Füchsen, Dammhirschen, Schuppen oder Waschbären (Rakoon) *), Iltissen, Mardern und hauptsächlich von Meerottern **), die in den Kamtschatka östlich gelegenen Inseln angetroffen werden. Außer diesen rohen Fellen, brachten sie uns auch daraus verfertigte Pelze, und ein anderes Kleidungsstück, welches aus Baumbast, oder einer Hanfartigen Pflanze gemacht zu seyn schien; imgleichen Bögen, Pfeile, Speere, Fischangeln und Werkzeuge von verschiedener Art; ferner Larven, mit allerley abscheulichen Gesichtern; eine Art wollenen Zeug, oder locker

*) Ursus Lotor. *Linn.*
**) Mustela Lutris *Linn.* W.

gewebte Decken; mit rothem Ocker angefüllte Sä- 1778.
cke; Schnitzwerk von Holz; Glaskorallen, und März.
verschiedene andere kleine Zierrathen, von Kupfer
oder Eisen, welche wie Hufeisen gestaltet waren,
und von ihnen als Nasengehänge getragen werden;
allerley Meisel oder Eisenstücke mit Griffen u. d. gl.
Da wir dergleichen Metalle bey ihnen sahen, mußten wir auf die Vermuthung kommen, daß entweder schon Schiffe irgend einer civilisirten Nation an
ihre Küste müßten gekommen seyn, oder daß sie
mit andern Volksstämmen ihres vesten Landes in
Verbindung stehen, welche mit jenen einigen Verkehr hatten. Die auffallenste Waare, die sie an
die Schiffe zu Kauf brachten, waren Menschen-
schädel und Hände, woran sich noch Fleisch befand;
bey welcher Gelegenheit sie unsern Leuten deutlich
zu verstehen gaben, daß sie davon gegessen hätten;
es war auch augenscheinlich, daß die Stücke beym
Feuer gewesen waren. Dieser Umstand ließ uns
keinen Zweifel mehr übrig, daß der abscheuliche Gebrauch die Feinde aufzuzehren, hier eben so wohl im
Schwang sey, als in Neu-Seeland und andern
Südseeinseln. Gegen ihre Handelswaaren nahmen
sie Messer, Meisel, Eisen und Zinnstücke, Nägel,
Spiegel, Knöpfe, oder was es auch für Metall
seyn mochte. Aus Glaskorallen machten sie sich
nichts, auch schlugen sie alle unsere Zeuge aus.

Der folgende Tag wurde damit zugebracht, die Dienstag
Schiffe in die Bucht zu boogsiren, wo sie mit Vor- den 31sten.
und Hintertheil, vermittelst unserer Windeseile, an

1778.
März.

den Bäumen am Ufer veſtgelegt wurden. Als die Reſolution den Anker hob, fand ſich, daß ungeachtet der großen Waſſertiefe, doch Klippen auf dem Grunde waren; denn das Ankertau war ſehr beſchädigt, auch die Werfſeile, die die Schiffe in die Bucht zogen, hatten Schaden gelitten; ein Anzeigen, daß der ganze Boden in dieſer Gegend mit Felſen verſehen iſt. Das Schiff hatte auch, in den Theilen oberhalb Waſſers, wieder etliche Lecke bekommen; die Zimmerleute mußten alſo Anſtalten machen, es zu kalfatern, und ſonſt nachſehen, wo etwas auszubeſſern wäre.

Das Gerüchte von unſerer Ankunft zog dieſen Tag über eine zahlreiche Menge von Eingebohrnen an die Schiffe. Wir zählten einmal über hundert Kähne, wovon ein jeder im Durchſchnitte, wenigſtens fünf Perſonen enthielt; denn ſelten befanden ſich weniger als drey auf einem Kahne; die mehreſten hatten ſieben, acht oder neun Köpfe an Bord; eines ſogar hatte ſiebenzehen Mann. Unter dieſen fremden Gäſten, waren verſchiedene, die uns zum erſten Male mit ihrer nähern Geſellſchaft beehren wollten; denn wir merkten es aus der Annäherung ihrer Kähne, aus den Reden, die ſie hielten, und andern Ceremonien. Wenn ſie vorher einige Furcht oder Mißtrauen hatten, ſo ſchienen ſie es nummehr ganz abgelegt zu haben; denn ſie ſtiegen an Bord der Schiffe und miſchten ſich ganz frey unter unſere Leute. Wir wurden, bey dieſer nähern Bekanntſchaft, bald inne, daß ſie eben ſo lange Finger mauſten, als

unsere Freunde auf den Inseln die wir bisher besucht
hatten; ja sie waren noch gefährlichere Diebe, als
jene, weil sie eiserne Werkzeuge hatten, und einen
Hacken von einem Taue, oder sonst ein Stück Eisen
von einem Seile abschneiden konnten, kaum ehe man
den Rücken gewendet hatte. So kam uns ein großer
Hacken weg, der zwischen dreyßig bis vierzig Pfund
wog; einiger kleineren und einer Menge anderer
Eisenwaaren nicht zu gedenken. Von unsern Booten mauseten sie alles hinweg, was nur Eisen gleich
sah, und sie der Mühe werth hielten, ob wir gleich
immer Wache darinn gelassen hatten. Sie waren
auch verschlagen genug, durch Nebenwege zu ihrer
Absicht zu gelangen; einer dieser Bursche suchte
die Bootswache an einem Ende des Fahrzeugs zu
unterhalten, während daß der andere das Eisenwerk
auf jener Seite los machte. Wann die entwendete
Sache gleich auf der Stelle vermißt wurde, so konnten wir den Dieb ohne sonderliche Mühe heraus-
bringen, weil sie kein Bedenken trugen einander
selbst anzugeben. Doch ließ der Thäter seine Beute
selten ohne Widerwillen fahren, und wir mußten
dabey öfters Gewalt gebrauchen.

1778.
März.

Nachdem unsere Schiffe sicher angelegt waren,
giengen wir am folgenden Tage an unsere andern
Verrichtungen. Die Instrumente zur Sternwarte
wurden ans Land gebracht, und auf einem ziemlich
hohen Felsen an der einen Seite der Bucht, ganz
nahe an der Resolution, aufgerichtet. Eine Partey Bootsleute wurde unter Aufsicht eines Officiers

April.
Mittwoch,
den 1sten.

1778.
April.

ausgeschickt, Holz zu fällen, und einen Platz zum Wassereinnehmen bequem zu machen. Andere hatten den Auftrag, Sprossenbier zu brauen, weil es hier Sprossen-Fichten die Menge gab. Auch die Schmiede wurde aufgesetzt, um den Fockmast auszubessern. Denn außer dem schadhaften Eselshaupte, waren noch die Kreutzhölzer daran zersprungen.

Wir hatten täglich sehr zahlreichen Besuch von den Einwohnern, und täglich kamen neue Gesichter zum Vorschein. So oft eine Partey Kähne das erstemal erschien, beobachteten sie eine ganz eigene Weise, sich anzumelden. Sie ruderten nämlich, mit verdoppelten Schlägen, um beide Schiffe herum, unterdessen ein Oberhaupt, oder sonst eine im Kahne sitzende vornehme Person sich aufrichtete und dabey einen Speer, oder sonst eine Waffe in der Hand hielt, und während der ganzen Zeit redete, oder vielmehr ein sonderbares Geschrey verführte. Manchmal hatte der Redner des Kahns eine Larve vor dem Gesichte, die zuweilen ein Menschengesicht, zuweilen einen Thierkopf vorstellte; anstatt der Waffe hatte er eine der vorhin beschriebenen Klappern in der Hand. Wann sie nun so die Runde um die Schiffe gemacht hatten, so kamen sie dicht an die Seite und fiengen ohne weitere Ceremonien ihren Tauschhandel an. Oefters meldeten sie sich mit einem Gesang an, wobey die ganze Besatzung des Kahns Chor machte, welches in der That nicht übel lautete.

Ihre diebischen Kniffe ausgenommen, hatten 1778. wir bis hieher nicht Ursache, mit den Eingebohrnen April. unzufrieden zu seyn. Aber am 4ten des Morgens wurden wir sehr ernstlich beunruhiget. Unsere Mann- Sonnabend schaft, welche am Ufer Holz fällte, und die Wasser- den 4ten. tonnen füllte, wurde gewahr, daß sich die Einge- bohrnen in dieser Gegend so eilfertig, wie möglich, bewaffneten, und daß diejenigen die noch mit keinem Gewehr versehen waren, sich Speere aus Stangen machten und viele Steine auflasen. So bald ich dieses hörte, hielt ich für rathsam, unsere Leute gleichfalls mit Waffen zu versehen. Da ich mich aber blos vertheidigungsweise verhalten wollte, so beorderte ich alle Arbeitsleute sich auf dem Felsen zu versammeln, worauf die Sternwarte stand, und überließ den Eingebohrnen, ohne weitere Beeinträchtigung, den Platz, wo sie sich anhäuften, und der ungefähr einen Steinwurf weit vom Hintertheile der Reso- lution entfernt war. Unsere Besorgniß war in- dessen ungegründet. Diese feindlichen Anstalten waren, wie wir bald erfuhren, nicht auf uns abge- sehen, sondern auf einen Haufen ihrer eigenen Lands- leute, die sich mit ihnen in ein Treffen einlassen woll- ten. Als unsere Freunde im Sunde sahen, daß wir hierüber unruhig wurden, suchten sie uns auf alle Weise begreiflich zu machen, daß es uns kei- neswegs gälte; wir bemerkten auch, daß sie auf jeder Spitze der Bucht, Posten zum Ausspähen auf- gestellt hatten, und daß beständig zwischen diesen und

Dritter Th. O

1778.
April.

dem großen Haufen, der sich in der Nachbarschaft der Schiffe befand, Kähne hin und her ruderten. Endlich erschien wirklich die feindliche Partey, mit ungefähr zwölf großen Kähnen, auf der Höhe der südlichen Spitze des Meerbusens, wo sie auf einmal still hielt, und sich in Schlachtordnung stellte, weil ein Vergleich im Werke war. Wir sahen zwischen beiden Parteyen Kähne hin passiren, worauf sich vermuthlich die Unterhändler befanden, und es kam auf beiden Seiten zu starkem Wortwechsel. Der Streit, dessen Veranlassung uns unbekannt war, wurde endlich beygelegt, aber, so viel wir merkten, war es den Fremden nicht erlaubt, an unsere Schiffe zu kommen und sich in einen Handel mit uns einzulassen. Wahrscheinlich waren wir die Ursache der ganzen Mißhelligkeit. Vielleicht wollten die andern auch Theil an den Vortheilen haben, die sie sich bey unserm Verkehr versprachen, und unsere ersten Bekannten im Sunde wollten sie allein für sich behalten. Wir bekamen hievon nachher noch mehrere Beweise. Ja selbst die Einwohner des Sundes waren hierüber nicht ganz mit einander einverstanden. Denn der schwächere Theil mußte oft dem stärkern nachgeben, und sich ohne Widerstand die erhandelte Waare abnehmen lassen.

Sonntag, den 5ten.

Nachmittag konnten wir wieder unsere Verrichtungen vornehmen, und am folgenden Morgen wurde der Vordermast aufgesetzt. Das Oberende war etwas zu klein für das Eselshaupt; der Zimmermann mußte also wieder daran, und auf einer

Seite ein Stück einsetzen, um den leeren Platz auszufüllen. Beym Einsägen in das obere Mastende, fand sich, daß die beiden Klampen so verfault waren, daß sie nicht wieder herzustellen waren; der Mast mußte also wieder abgenommen werden, um ganz neue einzusetzen. Es war augenscheinlich, daß so gar eine der Klampen schon von neuem mangelhaft war, und daß man den schadhaften Theil ausgeschnitten, und ein anderes Stück dagegen eingekeilt hatte; auf diese Weise wurde nicht nur das Mastende schwach, sondern dies war auch die Ursache, weswegen die beiden Klampen faul wurden. Wir mußten also wieder von vornen anfangen, da wir uns schon gefaßt gemacht hatten, unter Seegel zu gehen, und noch verdrießlicher war es, daß sich dieser neue Umstand zeigte, dem nicht anders als durch einigen Zeitverlust konnte abgeholfen werden. Indessen erforderte es die Nothwendigkeit, und man gieng unverzüglich an die Arbeit. Es war übrigens ein Glück, daß wir diese Gebrechen in einer Gegend entdeckten, wo die hiezu erforderlichen Materialien zu haben waren; denn unter dem Treibholze, welches in unserer Bucht am Ufer lag, fanden sich wohlausgetrocknete Bäume, die zu unserer Absicht vollkommen tauglich waren. Man wählte den besten, und der Zimmermann säumte nicht, zwey neue Mastklampen daraus zu verfertigen.

Am 7ten des Morgens wurde der Fockmast ausgehoben, und ans Land gebracht, und nun mußten die

1778.
April.

Dienstag, den 7ten.

1778.
April.

Zimmerleute der beiden Schiffe Hand ans Werk legen. Da sich auch fand, daß ein Theil des stehenden Unterwerks schadhaft war, so benutzte ich diesen Aufschub, um an dem großen Mast ganz neue Wände ansetzen zu lassen; und was noch an den alten gut war, gebrauchte ich zu einem tüchtigen Haupttauwerke für den Fockmast.

Von dem Augenblick an, da wir in den Sund einliefen bis hieher, hatten wir die schönste Witterung, ohne Wind und Regen; nun aber, da wir sie am nöthigsten brauchten, hatte sie ein Ende.

Mittwoch, den 8ten.

Am 8ten in aller Frühe erhob sich ein frischer Wind aus Süd-Osten, und war mit dickem Nebel und Regen begleitet. Nachmittag wurde der Wind stärker, und gegen Abend verwandelte er sich beynahe in einen Sturm. Er wehete mit erstaunlich heftigen Stößen über das hohe Land, an dem entgegengesetzten Ufer, gerade in unsere Bucht, und, so gut auch die Schiffe angelegt waren, so befanden sie sich doch in einiger Gefahr. Die Stöße kamen ausserordentlich schnell auf einander, sie hielten aber nicht lang an, und in den Zwischenräumen hatten wir vollkommene Stille. Nach dem alten Sprüchworte kommt das Unglück selten allein; Auf der Resolution stand noch her einige Besanmast, mit seiner Kreuzbramstenge und dem Tauwerke; dieser Mast war in so schlechtem Zustand, daß er bey den heftigen Windstößen, seine Stenge nicht ertragen konnte, und am obern Ende, dicht unter der Wand entzwey gieng. Gegen acht Uhr ließ der Wind nach, aber der Regen dauerte einige Tage fast ununterbrochen fort. Damit nun die Zimmerleute unterdessen in ihrem Geschäfte nicht aufgehalten würden, so ließ ich über den Fockmast ein Zelt aufschlagen, worunter sie bequem fortarbeiten konnten.

1778. April.

Die Eingebohrnen ließen sich indessen durch das schlimme Wetter nicht abhalten, uns alle Tage zu besuchen, welches unter diesen Umständen für uns von großem Nutzen war. Sie brachten uns oft einen guten Vorrath an Fischen, wenn wir nicht selbst Angel und Leine auswerfen konnten, und nahe an unserm Ankerplatze war keine Gelegenheit mit einem Netze zu fischen. Wir bekamen von ihnen Sardellen, oder eine Art, die viel ähnliches damit hatte, eine Gattung kleiner Brassen, und zuweilen einige kleine Cabeljaue.

Der anhaltende Regen verhinderte uns nicht, am 11ten die Wände und Stagen an den großen Mast zu bevestigen. Den folgenden Tag brachte man mit Ausheben des Besanmastes zu. Er war am obern Theile so verfault, daß er unter dem Abnehmen entzweybrach. Abends erhielten wir Besuch von einem Stamm Eingebohrner, die wir vorher noch nicht gesehen hatten. Sie waren überhaupt besser gebildet, als die meisten unserer Sundeinwohner, wovon einige mitkamen. Sie giengen, auf meine Einladung, ohne Bedenken, in die Kajütte herab, und ich bemerkte nicht, daß irgend ein Gegenstand ihre besondere Aufmerksamkeit auf sich gezogen hätte; sie sahen vielmehr alle unsere Selten-

Sonnabend den 11ten.

Sonntag den 12ten.

1778.
April.

Montag,
den 13ten.

Donnerstag
den 16ten.

heiten mit der größten Gleichgültigkeit an; nur einen oder den andern ausgenommen, der zuweilen einen Grad von Neugier verrieth.

Am 13ten Nachmittags, gieng ich mit einer Partey unserer Leute in den Wald, und ließ einen Baum zum Besanmaste fällen. Am folgenden Tag wurde er auf den Platz geschaft, wo die Zimmerleute mit dem Fockmast beschäftigt waren. Gegen Abend drehte sich der, etliche Tage her in den westlichen Strichen gestandene Wind nach Süd-Osten. Er wurde nach und nach sehr heftig und dauerte, unter beständigem Regen, so fort, bis am andern Morgen; so bald er sich gelegt hatte, lief er wieder nach Westen um.

Der Fockmast war nunmehr fertig, und wir brachten denselben an die Schiffsseite; wir würden ihn auch vollends an Bord gehoben haben, wenn uns nicht die üble Witterung daran verhindert hätte. Dieses geschah aber Nachmittags, und wir betackelten ihn mit aller möglichen Geschwindigkeit, indessen die Zimmerleute den alten Besanmast ans Land brachten. Am 16ten waren sie mit dem neuen schon sehr weit gekommen, als sie an dem Baum einen verborgenen Sprung entdeckten, welchen er vermuthlich beym Fällen mochte bekommen haben. Alle Arbeit war auf die Art vergeblich und es blieb uns nichts anders übrig, als einen andern Baum im Walde umzuschlagen, wobey dann alle Hände einen halben Tag lang beschäftiget waren. Bey diesen verschiedenen Verrichtungen, sahen die Ein-

wohner, die um den Schiffen her versammelt waren, mit einer stummen aber höchst ausdrucksvollen Bewunderung zu, welches wir um so weniger erwarteten, da sie bisher auf nichts Acht gaben, und bey allem so viele Gleichgültigkeit hatten blicken lassen.

1778.
April.

Am 18ten erschien wieder ein Transport Fremde, auf sechs bis acht Kähnen, in der Bucht, wo sie still hielten, eine Zeit lang die Schiffe betrachteten und wieder fortruderten, ohne einem derselben nahe gekommen zu seyn. Wir vermutheten, daß sie sich vor unsern ältern Bekannten scheueten, die dermalen zahlreicher als sie waren, und es ihnen vielleicht nicht würden erlaubt haben, sich mit uns in einen Handel einzulassen. Auch dieser Umstand überzeugte uns, daß die Anwohner der benachbarten Gegenden des Sundes sich den Alleinhandel mit uns vorzubehalten suchten, und wenn sie auch zuweilen den Fremden einigen Verkehr mit uns erlaubten, so wußten sie, auf einer andern Seite, wieder dadurch ihren Handel vortheilhaft für sich zu machen, daß sie den Preiß ihrer Waaren erhöhten, den Werth der unsrigen aber täglich mehr herunter setzten. So bemerkten wir auch, daß die Vornehmern, die in der Nähe der Schiffe waren, Waaren, die sie von uns bekamen, wieder an entferntere Stämme verhandelten; denn sie blieben öfters vier bis fünf Tage weg, und kamen sodann mit neuen Ladungen von Fellen und andern Artikeln zurück, die sie, bey der großen Begierde, die unsere Leute nach dergleichen Seltenheiten blicken ließen, allemal theuer

Sonnabend den 18ten.

1778.
April.

genug verkauften. Den größten Nutzen hatten wir hingegen von denen Eingebohrnen, die uns täglich besuchten. So bald sie ihre Kleinigkeiten angebracht hatten, wendeten sie ihre ganze Aufmerksamkeit auf den Fischfang, und ermangelten alsdenn nie einen Theil ihrer Beute an uns zu überlassen. Wir bekamen auch von ihnen einen beträchtlichen Vorrath an thierischem Oele, oder Thran, welchen sie in Blasen aufbewahrten. Bey diesem Handel giengen sie nicht immer ehrlich zu Werke; denn oft war mehr Wasser als Oel in den Blasen. Ein oder ein Paarmal trieben sie die Schelmerey so weit, daß sie die Blasen ganz mit Wasser anfüllten, ohne einen Tropfen Oel dazu zu thun. Indeß war es rathsamer, bey diesen Betrügereyen durch die Finger zu sehen, als einen großen Haber darüber anzufangen, zumal da unsere Handelswaaren mehrentheils in Dingen von schlechtem Werthe bestanden. Wir wußten so gar nicht, wo wir selbst diese mehr hernehmen sollten; denn Glaskorallen und andere Kleinigkeiten, die mir noch übrig blieben, achteten sie nicht: nur Metall war für sie gangbare Waare, ja! seit einiger Zeit war so gar das Eisen gefallen, und sie verlangten blos Kupfer. Dieses wurde von uns so kümmerlich zusammen gesucht, daß bey unserer Abreise, schwerlich ein Stück mehr auf den Schiffen seyn wird, wofern es nicht zu täglichem Gebrauche unentbehrlich ist. Man nahm alle Knöpfe von den Kleidern, und alle Beschläge von den Schubkästen; kupferne Kessel, zinnerne Kannen,

Leuchter und andere Geräthschaften mußten daran, und unsere americanischen Freunde haben sicherlich einen größern Mischmasch von Sachen von uns erhalten, als irgend eine Nation, die wir auf unserer Reise besucht haben.

Nach einer, vierzehn Tage lang anhaltenden übeln Witterung, bekamen wir am 19ten einen schönen Tag. Wir wandten ihn dazu an, die Stengen auf die Masten zusetzen, die Raaen aufzuhängen, und das ganze Tauwerk wieder in Ordnung zu bringen. Als nunmehr die schwerste Arbeit größtentheils gethan war, nahm ich Tags darauf ein Boot, um die Gegend des Sundes in Augenschein zu nehmen. Ich begab mich zuerst nach der westlichen Spitze, wo ich ein großes Dorf fand, und vor demselben, einen recht wohl geschloßenen Haven, dessen Wassertiefe, auf einen feinen Sandboden, neun bis vier Faden betrug. Die Einwohner dieses sehr volkreichen Dorfs, die mir zum Theil schon bekannt waren, empfingen mich mit aller Leutseeligkeit. Jeder drang in mich, in sein Haus oder vielmehr in seine abgetheilte Wohnung zu kommen, denn verschiedene Familien wohnen hier unter einem Dache. Ich nahm ihre Einladungen an; meine gastfreundlichen Wirthe breiteten Matten für mich auf, worauf ich mich setzen sollte, und begegneten mir überhaupt mit allen Zeichen der Höflichkeit. In den meisten Häusern waren die Weibspersonen mit Zubereitung der vorhin erwähnten Pflanze oder Rinde beschäftigt, wobey sie eben so verfuhren, wie die Einwohner

1778.
April.

Sonntag
den 19ten.

Montag.
den 20sten.

1778.
April.

von Neu-Seeland bey ihren Zeug-Manufacturen. Andere beschäftigten sich, Sardellen auszunehmen. Ich sahe deren eine große Menge aus Kähnen an das Ufer ausladen, und sie nach Maasgabe unter die Anwesenden vertheilen. Diese brachten sie in ihre Wohnungen und räucherten sie auf folgende Weise. Sie hängen die Fische an dünne Stecken auf, anfänglich nur einen Schuh weit vom Feuer; nachher rücken sie allmälig damit immer höher, um andern Platz zu machen, bis die Stecken, woran sie hängen, ganz oben an die Decke reichen. Wenn die Fische vollkommen trocken sind, nehmen sie selbige ab, packen sie vest in kleine Ballen zusammen und bedecken sie mit Matten. So werden sie zu künftigem Gebrauche aufbewahrt, und sie geben keine üble Speise ab. Auf eben diese Weise werden die Cabeljaue und andere größere Fische zubereitet; doch dörren sie sie zuweilen, ohne Feuer, in freyer Luft.

Von diesem Dorfe aus fuhr ich die westliche Seite des Sundes hinauf. Ungefähr drey englische Meilen weit ist das Ufer mit kleinen Inselchen besetzt, die durch ihre Lage, zu mehr als einem bequemen Haven dienen könnten, in welchen man bey einem guten Grunde, eine von dreyßig bis zu sieben Faden verschiedene Tiefe haben würde. Zwey Seemeilen innerhalb des Sundes an der nämlichen Westseite, streckt sich ein Arm gegen Nordnordwesten, und zwey englische Meilen weiter, ein anderer, fast nach eben dieser Richtung aus; vor diesem Arme

1778.
April.

liegt eine ziemlich große Insel; sonst hatte ich nicht Zeit beyde Oeffnungen zu untersuchen, doch habe ich Ursache zu vermuthen, daß sie sich nicht sehr tief in das Land hineinziehen werden, weil das Wasser schon an der Mündung nur halb salzig war. Eine englische Meile über dem zweyten Arm fand ich Ueberbleibsel von einem Dorfe. Das Zimmerwerk, oder Gebälke der Häuser stand noch, aber von den Brettern, welche die Seitenwände und die Bedeckung ausgemacht hatten, war nichts mehr vorhanden. Vor dem Dorfe waren einige große Fischhalter; ich bemerkte aber niemand, der darauf Acht hatte. Sie waren aus dünnen Ruthen und, nach Maasgabe der Fische, die darinnen gefangen werden sollten, entweder enger oder weiter geflochten. Diese Stücke Korbmacher-Arbeit, deren Flächen bey manchen, zwanzig Fuß in der Länge und zwölf Fuß in der Breite betrugen, waren auf der schmalen Seite in den seichten Wasser aufgestellt und mit starken Pfählen auf dem Grunde vestgemacht. Hinter den Ruinen des Dorfes ist eine Ebene, von einigen Morgen Landes, die mit den größten Fichtenbäumen bewachsen war, die ich in meinem Leben gesehen habe. Dies war um so auffallender, da die höhern Gegenden an der Westseite des Sundes ganz von Bäumen entblößt waren.

Von hier aus fuhr ich, quer über den Sund, an die Ostseite, und kam vor einem Arm, der sich Nordnordostwärts zog, vorbey. Er konnte sich, dem Anschein nach, nicht tief erstrecken. Nunmehr

1778.
April.

fand ich auch meine Vermuthung gegründet, daß das Land, worunter die Schiffe lagen, eine Insel sey. Auch waren noch eine Menge kleinerer Eilande an der Westseite des Sundes zerstreut. Dem Nordende unserer großen Insel gegen über, erblickte ich auf dem besten Lande ein Dorf, worauf ich zufuhr und ans Land stieg. Die Einwohner waren hier nicht so höflich, wie jene von denen ich herkam. An diesem kalten Empfang mag aber größtentheils einer ihrer Befehlshaber Schuld gewesen seyn, der mich nicht in ihre Häuser wollte gehen lassen, mir auf allen Tritten und Schritten nachfolgte, und durch sichtbare Zeichen der Ungeduld merken ließ, daß ich nicht bald genug abgehen könnte. Ich bemühete mich umsonst, ihn durch Geschenke zu gewinnen; er schlug zwar keines aus, aber sein Betragen blieb nachher wie zuvor. Einige junge Mädchen, denen wir besser anstanden als ihrem unfreundlichen Oberhaupte, putzten sich, in aller Eile, so gut wie möglich, und versammelten sich in einen Haufen, um uns in ihrem Dorfe zu bewillkommen. Sie empfiengen uns mit einem Gesang, der in der That nichts rohes oder unangenehmes hatte.

Es war nun schon ziemlich spät am Tage; und ich nahm meinen Weg um das nördliche Ende der großen Insel nach den Schiffen zurück. Hier begegneten mir einige Kähne, mit Sardellen, die man eben in der östlichen Ecke des Sunds gefangen hatte. Als ich wieder an Bord kam, hörte ich, daß unterdessen die Schiffe einen Besuch von Fremden gehabt

hätten, die in drey großen Kähnen, und, wie sie unsern Leuten durch Zeichen begreiflich machten, von Südosten jenseits der Bucht hergekommen wären. Sie hatten allerley Felle, Kleidungsstücke und andere Waaren bey sich, die man ihnen auch abhandelte. Das seltsamste aber, was sie zu Kauf brachten, waren zwey silberne Löffel, die wir nach ihrer besondern Form, für spanische Arbeit hielten. Einer der Fremden hatte sie, als Zierrath, am Halse hängen. Diese Leute sollen übrigens auch besser mit Eisen versehen gewesen seyn, als die Einwohner im Sunde.

Der Besanmast war nun fertig, und wurde am 21sten aufgesetzt und betackelt. Die Zimmerleute mußten nunmehr an einer neuen Vorbramstenge arbeiten, da einige Tage vorher der Wind die alte abgebrochen hatte.

Am folgenden Morgen, gegen acht Uhr besuchte uns eine Menge Fremde, in zwölf bis vierzehn Kähnen. Wir sahen sie in der Bucht von Süden herkommen. So bald sie um die Spitze herum waren, hielten sie, in einer Entfernung von zwey bis dreyhundert Yarden von uns, und blieben so über eine halbe Stunde in einer Gruppe beysammen liegen. Anfänglich dachten wir, sie fürchteten sich, näher zu kommen, allein hierinn irrten wir uns; denn sie machten blos Anstalten, mit gehörigen Ceremonien vor uns zu erscheinen. Als sie ziemlich nahe an den Schiffen waren, stunden sie alle in ihren Kähnen auf, und fiengen an zu singen. Einige

1778.
April.

Dienstag, den 21sten.

Mittwoch, den 22sten.

1778.
April.

dieser Gesänge, wobey der ganze Haufe einstimmte, hatten ein sehr langsames, andere ein geschwinderes Zeitmaas, und sie schlugen dabey mit den Händen, oder mit den Rudern an den Seiten der Kähne sehr regelmäsig den Takt, und machten sonst noch allerley nachdrückliche Bewegungen. So oft ein Gesang zu Ende war, setzten sie einige Sekunden lang aus, und fiengen dann wieder an, wobey zuweilen das Wort Hooee vorkam, welches sie in vollem Chor, und mit aller Gewalt ausriefen. Nachdem sie uns mit diesem Probstücke ihrer Musik über eine halbe Stunde lang unterhalten, und wir ihnen mit aller Verwunderung zugehört hatten, kamen sie an die Schiffsseiten und verhandelten, was sie mitgebracht hatten. Wir bemerkten nunmehr, daß einige unserer Freunde vom Sunde unter ihnen waren, die dem ganzen Tauschgeschäfte zwischen uns und den Fremden vorstanden, und es so einzurichten suchten, daß diese nicht zu kurz kamen.

Als der Besuch vorüber war, machten wir, Capitain Clerke und ich, noch Vormittags, in zwey Booten, einen Abstecher nach dem Dorfe, welches auf der westlichen Spitze des Sundes lag. Ich hatte schon das vorige mal bemerkt, daß, nicht weit davon, eine beträchtliche Menge Gras wachse, und daß dies einen guten Vorrath von Futter für die wenigen Schafe und Ziegen, die wir noch an Bord hatten, abgeben könnte. Die Einwohner empfiengen uns eben so freundschaftlich wie das vorigemal, und ich war kaum ans Land gestiegen, als ich meinen

1778.
April.

Leuten befahl, Gras zu schneiden. Ich ließ mir nicht träumen, daß die Einwohner etwas dagegen würden einzuwenden haben, oder Schwierigkeiten machen sollten, uns eine Sache zu überlassen, die ihnen ganz unnütz schien, und die wir so nöthig brauchten. Aber ich irrte mich; denn kaum fiengen unsere Leute an zu mähen, so setzten sich einige Einwohner dagegen, und wollten sie durchaus nicht fortarbeiten lassen, wobey sie immer sagten, daß sie makook, d. i. kaufen, müßten. Ich war eben in einem Hause, als die Sache vorgieng; so bald ich davon hörte, gieng ich an den Platz und fand an die zwölf Eingebohrnen, deren jeder ein Recht auf einen Theil des hier wachsenden Grases haben wollte. Wir wurden bald des Handels eins, und ich dachte, nach nunmehr geschlossenem Kaufe, hätte ich die Freyheit Gras zu schneiden, wo ich wollte. Aber auch hierinn betrog ich mich. Ich hatte die vorigen angeblichen Eigenthümer so reichlich bezahlt, daß sich jetzt mehrere meldeten, und es war beynahe kein Grashalm, der nicht seinen Herrn hatte. Ich gab was ich geben konnte, und so waren dann meine Taschen bald ausgeleert. Als sie sahen, daß ich wirklich nichts mehr hatte, ließen sie mit ihren Zudringlichkeiten nach, und wir durften Gras abschneiden und wegschaffen, wo und wie viel wir nur wollten.

Ich muß hier bemerken, daß ich auf allen meinen Reisen noch keinen uncivilisirten Volksstamm angetroffen habe, der strengere Begriffe von einem

1778.
April.

ausschließenden Eigenthumsrechte aller seiner Lands-produkte hatte, als die Einwohner dieses Sundes. Gleich Anfangs verlangten sie von unsern Leuten, daß sie ihnen das Holz und Wasser, welches sie einschifften, bezahlen sollten; und wäre ich bey dem Ansinnen zugegen gewesen, so würde ich mich gewiß dazu bequemt haben. Allein meine Arbeitsleute dachten in diesem Stücke anders; sie kehrten sich im geringsten nicht an die Forderungen der Eingebohrnen, und da diese sahen, daß man entschlossen war, ihnen nichts zu zahlen, so ließen sie sichs auch gefallen, suchten aber aus der Nothwendigkeit ein Verdienst zu machen, und gaben uns gelegentlich zu verstehen, daß sie uns aus Freundschaft Holz und Wasser geschenkt hätten. *)

Herr Webber, der mich hieher be.........e, nahm, unterdessen ich im Dorfe war, Zeichnungen von allem, was innerhalb und ausserhalb der Häuser seine Aufmerksamkeit auf sich zog. Ich hatte auch Gelegenheit die Bauart, das Hausgeräthe, und Geschirre, ingleichen die besondern Eigenheiten der

*) Die Spanier, welche nur drey Jahre vor Capitain Cook eine Reise unternommen hatten, um die Küste von America, nordwärts von Californien zu untersuchen, fanden etwas weiter hinauf im 57° 18′ nördlicher Breite einen Volksstamm, der sich eben so gegen sie betrug. Man sehe das Tagebuch dieser Reise, welches der zweyte Steuermann der Flotte hielt, und Herr Daines Barrington bekannt gemacht hat. S. Miscellanies, p. 505, 506.

Gebräuche und Lebensart der Einwohner genauer wahrzunehmen. Ich werde sie weiter unten, nach bestem Vermögen, zu beschreiben suchen, und Herrn Anderson's Bemerkungen dabey zu Hülfe nehmen. Als unsere Verrichtungen im Dorfe zu Ende waren, schieden wir und die Einwohner als gute Freunde aus einander, und Nachmittags waren wir an unsern Schiffen.

1778. April.

An den drey folgenden Tagen waren wir beschäftiget, uns reisefertig zu machen. Die Seegel wurden an die Raaen geschlagen, die Sternwarten und Instrumenten, das Bräugeschirre und was sonst am Ufer war, wurde wieder vom Lande geschaft, und ich ließ auf allerley Fälle verschiedene Sparren, nebst einigen Blöcken zum Bretterschneiden, an Bord bringen. Beide Schiffe wurden rein gemacht, und in vollkommen seegelfertigen Stand gesetzt.

Donnerstag Freytag, und Sonnabend, den 23, 24, und 25sten.

Am 26sten, des Morgens, da alles zur Abfahrt bereit war, verhinderte uns Wind und Fluth abzuseegeln, und wir mußten noch bis Mittag still liegen, zu welcher Zeit sich nicht nur der widrige Südwestwind, in eine Stille verwandelte, sondern uns auch die Ebbe zu Statten kam Die Küstentaue wurden nunmehr losgemacht, und die beiden Schiffe durch unsere Boote aus der Bucht gezogen. Bis gegen vier Uhr Nachmittags, hatten wir entweder leichte Lüfte oder Stillen; darauf aber kam ein frischer Wind von Norden auf, und brachte

Sonntag, den 26sten.

Dritter Th. P

1778.
April.

sehr dicke Nebel mit. Das Quecksilber im Barometer fiel ausserordentlich, und wir mußten, nach mehrern andern Vorboten, Sturm vermuthen, und zwar, allem Anschein nach, aus Süden. Die Nacht war vor der Thür; ich blieb daher einige Augenblicke unschlüßig, ob ich mich in See wagen, oder bis am folgenden Morgen warten sollte. Indeß behielt die Ungeduld, die Reise fortzusetzen, und die Furcht, diese Gelegenheit aus dem Sund zu kommen, zu verliehren, die Oberhand, und ich entschloß mich auf alle Fälle in See zu stechen.

Die Eingebohrnen begleiteten uns, theils am Bord der Schiffe, theils in ihren Kähnen, bis über den Sund hinaus. Einer der Befehlshaber, der mir seit einiger Zeit mit besonderer Anhänglichkeit zugethan schien, war einer der letzten die von uns Abschied nahmen. Ich machte ihm noch ein kleines Geschenk, wogegen er mir ein Biberfell von weit größerem Werthe gab. Dies bewog mich, ihm noch einige Kleinigkeiten zurückzulassen, worüber er so vergnügt war, daß ich durchaus den Biberpelzmantel, den er auf dem Leibe hatte, annehmen mußte, und der ihn, wie ich wußte, sehr werth war. Gerührt über diese Gemüthsart, konnte ich unmöglich geschehen lassen, daß er bey seinen guten Gesinnungen gegen mich Schaden leiden sollte; ich überreichte ihm ein ganz neues breites Seitengewehr mit einem messingen Gefäße, worüber er eine ganz ausnehmende Freude bezeugte. Er und viele seiner Landsleute baten mich auf das dringendste, sie

wieder zu besuchen, und um uns, ihrer Meynung nach, desto eher dazu bewegen, versprachen sie, uns mit einer Menge Pelzwerk zu versehen. Ich bin überzeugt, daß Schiffe, die nach uns hieher kommen sollten, bey den Eingebohrnen gewiß keinen unbeträchtlichen Vorrath von dieser Handelswaare finden und um sehr gute Preise werden erkaufen können, zumal da diese Leute sahen, wie reissend sie bey uns abgieng, und sie sich ohne Zweifel auf mehrere fremde Besuche gefaßt machen werden.

Was wir übrigens, in Ansehung dieser Gegend und ihrer Einwohner, während unseres kurzen Aufenthaltes, bemerkenswerthes gesehen oder gehört haben, und wovon in vorhergehendem Tagebuch keine Meldung geschehen ist, soll den Innhalt der beiden folgenden Hauptstücke ausmachen.

Zweytes Kapitel.

Namen des Sundes, und Anweisung, was beym Einseegeln in Acht genommen werden muß. — Beschreibung der umliegenden Gegenden. — Wasser. — Klima. — Bäume und andere Produkte des Pflanzenreichs. — Thierarten, deren Felle man an uns verhandelte. — Seethiere. Beschreibung einer Seeotter. — Vögel. — Wassergeflügel. — Fische. — Schaalthiere. — Amphibien. — Insecten. — Steine. — Bildung der Einwohner. — Ihre Farbe. — Ihre Kleidung und Putz. — Anzug bey gewissen Gelegenheiten, und Gebrauch abscheulicher hölzerner Masken. — Ihre Gemüthsart. — Gesänge. — Musikalische Instrumente. — Ihre große Begierde nach Eisen und andern Metallen.

1778.
April.

Als ich in diesem Sund ankam, nannte ich ihn, zu Ehren des Königs, König Georgs-Sund. Nachher hörte ich, daß er von den Einwohnern Nootka genennt wird. Seine Oeffnung befindet sich am östlichen Winkel der Hofnungs-Bay, im 49° 33′ nördlicher Breite, und dem 233° 12′ östlicher Länge. An der östlichen Küste dieser Bay zieht sich von der Brecherspitze an, bis zur Mündung des Sundes, eine Kette verborgener Klippen hin, die sich aber noch in ziemlicher Entfernung vom Ufer befinden: näher am Sunde sind etliche Inselchen, und Felsen, die aus dem Wasser hervorragen.

Wir kamen zwischen zwey felsichten Spitzen in den Sund, davon die eine in Ost-Süd-Ost, die andere in West-Nord-West liegt, und welche drey bis vier englische Meilen von einander entfernt seyn mögen. Innerhalb dieser Spitzen, wird der Sund

beträchtlich weiter, und erstreckt sich wenigstens vier 1778.
Seemeilen tief nordwärts, die verschiedenen Aerme April.
im Hintergrunde nicht zu rechnen, deren Tiefe wir
nicht untersuchen konnten. Indessen fanden unsere
Boote, beym Vorüberfahren, daß das Wasser an
ihrem Eingange nur halb salzig war; mithin konnten sie sich nicht gar weit mehr erstrecken, besonders
da die Hügel, die sie landwärts umgaben, alle
stark mit Schnee bedeckt waren, da hingegen auf
den ungleich höhern Bergen, die nahe an der See,
oder an unserer Bucht lagen, nicht ein weisser Fleck
zu sehen war. Mitten im Sunde liegen eine Menge
Inseln von verschiedener Größe; die Wassertiefe
beträgt nicht nur hier, sondern auch an verschiedenen
Stellen des Ufers, sieben und vierzig bis neunzig
Faden. Häven und Ankerplätze giebt es hier genug,
allein wir hatten nicht Zeit, sie aufzunehmen. Die
Bucht, in welcher unsere Schiffe waren, liegt am
östlichen Ende des Sundes und zugleich m östlichen
Ende der größten Insel. Von der See her ist sie
gesichert, aber dies ist auch beynahe alles, was sie
empfehlen kann, denn sie ist den südöstlichen Winden ausgesetzt, deren außerordentliche Heftigkeit wir
theils selbst erfahren haben, theils an vielen Orten
noch Spuren genug von den Verwüstungen sahen,
die sie von Zeit zu Zeit anrichten.

An der Seeküste selbst ist das Land von mittlerer Höhe und ganz eben, aber innerhalb des
Sundes erheben sich überall jähe Hügel, von
beynahe einerley Form, mit abgerundeten und stum-

1778. April.

pfen Gipfeln und einigen Schluchten an den Seiten, die zuweilen in ihrer Mitte scharfe aber nicht sehr erhobene Rücken bilden. Einige dieser Hügel kann man Berge nennen; andere sind von mittelmäsiger Höhe, aber selbst die höchsten sind, wie das flache Erdreich an der See, dick mit Holz bewachsen. Hie und da sind zwar einige kahle Seiten, aber im Ganzen genommen, sind sie unbedeutend, geben aber die felsichte Grundmasse aller dieser Hügel zu erkennen. Eigentlich zu reden, besteht ihr ganzes Erdreich aus einer, zwey bis drey Fuß tiefen Düngerart, von verfaulten Moosen und Baumblättern, und sie sind im Grund nichts, als eine ungeheure Felsengruppe, von weißlicher oder grauer Farbe, wo das Wasser anspülte; im Bruch erschien sie bläulichtgrau, wie die allgemeine Bergart auf Kerguelensland. Die felsichten Ufer sind noch Fortsätze dieser Masse, und der Strand in den kleinen Buchten des Sundes besteht aus nichts als zerbrochenen Stücken dieses Gesteins, und etlichen wenigen Kieseln. In allen diesen Buchten findet man nicht nur eine Menge Treibholz, welches die Fluth angehäuft hat, sondern auch so viele Bäche frischen Wassers, daß ein Schiff Vorrath genug davon einnehmen kann. Sie scheinen blos vom Regen, und von Nebeln, die beständig auf den Gipfeln der Berge liegen, entstanden zu seyn. Denn in einem so felsichten Lande wie dieses, sind wenig Quellen zu vermuthen; auch scheint das Wasser, welches wir weiter landeinwärts angetroffen haben, von ge-

geschmolzenem Schnee herzukommen; es ist auch nicht einmal zu vermuthen, daß ein breiter Strom in den Sund falle, weil wir nicht nur keine fremde Kähne aus irgend einer Oeffnung kommen sahen, sondern auch noch viele andere Umstände dagegen sind.

Die Witterung im Sunde war ungefähr so, wie wir sie auf der Höhe von der Küste wahrnahmen. So bald sich nämlich der Wind in der Gegend zwischen Norden und Westen hielt, hatten wir schönes Wetter, gieng er aber von Westen aus in die südlichen Striche, so bekamen wir Nebel und Regen. Das Klima ist, so viel wir davon verspürten, hier ungleich milder, als in den Gegenden der östlichen Küsten von America, die unter eben denselben Graden der Breite liegen. Das Quecksilber im Thermometer fiel so gar in der Nacht, nie tiefer als auf 52°, und stieg sehr oft am Tage bis auf 60 Grad*) In den Niederungen war nichts von Frost zu verspüren, es hatten vielmehr schon alle Gewächse getrieben, und ich fand über Fuß hohes Gras.

Die Bäume, woraus die hiesigen Wälder bestehen, sind vorzüglich, die canadische Tanne, die weisse Cypresse, (*Cupressus Thyoides,*) der gemeine Kiefer, (*Pinus sylvestris*)**) und noch zwey bis drey andere, weniger gemeine Fichtenarten. Die beiden ersten machen fast zwey Drittel

---

*) Obige Fahrenheitische Grade betragen nach Reaumür + 4° 4′, und + 12° 4′. W.

**) Eigentlich Pinus rubra. *Mill.* W.

1778.
April.

der hiesigen Bäume aus; und von Weitem sollte man sie für einerley Bäume halten, da sie sich beide pyramidenförmig zuspitzen; sie unterscheiden sich aber in der Nähe sehr leicht, indem die Cypresse bleicher grün ist, als die Canadische Tanne. Alle diese Bäume wachsen hier dick auf einander und sind von beträchtlicher Größe.

Bey den übrigen Pflanzenprodukten bemerkten wir eben keine große Mannigfaltigkeit. Jedoch muß man hiebey die frühe Jahreszeit, zu der wir in dieser Gegend waren, und den engen Bezirk unserer Untersuchungen in Erwägung ziehen. Wir fanden um die Felsen und am Rande der Wälder Erdbeerpflanzen, einige Stauden von Zimbeeren, rothen Johannisbeeren und Stachelbeeren, die alle schon in der Blüthe waren; einige wenige schwarze Erlen, eine Art Saudiestel, Klebekraut (goose graß.) *) einige Arten Hahnenfuß, mit schön purpurrother Blumenkrone **) und zwey Arten *Anthericum* (Zaunblume), die eine mit großen orangegelben, die andere mit blauen Blumen. An diesen Stellen fanden wir auch wilde Rosenstauden, die eben Knospen bekamen; eine Menge jungen Lauch, mit dreyseitigen Blättern a); eine sehr kleine Grasart, einige Wasserkresse, die an den Seiten der kleinen Bäche wuchsen, und falschen Porst oder Andromede im Ueberfluß. In den Wäldern selbst fanden wir, ausser zwey Arten von

*) Galium Aparine. **) Ranunculus glacialis? *L.*
a) Allium triquetrum? *Linn.* W.

Unterholz, die uns gänzlich unbekannt waren, Moose und Farnkräuter. Von erstern sahen wir sieben bis achterley Gattungen, von letztern aber nicht über drey oder vier, und sie waren meistentheils von den in Europa und America bekannten Arten.

1778. April.

So wenig uns die gegenwärtige Jahreszeit begünstigte, die hiesigen Produkte des Pflanzenreichs kennen zu lernen, so wenig gestattete es unsere dermalige Lage, uns in Ansehung der Thierarten dieses Landes genauer umzusehen. Anfänglich nöthigte uns blos der Mangel an frischem Wasser, in diesem Sund anzulegen; und nachher begegneten uns so viele unvorhergesehene Zufälle, die, so sehr sie auch unsern Aufenthalt verlängerten, uns doch wenig Zeit übrig ließen, einige Kenntnisse dieser Art zu erwerben. Dermalen war nichts nothwendiger, als die Schiffe auszubessern, wobey denn alle Hände um so mehr aufgeboten werden mußten, als die gute Jahreszeit herbeyeilte und der gute Erfolg der ganzen Reise von der Thätigkeit unserer Leute abhieng. Da jeder auf seinem angewiesenen Posten Beschäftigung genug fand, war nicht viel an Excursionen, weder zu Wasser noch zu Lande zu gedenken. Wir lagen überdem in der Bucht einer Insel, wo wir in den Wäldern keine andere lebendige Thierart zu Gesicht bekamen, als zwey oder drey Coati, *) etliche Marder und Eichhörnchen. Nächst diesen, wurden einige unserer Leute, welche an der Ostseite der Oeffnung des Sundes an das veste Land gestiegen

*) Ursus lotor. *Linn.* W.

1778.
April.

waren, nahe am Ufer die Spur eines Bären gewahr. Was wir also über die vierfüßigen Thiere dieser Gegenden anführen werden, haben wir blos nach den Fellen geschlossen, die uns die Eingebohrnen zu Kauf brachten; sie waren aber öfters an den Theilen, die sie hauptsächlich kennlich machen konnten, als Tatzen oder Pfoten, Schwanz und Kopf, so sehr verstümmelt, daß es unmöglich war, das Thier zu erkennen. Andere hingegen waren so vollständig, oder wenigstens so allgemein bekannt, daß uns hierüber kein Zweifel übrig blieb.

Die gemeinsten waren Felle und Bälge von Bären, Damhirschen, Füchsen und Wölfen. Bärenhäute brachte man uns in Menge; sie waren nicht groß, aber fast durchgehends von glänzend schwarzer Farbe. Damhirschfelle waren schon seltener; sie schienen zu dem falben Damwilde (fallow-deer) zu gehören, die einige Naturforscher in Carolina angetroffen haben, woraus Herr Pennant eine eigene Gattung macht, und sie von den europäischen, durch den Namen des virginischen Damwildes unterscheidet. *) Fuchsbälge sah man in Ueberfluß und von verschiedenen Abarten. Manche waren ganz gelb, mit einer schwarzen Spitze an der Ruthe, andere dunkel oder röthlichtgelb, mit untermischten schwarzen Haaren; eine dritte Art war

*) S. in Pennant's Hist. Quadrup. Vol. 1. No. 46, und in seiner Arctic Zoology den Artikel *Virginian deer*. No. 8. (Dama Virginiana Raji. Syn Quadr. p. 86.)

weißlichtgrau, oder aschfarb, gleichfalls mit schwarzen Haaren untermengt. Unsere Leute nannten alle Felle, welche so verstümmelt waren, daß die Art nicht zu erkennen war, Fuchs= oder Wolfsbälge. Endlich bekamen wir doch eine Wolfshaut, von grauer Farbe, woran noch der Kopf war.

Auſſer den gemeinen Steinmardern a) giebt es auch hier Baummarder, b) und eine dritte Art, von lichtbrauner Farbe und ſtärkern Haaren, die aber nicht ſo oft vorkam, und deren Verſchiedenheit vielleicht vom Alter, oder andern Umſtänden herzuleiten ſeyn mag. Hermeline *) werden auch hier gefunden, allein ſie ſind ſelten und klein; ihre Haare ſind nicht ſonderlich fein; übrigens waren ſie ganz weiß, ausgenommen die Spitze am Schwanze, die einen Zoll lang, oder darüber, und ſchwarz war. Die Schupe oder Coati und Eichhörner ſind von der gemeinen Art, doch ſind letztere etwas kleiner, als die unſrigen, und längs dem Rücken hin von einer dunklern Roſtfarbe.

Bey Beſtimmung aller dieſer Thiere fand kein Zweifel Statt, allein es giebt noch zwey andere Gattungen, die wir nicht mit gleicher Zuverläſſigkeit angeben können. Von dem einen ſahen wir kein rohes Fell, ſondern ſie waren alle gegerbt und wie Leder zugerichtet. Die Eingebohrnen tragen ſie bey gewiſſen Gelegenheiten, und ihrer Größe

    a) Muſtela Foyna. Briſſ.
    b) Muſtela Martes. Briſſ.
    *) Muſtela Erminea. *Linn.* W.

1778.
April.

und Stärke wegen, wurden sie von uns allen für Felle vom Elenthiere oder Mus-Thiere (Moose deer)*) angesehen, obgleich einige davon auch von Büffeln seyn konnten. Das andere Thier, welches gar nicht selten zu seyn scheint, hielten wir für eine Art von wilder Katze oder Luchs **). Die Bälge, an welchen immer der Kopf fehlte, waren etwa zwey Schuh und zwey Zoll lang; sie hatten ein sehr feines Pelzwerk, von hellbrauner oder weißlicht gelber Farbe, mit untermengten langen Haaren, die auf dem Rücken, wo sie kürzer waren, ins schwärzlichte fielen; die längern Seitenhaare hatten eine weisse Silberfarbe, die Haare am Bauch aber, welches die längsten waren, eine Wollenfarbe; die weißlichten oder Silberhaare waren an manchen Bälgen so häufig, daß es die Hauptfarbe des Thiers zu seyn schien. Die Ruthe war nur drey Zoll lang und hatte eine schwarze Spitze. Die Eingebohrnen nannten diese Felle Wanschee, und wahrscheinlich ist dies auch der Name des Thiers. Schweine, Hunde und Ziegen sind noch nicht bis hieher gekommen; auch schienen die Eingebohrnen

---

*) Cervus Alces. *Linn.* Das Elenthier (vom sclavonischen Worte Jelen, d. i. Hirsch) und Mus-Thier sind, nach Pennant, von ein und derselben Art. Der letzte Name kommt von Musu, welches, nach Kalm, in der Sprache der Algonkins das Elenthier bedeutet. S. Pennants Thiergeschichte der nördlichen Polarländer, S. 21. W.

**) Felis Lynx. *Linn.*

unsere braunen Ratten*) nicht zu kennen. Als sie einige davon auf unsern Schiffen erblickten, gaben sie ihnen den Namen, den sie den Eichhörnern beylegen. Unsere Ziegen nannten sie **Eineerla**, welches vermuthlich in ihrer Sprache einen jungen Damhirsch oder Rehkalb bedeutet.

1778.
April.

Von Seethieren sahen wir auf der Höhe der Küste, **Wallfische,** **) **Meerschweine und Robben.** Leztere schienen nach den Fellen, die wir hier sahen, die gemeinen Seehunde zu seyn. a) Sie waren entweder silberfärbig, gelblicht und ohne Flecken, oder schwarz gesleckt. Das Meerschwein ist der *Delphinus phocaena.* Ich will zu diesen Thieren noch die **Meerotter** b) rechnen, weil sie sich am meisten im Wasser aufhält. Es würde für unsere Absicht hinreichend seyn, blos zu gedenken, daß dieses Thier sehr häufig hier vorkommt, da es schon aus den Reisebeschreibungen der Russen, die nach den östlichen Kamtschatka gesegelt sind, bekannt und von andern Schriftstellern hinlänglich beschrieben worden ist, wenn wir nicht in der Gattung, die wir sahen, einige Veränderung wahrgenommen hätten. Wir waren eine Zeitlang ungewiß, ob auch alle Felle, die uns die Eingebohrnen brachten, und die wir blos nach ihrer Größe, Farbe

---

*) Mus decumanus. *Pallas.*
**) Balaena Mysticetus. *Linn,*
a) Phoca vitulina. *Linn,*
b) Mustela Lutris. *Linn.* S. Schreber Säugth. III. S. 465. T. 128. W.

1778.
April.

und feinem Haare, für Seeotterpelze hielten, auch wirklich von diesem Thiere wären. Allein kurz vor unserer Abreise hatten wir Gelegenheit, eine ganze Otter, welche so eben getödet worden war, von einigen Fremden zu kaufen, und Herr Webber nahm eine Zeichnung davon. Sie war noch sehr jung und wog nicht mehr als fünf und zwanzig Pfund; sie war von glänzend schwarzer Farbe; weil aber die meisten Haare weisse Spitzen hatten, so schien sie auf den ersten Anblick grau zu seyn. Das Gesicht, der Hals und die Brust waren gelblicht weiß, oder von hellbrauner Farbe, welche, an vielen Fellen, die man uns brachte, sich über den ganzen Bauch der Länge nach hinzog. Der obere und untere Kiefer war mit sechs Schneidezähnen besetzt; an dem untern waren zwey davon sehr klein und stunden unter der Wurzel der zwey mittelsten Zähne, auswärts. In diesem Stücke scheinen sie von der Seeotter, die die Russen beschrieben, abzugehen, auch darinn, daß die äussersten Zehen der Hinterfüsse mit keiner Schwimmhaut versehen waren. Uebrigens bemerkten wir an den Fellen, die wir sahen, in Ansehung der Farbe, eine größere Verschiedenheit, als man in jenen Beschreibungen angezeigt hat, wiewohl diese Abweichungen ihren Grund in dem verschiedenen Alter der Thiere haben mögen. Die sehr jungen haben braune, starke Haare, und nur wenig Pelz am Untertheile, hingegen waren die von der Größe unserer erst beschriebenen Otter reichlich damit versehen. Diese Farbe und Beschaffen-

heit bleibt, bis sie ihr vollkommenes Wachsthum erreicht haben; alsdann verlieren sie ihre schwarze Farbe, und nehmen eine braune, dunkle Rußfarbe an, wobey sie durchgehendes fast lauter feine Haare bekommen und von den langen nur wenig mehr zu sehen ist. Einige Felle, welche vermuthlich von noch ältern Seeottern seyn mochten, waren kastanienbraun, und einige wenige hatten sogar eine vollkommen gelbe Farbe. Das Pelzwerk von diesen Thieren, ist, wie bereits die Russen angemerkt haben, unstreitig sanfter und feiner, als von irgend einem bekannten Thiere; es ist also die Entdeckung dieses Theils von America, wo eine so schätzbare Handelswaare angetroffen wird, keineswegs für eine gleichgültige Sache anzusehen. *)

Vögel giebt es hier, sowohl in Ansehung der Gattungen, als der einzelnen Arten nur wenige, und diese wenigen sind außerordentlich scheu, vermuthlich weil ihnen von den Eingebohrnen sehr mag zugesetzt werden, und dieses nicht sowohl um sie zu essen, als vielmehr ihre Federn zu bekommen, die sie zu ihrem Putze gebrauchen. Unter denen, die sich in Wäldern aufhalten, waren Krähen und Raben, die von denen in England nicht im geringsten verschieden waren; eine bläuliche Häher-

*) Herr Cope berichtet uns, nach Herrn Pallas, (3ter Th. S. 137) daß in Kiachta das Fell der alten Seeottern oder derer von mittlerm Alter, an die Chineser für 80 bis 100 Rubeln, oder 16 bis 20 Pfund Sterling verkauft werden. S. Coxe's Russian Discoveries, p. 13.

1778.
April.
oder Elsterart (jay or magpie)*); gemeine Zaunkönige, welches die einzigen Vögel waren, die wir singen hörten; die canadische oder Wander-Drossel**), und eine beträchtliche Menge brauner Adler mit weissem Kopf und Schwanze a), die sich zwar eigentlich an der Küste aufzuhalten pflegen, bey schlimmen Wetter aber in den Sund kamen und sich bisweilen auf die Bäume setzten. Unter andern Vögeln, wovon uns die Eingebohrnen Ueberbleibsel, oder getrocknete Häute brachten, erkannten wir eine kleine Habichts- oder Sperberart, einen Reiher, und den americanischen Eisvogel mit dem grosen Federbusche b). Es sind ferner noch einige Gattungen hier, die, meines Erachtens, entweder von den Naturforschern noch nicht beschrieben worden sind, oder von ihrer Beschreibung sehr merklich abgehen. Hieher gehören vorzüglich zwey Arten von Spechten. Der eine war nicht gar so groß wie ein Krammetsvogel, oben schwarz mit einigen weissen Sprenkeln auf den Flügeln; der Kopf, der Hals und die Brust waren carmosinroth, und der Bauch von einer gelblichten Olivenfarbe. Man könnte ihn nicht unschicklich den gelbbauchichten Specht nennen. Der andere ist gröser und ein noch schönerer Vogel. Der obere Theil ist dunkel braun, und bis auf den Kopf mit

*) Corvus cristatus. *Linn.*
**) Turdus migratorius. *Linn.*
a) Falco leucocephalus. *Linn.*
b) Alcedo Alcyon. *Linn.* W.

vielen schwarzen Wellen besetzt; der Bauch ist röthlicht und mit runden schwarzen Flecken bestreut; auf der Brust hat er einen einzigen schwarzen Flecken; die Schwingfedern und der Schwanz sind oben gleichfalls schwarz, aber unten von vollkommen rother Scharlachfarbe; auch zieht sich ein carmosinrother Streif vom Winkel des Schnabels, auf beiden Seiten etwas gegen den Hals herunter. Die dritte und vierte Gattung ist theils eine Finkenart, von der Größe eines Flachsfinken, von dunkelbrauner Farbe, weißlichtem Bauche, mit schwarzem Kopf und Halse und weissem Schnabel; theils eine Art Sandpfeifer, *) von der Größe einer kleinen Taube, oben dunkelbraun, unten aber, Brust und Kehle ausgenommen, weiß, mit einem breiten weissen Streife quer über die Flügel. Auch giebt es Colibri hier; sie sind aber von den bekannten zahlreichen Familien dieses zarten Vogels verschieden; man müßte sie denn als eine Nebenart des *Trochilus Colubris* des Ritter Linné ansehen. Ihr Aufenthalt mag eigentlich in den südlichern Gegenden seyn, und sie ziehen vermuthlich nur nordwärts, wenn die gute Jahrszeit herbeykömmt; denn anfänglich kamen uns keine zu Gesicht, und nur einige Tage vor unserer Abreise brachten die Eingebohrnen deren eine große Menge an die Schiffe.

Die Anzahl der Vögel die sich im Wasser oder an den Ufern aufhalten, ist auch nicht beträchtlich.

*) Tringa. L. W.

1778.
April.

Auf der Höhe der Küste, sahen wir große Petrellen, oder Knochenbrecher, Seemewen und Tölpel; beide letztern kamen auch häufig in den Sund. Sie waren von der gemeinen Art, und die Tölpel unser Kormoran oder Wasserrabe. *) Wir bemerkten auch ein Paar Arten wilder Enten; die eine war schwarz, mit einem weissen Kopfe, und zog in beträchtlichen Schaaren; die andern waren weiß, mit rothen Schnäbeln, und größer als jene. Auch der große Lumme, oder Taucher, **) den man in unsern nördlichen Gegenden antrift, war hier zu sehen. Zwey oder dreymal sahen wir auch Schwäne quer über den Sund gegen Norden zu fliegen, aber sonst wissen wir nichts von ihrem Aufenthalte. Ausser dem obenerwähnten Sandpfeifer fanden wir an den Ufern noch einen Strandläufer, von der Größe einer Lerche, der sehr viel ähnliches mit der Meerlerche a) hatte; imgleichen einen Regenpfeifer, der von unserer gemeinen Uferlerche b) nicht viel verschieden war.

An Fischen giebt es hier einen größern Ueberfluß als an Vögeln, aber auch ihre Gattungen sind nicht mannigfaltig; indessen ist zu vermuthen, daß zu gewissen Zeiten des Jahrs, ihre Verschiedenheit beträchtlich zunehme. Am häufigsten fanden wir den gemeinen Hering, aber er war selten über

*) Pelecanus Carbo. L.
**) Colymbus arcticus. L.
a) In der Urschrift steht Burre; soll Purre seyn, Tringa Cinclus. L.
b) Charadrius Hiaticula. L. W.

sieben Zoll lang; sodann eine kleinere Gattung, welche blos eine größere Art der eigentlichen Sardelle a) zu seyn schien; einen weissen oder silberfarbenen Meerbrassen, und einen braunen Goldbrassen, mit vielen, die Länge hinunter gehenden schmalen blauen Streifen. Die Heringe und Sardellen kommen vermuthlich auch hier in großen Zügen und nur zu gewissen bestimmten Zeiten an, wie es dieser Art eigen ist. Nach diesen sind die beiden Brassenarten die zahlreichsten, und ein ausgewachsener Brasse wiegt wenigstens ein Pfund. Die übrigen seltner vorkommenden Fische sind eine kleine, braune Art Sculpin, b) die auf der Küste von Norwegen gefunden werden; eine andere von bräunlichtrother Farbe; Frostfische; und ein großer Fisch, der viel ähnliches von einem Kaulkopfe (bullhead) *) hat, von zäher Haut und ohne Schuppen. Von Zeit zu Zeit brachten uns auch die Eingebohrnen kurz vor unserer Abreise aus dem Sunde, kleine braune, weißgesteckte Kabeljaue; einen rothen Fisch, von eben der Größe, dergleichen einige unserer Leute in der Magellanischen Strasse wollen gesehen haben, und noch eine Art, die von dem Goldauge (hake) **) wenig verschieden war. Hier sahen wir auch eine ziemliche Menge von den schwimmenden Amphibien, die unter dem Namen Seedrachen (Chimaerae), oder Seewölfen be-

1778.
April.

a) Clupea Encrasicolus. b) Scorpaena Porcus? *L.*
*) Sparus chrysops. **) Cottus Gobio. *L. W.*

1778.
April.

kannt sind, und mit dem Pejegallo oder Elephantfisch *) verwandt sind, und eben dieselbe Größe haben. Auch Hayfische kommen zuweilen in den Sund; denn die Eingebohrnen hatten Zähne davon; wir sahen auch einige Stücke von Stachelrochen (ray,) die sehr groß gewesen seyn müssen. Die übrigen Seeprodukte, welche hier können angeführt werden, sind eine kleine Creuzqualle,**) Seesterne, welche aber von den gemeinen Arten etwas abgehen; zweyerley kleine Krabben-Arten; und noch zwey Meerprodukte, die wir von den Eingebohrnen bekamen, davon das eine, von dicker, zäher, gallertartiger Beschaffenheit war, das andere aber eine Art Röhre oder Pfeife von häutiger Substanz, welche man beide vermuthlich von den Felsen wird abgenommen haben. Endlich kauften wir auch einen sehr großen Dintenfisch.

An den Klippen findet sich eine Menge großer Muscheln, und viele Seeohren. a) Wir sahen auch Schaalen, von großen glatten Eienmuscheln, (*Chamae*.) Unter den kleinen Conchylien waren zwey Gattungen von Kräuselschnecken (*trochi*;) eine nicht gemeine Stachelschnecke (*murex*;) gestreifte Rinkhörner (*wilks*;) und eine Erdschnecke ohne Haus. Alle diese Gattungen scheinen bloß hier einheimisch zu seyn; wenigstens erinnere ich mich nicht, in einer Gegend, der beiden Hemisphären, unter gleichen Graden der Breite

---

*) Chymaera Callorynchus. *L.*
**) Medusa cruciata. *L*, a) Haliotis. *L.* W.

dergleichen gesehen zu haben. Ferner giebt es hier einige kleine glatte Herzmuscheln und Napfschnecken. Einige Fremde, die in den Sund kamen, trugen Halsgehänge von kleinen bläulichten Walzenschnecken, oder Panamadatteln. a) Es befinden sich Muscheln darunter, die eine Spanne lang sind, und zuweilen Perlen haben, die aber von schlechter Form und Farbe sind. Es ist zu vermuthen, daß im Sunde oder an einigen Gegenden der Küste, rothe Korallen angetroffen werden, weil man einige dicke Stücke oder Zinken in den Kähnen der Eingebohrnen wahrgenommen hat.

Von kriechenden Amphibien kam uns hier nichts zu Gesicht, als etliche Schlangen und Eidechsen, die wir in den Gehölzen sahen. Die Schlangen waren ungefähr zwey Fuß lang, von brauner Farbe, mit weißlichten Streifen auf dem Rücken und an den Seiten, und so unschädlich, daß wir sie öfters von den Eingebohrnen in die Hand nehmen sahen. Die Eidechsen waren der braune Wassermolch b), mit einem Aalenschwanze. Sie hielten sich besonders in den kleinen stehenden Wassern und Sümpfen zwischen den Felsen auf.

Die Familien der Insecten scheinen verhältnißmäßig hier zahlreicher zu seyn. Obgleich die eigentliche Zeit ihrer Erscheinung erst herbey kam, so sahen wir doch schon vier bis fünferley Arten von Schmetterlingen, welche aber nicht selten waren; viele Hummeln; einige unserer gemeinen Johan-

a) Voluta porphyria. b) Lacerta palustris. *Linn.*

1778.
April.

nisbeer-Motten*) zwey bis dreyerley Arten von Fliegen; etliche Käfer und einige Mosquito-Schnacken, die unfehlbar in einem so holzreichen Lande, zu Sommerszeiten, sehr zahlreich und lästig seyn werden, wenn sie uns gleich gegenwärtig nichts anhatten.

Was die Produkte des Mineralreichs anlangt, so haben wir zwar Eisen und Kupfer bey den Eingebohrnen gefunden; es scheint aber nicht, daß das Land eines dieser Metalle hervorbringe. Man sieht nirgends Spuren eines Erzes oder einer mit Metall vermischten Erde, ausgenommen eine grobe rothe Ockerart, womit sich die Eingebohrnen bemahlen, und worinn etwas Eisen seyn mag; imgleichen ein anderes weisses, und ein schwarzes Pigment, welches sie zu gleichem Entzweck gebrauchen. Da wir keine Stücke von diesen Substanzen bekommen konnten, so ist über ihre Bestandtheile nichts zuverläßiges zu sagen.

Außer dem Felsstein, woraus die Gebirge und Ufer bestehen, und der zuweilen grobe Quarzstücke enthält, fanden wir bey den Eingebohrnen einige verarbeitete Stücke eines harten, sehr grobkörnigen Granits; eine graulichte Wetzsteinart**); eine gröbere und feinere Art von dem gemeinen Oelstein unserer Zimmerleute a), und einige kleine Stücke dieser

---

*) Phalaen. G. Wavaria?. Ph. G. Grossulataria? *Linn.*

**) Schistus argillaceus. *Linn.*

a) Schistus olearius. *Linn.* W.

Schieferart, deren Bestandtheile nicht gar so fein waren, als an dem gewöhnlichen Streichsteine b). Die Einwohner bedienen sich auch des durchsichtigen blättrichten Glimmers, oder russischen Glases c), dann einer andern braunen gerabklüftigen, eisenhaltigen Glimmerart. Sie brachten uns überdies Stücke Bergkristall, die ziemlich durchsichtig waren. Die beiden Glimmerarten werden wahrscheinlich nahe am Sunde gefunden, denn sie kamen in beträchtlicher Menge vor, der Kristall aber muß ohne Zweifel in größerer Entfernung, oder nur sehr selten gefunden werden, weil die Fremden, die diese Stücke bey sich hatten, sie immer ungerne vertauschten. Einige dieser Stücke waren achtseitig und schienen durch Kunst diese Form erhalten zu haben.

Die Eingebohrnen sind, überhaupt genommen, von etwas kleiner Statur, aber dabey nicht rahn, sondern vielmehr voll und untersetzt, ohne jedoch sehr muskelreich zu seyn. Bey dieser fleischichten Leibesbeschaffenheit sind sie nicht fett, und man sieht keine Schmerbäuche. Die Leute von einem gewissen Alter sind mehrentheils mager. Die meisten haben runde, volle, zuweilen breite Gesichter, mit stark hervorgehenden Backenknochen; von hier an wird der obere Theil des Gesichts mehr zusammengedrückt, oder nimmt von den Schläfen an, eine schräge Richtung nach oben zu. Die Nase ist am Untertheile flach, mit einer abgerundeten Spitze

b) Schistus coticula. *Wall.*
c) Mica membranacea. *Linn.* W.

1778.
April.

und großen Nasenlöchern. Die Stirn ist niedrig; die Augen sind klein, schwarz und mehr matt als lebhaft. Der Mund ist rund und hat breite, dicke Lippen. Ihre Zähne sind ziemlich gleich und wohlgereihet, aber nicht sonderlich weiß. Sie haben gemeiniglich entweder gar keinen Bart, oder nur wenige Haare am Rand des Kinns. Dieser Mangel ist kein Fehler der Natur, sondern kommt daher, weil sie die Haare an diesem Theile mehr oder weniger ausreissen; denn einige, besonders alte Leute, hatten nicht nur starke Bärte, am ganzen Kinne, sondern auch Knebelbärte, die von der Oberlippe bis an die untern Kinnbacken schräg fortliefen. *)

*) Es war immer ein auffallender Umstand in der Naturgeschichte des Menschen, daß die Einwohner von America, unter andern Eigenheiten, auch keine Bärte haben sollten, da sie doch am Kopfe so reichlich mit Haaren versehen sind. Herr von Paw, der scharfsinnige Verfasser der Recherches sur les Americains, Doctor Robertson, in seiner Geschichte von America, und eine Menge anderer Schriftsteller, für deren Urtheil wir die größte Achtung haben, nehmen dieses als eine vollkommen ausgemachte Sache an. Es sey uns indessen erlaubt, diejenigen, welche dieser Meynung beytreten, zu erinnern, daß Capitain Cook, wenigstens in Ansehung des americanischen Volksstammes, den er in Nootkasunde antraf, entgegengesetzte Erfahrungen beybringt, und daß seine Beobachtungen nicht die einzigen sind. Was er auf dieser Küste sah, bemerkte Capitain Carver tief im vesten Lande von Nord-America. „Ich kann sicher behaupten, schreibt er, da ich

Sie haben auch wenig, und durchgehends sehr schmale
Augenbraunen; dagegen aber ungemein viel grobes
starkes Haar auf dem Kopfe, welches ohne Ausnah,
me, schwarz und ganz schlicht ist, oder ihnen über die
Schultern herabhängt. Ihr Hals ist kurz; Arme
und Leib sind nicht nur ohne alle angenehme Form,
sondern vielmehr plump gebildet. Alle haben im Ver,
hältniß mit andern Theilen kleine, gekrümmte, übelge,
staltete Geschlechtstheile, (a) (Limbs) und unförmliche,
große Füsse mit stark hervorragenden Knöcheln. Letzte,
res kommt ohne Zweifel daher, daß sie sowohl in ihren
Kähnen als zu Hause mehrentheils kniend, oder mit
untergeschlagenen Beinen auf den Fersen sitzen.

(a) Man vergleiche hiemit die merkwürdige Bildung
der Geschlechtstheile der Kamtschadalen, in Stel,
lers Kamtschatka. S. 226. W.

„mich durch genaue Untersuchungen und meine
„eigenen Augen davon überzeugt habe, daß alle
„Behauptungen der Schriftsteller, welche an,
„nehmen, daß diese Indianer blos Haare auf
„dem Kopf haben, falsch sind, und von dem
„Mangel einer völligen Kenntniß der Gebräuche
„der Indianer herrühren. In dem männlichen
„Alter werden ihre Körper, wenn man sie der
„Natur überläßt, eben so gut mit Haaren be,
„deckt, als bey den Europäern. Die Männer
„glauben, daß ein Bart sehr verunstalte, und
„wenden daher viele Mühe an, sich davon zu
„befreyen, und man wird nicht leicht Spuren
„davon bey ihnen antreffen, ausgenommen bey
„alten Leuten, die sich um ihren Putz nicht mehr
„bekümmern. Eben so halten sie jeden Auswuchs
von

1778.
April.

1778.
April.

Die natürliche Farbe ihrer Haut können wir nicht ganz zuverläßig bestimmen, weil ihr ganzer Leib mit Farben und Schmutz überzogen ist; indeßen bemerkten wir, daß wenn diese Kruste bey besondern Fällen abgescheuert war, ihre Hautfarbe der europäischen beynahe gleichkommt, mehr aber der falberen Bläße, wodurch sich unsere südlicheren Nationen auszeichnen. Die Kinder, die nicht mit Farbe übertüncht waren, hatten eine eben so weiße Haut, wie wir. Es kamen uns einige Figuren vor, die im Vergleich mit den Uebrigen nicht übel aussahen, aber es waren junge Leute, die diesen Vorzug der frischen Periode ihres Lebens zu verdanken hatten; denn

„von aar auf ihrem Körper für häßlich, und
„beide Geschlechter wenden viel Zeit auf die Aus-
„rottung desselben. Die Nadowessier und die
„übrigen Nationen reissen es mit krummgeboge-
„nen Stücken von hartem Holze aus. Die In-
„dier hingegen, die Gemeinschaft mit den Euro-
„päern haben, schaffen sich Drath von ihnen an,
„und machen daraus eine Art von Schrauben-
„gang oder Wurm, den sie irgendwo an den Leib
„setzen. Sie drücken die Ringe darauf zusam-
„men, und reissen mit einem plötzlichen Zuge alles
„Haar aus, was sie dazwischen gefaßt hatten."
Carver's Traveals, p. 224. 225. (Deutsche Uebersetzung S. 193. 194.)

Herr Marsden beruft sich, in seiner Geschichte von Sumatra, auf Herrn Carvers Zeugniß und macht hiebey eine Bemerkung, die Aufmerksamkeit verdient. Er erinnert nämlich, daß die Maske an Montezumas Rüstung, welche in Brüssel aufbehalten wird, einen starken Knebelbart habe, und so bald sie ein gewisses Alter erreichten, fand kein Unterschied mehr Statt. Ueberhaupt ist die ganze Nation durch eine auffallende Gesichtsbildung merkwürdig. Auf allen ist fast ohne Ausnahme, Dumpfheit, Phlegma und Seelenlosigkeit zu lesen.

1778. April.

Die Weibspersonen haben ungefähr eben dieselbe Statur, Farbe und Bildung, wie die Männer, und sie sind schwer von ihnen zu unterscheiden, indem keine Art von angebohrner Feinheit sie angenehmer macht. Es ist uns keine vorgekommen, die, selbst bey aller Jugendblüthe, die mindesten Ansprüche auf Schönheit hätte machen können.

es sey nicht wahrscheinlich, daß die Americaner an einen solchen Zierrath würden gedacht haben, wenn sie diesen nicht am Urbilde gesehen hätten. Verbinden wir nun was Capitain Cook auf der westlichen Küste, und Herr Carver tief im westen Lande von Nord-America bemerkt hat, mit Herrn Marsdens mexicanischer Maste; so können wir unbedenklich seiner bescheidenen Meynung beypflichten, wenn er sagt: „Stünden „nicht so viele ehrwürdige Gewährmänner ent„gegen, die uns versichern, daß die Eingebohr„nen von America keinen Bart haben; so würde „ich glauben, man sey dieser Meynung zu vor„eilig beygetreten. Meines Erachtens könnte „ein solcher Mangel bey einem reifen Alter eben „sowohl daher kommen, daß sich diese Leute, wie „die Einwohner von Sumatra, benzeiten daran „gewöhnen, die Haare auszureissen, und ich ge„stehe, daß mein geringer Zweifel ganz gehoben
„seyn

1778.
April.

Ihr gewöhnlicher Anzug besteht aus einem leinenen Kleide oder Mantel, der am obern Saume mit einem schmalen Streifen von Pelzwerk, am untern aber mit Fransen oder herabhängenden Quasten besetzt ist. Er geht unter dem linken Arm hindurch, und wird mit zwey Schnüren, ungefähr in der Mitte der rechten Schulter zusammengebunden. Auf diese Art ist der vordere Theil, der Rücken und die linke Seite bedeckt, und beyde Arme sind frey. Nur die rechte Seite bleibt etwas blos, doch fallen die herabhangenden Fransen darüber, und es geschieht sehr oft, daß der Mantel mit einem Gurt aus grobem Mattenwerke oder Haaren um

„seyn würde, wenn ich überzeugt wäre, daß der
„Gebrauch des Haarausreissens nicht Statt fände.
Marsden's History of Sumatra. p. 39. 40. Anmerk. der Urschrift.

Wenn Ulloa, Pinto u. a. — auf deren Zeugniß Herr von Paw seine Hypothese der Ausartung und Kraftlosigkeit der Americaner bauet — lauter unbärtige Eingebohrne gesehen haben, so beweiset dieses noch nicht, daß sie vermöge ihrer Leibesconstitution keinen Bart haben können, und es müßte erst dargethan werden, daß sie auch dann glatte Kinne hätten, wenn sie das Scheermesser eben so zeitig und so fleißig gebrauchten, als die Instrumente, womit sie die Haare auswurzeln. Daß dieses Letztere der Fall ist, versichern uns die unverwerflichsten ältern und neuern Reisebeschreiber, wie Hans von Stade, Wafer, de la Porte, Roger, Pernetty u. a. m. Einige Gelehrte haben indeß diese scheinbaren Widersprüche durch
ben

den Leib vestgemacht wird. Ueber diesen Mantel, der bis über die Kniee herabgeht, tragen sie noch einen Ueberwurf von eben dem Zeuge, der gleichfalls unten mit Franfen besetzt ist. Dieser hat die Gestalt einer runden Schüsselstürze, und ist auf allen Seiten zu, nur in der Mitte hat er ein Loch, so groß, daß gerade der Kopf durchgesteckt werden kann, und wenn man ihn dergestalt auf die Schultern setzt, bedeckt er die Arme bis an die Ellbogen, und den Leib bis an den Gürtel. Den Kopf bedecken sie mit einer, aus feinem Mattenwerk geflochtenen Mütze, von der Form eines abgestutzten Kegels oder eines Blumentopfes, auf deren obern

> den unterdrückten Bildungstrieb (Theoria epigeneseos) untereinander zu vergleichen gesucht. Sie sagen nämlich, die Natur sey endlich überdrüssig geworden, einem Volke einen Schmuck zu verleihen, den es immer wieder vertilge. — Es ist hier der Ort nicht, diese Meynung zu untersuchen; wäre es aber so ausgemacht, daß die unterdrückte Natur mit der Zeit sich nach dem Eigensinne der Nationen bequemte, und von ihren alten, bis hieher unveränderlich geschehenen Gesetzen abgienge; so hätten ja gegenwärtig die Americaner nicht mehr nöthig, sich die Haare auszuziehen — wie es neuerlich noch Carver und andere gesehen haben — die chinesischen Mädchen müßten nunmehr schon lange mit äusserst kleinen, krüppelhaften Füssen gebohren werden; die Pferde in England mit kurzen Ruthen fallen, und im ganzen Orient müßte die Beschneidung nicht nur überflüssig, sondern sogar unmöglich seyn. W.

1778.
April.

Theile meistens eine runde oder spitze, lederne Quaste zur Zierde angebracht ist. Diese Mützen werden unter dem Kinne mit einer Schnur bevestiget, damit sie der Wind nicht hinwegführe.

Ausser dieser Kleidung, welche beiden Geschlechtern gemein ist, tragen die Mannspersonen noch über dem erwähnten Anzug, häufig Bärenhäute, oder Felle von Wölfen oder Seeottern, so daß das Pelzwerk ausserhalb gekehrt ist; sie binden sie am obern Theil des Leibes gleich einem Mantel zusammen, und bedecken sich bald von vornen bald von hinten damit. Bey Regenwetter hängen sie eine grobe Matte über die Schultern. Sie haben auch Kleidungsstücke von Pelzwolle, bedienen sich aber derselben wenig. Ihr Haar lassen sie gemeiniglich fliegen, viele aber binden es auf dem Scheitel in einen Schopf, wenn sie keine Mütze tragen. Ueberhaupt ist ihre Kleidung bequem, und hätte gar kein übles Ansehen, wenn sie selbige reinlich hielten. Allein, da sie ihren Körper beständig mit einer rothen Farbe von grobem Ocker und Oel beschmieren, so bekommt der Anzug nicht nur davon einen ranzichten, widerlichen Geruch, sondern auch ein überaus fettes, schmutziges Ansehen. Das übelste dabey ist noch, daß ihre Köpfe und Kleider von Ungeziefer wimmeln, und ihre Unflätereh geht so weit, daß wir gesehen haben, wie sie selbige mit aller Gelassenheit aufsuchten und verzehrten.

Es ist nicht genug, daß sie ihren Leib beständig anstreichen, sie halten es auch für eine grosse

Zierde, das Geſicht mit ſchwarzer, hellrother und weiſſer Farbe zu bemahlen. Letzteres giebt ihnen ein fürchterlich bleiches, eckelhaftes Anſehen. Ueber dieſe Schminke ſtreuen ſie noch von jenem braunen eiſenſchüſſigen Katzengolde (mica), um ſie flimmernd zu machen. Die meiſten haben durchbohrte Ohrenlappen, und auſſer dieſer Oeffnung, die oft ſehr anſehnlich iſt, ſind weiter oben am Rande des Ohrs, zwey andre angebracht. In dieſe Löcher hängen ſie Stücke von Knochen, auf lederne Riemen beveſtigte Federkiele, kleine Muſcheln, Quaſten von Pelzwolle, oder Stückchen von Kupfer, die wir durch unſere Glaskorallen nicht verdrängen konnten. Viele haben auch durchlöcherte Naſenknorpel, durch welche ſie eine zarte Schnur ziehen; andere tragen Stücke von Eiſen, Meſſing oder Kupfer darinnen, die wie Hufeiſen geſtaltet ſind, ſo daß die enge Oeffnung gerade mit den zwey Enden, den Knorpel ſanft einkneipt, und der Zierrath über die Oberlippe herabhängt. Sie wendeten auch die Ringe von unſern metallenen Knöpfen zu dieſem Gebrauch an, und waren daher beſonders darauf erpicht. Um die Handknöchel trugen ſie Armbänder oder Schnüre mit weiſſen Knöpfen, die aus einer kleinen kegelförmigen, muſchlichten Subſtanz gemacht zu ſeyn ſchienen; zuweilen auch oft umhergewundene lederne Neſteln mit Quaſten, oder ſchwarze glänzende, hornartige breite Ringe, die aus einem Stücke verfertigt waren. Eben ſo hatten ſie auch öfters um die Fußknöchel eine Menge le-

1778.
April.

1778.
April.

derner Riemen, oder Sehnen von Thieren, bis zu einer ziemlichen Dicke gewunden.

Dies ist ihr gewöhnlicher Anzug und Putz; sie haben aber deren noch eine andere Art, von welcher sie nur bey ausserordentlichen Gelegenheiten Gebrauch zu machen scheinen, es sey nun, wenn sie bey andern Stämmen feyerliche Besuche abstatten, oder wenn sie in Krieg ziehen. Unter diese Kleidungsstücke gehören die Wolfs- oder Bärenhäute, die sie auf eben die Weise wie ihre gewöhnliche Kleidung anlegen, deren Rand aber mit einer breiten Einfassung von anderm Pelzwerke oder einem wollenartigen Zeuge besetzt ist, den sie selbst verfertigen und worein allerley Figuren erfindungsreich genug eingewirkt sind. Diese Pelze tragen sie entweder allein, oder über ihren andern Kleidern. Bey solchen Gelegenheiten, ist ihr gewöhnlicher Kopfputz eine Menge Weidenbänder, oder halb zugerichtete Baumrinden, welche um den Kopf gewunden werden, und woran allerley grosse Federn, besonders von Adlern angebracht sind, oder sie bestreuen den Kopf, gleich dickem Haarpuder, ganz mit zarten weißen Vogelfedern. Dabey wird das Gesicht auf allerley Weise bemahlt, so daß der obere und untere Theil verschiedene Farben hat, und die Streifen wie frische Schmarren aussehen; oder sie beschmieren es mit einer Art von Talg, worein Farbe gemengt ist, und zeichnen darauf allerley regelmäßige Figuren, daß es wie gegrabene oder ausgestochene Arbeit aussieht. Zuweilen theilen sie ihre Haare in verschiedene kleine Zöpfe, die von zwey Zoll zu zwey Zollen bis an das Ende mit Fäden unterbunden sind. Andere haben es, wie wir, hinten zusammengebunden, und stecken noch Reißer von der Wunderbaum-Cypresse hinein. In diesem Aufzuge haben sie ein ganz ausserordentlich widersinniges, wildes Aussehen, und noch ärger wird es, wenn sie sich, so zu reden, in ihren Ungeheuerstaat versetzen. Der besteht nun in einer unendlichen Mannigfaltigkeit von hölzernen Masken oder Visieren, die sie entweder vor das Gesicht nehmen, oder auf dem Obertheil des Kopfes oder der Stirn anbringen. Einige dieser Larven stellen Menschenköpfe mit Haaren, Bärten und Augbraunen vor, andere Köpfe von Vögeln, besonders von Adlern und großen Sturmvögeln (Quebrantahuessos), wieder andere Köpfe von Land- und Seethieren, als Wölfe, Damwild, Meerschweine u. dergl. Diese mehrentheils übernatürlich große Figuren sind nicht nur bemahlt, sondern öfters mit Flittern von Katzengold überstreuet, wodurch sie einen sonderbaren Glanz von sich geben, und die ganze Abscheulichkeit noch sichtbarer machen. Dabey lassen sie es noch nicht bewenden; sie setzen auch noch eben so große Stücke von Schnitzwerk auf, die dem Vordertheile eines Kahnes gleichsehen, eben so weit hervorragen, und auf gleiche Weise angestrichen sind. Sie halten so viel auf diese Mummerey, daß wir sogar einen dieser Leute gesehen haben, der sei-

1778.
April.

1778.
April.

nen Kopf in einen zinnernen Keſſel ſteckte, weil er keine andere Art von Maske hatte. Wir können nicht ſagen, ob ſie ſich dieſer tollen Zierathen bey gewiſſen gottesdienſtlichen Feyerlichkeiten, oder bey ihren Zeitvertreiben, oder im Treffen, als Mittel bedienen, ihre Feinde durch dieſes abentheuerliche Anſehen in Schrecken zu ſetzen, oder ob ſie ſolche auf der Jagd als Lockmittel für die Thiere gebrauchen. *) Hätten chehin Reiſende, in jenen Zeiten der Unwiſſenheit und Leichtgläubigkeit, wo man die unnatürlichſten und wundermäſigſten Dinge für möglich hielt, eine Menge dergeſtalt verlarvter Menſchen geſehen, ſie würden ſicher geglaubt, und in ihren Reiſebeſchreibungen andere zu überreden ge-

*) Hr. Bartram (Travels from Penſylv. and Canada, p. 45.) ſucht zu beweiſen, daß dieſer, bis an die öſtlichen Seiten dieſes Welttheils ausgebreitete Gebrauch der Masken blos burlesk ſey. Weſtwärts auf den Fuchsinſeln iſt er es wohl nicht; denn nach Krenizins Bericht, bedienen ſich die dortigen Wahrſager ſolcher hölzernen Masken, und verändern ſie nach der Geſtalt, in welcher ihnen der eingebende Kugan, oder Dämon erſchienen iſt. Coxe Entdeckungen der Ruſſen, d. Ausgabe, S. 209. Auch bey den äuſſerſten Oſtiaken herrſcht dieſer Gebrauch, und man findet ihn ſogar in Congo wieder, wo die Einwohner, wenn ſie, um den Teufel zu beſchwören, ſich verſammelt haben, drey Tage in einer Maske herumlaufen, bis der Geiſt aus der verlarvten Perſon redet. Samml. aller Reiſebeſchr. IVter Band. S. 687. W.

sucht haben, daß es Geschöpfe gebe, die halb Mensch halb Thier wären, besonders wenn sie ausser den Thierköpfen auf Menschenschultern, ganze Körper dieser menschlichen Ungeheuer mit Thierhäuten bedeckt gesehen hätten. *)

Eine einzige, wahrscheinlich blos zum Krieg bestimmte Kleidung, die wir bey den Einwohnern von Nootka gesehen haben, ist ein dicker doppelter Mantel von Leder, welcher der Größe nach, die gegerbte Haut eines Elenthiers, oder eines Büffels zu seyn schien. Es wird derselbe auf eben die Art angelegt, wie ihre andere Kleidung, und ist so eingerichtet, daß er oben die ganze Brust bis auf den Hals bedeckt, und zugleich bis an die Fersen herabgeht. Zuweilen ist er sehr artig mit kleinen Abtheilungen oder Feldern bemahlt, und so stark, daß er nicht nur Pfeile abhält, sondern man gab uns auch durch Zeichen zu verstehen, daß sogar Speere nicht durchdrängen. Er kann also wie ein Panzerhemd, oder als eine schützende Rüstung angesehen werden. So tragen sie auch bisweilen eine andere Art lederner Mäntel, die mit horizontalen Streifen von trocknen Damwildklauen besetzt sind, die an ledernen, mit Federspuhlen besetzten Riemen herabhängen und bey jeder Bewegung ein starkes, rasselndes Klap-

---

*) Diese Anmerkung kann besonders den Bewunderern des Herodotus wohl zu statten kommen, wenn sie ihn bey den wundervollen Erzählungen dieser Art, zu vertheidigen haben.

1778.
April.

pern, gleich einem Schellengetöne verursachen. Ich kann nicht zuverläßig sagen, ob diese Tracht im Kriege Furcht erregen soll, oder ob sie blos zu ihren ausserordentlichen Ceremonienkleidern gehört; denn wir waren bey einer ihrer musicalischen Ergötzlichkeiten, welcher ein Mann mit einem solchen Mantel vorstand, wobey er eine Maske vor dem Gesicht hatte, und seine Klapper schüttelte.

Ob man zwar diese Leute in einem so abentheurlichen Aufzug nicht ohne Art von Entsetzen ansehen kann, so wenig Wildheit blickt dennoch aus ihren Mienen, wenn sie diese Verkleidung ablegen, oder wenn man sie in ihrer gewöhnlichen Tracht, und bey ihrem übrigen Thun und Lassen wahrnimmt. Sie sind vielmehr, wie wir bereits gesagt haben, von ruhiger, phlegmatischer, unthätiger Gemüthsart, in welcher nicht leicht ein Keim von jener beseelten Munterkeit anzutreffen ist, die sie zu angenehmen, geselligen Geschöpfen machen könnte. Sie sind nicht zurückhaltend, aber auch nichts weniger als schwatzhaft. Dieses ernste Wesen liegt indessen vermuthlich mehr in ihrem angezeigten Temperament, als in ihren Begriffen von Wohlanständigkeit oder in gewissen Grundsätzen, die sie durch Erziehung erhalten haben. Denn so gar im größten Paroxismus ihrer Wuth scheinen sie nicht fähig zu seyn, ihre Leidenschaft durch Worte oder nachdrucksvolle Geberden auszudrücken.

Die Reden, die sie entweder bey entstehenden Mißhelligkeiten oder Zänkereyen, oder auch bey gewissen Gelegenheiten halten, wo sie ihre Meynungen öffentlich vortragen wollen, sind nichts als kurze Sätze, oder einzelne, oft wiederholte und mit Gewalt ausgesprochene Worte, wobey Ton und Stärke immer dieselben sind, und die sie bey jedem Satze mit einerley Geberde begleiten, indem sie nämlich den ganzen Leib etwas vorwärts werfen, dabey die Knice beugen, und die Arme an den Seiten herabhängen lassen.

1778.
April.

Aus dem Umstande, daß sie uns Menschenschedel und Menschenknochen zu Kauf brachten, läßt sich nur allzusicher schliessen, daß sie ihre Feinde mit unmenschlicher Grausamkeit behandeln; indessen ist dieses vielmehr ein Beweis, daß sie in diesem Stücke mit den meisten rohen Volksstämmen aller Zeiten und Himmelsstriche übereinkommen, als daß man ihnen einen besondern Grad von Wildheit zu Last legen könne. Wir hatten nicht den mindesten Anlaß, ihnen in dieser Rücksicht Böses zuzutrauen. Sie schienen vielmehr ein lenksames, freundliches, gutmüthiges Volk zu seyn; gleichwohl sind sie bey all ihrem Phlegma sehr behende, zugefügte Beleidigungen zu rächen; sie vergessen sie aber bald wieder, wie die meisten hitzigen Leute. Ich habe auch nicht gesehen, daß eine dergleichen Aufwallung von Zorn weiter um sich gegriffen, oder daß sich jemand in den Streit zweyer Personen gemischt hätte; die Zuschauer bekümmerten sich nicht einmal darum, es mochte nun ein Eingebohrner mit einem unserer Leute zerfallen, oder sie selbst untereinander

1778.
April.

uneins geworden seyn; sie blieben so gleichgültig dabey, als wenn sie von dem ganzen Handel nicht das geringste gewußt hätten. Ich hörte oft einen unter ihnen auf das heftigste schelten und schmähen, ohne daß einer seiner Landsleute darauf Acht gegeben hätte, und keiner von uns allen konnte weder die Ursache, noch den Gegenstand seines Zorns erfahren. Bey dergleichen Fällen lassen sie nicht das geringste Zeichen von Furcht blicken, sie scheinen vielmehr entschlossen zu seyn, die Beleidigung zu rächen, es entstehe auch daraus, was es wolle. Selbst unsere große Ueberlegenheit schreckte sie nicht, und geriethen sie zuweilen mit uns in Streit, so waren sie eben so rasch, die Beleidigung zu ahnden, als wenn sie mit einander selbst zu thun gehabt hätten.

Alle andern Leidenschaften, besonders die Neugierde, schien bey ihnen fast ganz erstorben zu seyn. Nur wenige verriethen ein Verlangen, Dinge, die ihnen ganz neu und unbekannt waren, und deren Anblick einen nur halb Neugierigen in Erstaunen würde gesetzt haben, nur anzusehen, geschweige erst zu untersuchen. Ihnen war es genug, diejenigen Dinge von uns zu erhalten, die sie bereits kannten, oder brauchen konnten; alles übrige war ihnen im höchsten Grade gleichgültig. Unsere Gestalt, unsere Kleidung, unsere Manieren, welche von den ihrigen doch so sehr verschieden waren, sogar die ausserordentliche Größe und Bauart unsrer Schiffe erregte bey ihnen nicht nur keine Verwunderung, sondern

sie würdigten sie auch nicht einmal ihrer Aufmerksamkeit.

1778.
April.

Unstreitig liegt der Grund dieser Gleichgültigkeit in ihrer angebohrnen Indolenz, die freylich nicht größer seyn könnte; und dem ungeachtet sind sie, in mancher Rücksicht, gewisser zarter Gefühle nicht unfähig, wenn wir anders ihr großes Vergnügen an der Musik als einen Beweis dafür annehmen können. Sie ist zwar mehrentheils sehr ernsthaft, aber man kann ihr das Rührende wirklich nicht absprechen. Bey ihren Gesängen harmonieren die Stimmen auf das genaueste, obgleich öfters, wie z. B. bey ihrem ersten Entgegenkommen in ihren Kähnen, eine große Menge mitsingt. Diese Gesänge haben einen gemachen und feyerlichen Gang; ihre Musik ist aber keineswegs in die wenigen einfachen Töne so vieler andern rohen Nationen eingeschränkt, sie hat eine Menge ausdrucksvoller Abänderungen, und die ganze Melodie hat ungemein viel Anmuth. Auffer ihren vollstimmigen Concerten singen öfters einzelne Virtuosen eine Art von Sonaten in eben so ernsthafter Tonweise, wobey sie den Takt mit der Hand auf die Schenkel schlagen. Etliche Male hörten wir doch eine Musik, die von dem gewöhnlichen feyerlichen Charakter abging, und worinn Stanzen vorkamen, die in einer lustigern und leichtern Manier gesungen wurden, und sogar eine Art von Laune verriethen.

Das einige musikalische Instrument, welches wir bey ihnen sahen, — wenn es anders diesen

1778.
April.

Namen verdient — war eine Art von Klapper, und ein ungefähr zwey Zoll langes Pfeifchen, welches nur ein einziges Loch hatte, folglich keiner Abänderung der Töne fähig war. Die Klapper brauchen sie, wenn sie singen; bey welcher Gelegenheit sie sich aber des Pfeifchens bedienen, ist mir unbekannt: es müßte denn seyn, wann sie sich als gewisse Thiere vermummen, um deren Geheul oder Geschrey nachzumachen. Ich sah wirklich einmal einen Eingebohrnen, der eine Wolfshaut, woran noch der Kopf war, über den seinigen gestürzt hatte, und mit dem Pfeifchen im Munde das Geheul dieses Thieres nachmachte. Die Klappern haben meistentheils die Gestalt eines Vogels; in den hohlen Bauch bringen sie einige Kieselsteine, der Schwanz des Vogels dient ihnen statt des Stiels. Doch haben sie auch einige dieser Instrumenten, die unsern Kinderklappern etwas näher kommen.

Es eräugte sich zuweilen der Fall, daß einer oder der andere der Einwohner im Handel einige schelmische Anlage verrieth und unsre Waaren wegtrug, ohne etwas dagegen zu geben. Doch war es etwas seltenes, und im Ganzen hatten wir Ursache, mit ihrer Ehrlichkeit zufrieden zu seyn. Nur die Begierde nach Eisen, Kupfer und überhaupt nach jedem andern Metall, war so groß bey ihnen, daß die wenigsten der Versuchung widerstehen konnten, es wegzunehmen, wenn sie Gelegenheit dazu fanden. Wir haben bereits Beyspiele genug angeführt, wie früend die Einwohner der Südseein-

seln waren, alles was ihnen nur unter die Hände kam, wegzukapern, ohne daran zu denken, ob sie die Sache gebrauchen können oder nicht. Die bloße Neuheit des Gegenstandes verleitete sie schon, allerley krumme Wege einzuschlagen, um desselben habhaft zu werden. Aber eben diese Art von Mauserey zeigte, daß der Grund davon mehr in einer kindischen Neugier, als in einer unehrlichen Gemüthsart zu suchen war, die insgemein nur brauchbare Sachen an sich zu reissen sucht. Die Einwohner von Nootka können in diesen Fällen nicht so leicht entschuldigt werden. Sie waren Diebe im ganzen Umfang des Worts; denn sie nahmen nichts, als was sie recht gut zu brauchen wußten, und in ihren Augen einen wahren Werth hatte. Zum Glück für uns achteten sie sonst nichts, als unsere metallenen Sachen. Unsere Wäsche und andere dergleichen Dinge waren vollkommen sicher vor ihnen, und wir konnten sie unbedenklich die ganze Nacht hindurch am Lande hängen lassen, ohne eine Wache dazu zu stellen. Es ist zu vermuthen, daß unsre guten Freunde im Nootka-Sunde, die uns nach oben gedachten Grundsätzen bestahlen, sich untereinander selbst nicht besser behandeln werden; wir hatten Gründe genug zu glauben, daß Diebstähle bey ihnen häufig vorkommen, und daß sie vorzüglich die Zänkereyen veranlaßten, wovon wir so oft Zeuge gewesen sind.

1778.
April.

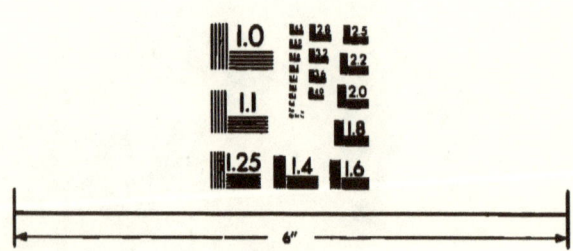

Drittes Kapitel.

Bauart im Nootka-Sunde. — Beschreibung des innern Theils ihrer Häuser. — Hausrath und Geschirr. — Von Holz geschnizte Bilder. — Beschäftigung der Männer. — Arbeiten der Weiber. — Ihre Speisen sowohl aus dem Thier- als Pflanzenreiche. — Art und Weise, solche zuzurichten. — Waffen. — Manufacturen und mechanische Künste. — Schnitzwerk und Mahlerey. — Kähne. — Fischerey- und Jagdgeräthe. — Eiserne Werkzeuge. — Wie dieses Metall zu ihnen gekommen ist. — Bemerkungen über ihre Sprache, und Verzeichniß einiger Wörter. — Astronomische und nautische Wahrnehmungen im Nootka-Sunde.

1778.
April.

Es scheint nicht, daß aufser den zwey vorhin angezeigten Flecken oder Dörfern, noch mehrere bewohnte Gegenden im Nootka-Sunde sind. Die Zahl der Einwohner dieser beiden Ortschaften kann vielleicht am sichersten nach der Anzahl der Kähne geschäzt werden, die den Tag nach unserer Ankunft die Schiffe umgaben. Sie beliefen sich auf hundert, und nach einem sehr mäsigen Anschlage, kann man im Durchschnitt, unbedenklich, fünf Köpfe auf einen Kahn rechnen. Da wir nun fast keine Weiber, keine sehr alte Leute noch Kinder und Jünglinge darauf gesehen hatten, so ist die Anzahl der Einwohner in beiden Orten gewiß nicht zu hoch gerechnet, wenn wir sie viermal so stark als die Leute in den Kähnen annehmen, oder die ganze Volksmenge auf zwey tausend Seelen schätzen.

1778.
April..

Das Dorf am Eingange des Sundes liegt am Rücken einer Anhöhe, deren Abhang vom Strande an, bis zu dem Rande des Waldes, als in welchem Zwischenraume es gelegen ist, ziemlich steil hinan geht.

Die Häuser sind in drey Reihen gebauet, so daß eine hinter der andern etwas höher steht; die größern Gebäude sind in der vorderſten Reihe, die kleinern weiter zurück. An jedem Ende sind noch einige zerstreute Wohnungen angebracht. Diese Reihen werden in ungleichen Entfernungen, von engen Fußpfaden oder Gäßchen durchschnitten, die nach der Höhe zu gehen; diejenigen Gassen aber, die nach der Richtung der Häuser, zwischen den Reihen dahin laufen, sind viel breiter. Obgleich diese Anlage einigen Schein von Regelmäßigkeit hat, so ist doch in Ansehung der Häuser selbst, keine Ordnung beobachtet; denn man weiß nicht, ob die Abtheilungen, die durch die Gassen und Gäßchen entstehen, ein Haus, oder ob es mehrere sind, so wenig regelmäßiger Unterschied ist daran zu bemerken, weder von auſſen noch innen. Sie sind aus sehr langen und breiten Dielen gebauet, *) die mit den Kanten auf

---

*) Die Wohnungen der mehr nördlich gelegenen Einwohner dieser Küste, wo Behring's Leute im J. 1741 landeten, scheinen denen im Nootkasunde ähnlich zu seyn. Müller beschreibt sie folgendermaſſen: Ces Cabanes étoient de bois, revêtus de planches bien unies et même enchantrées en quelques endroits. Müller, *Voyages et Découvertes par les Russes* etc. p. 255.

1778.
April.

einander gesetzt, und hie und da durch Bänder von Fichtenrinden an einander bevestiget werden. Von auſſen haben ſie keine andere Stütze, als einige ziemlich weit aus einander ſtehende dünne Pfoſten, oder Stangen, woran die Dielen ebenfalls veſtgemacht ſind; inwendig ſind einige ſtärkere Stangen in ſchiefer Richtung angebracht. Die Seiten und beiden Giebel dieſer Wohnungen ſind ſieben bis acht Fuß hoch; die Rückwand aber beträgt etwas mehr: daher denn die Planken, welche das Dach ausmachen, ein wenig abwärts hängen; ſie liegen übrigens ganz unbeveſtigt darauf, ſo daß ſie, bey Regenwetter zuſammengerückt, bey guter Witterung aber wieder auseinander geſchoben werden können, damit das Licht in die Wohnung fallen und der Rauch ſich hinausziehen kann. Ueberhaupt ſind es erbärmliche Wohnungen, an denen weder Fleiß noch Geſchick zu ſehen iſt. An manchen Stellen paſſen die Seitenplanken ziemlich genau zuſammen, an vielen ſtehen ſie aber ganz aus einander; auch iſt keine eigentliche Thüre darinnen angebracht, ſondern man kommt blos durch ein Loch hinein, welches entweder zufälliger Weiſe, durch die ungleiche Länge der Planken entſtanden iſt, oder dieſe Dielen ſind zuweilen dergeſtalt beveſtigt, daß eine über die andere etwas weiter hervorgeht, und eine Oeffnung von ein Paar Schuhen läßt, durch die man ins Haus kommt. So ſind auch einige Löcher oder Fenſter an den Seiten zum Hinausſchauen angebracht, allein ſie haben weder regelmäſige Form, noch ſchicklichen Platz.

1773.
April.

Um den Regen abzuhalten, werden Stücken Matten davor gehängt.

Befindet man sich innerhalb einer solchen Wohnung, so kann man öfters, ganz ununterbrochen, durch eine lange Reihe dieser Gebäude, von einem Ende bis zum andern hinsehen. Denn obgleich auf jeder Seite, für den Aufenthalt mehrerer Familien, besondere Anfänge oder Spuren von Abtheilungen zu sehen sind, so sind sie doch so beschaffen, daß die Aussicht dadurch nicht unterbrochen wird; denn öfters bestehen sie blos aus Stücken von Planken, welche von den Seitenwänden nach der Mitte des Hauses herausgehen; wären sie ordentlich gemacht, so könnte das Ganze zu nichts besser verglichen werden, als zu einem langen Stalle, mit einer doppelten Reihe von Ständen, und einem breiten Durchgang in der Mitte. Dicht an der Rückwand dieser Abtheilungen, ist eine niedrige Bank von Brettern angebracht, die nur an die fünf bis sechs Zoll über den Fußboden erhöht und mit Matten bedeckt ist, und der Familie zum Sitzen und Schlafen dient. Diese Bänke sind gemeiniglich sieben bis acht Fuß lang, und vier bis fünf Fuß breit. Zwischen diesen, und in der Mitte des Fußbodens, ist der Feuerplatz, der aber weder Herd noch Schorstein hat. In einem Hause, welches sich am Ende einer mittlern Reihe befand, und von den übrigen durch eine hohe Zwischenwand abgesondert und regelmäßiger angelegt war, als alle, die wir sahen, waren vier dieser Bänke, die vier besondere Fami-

1778.
April.

llen einnahmen, welche aber durch keine Zwischenbretter abgetheilt waren. Der mittlere Theil des Hauses schien allen gemeinschaftlich zuzugehören.

Ihr Hausgeräthe besteht vorzüglich aus einer großen Menge von Kisten und Schachteln von mancherley Größe, die an den Seitenwänden und Enden des Hauses aufeinander geschlichtet stehen, und ihren Vorrath von Kleidern, Rauhwerke, Masken und andere Dinge enthalten. Einige dieser Schachteln sind doppelt, so daß eine der andern zum Deckel dient; andere haben blos Deckel, die mit ledernen Riemen anstatt der Bänder versehen sind; noch andere, von der größten Sorte, hatten am obern Theile viereckigt ausgeschnittene Löcher oder Lücken, durch welche sie die Sachen hineinlegten, oder herausnahmen. Sie sind öfters schwarz angestrichen, und mit Zähnen von allerley Thieren besetzt, oder mit einer Art von geschnitztem Leistenwerke, und Figuren von Vögeln und andern Thieren geziert. Ihr übriger Hausrath besteht mehrentheils in länglicht viereckigten Zubern oder Wassereimern, worinn sie auch andere Sachen aufbehalten; in runden hölzernen Bechern und Näpfen; in kleinen, seichten, hölzernen Trögen, die ungefähr zwey Fuß lang sind, und woraus sie ihre Speise genießen; in geflochtenen Körben, Säcken von Mattenwerke u. d. gl. Ihr Fischergeräthe und andere Waaren liegen, oder hängen an verschiedenen Ecken und Enden des Hauses, ohne alle Ordnung herum, und das Ganze bietet einen vollständigen

Anblick von Wuſt und Verwirrung dar. Die eini- 1778.
gen Plätze, wo es noch ordentlich ausſieht, ſind April.
ihre Ruhebänke; hier ſieht man nichts als die Matten, die überhaupt auch reiner, oder von feinerer
Arbeit ſind, als diejenigen, worauf ſie in ihren
Kähnen ſitzen.

Die Unreinlichkeit und der Geſtank in dieſen
Häuſern iſt wenigſtens eben ſo groß, als die darinnen herrſchende Unordnung. Sie dörren nicht nur
die Fiſche darinn, ſondern ſie nehmen auch daſelbſt
ihre Eingeweide aus, die, nebſt den Gräten, den
weggeworfenen Ueberbleibſeln ihrer Mahlzeiten, und
einer Menge andern Unraths überall haufenweiſe
auf einander liegen, und, wie ich vermuthe, nicht
eher weggeräumt werden, als bis der Haufe ſo groß
geworden iſt, daß man nicht mehr darüber hinweg-
gehen kann. Mit einem Worte, ihre Häuſer ſind
ſo unflätig wie Schweinſtälle, und ſowohl innerhalb als auſſerhalb derſelben riecht alles nach Fiſchen,
Thran und Rauch.

Bey aller dieſer Unſauberkeit und Unordnung
ſind doch viele Häuſer mit Bildſäulen geziert, die
aber freylich nicht viel mehr ſind, als vier bis fünf
Fuß hohe Klötze, von ſehr ſtarken Bäumen, die
entweder einzeln oder Paarweiſe, am obern
Ende des Hauſes aufgeſtellt ſind, und an deren
Vordertheile ein ausgeſchnitztes Menſchengeſicht zu
ſehen iſt. Die Arme und Hände ſind an den Ne-
benſeiten angebracht, und mit verſchiedenen Farben
bemahlt, ſo daß das Ganze eine äuſſerſt ſeltſame un-

1778.
April.

geheure Figur vorstellt. Der allgemeine Name dieser Bilder ist Klumma, diejenigen aber, die wir in einem Hause, als zwey Seitenstücke, ungefähr drey bis vier Fuß weit auseinander gestellt sahen, nannte man Natchkoa und Matseeta. Herrn Webbers Zeichnung von dem Innern eines dieser Häuser, wo ein Paar solcher Figuren vorkommen, wird die Sache begreiflicher machen, als alle Beschreibung. Ein großer Theil dieser Klötze war mit einer Matte, gleich einem Vorhange, bedeckt, welche die Eingebohrnen allemal sehr ungerne wegnahmen; wenn es aber geschah, so schienen sie diese Bilder auf eine geheimnißvolle Weise anzureden. Es ist auch zu vermuthen, daß sie ihnen zuweilen Opfer bringen; wenigstens gäben sie uns durch Zeichen zu verstehen, so oft sie die Matten abhoben, wir sollten diesen Bildern ein Geschenk machen *)

*) Herr Webber mußte seine Opfer oft wiederholen, bis es ihm erlaubt war, diese Bilder ganz abzuzeichnen. Er drückt sich also hierüber aus: „Nachdem ich von den Wohnungen überhaupt „eine Zeichnung genommen hatte, sah ich mich „nach dem Innern eines Hauses um, durch dessen „Vorstellung die Lebensweise dieser Leute vollkommen anschaulich könnte gemacht werden, „und ich fand bald, was ich suchte. Ich war „eben mit meiner Arbeit beschäftigt, als ein „Mann mit einem Messer auf mich zukam, und „verdrüßlich zu seyn schien, daß ich meine Augen „auf die beiden riesenmäßigen, von Holz geschnitzten Menschengesichter richtete, die an dem einen
Ende

Diese Umstände brachten uns ganz natürlich auf die Gedanken, daß sie Gottheiten vorstellen, oder sonst bildliche Zeichen eines religiosen oder abergläubischen Gegenstandes abgeben sollten. Bey alle dem aber haben wir öfters bemerkt, daß sie sich wenig aus diesen Figuren machen; denn, wenn sie wirklich Gottheiten vorstellen, so hätte ich mir getraut, für etwas weniges Eisen oder Kupfer, alle Götter der Ortschaft an mich zu kaufen. Ich habe keine gese-

„Ende des Zimmers standen, und nach der Weise
„der Einwohner bemahlt waren. Ich kehrte mich
„so wenig daran als möglich, und zeichnete fort.
„Allein er suchte mich daran zu verhindern, in-
„dem er eine Matte nahm, und die Figuren so
„bedeckte, daß ich sie nicht mehr sehen konnte.
„Ich wußte, daß ich keine Gelegenheit mehr fin-
„den würde, meine Zeichnung zu vollenden, der
„Gegenstand war mir auch zu interessant, als
„daß ich mein Vorhaben sogleich aufgegeben hätte;
„ich dachte also, eine kleine Bestechung könnte
„hier von guter Wirkung seyn. Ich nahm zu
„dem Ende einen metallenen Knopf von meinem
„Rock, und gab ihn hin, weil ich vermuthete, er
„würde nicht unangenehm seyn. Mein Knopf
„machte, daß die Matte sogleich wieder abge-
„nommen ward, und ich konnte wieder nach Ge-
„fallen arbeiten. Allein kaum hatte ich ange-
„fangen, so kam mein Mann wieder, bedeckte
„die Bilder, und trieb es so fort, bis ich alle
„meine Knöpfe dahingegeben hatte; als er sah,
„daß ich keine mehr vermochte, wurde ich auch
„nicht mehr gestöhrt.

Dritter Th.   S

1778.
April.

gesehen, die man mir nicht angeboten hätte, auch habe ich zwey bis drey von der kleinern Sorte eingehandelt.

Die Männer scheinen vorzüglich mit dem Fischfange und dem Nachstellen der Land und Seethiere beschäftiget zu seyn, um sich und ihrer Familie Unterhalt zu verschaffen; denn wir sahen nicht, daß sich viele irgend einer häußlichen Arbeit unterzogen. Dagegen arbeiteten die Weiber an leinenen oder wollenen Kleidungsstücken, und richteten die Sardellen zum Dörren zu, die sie auch in Körben vom Strande herauf trugen, sobald sie die Männer in ihren Kähnen herbey gebracht haben. Die Weiber werden noch überdem in kleinen Nachen ausgeschickt, um Muscheln und andere Schaalthiere zu fangen, vielleicht auch bey noch andern Gelegenheiten; denn sie wissen mit diesen Fahrzeugen so gut umzugehen, wie die Männer. Befinden sich diese zu gleicher Zeit mit Weibern in einem Kahne, so bekümmern sie sich wenig um dieses schwächere Geschlecht, und denken nicht daran, sie bey der schweren Ruderarbeit abzulösen. Ueberhaupt haben wir nicht gesehen, daß sie bey irgend einem Vorfalle den Frauenspersonen mit einer besondern Achtung oder Zärtlichkeit begegnet hätten. Die trägsten und müssigsten Geschöpfe aber in der ganzen Gemeinheit, sind die jungen Leute. Entweder saßen sie in zerstreuten Haufen, und wärmten sich an der Sonne, oder sie lagen am Ufer, im Sande, und wälzten sich, wie eine Heerde Schweine herum,

ohne die mindeste Bedeckung am Leibe zu haben. 1778.
Diese Vernachläſſigung des Wohlſtandes kann in- April.
deſſen nur den Mannsperſonen vorgeworfen werden;
denn die Weiber waren durchgehends anſtändig bekleidet und ſie betrugen ſich überhaupt ungemein ehrbar. Dieſe ihrem Geſchlechte ſo anſtändige Zucht
und Beſcheidenheit machte ſie um ſo ſchätzbarer, da
an den Männern keine Spur von Schamhaftigkeit
zu entdecken war. Uebrigens würden wir uns zu
viel anmaſſen, wenn wir bey einem Beſuch von wenigen Stunden — denn der erſte kann hier nicht
in Anſchlag kommen — genaue Rechenſchaft von
der häuslichen Lebensart und den gewöhnlichen Be-
ſchäftigungen der Eingebohrnen geben wollten. Es
iſt leicht zu erachten, daß bey einer ſolchen Gelegenheit, wie unſere Ankunft war, die meiſten Einwohner des Dorfes ihre Arbeit werden haben liegen laſ-
ſen, und daß unſere Gegenwart die gewöhnliche
Lebensweiſe in ihren Häuſern unterbrechen mußte,
daß ſie ſich mithin ganz anders zeigten, als wenn
ſie, in ihren Feyerſtunden und übrigem geſelligen Leben, ſich allein überlaſſen waren. Die häufigen Be-
ſuche, die ſie unſern Schiffen in ihren Kähnen machten, ſetzten uns ſchon mehr in Stand, von ihrem
Charakter, und ſelbſt einigermaſſen von ihrer Lebensart richtig zu urtheilen. Es ſcheint, daß ſie einen
großen Theil ihrer Zeit, wenigſtens den Sommer
hindurch, in dieſen Kähnen zubringen; denn wir
bemerkten, daß ſie nicht nur öfters darinnen aßen

S 2

1778.
April.

und schliefen, sondern sich auch darinnen auskleideten, und auf eben die Weise an die Sonne legten, wie wir es in ihrem Dorfe gesehen hatten. Ihre großen Kähne sind auch hiezu geräumig genug, und so trocken, daß, wenn das Wetter nicht regnerisch ist, sie bey einem Schirmdache von Fellen, bessere Wohnungen abgeben, als ihre Häuser.

Im Grunde bestehen ihre Nahrungsmittel in allem, was sie sowohl von Thieren als Gewächsen bekommen können, doch leben sie mehr von jenen als von diesen, und die See, die ihnen Fische, Muscheln, kleine Schaalthiere und andere Seethiere liefert, scheint sie hierinnen am reichlichsten zu versorgen. Unter den Fischen sind die Häringe, die Sardellen, die beiden erwähnten Arten von Meerbrassen, und eine kleine Gattung von Kabeljau die vorzüglichsten. Die Häringe und Sardellen werden nicht nur in den Zeiten ihrer Züge frisch gegessen, sondern sie wissen sich auch davon einen großen Vorrath zu verschaffen, indem sie sie trocknen und räuchern, nachher in Matten einnähen, und große Ballen von drey bis vier Fuß ins Gevierte daraus machen. Die Häringe liefern ihnen noch einen ansehnlichen Vorrath von Speise; denn sie wissen die große Menge des Rogens auf eine sonderbare Weise zuzubereiten. Sie bestreuen nämlich, oder incrustiren damit kleine Reiser von der Canadischen Tanne, oder bestreichen damit ein langes, schmales Seegras, welches sehr häufig an den Klippen unter dem Wasser wächst. Diese Art

von Caviar, wird in Körben und Säcken von
Matten bis zu weiterm Gebrauch aufgehoben, und
vor dem Genuß in Wasser getaucht. Man kann
dieses als das Winterbrod der Einwohner ansehen,
und es hat keinen übeln Geschmack. Sie essen noch
den Rogen von einigen andern Fischen, die nach
der Größe dieser Eyer zu urtheilen, besonders
groß seyn müssen; aber diese Rogen haben einen
ranzichten Geschmack, und riechen sehr übel. Es
scheint nicht daß sie, ausser den Häringen und Sardellen, andere Fische als Vorrath für eine lange
Zeit aufzubewahren suchen; denn ob sie gleich auch
einige wenige Brassen und Seehähne, (chimaerae)
deren es hier eine Menge giebt, aufreissen und
trocknen, so räuchern sie solche doch nicht, wie ihre
Häringe und Sardellen.

Nächst diesen sind die breiten Gienmuscheln,
die in großem Ueberflusse im Sunde gefunden werden, eine der vorzüglichsten Nahrungsquellen der
Einwohner. Sie rösten sie in ihren Schaalen,
reihen sie sodann an lange hölzerne Spießchen an,
und heben sie zu künftigem Gebrauch auf. Sie
werden hernach ohne weitere Zubereitung gegessen,
es sey dann, daß sie sie zuweilen in Oel anstatt der
Tunke eintauchen. Andere Seeprodukte, als z. B.
die kleinern Schaalthiere, machen zwar auch einen
Theil ihrer Speisen aus, sie können aber, in Vergleich mit jenen ersterwähnten, nicht zu den allgemeinen gewöhnlichen Nahrungsmitteln gerechnet
werden.

1778.
April.

Unter die Seethiere, die wir sie speisen sahen, gehören vorzüglich die Meerschweine. Sie schneiden das Fett oder die Schwarte, so wie das Fleisch, in breite Stücke, trocknen und räuchern sie, wie die Häringe und essen sie ohne weitere Zubereitung. Aus dem frischen Fleische dieses Thiers wissen sie eine Art von Brühe zu bekommen, wobey das Verfahren sonderbar genug ist. Sie thun nämlich Stücke von diesem Fleische in ein viereckigtes hölzernes, mit Wasser angefülltes Gefäße, und werfen glühende Steine hinein; dieses setzen sie so lange fort, bis sie denken, daß alles genug gekocht und gesotten habe. Die frischen, wie die abgelöschten Steine, werden mit einem gespaltenen Stecken, der ihnen zu einer Zange dient, hinein gethan und herausgenommen, und das Gefäß steht zu dem Ende sehr nahe am Feuer. *) Dieses ist ein sehr gewöhnliches Gericht bey ihnen, und scheint eine sehr kräftige, nahrhafte Speise zu seyn. Der Thran, den sie sich von diesem und andern Seethieren zu verschaffen wissen, wird von ihnen in beträchtlicher Menge gebraucht, und sie schlürfen ihn entweder allein, aus einem großen hornenen Löffel, oder sie gießen ihn als Brühe an ihre übrigen Speisen.

Es ist zu vermuthen, daß sie auch andere Seethiere, als Robben, Meerottern und Wallfische essen; denn wir fanden nicht nur viele Rob-

---

*) Dieses Verfahren hat Hr. Webber in seiner Zeichnung von dem Innern eines Hauses im Nootkasunde abgebildet. S. S. 272.

ben- und Otterfelle bey ihnen, sondern auch eine
große Menge von allerley Geräthe und Werkzeugen,
womit diese Thiere gefangen oder erlegt werden
konnten. Ein sicherer Bewis, daß sie zuweilen
von daher ihren Unterhalt nehmen, ob sie gleich
diese Thiere nicht zu aller Jahreszeit, in großem
Ueberfluß werden fangen können, welches unter andern auch der Fall während unseres Hierseyns mag
gewesen seyn; denn wir sahen weder frisches Fleisch,
noch frische Häute dieser Art.

Eben dieses gilt vermuthlich auch von den Land-
thieren. Sicher machen die Eingebohrnen Jagd
darauf, allein gegenwärtig waren sie sehr rar; wir
sahen kein einziges Stück von ihrem Fleische, und
ob wir gleich ziemlich viel frische Häute und Bälge
sahen, so mögen die Einwohner doch die meisten
davon von andern Volksstämmen eingetauscht haben.
Mit einem Wort, alle Umstände geben zu erkennen,
daß diese Leute ihre vorzüglichsten Speisen aus dem
Thierreiche, von der See erhalten, wenn wir etwa
einige Vögel ausnehmen, worunter die Seemewen, oder Seehühner (Gulls or Sea-fowl,) die
sie mit Pfeilen schießen, den ersten Platz behaupten.

Wir haben bereits gesagt, daß die canadischen Taumenreiser und das Seegras, welches sie
mit Fischrogen bestreuen, als ihre einige vegetabili-
sche Winterspeise könne angesehen werden; so wie
aber der Frühling herannahet, bedienen sie sich auch
anderer Gewächse, je nachdem sie die Zeit liefert.
Die gemeinsten, die uns davon vorkamen, waren

1778.
April.

1778.
April.

zweyerley Arten lilienartiger Zwiebeln, davon die eine blos mit einem glatten, die andere aber mit einem gekörnten Häutchen überzogen war. Man nannte sie Mahkatte und Koohquoppa; sie haben einen milden, süßlichten Geschmack, sind etwas schleimicht, und werden roh gegessen. Eine andre Wurzel, die sie Aheita nennen, und wie unser Süßholz schmeckt, nebst einer Farrenkrautwurzel, daran die Blätter sich noch nicht geöffnet hatten, kamen nach jenen, am häufigsten vor. Sie essen noch eine andere kleine Wurzel roh, die ungefähr von der Dicke der Sarsaparilla ist, und einen süßliche schalen Geschmack hat; wir wissen aber nicht, zu welcher Pflanzengattung sie gehört. Noch bemerkten wir eine grosse, handförmig getheilte Wurzel, die die Einwohner nahe am Dorfe ausgruben, und nachher aßen. Es ist wahrscheinlich, daß sie bey fortrückender Jahreszeit noch viele andere bekommen, von denen wir nichts wissen; denn ob zwar nirgends eine Spur von Anbau wahrzunehmen ist, so sahen wir doch eine große Menge Erlen, Stachelbeer- und Johannisbeerstauden, deren Früchte sie frisch genießen mögen; denn wir haben gesehen, daß sie sogar Johannisbeer- und Lilienblätter von der Pflanze abgebrochen und gegessen haben. Doch muß man sagen, daß das Milde und Süßlichte bey allen ihren Speisen ein Haupterforderniß zu seyn scheint. Was nur einen etwas scharfen Geschmack hat, lieben sie nicht, und sie aßen durchaus keinen Knoblauch oder andere

Laucharten, ob sie uns gleich eine Menge davon zum Verkauf brachten, als sie merkten, daß wir sie gerne aßen. Ueberhaupt schienen ihnen unsere Speisen nicht zu schmecken, und wenn wir ihnen gebrannte Wasser anboten, so schlugen sie solche aus, als ob es etwas unnatürliches und den Gaumen unangenehm reitzendes wäre.

Wir haben schon bemerkt, daß sie einige kleine frische Seethierarten ohne weitere Zubereitung essen: sonst aber pflegen sie alle ihre Speisen zu rösten oder zu braten; denn von unserer Art, Gerichte sieden oder kochen zu lassen, wissen sie nichts, man müßte denn die Art, ihr Meerschweinfleisch zuzurichten, dafür gelten lassen. In der That sind auch ihre Gefäße, die alle von Holz sind, nicht geschickt dazu.

Wir können nicht sagen, ob sie eine vestgesetzte Essenszeit haben; denn wir sahen sie zu allen Stunden in ihren Kähnen Mahlzeit halten. Ich vermuthe aber, daß es gewöhnlich gegen Mittag geschehe, weil wir bey unserm Besuche im Dorfe um diese Zeit verschiedene Gefäße mit ihrer Meerschweinbrühe beym Feuer sahen.

Ihre Waffen bestehen aus Bogen und Pfeilen, Spießen, kurzen Knütteln von Knochen, die den neuseeländischen Patoo-patoos etwas gleichsehen, eine Art kleiner Keilhauen, die von dem gewöhnlichen americanischen Tomahawk wenig verschieden sind. An den Spießen und Pfeilen sind die Spitzen gemeiniglich von Knochen, doch haben

1778.
April.

wir auch verschiedene Pfeile mit eisernen Spitzen gesehen; die von Bein sind gezackt. Der Tomahawk ist ein sechs bis acht Zoll langer Stein, der an einem Ende zugespitzt, mit dem andern aber in einen hölzernen Griff eingelassen ist. Der Griff stellt einen Menschenkopf mit dem Halse vor, und der Stein ist dergestalt in den Mund bevestiget, daß er einer ungeheuern Zunge daran gleich sieht. Um mehrer Aehnlichkeit willen, ist der Kopf mit Menschenhaaren besetzt. Diese Waffe heißen sie Taaweesch oder Tsusceeah; auch haben sie noch eine steinerne, neun Zoll oder auch einen Schuh lange Waffe, mit einer vierseitigen Spitze, die sie Seeaik nennen.

Aus der Menge ihrer steinernen und andern Waffen läßt sich schliessen, daß ihre Treffen in einem allgemeinen Handgemenge bestehen; auch zeigten die vielen Menschenschedel, die sie uns zu Kauf brachten, nur allzu deutlich, daß ihre Kriege häufig und blutig seyn müssen.

Ihre Handarbeiten und mechanischen Künste sind wirklich von grösserm Umfange, und zeigen sowohl in Ansehung der Anlage als der Ausführung, von weit mehr Erfindsamkeit, als man von der natürlichen Fähigkeit dieses Volkes und der in vieler andern Rücksicht unter ihnen fortgerückten Cultur erwarten sollte. Die leinenen und wollartigen Kleidungsstücke, mit denen sie sich bedecken, und welche unter ihre ersten Bedürfnisse gehören, machen auch ihre vorzüglichste Manufacturwaare aus. Jene ver-

1778.
April.

fertigen sie aus dem Splinte von Tannen- oder Fichtenbäumen, den sie durch häufiges Klopfen, dem gebrochenen Hanf ähnlich zu machen wissen. Ist diese Materie gehörig zubereitet, so wird sie zwar nicht gesponnen, aber man spreitet sie über einen Stab, der auf zwey andern aufrecht stehenden Pfählen bevestiget ist, dergestalt aus, daß die, unter dieser einfachen Maschine niedergekauerte Person, sie in kleine, halb Zoll weit aus einander stehende Knoten schürzen kann. Bey diesem Geflechte kann zwar der Zeug nicht so dicht und straff als der gewebte werden, allein die Faserbüschelchen zwischen den Knoten, füllen die Zwischenräume hinreichend genug aus, daß keine Luft durchbringt; und der Zeug selbst hat noch den Vorzug, daß er weicher und geschmeidiger ist. Ihre wollenartigen Kleidungsstücke, die sie, wahrscheinlicher Weise, auf eben diese Art verfertigen, sehen vollkommen aus, als wenn sie auf dem Stuhle gewebt wären, obgleich, der verschiedenen darinnen angebrachten Figuren wegen, diese Vermuthung nicht wohl statt finden kann, und dergleichen Arbeit Werkzeuge von so verwickeltem Mechanismus voraussetzt, die diesem Volke nicht wohl zuzutrauen sind. Es ist immer genug, daß sie solche Zeuge blos auf freyer Hand zusammenbringen. Die Art der Feinheit ist daran sehr verschieden. Einige gleichen unserm gröbsten Friese, andere unsern Flanellen von der feinsten Sorte, ja sie sind öfters nicht nur linder, sondern auch wärmer. Es scheint, daß sie zu dieser Arbeit die Wol-

1778.
April.

lenhaare der Füchse, der braunen Luchse und anderer Thiere nehmen. Die Luchshaare sind unstreitig die feinsten, und in ihrem natürlichen Zustande, der Farbe nach, nicht viel von unserer gemeinen groben Schaafwolle verschieden; sind sie aber verarbeitet und mit andern straffern Haaren dieses Thiers vermengt, so sehen sie etwas anders aus. Die Verzierungen oder Figuren in dergleichen Zeugen sind gemeiniglich von einer andern Farbe, und mit vielem Geschmacke vertheilt. Sie sind meistentheils entweder dunkelbraun oder gelb; letztere Farbe ist in den ganz neuen Stücken so schön, daß sie in unsern vortreflichsten Teppichen nicht heller seyn könnte.

So viel Geschmack und Zeichnung die Einwohner in den Figuren auf ihren Kleidungen verrathen, eben so viele Liebhaberey zeigen sie auch für das Schnitzwerk, welches auf allen ihren hölzernen Arbeiten angebracht ist. Man sieht keines ihrer Geräthe ohne zierliches Leistenwerk, oder ohne Figur irgend eines Thiers; aber fast auf allen sind Menschengesichter vorgestellt, besonders auf den Vögelförmigen Figuren, und den ungeheuern Klötzen, deren wir oben gedacht haben, selbst auf ihren steinernen und knöchernen Waffen. Die Zeichnung an allen diesen Stücken ist immer, dem Gegenstand, den sie vorstellen sollen, so ähnlich, daß man ihn leicht erkennen kann, obgleich das Schnitzwerk selbst daran nicht so fein ausgearbeitet ist, als ein geschickter Künstler sogar bey einer schlechten Zeichnung

anbringen würde. Doch muß man hievon einige Masken, die Menschenköpfe vorstellen, ausnehmen, wobey sie sich als gute Bildhauer zeigen. Denn man erkennt nicht nur daran ihre allgemeine Nationalbildung, sondern alles bis auf den kleinsten Theil, ist nach dem richtigsten Verhältniße, und auf das fleißigste ausgearbeitet. Diese Leute finden so viel Geschmack an dergleichen Schnitzwerke, daß man allerley Arten von Figuren in großer Menge bey ihnen antrift, als kleine Menschenbilder, Vögel, Fische, Land- und Seethiere, Modele von ihren Hausgeräthe, von ihren Kähnen, u. dergl.

Da die nachahmenden Künste so sehr mit einander verschwistert sind, so ist es kein Wunder, wenn die Eingebohrnen mit der Geschicklichkeit allerley Figuren in ihre Zeuge zu wirken, und in Holz zu schnitzen, noch die Kunst verbinden, sie in Farben abzubilden. Wir haben oft die ganze Art, wie sie ihre Wallfische fangen, auf ihren Mützen vorgestellt gesehen. Diese Mahlerey war freylich etwas roh, aber sie kann doch zu einem Beweise dienen, daß, wenn gleich diese Völkerschaft noch nicht auf die Kunst zu schreiben verfallen ist, sie doch gewisse Begriffe hat, wie diese oder jene Handlung, auch ohne mündliche Ueberlieferung oder angeerbte Gesänge, auf eine dauerhafte Weise könne aufbewahrt und vorgestellt werden. Ihre Geräthschaften sind noch mit verschiedenen andern Figuren bemahlt; wir können aber nicht sagen, ob es Sinnbilder, oder Zeichen von vestgesetzter Bedeutung seyn sollten,

1778. oder ob es blos Geschöpfe ihrer Einbildungskraft
April. waren.

Ihre Kähne und Nachen sind von sehr einfacher Bauart, aber sie scheinen zu ihrem Gebrauch sehr zweckmäsig eingerichtet zu seyn. So gar die grösten, welche zwanzig und oft noch mehr Personen enthielten, sind aus einem einzigen Baume gezimmert. Viele sind vierzig Fuß lang, sieben breit und drey Fuß tief. Sie werden schon von der Mitte aus, nach beiden Enden zu, allmälig schmäler. Das Hintertheil endiget sich ganz senkrecht, und hat oben einen Knopf; das Vordertheil aber, welches ungleich länger ist, und sich mehr auf und vorwärts richtet, läuft in eine gekerbte Spitze oder in einen Schnabel aus, der weit höher ist, als die Seiten des Kahns, die in gerader Linie fortgehen. Die meisten dieser Kähne sind ohne alle Verzierung, doch ist an einigen etwas Schnitzwerk angebracht, und man beschlägt zuweilen die Oberfläche mit Robbenzähnen, wie mit Nägeln, eben so, wie die Masten und Waffen damit besetzt sind. An einigen wenigen war eine Art von doppeltem Vordertheil, gleich einem großen Wasserbrecher, welches mit der Figur eines Thiers bemahlt war. In den Kähnen selbst sind keine andere Sitze, oder Stützen angebracht, als etliche runde Stangen, die etwas dicker als ein spanisches Rohr seyn mögen, und, in halber Tiefe des Kahns, querüber bevestiget sind. Diese Fahrzeuge sind sehr leicht, und ihre Breite und Flachheit macht, daß sie auf dem Wasser sicher dahin streichen, ob sie gleich keinen Ausleger haben. In diesem Stücke unterscheiden sich diese Völker nicht nur von den Insulanern der Südsee, und den Einwohnern der mittäglichen Theile von Ostindien, sondern auch von allen andern americanischen Nationen. Ihre Ruder sind klein und leicht. Sie haben einigermaßen die Form eines großen zugespitzten Blattes, welches in der Mitte am breitesten ist, und gegen den Schaft hin, allmälig schmäler wird. Sie sind in Allem fünf Fuß lang; die Eingebohrnen wissen, durch beständige Uebung, sehr geschickt damit umzugehen, und sie müssen ihnen die Seegel ersetzen, von denen sie nichts wissen.

Ihre Fischerey- und Jagdgeräthe sind zweckmäßig ausgedacht und sehr gut gearbeitet. Sie bestehen aus Netzen, Angeln und Leinen, Harpunen, Fischgabeln, und einem ruderförmigen Instrument, welches zwanzig Fuß lang, vier bis fünf Zoll breit und einen halben Zoll dick seyn mag. An jeder Kante ist es, auf zwey Drittel der Länge, mit scharfen, etwa zwey Zoll langen Zähnen besetzt; das dritte Drittheil macht den Griff aus. Mit diesem Instrumente fangen sie Häringe, Sardellen und andere kleine Fische, wenn sie in ihren Zügen ankommen: sie schlagen nämlich damit in die Haufen, und die Fische bleiben entweder an den Zähnen oder zwischen denselben hängen. Ihre Angeln sind von Knochen oder von Holz, und man sieht nichts künstliches daran; aber die Harpunen, mit welchen sie Wallfische und andere geringere Seethiere erle-

1778.
April.

1778.
April.

gen, zeugen von Erfindsamkeit. Sie bestehen aus einem gedoppelten Hacken von Knochen, in dessen Mitte eine ovale Platte von einer Muschelschaale ist, und welche zugleich die Spitze des Instruments ausmacht. Hieran wird ein, zwey bis drey Klaftern langes Seil gebunden; um nun die Harpune werfen zu können, bedienen sie sich eines zwölf bis funfzehen Schuh langen Schaftes, woran sie das Seil bevestigen, an dessen andern Ende man die Harpune angebracht hat, so daß sie vom Schafte getrennt bleibt, der, gleich einen Ankerwächter, immer über dem Wasser zu sehen ist, wenn gleich das Thier mit der Harpune davon schwimmt, oder sich untertaucht.

Wir können nicht sagen, auf welche Art sie die Landthiere fangen oder tödten; es ist aber zu vermuthen, daß sie nach den kleinern Arten mit Pfeilen schießen, und Bären, Wölfe und Füchse mit ihren Spiesen angreifen. Wir haben auch allerley Arten von Netzen bey ihnen gesehen, die sie, wahrscheinlich, zu gleicher Absicht gebrauchen*); denn als sie uns deren einige zu Markt brachten, zogen sie sie zuweilen über die Köpfe, als wollten sie uns dadurch ihren Gebrauch andeuten. Manchmal locken sie auch die Thiere in die Falle, indem sie eine Thierhaut umnehmen und auf allen Vieren kriechen, welches sie nach den Proben, die sie uns davon

---

*) In Kamtschatka werden die Setottern unter andern auch in Netzen und Schlingen gefangen. S. Coxe's Russian Discoveries, p. 12.

ablegten, recht geschwind und fertig können, und dabey einen wiehernden Laut von sich geben. Ihre Masken, sowohl die von Holz geschnitzten, als die wirklichen, trockenen Thierköpfe, von allerley Art, werden unfehlbar bey dieser Gelegenheit gebraucht.

Die Materialien anlangend, deren sie sich bey Verfertigung ihrer verschiedenen Geräthschaften bedienen, so ist zu bemerken, daß sie alle ihre Seilerarbeit aus Riemen von Häuten, Sehnen von Thieren, oder dem linnenartigen Splinte machen, welchen sie zu der Manufactur ihrer Mäntel gebrauchen. Die Sehnen waren öfters von so beträchtlicher Länge, daß sie von keinem andern Thiere als von Wallfischen seyn konnten. Dieses gilt auch von den Knochen, woraus sie ihre oben erwähnten Waffen und andere Werkzeuge verfertigen, als z. B. die Klöppel zum Baumbastschlagen, die Spitzen an ihren Speeren, und die Widerhacken an ihren Harpunen.

Ihre große Geschicklichkeit, das Holz zu bearbeiten, mögen sie einigermaaßen auch ihren eisernen Werkzeugen zu verdanken haben. Unsers Wissens, bedienen sie sich keiner andern; nur gegen die letzte haben wir einen beinernen Meissel bey ihnen wahrgenommen. So mancherley Werkzeuge von verschiedener Materie sie auch ursprünglich mögen gehabt haben: so ist doch sehr wahrscheinlich, daß sie auf eine Menge Vortheile erst verfallen seyn werden, nachdem sie mit diesem Metall bekannt geworden sind.

Dritter Th. T

1778.
April.

Nunmehr bedienen sie sich dessen bey allen ihren Holzarbeiten, aber sie haben ihm noch zur Zeit keine andere Form gegeben, als die eines Meissels oder eines Messers. Ersterer ist ein langes, flaches Stück Eisen, welches in einen hölzernen Griff eingelassen ist; ein Stein dient ihnen anstatt des Schlägels oder Hammers, und mit einem Stück Fischhaut wird die Arbeit glatt gemacht. Ich habe Meissel gesehen, die acht bis zehen Zoll lang und drey bis vier Zoll breit waren, insgemein aber sind sie viel kleiner. Ihre Messer sind verschieden, und viele darunter von beträchtlicher Größe; die Klingen sind beinahe sichelförmig, aber die Schneide ist am äussern, oder convexen Theile. Die meisten die wir sahen, waren ungefähr von der Breite und Dicke eines eisernen Faßbandes, und ihre sonderbare Form giebt zu erkennen, daß sie keine europäische Waare sind. Wahrscheinlich sind sie nach dem Muster ihrer eigenen ursprünglichen Werkzeuge verfertiget worden. Alle diese eisernen Instrumente schärfen sie auf einer groben Art von Wetzstein, auch suchen sie selbige beständig blank zu erhalten.

Sie nennen das Eisen, aber auch das Zinn und alle weisse Metalle, Seekemaile. Da jenes erste Metall bey dieser Völkerschaft so allgemein eingeführt ist, so war sehr natürlich, daß wir der Quelle nachspürten, woher sie es könnten erhalten haben. Gleich nach unserer Ankunft im Sunde entdeckten wir, daß die Einwohner nicht nur mit

dem Tauschhandel bekannt waren, sondern auch
einen großen Hang darnach blicken liessen. In der
Folge wurden wir auch überzeugt, daß diese Begriffe von Verkehr nicht durch vorübergehende Besuche von Fremden bey ihnen entstanden sind, sondern aus ihrer Art zu handeln, konnte man leicht abnehmen, daß sie vollkommen daran gewöhnt und nicht
weniger hiezu geschickt waren, als erpicht sie darauf
schienen. Mit wem sie aber eigentlich Handel treiben, läßt sich so leicht nicht bestimmen. Es ist
zwar nicht zu läugnen, daß verschiedene Dinge, die
wir bey ihnen fanden, als Eisen, Messing u. d. g.
entweder ursprünglich aus europäischen Werkstät-
ten, oder von andern civilisirten Nationen herka-
men; allein wir haben Gründe zu glauben, daß sie
solche nicht unmittelbar von diesen Nationen erhalten
haben. Wir konnten nie bey ihnen auf eine Spur
kommen, daß sie vorher Schiffe wie die unsrigen gesehen, oder mit Leuten wie wir, gehandelt hätten.
Sie erkundigten sich bey unsrer Ankunft, durch sehr
bedeutungsvolle Zeichen und mit aller Angelegenheit,
ob wir uns bey ihnen niederzulassen gedächten, und
ob wir als Freunde kämen. Sie gaben uns hiebey
zu verstehen, daß sie uns aus gutem Willen Holz
und Wasser umsonst überlassen wollten. Dieses
beweiset nicht nur, daß sie das Land als ihr vollkommenes Eigenthum betrachteten und keine Ueberlegenheit fürchteten, sondern ihr Nachforschen wäre
auch ganz widersinnig gewesen, wenn vor uns, der-

1778.
April.

gleichen Schiffe schon hier gewesen wären, wenn sie mit ihnen in Handel gestanden, wenn diese Holz und Waſſer eingenommen und ſich alsdann wieder hinweggegeben hätten. In dieſem Fall hätten ſie leicht vorausſetzen können, daß wir es eben ſo machen würden. Sie ließen zwar beym Anblick unſerer Schiffe keine große Verwunderung blicken; allein dieſes iſt, wie wir bereits angemerkt haben, blos ihrer natürlichen Trägheit und ihrem Mangel an Neugierde zuzuſchreiben. Sie erſchracken nicht einmal, als eine Flinte losgeſchoſſen wurde. Als ſie uns aber eines Tages begreiflich machen wollten, daß weder Pfeile noch Speere durch ihre dicken Mäntel von Elensleder dringen könne, ſchoß einer unſerer Herren eine Musketenkugel durch eine ſechsfach übereinandergelegte Haut, worüber ſie ſich dermaaßen entſetzten, daß man leicht ſehen konnte die Wirkung unſerer Feuergewehre ſey ihnen vollkommen unbekannt geweſen. Dieſes beſtättigte ſich nachher, ſo oft wir nur im Dorfe oder an andern Orten nach Vögeln ſchoſſen. Sie kamen allemal darüber in Verlegenheit, und wenn wir ihnen den Gebrauch des Pulvers und Bleys verſtändlich zu machen ſuchten, ſo gafften ſie das alles mit ſo ſichtbaren Zeichen der Verwunderung an, daß wir unmöglich eine vorhergegangene Erfahrung bey ihnen vorausſetzen konnten.

Kurz vor meiner Abreiſe aus England hörte man von einer Reiſe ſprechen, die die Spanier in den Jahren 1774 oder 1775 an die weſtliche

Küste von America gemacht hätten. Allein alle vorhin angezeigten Umstände geben zu erkennen, daß diese Schiffe nicht im Nootkasunde gewesen sind *) Ueberdieß war das Eisen zu meiner Zeit schon zu gemein und in zu vielen Händen; man war übrigens mit dessen Gebrauch schon allzusehr bekannt, als daß sich dieses alles aus einem so neuen Besuche erklären lasse. Selbst in einer frühern Periode läßt sich nicht gedenken, daß ein, ganz zufälliger Weise, an die Küste gekommenes Schiff einen so beträchtlichen Vorrath von Eisen sollte zurückgelassen haben. Mit mehrerm Grunde darf man hingegen annehmen, daß der allgemeine Gebrauch dieses Metalls noch eine sichere, anhaltende Quelle, nämlich den Tauschhandel voraussetze, der, was auch diesen Artikel betrifft, nicht erst seit Kurzem unter ihnen Statt haben kann, da sie mit diesen Werkzeugen so gut umzugehen und sie so zweckmäßig zu behandeln wissen, welches ohn' eine lange Uebung nicht seyn könnte. Wahrscheinlich bekommen sie

*) Wir wissen nunmehr zuverläßig, daß Capitaln Cook's Vermuthung gegründet war. Man sieht aus dem Tagebuche dieser spanischen Reise, daß die Schiffe nur in drey Plätzen mit den Eingebohrnen dieser Küste in Verkehr waren, nämlich im 41° 7', im 47° 21' und im 57° 8' nördlicher Breite. Sie waren also wenigstens noch zwey Grade von Nootka entfernt, und es ist sehr wahrscheinlich, daß die Einwohner nie etwas von den spanischen Schiffen gehört haben. (Dieses spanischen Tagbuchs ist in der Einleitung gedacht worden. S. 1 Band, S. LXXVI. W.

1778.
April.

ihr Eisen von andern indischen Volksstämmen, die entweder mit einigen europäischen Niederlassungen auf dem vesten Lande in unmittelbarem Verkehr stehen, oder solches durch die dritte Hand von andern Nationen erhalten. Gleiche Beschaffenheit mag es auch mit dem Messing und Kupfer haben, welches wir bey ihnen antrafen.

Es ist schwer zu bestimmen, ob die Metalle von den Indianern, die mit unsern Kaufleuten handeln, von der Hudsonsbay oder Canada, und von da aus von einem Stamme zum andern bis herüber an den Nootka-Sund gekommen sind, oder ob sie ihren Weg von den nordwestlichen Theilen von Mexico, auf eben diese Weise hieher gefunden haben. Aber es scheint, daß sie nicht allein roh, sondern auch verarbeitet hiehergebracht werden. Besonders waren die messingen Zierrathen, die die Einwohner in ihren Nasen hängen hatten, viel zu fein gearbeitet, als daß diesen Indianern ein solcher Grad von Geschicklichkeit zuzutrauen wäre. Die Materie war sicher europäisch; denn man hat noch keinen americanischen Stamm gefunden, der Messing zu machen wußte, ob man gleich verarbeitetes Kupfer häufig bey ihnen antrifft, welches, seiner Geschmeidigkeit wegen, leicht allerley Form annimmt, und sich sehr gut poliren läßt. Sind es unsere Kaufleute in der Hudsonsbay und von Canada nicht, die an die dortigen Einwohner dergleichen Waare verhandeln, so kann sie nicht leicht anders woher, als von dem mexicanischen Bezirke nach Nootka gekommen seyn. Die zwey hier vorgefundenen silbernen Löffel sind gewiß dorther; allein so ausserordentlich thätige Handelsleute sind die Spanier nicht, und so weit haben sie sich gewiß nicht mit den, Mexico nördlich gelegenen Stämmen eingelassen, daß sie sie mit einer so beträchtlichen Menge Eisen versehen hätten, von welchem sie den Einwohnern von Nootka noch so viel mittheilen könnten *).

Von ihrer politischen und gottesdienstlichen Verfassung konnten wir unter diesen Umständen nicht viel erfahren. So viel bemerkten wir, daß sie eine Art von Häuptern haben, denen sie den Namen oder Titel Acweek beylegen, und welchen sie gewissermaaßen untergeordnet zu seyn scheinen. Mich dünkte aber, daß Ansehen dieser Vornehmen erstrecke

*) Ob gleich die zwey silbernen Löffel, die man in Nootka-Sunde antraf, höchst wahrscheinlich von den Spaniern, die sich im südlichern Theil dieser Küste niedergelassen haben, herkommen mögen; so kann man doch mit gutem Grunde vermuthen, daß die Einwohner im Sunde gewöhnlich von andern Gegenden ihr Eisen erhalten. Es verdient angemerkt zu werden, daß die Spanier im J. 1775, zu Puerto de la Trinidad im 41° 11' der Breite, Pfeile mit kupfernen und eisernen Spitzen gefunden haben, die die Einwohner angeblich von Norden her bekommen hatten. Hr. Daines Barington sagt in einer Anmerkung zu dem spanischen Tagebuche, „Ich „vermuthe dieses Eisen und Kupfer ist an einem „unserer Forts in der Hudsonsbay eingetauscht „worden." S. Barrington's Miscellanies, p. 20.

1778.
April.

sich nicht weiter, als auf ihre Familien, für deren Häupter sie erkannt werden. Diese Acweeks waren nicht immer bejahrte Leute, daher zu vermuthen, daß diese Titel vielleicht erblich sind.

Ich sah nichts, was mir in Ansehung ihrer Religionsbegriffe nur einigermaaßen hätte zum Leitfaden dienen können, als die erwähnten Figuren, die sie Klumma nannten. Allem Anschein nach sind es Götzenbilder; wenn indessen die Einwohner von ihnen redeten, gebrauchten sie auch das Wort Acweek: es ist also wohl möglich, daß es Vorstellungen ihrer Vorältern seyn sollen, die sie als Gottheiten betrachten. Aber ich kann das alles für weiter nichts als blose Vermuthung ausgeben, da ich weder gesehen habe, daß man ihnen göttliche Ehre bezeugte, noch darüber Erkundigung einziehen konnte. Denn alles was wir von ihrer Sprache wußten, waren einzelne Wörter, oder Namen; mithin konnten wir uns mit den Eingebohrnen in kein ordentliches Gespräch einlassen, und uns über ihre Einrichtungen oder über ihre Traditionen einiges Licht verschaffen.

In allem, was ich bis hieher über die Völkerschaft dieses Sundes beygebracht habe, sind Herrn Andersons Bemerkungen mit den meinigen verwebt gewesen. Was ich aber gegenwärtig über ihre Sprache anführen werde, gehört ihm ganz zu, und ich werde mich seiner eigenen Worte bedienen.

„Die Sprache der Einwohner ist keineswegs hart oder unangenehm. Sie sprechen zwar das t und h stärker und nicht so leicht aus, wie wir; übrigens aber kommen die Artikulationen, die vermittelst der Lippen und Zähne geschehen, öfter darinnen vor, als die durch die Kehle. Laute, die wir durch b, d, f, g, r und v bezeichnen, haben wir selten, oder gar nicht bey ihnen gehört. Dagegen haben sie sehr häufig ein Aggregat von Mitlautern, welches vollkommen fremd in unserer Sprache ist. Sie stoßen nämlich auf eine ganz eigene Weise, einen Theil der Zunge an den Gaumen, welches mit einer harten Art von Lispeln könnte verglichen werden. Es sollte schwer halten, diesen Laut durch Buchstaben auszudrücken, indessen klingt er ungefähr wie lßzthl. Viele ihrer Wörter endigen sich damit, auch fangen sich einige damit an. Sonst geht die Endsylbe gemeiniglich in tl aus, auch in einigen Wörtern in z und ß. Zur Probe dieser Endigungen können folgende Wörter dienen:

Opulszthl,	Die Sonne.
Onulszthl,	Der Mond.
Rahscheetl,	Tod.
Teescheetl,	Einen Stein werfen.
Rooomiz,	Ein Menschenschedel.
Quabmiß,	Fischrogen.

Ihre Art sich auszudrücken scheint übrigens so weitschweifig und unbestimmt zu seyn, daß ich oft vier bis fünferley Endsylben bey einem und demselben Worte bemerkt habe. Dieses muß den Fremden natürlicher Weise verwirren, und ist allemal ein Kennzeichen einer sehr unvollkommenen Sprache.

1778.
April.

Was übrigens die Sprache in ihrer Verbindung anlangt, so können wir hievon fast nichts sagen, da wir kaum die gewöhnlichsten Redetheile darinn unterscheiden konnten. So viel nahmen wir aus ihrer Art zu sprechen ab, die übrigens sehr langsam und deutlich ist, daß sie wenig Vorwörter und Bindwörter haben. Von Interjectionen oder Ausrufslauten, die Verwunderung oder Ueberraschung ausdrücken, haben wir gar nichts wahrgenommen. Aus der geringen Anzahl ihrer Bindwörter läßt sich schließen, daß sie solche für überflüssig halten, um sich verständlich zu machen, da jedes einzelne Wort bey ihnen einen ganzen Sinn, oder Inbegriff vieler Ideen ausdrückt. Wenn dieses auch wirklich der Fall zu seyn scheint, so wird auf der andern Seite eben dadurch die Sprache sehr mangelhaft, weil sie zu wenig Wörter hat, die wirklich sehr verschiedene Dinge und Begriffe zu bezeichnen vermögend sind. Wir hatten vielfältig Gelegenheit diesen Mangel, besonders bey den Namen der Thiere zu bemerken. Ob übrigens diese Mundart mit den andern Sprachen dieses oder des asiatischen vesten Landes einige Verwandschaft habe, konnte ich, aus Mangel der zu diesem Vergleich erforderlichen Wörterverzeichnisse, nicht untersuchen. Ich hatte sonst keines bey der Hand, als von der Sprache der Eskimaux und der Indianer der Hudsonsbay, mit welchen beiden aber sie nicht die mindeste Aehnlichkeit hat. Mehr kommt sie der mexicanischen Sprache bey, wenn ich anders nach den wenigen mexicanischen Wörtern, die ich mir gesammelt hatte, urtheilen darf. In beiden endigen sich wenigstens die Wörter sehr häufig in l, tl, oder z. *)„

1778. April..

Herrn Andersons weitläufiges Verzeichniß von Wörtern, die er im Nootkasunde gesammelt hat, würde die Erzählung allzusehr unterbrechen; es soll daher an einem andern Orte nachgeholt werden. **) Indessen will ich, denen meiner Leser zu Gefallen, die die Zahlwörter verschiedener Nationen unter einander vergleichen wollen, die aus dem Sunde, abschreiben.

Tsawack,	Eins.
Akkla,	Zwey.
Katsitsa,	Drey.
Mo, oder Moo,	Vier.
Sochah,	Fünf.
Nospo,	Sechs.
Atslepoo,	Sieben.
Atlaquoltkl,	Acht.
Tsawaquultkl,	Neun.
Haeeoo,	Zehen.

Hätte ich die Einwohner von Nootka, als eine besondere Nation, mit einem eigenen Namen zu bezeichnen, so würde ich sie Wakaschianer nennen,

*) Sollte Herrn Andersons Bemerkung nicht auch zu Statten kommen, daß Opulstehl, (der Name der Sonne im Nootkasunde,) mit Vizlipuzli, dem Namen der mexicanischen Gottheit ziemlich nahe kommt?

**) Am Ende des letzten Bandes.

1778.
April.

von dem Worte Wakasch, welches sie häufig im Munde führen. Sie scheinen Beyfall, Billigung und Freundschaft damit auszudrücken; denn so oft ihnen etwas vorkam, das ihnen Vergnügen machte, oder sonst etwas angenehmes begegnete, riefen sie alle mit einer Stimme Wakasch! Wakasch! Noch muß ich zum Beschluße, von ihnen anmerken, daß sie in Ansehung der Gestalt, der Gebräuche und der Sprache so wesentlich von den Insulanern der Süd=see verschieden sind, daß man nicht wohl annehmen kann, daß ihre Vorältern zu einem gemeinschaftli=chen Volksstamme gehörten, oder auch nur in einem engen Verkehr mit einander gelebet haben, ehe sie von ihren ursprünglichen Niederlassungen in die ver=schiedenen Gegenden auswanderten, in welchen wir ihre Nachkommenschaft angetroffen haben.

Um endlich auch von unsern astronomischen und nautischen Wahrnehmungen im Nootka=Sunde Rechenschaft zu geben, habe ich folgende Tabelle einrücken sollen:

	Breite.	
Breite der Sternwarte, durch Sonne	49° 36′	1″,15‴
Beobachtung der Meridian= südlich	49 36	8, 36
höhen der Sterne nördlich	49 36	10, 30
Mittlerer Ausschlag dieser Mittelzahlen	49 36	6, 47 N.

	Länge	
Länge durch Monds= Zwanzig Reihen derselben vom 21 u. 23 März gaben	233° 26′ 18″	7‴
beobachtungen Drey und neunzig auf der Sternwarte	233 18	6, 6
Vier und zwanzig vom 1, 2ten u. 3ten May	233 7 16	7
Medium aller dieser Mittel	233 17 13, 27 O.	

Nachdem jede Reihe dieser Beobachtungen,
die wir theils vor unser Ankunft im Sunde,
theils nach unsrer Abreise, angestellt hatten,
durch den Zeithalter reducirt, und den Wahrnehmungen, die wir an Ort und Stelle selbst
machten, beygefügt wurde, gab der Durchschnitt der 137 Reihen,
} 233° 17′ 30″ 5′″

Die Länge nach dem Zeithalter,
{ Nach dem Meridian von Greenwich — 235° 46′ 51″ 0′″
Nach seinem Gange von Ulietea aus — 233 59 24 0

Nach den Resultaten der in den letzten vierzehn Tagen genommenen correspondirenden Sonnenhöhen, verlohr die Längenuhr täglich an mittlerer Zeit 7″; und am 16ten April Mittags, war sie = 16 U. o m. 58″, 45′ mittlerer Zeit. Eine so große Abweichung hatten wir vorher noch nie an ihr wahrgenommen; wir hielten also für rathsam, die ersten fünf Tage, an denen ihr Gang so sehr von den funfzehen darauf folgenden Tagen verschieden war, nicht mit in Anschlag zu bringen. Selbst in diesen letzten, war ihre Bewegung ungleicher, wie gewöhnlich.

1778.
April.

Abweichung des Compasses.

Am 4ten April, V.M.
N.M.
{ Auf der Sternwarte — { 15° 57′ 48⅕″
 — — — — { 15 41 2

Durchschnitt von vier Nadeln — — — 15° 49′ 25″ O.

Am 5ten — V.M.
17ten — N.M.
{ Am Bord des Schiffs { 19° 50′ 49″
 — — — — { 19 38 46

Durchschnitt von vier Nadeln — — — 19° 44′ 47⅕″

Die Abweichung, die wir am Bord wahrnahmen, muß als die wahre angesehen werden, und dieses nicht blos deswegen, weil sie mit der Abwei-

1778.
April.

chung, die wir in der See bemerkten, näher kömmt, sondern weil am Lande etwas seyn mußte, welches auf die Compaſſe, an einem Orte mehr, am andern weniger, allzu ſichtbaren Einfluß hatte. An einem Platze, an der Weſtſpitze des Sundes, wurde die Nadel 11¼ Punkte von ihrer eigentlichen Richtung abgezogen.

Neigung der Magnetnadel.

Am 3 Apr.	Am Bord, mit einer wagerechten Nadel.	{ Bezeichnet. { Unbezeichn.	} Nördl. Spitze.	{ 71° 26′ 22½″ { 71 54 22½	} 71° 40′ 22½″
	Auf der Sternenwarte, mit eben der Nadel.	{ Bezeichnet. { Unbezeichn.	} N. Sp. —	{ 72 3 45 { 71 56 15	} 72 0 0
Am 18ten	Ebendaſ. mit derſelben Nadel.	{ Bezeichn. { Unbezeich.	} N. Sp.	{ 71 58 20 { 72 16 10	} 72 7 15
Am 5ten	Auf der Sternw. mit einer andern Nadel.	{ Bezeichn. { Unbezeich.	} N. Sp	{ 72 32 30 { 73 6 0	} 72 49 15
Am 18ten	Ebendaſelbſt mit der nämlichen Nadel.	{ Bezeichn. { Unbezeich.	} N. Sp.	{ 72 55 0 { 73 28 30	} 73 11 45
Am 22ſten	Am Bord, mit eben derſelben.	{ Bezeichn. { Unbezeich.	} N. Sp.	{ 73 28 38 { 72 53 30	} 73 11 4.

Der mittlere Neigungswinkel beider Nadeln
war alſo am Lande, — — — 72 32 3¼
Am Bord — — — — 72 25 43¼

Dieſe beyden Reſultate kommen einander ſo nahe, als man nur erwarten kann, und man ſieht daraus, daß die unbekannte Urſache, welche auf die Compasse, in Ansehung der Abweichung, es sey nun am Lande oder auf dem Schiffe, gewirkt hatte, auf die Neigung der Nadel keinen Einfluß gehabt hat.

Ebbe und Fluth.

An den Tagen des neuen und vollen Lichtes ist um 12 U. 20 M. hohes Wasser. Das senkrechte Steigen und Fallen beträgt acht Fuß, neun Zoll; dieses versteht sich aber nur von der Tagesfluth, die zwey oder drey Tage nach dem Vollmonde und neuem Lichte eintritt. Die Nachtfluth steigt um diese Zeit an die zwey Fuß höher. Wir konnten dieses sehr deutlich wahrnehmen, da wir kurz nach unserer Ankunft Vollmond hatten, und ob wir gleich nicht bis zum neuen Lichte hier blieben, so muß doch der Regel nach, zu dieser Zeit auch das nämliche Statt finden.

Hieher gehören noch einige Umstände, die wir täglich zu bemerken Gelegenheit hatten. In der Bucht, wo wir Holz und Wasser einnahmen, sahen wir eine große Menge Treibholz am Ufer liegen, welches wir wegschaffen mußten, um zu dem Wasser kommen zu können. Es geschah oft, daß große Trümmer von Bäumen, die wir Tags vorher über den Standpunkt der hohen Fluth hinausgeräumt hatten, am andern Morgen, uns wieder im Weg getrieben waren; auch alle Ablaßrinnen, wodurch wir das Wasser in die Fässer leiteten, waren nicht mehr an ihrer Stelle, welches alles bey den Tagesfluthen nicht geschah. So fanden wir auch, daß unser gespaltenes Brennholz, welches man so auf-

1778.
April.

geschlichtet hatte, daß es die Tagesfluth nicht erreichen konnte, doch die Nacht hindurch weggeschwemmt
war. Einige dieser Umstände ereigneten sich in jeder
Nacht, oder an jedem Morgen vor den drey oder
vier Tagen der hohen Springfluth, da wir dann
allemal die Morgenfluth wieder erwarten mußten,
um die großen Holzstämme von unserm Wasserplatz
hinwegzuschaffen.

Ich kann nicht sagen, ob die Fluth im Sunde, von Nordwest, Südwest, oder Südost her
antritt, indeß deucht mich, sie komme nicht von
Südosten. Uebrigens kann ich es für nichts als
für bloße Vermuthung ausgeben, auf welche ich
dadurch gefallen bin, weil ich bemerkte, daß die
Südostwinde, die wir im Sunde hatten, die Fluth
vielmehr verhinderten, als vermehrten, welches
nicht wohl seyn könnte, wenn Fluth und Wind aus
einer und eben derselben Richtung hergekommen
wäre.

Viertes Kapitel.

Ein Sturm nach unsrer Abreise aus dem Nootka-
sunde. — Die Resolution bekommt einen Leck. —
Wir passiren Admiral de Fonte's vorgebliche Strasse. — Fahrt längs der Küste von America. —
Behrings Meerbusen. — Kaye's-Eiland. —
Nachrichten davon. — Die Schiffe gehen vor Anker. — Besuch von den Eingebohrnen. — Ihr
Betragen. — Sie sind sehr auf Eisen und Glaskorallen erpicht. — Sie versuchen, die Discovery
zu bestehlen. — Der Leck der Resolution wird
verstopft. — Wir gehen tiefer in den Sund. —
Die Herren Gore und Roberts werden ausgeschickt, desselben Umfang zu erforschen. — Gründe,
warum keine nördliche Durchfahrt daselbst zu suchen
ist. — Die Schiffe gehen abwärts aus dem Sunde in die offenbare See.

1778.
April.

Sonntag,
den 26sten.

Ich habe bereits oben erwähnt, daß wir am 26sten Abends, bey sehr starken Anzeigen eines nahen Sturms, in See stachen; diese Zeichen trogen auch nicht: denn wir waren kaum aus dem Sunde, so sprang der Wind, in einem Augenblicke, von Nordost nach Südost gen Osten, und wurde sehr heftig. Er war dabey mit Stößen und Regengüssen begleitet, und der Himmel wurde so trübe, daß wir kaum die Länge des Schiffs übersehen konnten. Seit dem wir uns an dieser Küste befanden, hatten wir immer gesehen, daß sich der Wind mehrentheils gegen Süden umsetzte. Um uns also nicht in die Gefahr zu begeben, an ein Ufer unter dem Winde getrieben zu werden, legten wir

Dritter Th. U

1778.
April.

Montag,
den 27ſten.

um, und ſteuerten ſüdwärts, und zwar mit ſo viel beygeſetzten Seegeln, als es nur möglich war. Zum Glück drehete ſich der Wind nicht weiter als bis Südoſt, und wir befanden uns andern Morgens, mit Tagesanbruch, fern von der Küſte, in breiter See.

Die Discovery war noch eine gute Strecke zurück; ich ließ alſo ſo lange beylegen, bis ſie wieder zu uns kam, und ſteuerte darauf nordweſtwärts, wo, meines Erachtens, die Küſte liegen mußte. Der Wind war in Südoſt; er wehete heftig, und in Stößen, und die Witterung war überhaupt ſehr trüb und nebelig. Nachmittags um halb zwey, hatten wir einen vollkommenen Orkan; ich hielt für allzu gefährlich, länger vor dem Wind zu ſeegeln, und legte bey, die Vorderſteve ſüdwärts gekehrt, und blos unter Vor- und Beſans-Stagſeegeln. Um dieſe Zeit bekam die Reſolution einen Leck, worüber wir anfänglich nicht wenig beunruhiget wurden. Er fand ſich unter dem breiten Hintertheile des Schiffes, am Steuerborde, wo man im Brodraume das Waſſer eindringen ſehen und hören konnte. Anfänglich glaubten wir, die Oeffnung ſey zwey Schuh tief unter dem Waſſer; glücklicher Weiſe aber fand ſichs, daß ſie dem Waſſerpaſſe vollkommen gleich, ja ſo gar noch etwas höher war, wenn das Schiff gerade aufrecht zu ſtehen kam. Wir entdeckten dieſen Umſtand nicht eher, als bis der Fiſchraum voll Waſſer war, und die Tonnen darinn herum ſchwammen. Dieſer Zufluß wurde um ſo größer, da das Waſſer, wegen der Kohlen, die auf dem Boden

1778.
April.

lagen, nicht zu den Pumpen kommen konnte. Denn so bald wir das Wasser ausgeschöpft hatten, — welches uns bis Mitternacht zu schaffen machte, — und dieses geradenwegs von dem Lecke in die Pumpen laufen konnte, konnten wir, zu unserm großen Vergnügen, dem Eindringen mit einer einzigen Pumpe abhelfen. Gegen Abend drehete sich der Wind gegen Süden, und sein heftiges Stürmen ließ etwas nach. Wir setzten nunmehr das große Seegel, und noch zwey eingerefte Marsseegel bey, und steuerten westwärts. Aber um eilf Uhr wurde der Wind aufs neue so stürmisch, daß wir die Marsseegel wieder einnehmen mußten, und wir konnten sie nur am andern Morgen, gegen fünf Uhr, wieder beysetzen, wo sich der Sturm zu legen anfieng.

Dienstag, den 28sten.

Das Wetter wurde etwas heiterer, und weil ich jetzt etliche Seemeilen weit um mich her sehen konnte, so steuerte ich mehr nordwärts. Um Mittag war unsre Breite 50° 1′; und die Länge 229° 26′. *) Ich richtete nunmehr meinen Lauf gegen Nordwest gen Norden, bey einem frischen Winde aus Südsüdosten und schönem Wetter. Aber um neun Uhr des Abends, fieng der Wind wieder an sehr stark und in Stößen zu wehen, und auch der Regen stellte sich ein. Bey dieser Witterung und abwechselnden Süd-

*) Da in diesem Bande noch oft der Längen und Breiten wird gedacht werden, so ist zu bemerken, daß allemal östliche Länge und nördliche Breite darunter zu verstehen ist.

U 2

1778.
April.

Donnerstag
den 30sten.

südost, und Südwestwinden hielt ich immer den Strich Nordwest gen Westen, bis am 30sten, des Morgens um vier Uhr. Hier steuerte ich Nord gen West, um mich mehr landwärts zu halten. Es that mir leid, daß es nicht eher geschehen konnte, weil wir nun gerade die Gegend paßirten, wohin die Erdbeschreiber des Admirals de Fonte Strasse gesetzt hatten. *) Ich meines Theils habe zwar keinen Beruf, an dergleichen unbestimmte und unwahrscheinliche Erzählungen zu glauben, die ihre eigene Widerlegung bey sich führen; aber dem ungeachtet wäre es mir sehr angenehm gewesen, den Theil der americanischen Küste zu befahren, um hierüber allem Zweifel ein Ende zu machen. Bey einem so ausserordentlich stürmischen Wetter, würde es indessen sehr unüberlegt von mir gewesen seyn, wenn ich mich nahe am Lande gehalten, oder auf gut Glück bessere Witterung erwartet, und darüber den günstigen Wind verlohren hätte. An diesem Tage befanden wir uns Mittags in der Breite von 53° 22′ und der Länge von 225° 14′.

May.
Freytag,
den 1sten.

Da ich am folgenden Morgen, den 1sten May, noch kein Land erblickte, richtete ich meinen Lauf gegen Nordosten, bey einem frischen Winde von Südsüdosten und Süden, der mit beträchtlichen Stößen, Regenschauern und Hagel begleitet war. Wir befanden uns Mittags unter dem 54° 43′ der Breite

*) S. Delisle Carte générale des decouvertes de l'Admiral de Fonte etc. Paris 1752, und verschiedene andere Charten.

und dem 224° 44' der Länge. Abends um sieben Uhr, als wir 55° 20' Breite hatten, sahen wir Land, welches sich, in einer Weite von zwölf bis vierzehn Seemeilen, von Nordnordost bis nach Ost, oder Ost gen Süden ausbreitete. Nach Verlauf einer Stunde steuerte ich Nord gen Westen, und um vier Uhr des folgenden Morgens, erblickten wir die Küste von Nord gen Westen bis gegen Südosten. Ihr nächster Theil mochte etwa sechs Seemeilen weit von uns entfernt gewesen seyn. *)

Um diese Zeit erschien die nördliche Spitze der Oeffnung, — wenn es anders eine Oeffnung ist, — in Ost gen Süden. Ihre Breite ist 56°. Von

1778. May.

Sonnabend den 2ten.

*) Nicht weit von diesem Theil der americanischen Küste muß Tscherikow im J. 1741. geankert haben; denn Müller giebt seine Station unter dem 56° der Breite an. Wäre dieser russische Seefahrer so glücklich gewesen, an dieser Küste etwas weiter nordwärts zu kommen, so hätte er, wie wir jetzt durch Capitain Cook erfahren, eine Menge Bayen, und Häven und Inseln gefunden, wo er seine Schiffe hätte sichern und seine ans Land geschickte Leute hätte unterstützen können. Mehrere Nachricht von seinem hier ausgestandenen Ungemach, von zwey Booten, die er ans Land gehen ließ, die nicht mehr zurückkamen, und deren Besatzung ohne Zweifel von den Eingebohrnen umgebracht wurde, sehe man in Müllers Decouvertes des Russes, p. 248-254. Auch die Spanier fanden im J. 1775, zwey gute Häven an dieser Küste, nämlich Guadaloupe, im 750° 11' und De los Remedios, im 57° 18' der Breite.

1778.
May.

hier aus ist die Küste, gegen Norden zu, sehr unterbrochen, und bildet verschiedene Bayen und Häven, die nicht über zwey bis drey Seemeilen auseinander liegen. Sollten keine Buchten und Häven dort seyn, so müßte uns der Schein auf eine sonderbare Weise betrogen haben. Um sechs Uhr, als wir dem Lande näher gekommen waren, steuerte ich Nordwest gen Norden, in welcher Richtung die Küste lag. Wir hatten einen frischen Südostwind, und dabey einige Hagelschauer, Schneegestöber und Regen. Zwischen eilf und zwölf Uhr kamen wir an einer Gruppe von kleinen Inseln vorbey, die unter dem großen Lande, in dem 56° 48′ der Breite liegen, und dann, an der südlichen Spitze einer beträchtlichen Bay, die auf derselben Höhe, oder vielmehr etwas weiter nordwärts dieser Inseln seyn muß. Ein Arm, der sich am mitternächtlichen Theile der Bay befindet, schien sich nordwärts, hinter einem abgerundeten, hohen Berg zu erstrecken, der zwischen der Bay und der See liegt. Ich nannte den Berg Mount-Edgcumbe und die davon auslaufende Landspitze Cap Edgcumbe. Dieses liegt im 57° 3′ der Breite, und im 224° 7′ der Länge. Um Mittag sahen wir es, in einer Entfernung von sechs Seemeilen, im Striche Nord 20° West.

Wenn man einige Gegenden nahe an der See ausnimmt, so ist das Land von beträchtlicher Höhe und sehr bergicht; aber der Edgcumbe-Berg erhebt sich über alle andere Gebirge. Er war ganz mit Schnee bedeckt, so wie die übrigen erhabeneren

1778.
May.

Berge; die niedrigen Hügel hingegen, waren, wie die Ebenen an der Seeküste, davon frey und mit Holz bewachsen.

Als wir weiter nordwärts kamen, fanden wir, daß sich die Küste vom Cap Edgcumbe an, sechs bis sieben Seemeilen weit, gegen Nord und Nordosten zog und eine große Bay daselbst bildete. In der Mündung dieser Bucht befinden sich einige Inseln; ich nannte sie daher die Inselnbay. Sie ist im 57° 20' *) der Breite belegen, und scheinet sich in mehrere Arme auszubreiten, von denen einer sich südwärts endet, und vermutlich mit der Bay, an der Ostseite des Caps Edgcumbe, zusammenhängt und das Gelände dieses Vorgebirgs zu einer Insel macht. Abends um acht Uhr lag das Cap Südost halb Süd, die Inselnbay Nord, 53° Ost; und eine andere Oeffnung, vor welcher auch einige Inseln lagen, hatten wir, in einer Entfernung von fünf Seemeilen, im Striche Nord, 52° Ost. Ich steuerte immer noch Nordnordwest halb West und Nordwest gen Westen, wie die Richtung der Küste war. Ich hatte dabey einen schönen Wind von Nordosten, und heiteren Himmel.

*) Vermuthlich ist es eben diese Bay, in welcher die Spanier im J. 1775 ihren Haven De los Remedios gefunden haben. Die Breite ist genau dieselbe und in ihrem Tagebuche heißt es: daß diese Bucht durch eine lange Reihe hoher Inseln geschützt sey. S. Miscellanies by Daines Barrington, p. 503. 504.

1778.
May.

Sonntag,
den 3ten.

Am 3ten des Morgens, um halb fünf Uhr, hatten wir den Edgumbe-Berg in Süd 54° Ost, und, sechs Seemeilen weit von uns, eine große Oeffnung in Nord 50° Ost. Die in Nord 32° West gelegene und am weitesten heraustretende Landspitze war unter einem sehr hohen, spitzen Berg, den ich Mount Fear Weather (Schönwetterberg) nannte. Die Oeffnung hieß ich Creutz-Sund, weil in unserm Kalender der Tag, da wir ihn zuerst sahen, mit einem Kreutze bezeichnet ist. Er theilt sich in verschiedene Arme, von welchen der breiteste sich nordwärts lenkt. Die südöstliche Spitze dieses Sundes ist ein hohes Vorgebirge; es bekam den Namen Croß-Cape (Kreutzcap), und liegt im 57° 57' der Breite und 203° 21' der Länge. Um Mittag hatten wir es im Striche Südost, und die Landspitze, unter dem spitzen Berge, der wir den Namen Cape Fear Weather beylegten, und welche noch dreyzehen Seemeilen von uns lag, im Striche Nord gen West quart West. Um diese Zeit war unsre Breite 58° 17' und unsre Länge 222° 14'. Vom Ufer waren wir drey bis vier Seemeilen entfernt. Auf dieser Stelle fanden wir die östliche Abweichung der Magnetnadel von 24° 11' bis zu 26° 11'.

Hier verließ uns der Nordostwind, und wir bekamen dagegen leichte Kühlungen aus Nordwesten, die einige Tage lang anhielten. Ich steuerte

Montag,
den 4ten.

südwest- und westsüdwestwärts, bis am andern Morgen um acht Uhr, da ich denn umlegte und gerade gegen das Land hielt. Mittags war die Breite 58° 22', die Länge 220° 45'. Mount ScarWeather, nämlich der spitze Berg hinter dem Cap dieses Namens, lag in Nord 63° Ost; und das Ufer unter ihm war zwölf Seemeilen weit von uns entlegen. Dieser Berg, welcher unter dem 58° 52' der Breite, dem 222° der Länge und fünf Seemeilen weit im Lande liegt, ist der höchste der ganzen Kette oder Reihe von Bergen, die sich an der nordwestlichen Mündung des Creutz-Sundes erheben, und, in paralleler Richtung mit der Küste, sich gegen Norden erstrecken. Diese Berge sind von ihrem höchsten Gipfel bis an die Seeküste mit Schnee bedeckt, nur einige wenige Stellen ausgenommen, wo wir Bäume wahrnahmen, die gleichsam aus dem Meere empor zu steigen schienen, und folglich entweder auf den Niederungen, oder auf den nahe am vesten Lande gelegenen Inseln wachsen mögen. *) Nachmittags um fünf Uhr, war unsere Breite 58° 53', unsere Länge 220° 52'. Wir entdeckten in Nord 26° West einen sehr erhabenen Berg am Horizont, der, wie wir hernach fanden, vierzig Seemeilen entfernt

1778.
May.

*) Nach Müllers Bericht, kam Behring zu erst unter den 58° 28' der Breite an die Küste von America, deren Ansicht er also beschreibt: L'aspect du pays étoit effrayant par des hautes montagnes couvertes de neige. Dieses kommt vollkommen mit dem überein, was Capitain Cook in dem nämlichen Grad der Breite fand. S. *Müller*, Voyage et decovertes des Russes, p. 248—254.

1778.
May.

war. Wir vermutheten, es möchte Behrings St. Eliasberg seyn, und unter diesem Namen haben wir ihn auch in unsre Charte eingetragen.

An diesem Tage kamen uns verschiedene Wallfische, Robben und Meerschweine zu Gesicht; imgleichen viele Seemewen und einige Schaaren von Vögeln, die einen schwarzen Ring um den Kopf, und einen schwarzen Streiffen auf der Spitze des Schwanzes und dem obern Theil der Flügel hatten; der übrige Theil des Leibes war oben bläulicht, unten weiß. Wir sahen auch eine braune Ente, mit schwarzem oder dunkelblauen Kopf und Halse auf dem Wasser schwimmen.

Dienstag, den 6ten.

Da wir nur gelinde Winde, und sogar mit unter gänzliche Stillen hatten, so kamen wir freylich nicht sehr von der Stelle; am 6ten Mittags, waren wir erst im 59° 8' der Breite, und 220° 19' der Länge. Der Berg Fear Weather lag in Süd 63° Osten; der Eliasberg in Nord 30° Westen, und das nächste Land war ungefähr acht Seemeilen weit von uns entlegen. In dieser Lage deuchte es uns, in der Richtung von Nord 47° Ost, eine Bay, und, ihrer südlichen Spitze gegen über, eine Insel zu sehen, die mit Bäumen bewachsen war. Ich muthmaßte, hier könne vielleicht Commodore Behrings Ankerstelle gewesen seyn; denn die Breite, welche 59° 18 Minuten beträgt, stimmte vollkommen mit der auf seiner

Charte *) verzeichneten Station überein. Die östliche Länge ist 221°. Hinter dieser Bucht, — die ich, ihrem Entdecker zu Ehren, Behrings-Bay nannte, — oder vielmehr ihr südwärts, wird die vorhin erwähnte Bergkette durch eine Ebene von etlichen Seemeilen unterbrochen, die sonst nichts im Hintergrunde zeigt, und daher entweder wieder blos plattes Land, oder Wasser hinter sich hat. Nachmittags hatten wir einige Stunden Windstille; ich benutzte diese Gelegenheit, das Senkbley fallen zu lassen, und fand siebenzig Faden Wasser auf einem schlammichten Boden. Auf diese Stille folgte eine gelinde Kühlung aus Norden, bey der wir westwärts anlegten, und uns andern Tags, um zwölf Uhr, im 59° 27′ der Breite und 219° 7′ der Länge befanden. Mount Fear Weather lag uns nunmehr in Süd 70° Osten; der Eliasberg in Nord halb Westen, und das am meisten gegen Abend gelegene Land, was wir sehen konnten, in Nord 52° Westen. Wir waren ungefähr vier bis fünf Seemeilen weit von der Küste entfernt; und unsre Wassertiefe betrug zwey und achtzig Klafter, auf einem Schlickgrunde. Von dieser Lage aus konnten wir, unter dem hohen Gelände, eine, dem Anschein nach, zirkelförmige Bay wahrnehmen, an deren beiden Seiten flaches, mit Holz bewachsenes Land zu sehen war.

    *) Ohne Zweifel meynt Capitain Cook hier die Müllerische Charte, die er seinen Voyages et decouvertes par les Russes etc. vorgesetzt hat.

1778.
May.

1778.
May.

Sonnabend
den 9ten.

Wir fanden nunmehr, daß die Küste sehr merklich sich nach Westen zog, und fast nie eine nördliche Beugung machte. Da wir jetzt mehrentheils Westwind hatten, und dieser nur schwach war, so konnten wir nur sehr gemach weiter kommen. Am 9ten, Mittags, war die Breite 59° 30'; die Länge 217°. Hier waren wir vom nächsten Lande noch neun Seemeilen weit entfernt; der *Eliasberg* lag, in einer Weite von neunzehen großen Meilen, in Nord 30° Osten; er ist zwölf Seemeilen landeinwärts, unter dem 60° 27' der Breite und dem 219° der Länge belegen. Er gehört zu einer Reihe ausserordentlich hoher Gebirge, die, bis auf jene Ebene, mit der obenerwähnten Bergkette zusammenzuhängen scheinen. Sie strecken sich westwärts bis zum 217° der Länge aus, und selbst hier endigen sie sich noch nicht, sondern ihre Höhe nimmt nur ab, und sie werden öfter, und durch breitere Zwischenräume unterbrochen.

Sonntag,
den 10ten.

Am 10ten Mittags war unsre Breite 59° 52', und unsre Länge 215° 56. Wir waren nicht mehr als drey Seemeilen weit von der Küste des vesten Landes entfernt, welches sich, so weit das Auge reichen konnte, von Ost halb West bis nach Nordwest halb West erstreckte. Westwärts von dieser letztern Richtung aus, lag in einer Weite von sechs Seemeilen, ein Eiland zwischen den Strichen Nord 52° West, und Süd 85° West. Gegen das nordöstliche Ende dieser Insel gieng vom großen Lande eine Spitze in die See, die zu der Zeit, in einer

Entfernung von fünf bis sechs Seemeilen, in Nord 30° West lag. Ich nannte diese Landspitze Cape Suckling; sie selbst ist niedres Land, aber sie hat in der Mitte einen ansehnlich hohen Berg, der von dem übrigen Gebirge durch Niederungen getrennt ist, so daß das Cap einer Insel gleich sieht. An der Nordseite vom Cap Suckling, ist eine Bay, die von ziemlichem Umfang, und gegen die mehresten Winde gesichert zu seyn schien. Hier gedachte ich vor Anker zu gehen, und den Leck des Schiffs zu verstopfen, weil in der See bisher alle unsre Versuche vergeblich gewesen waren. Ich legte auch wirklich gegen das Cap an; wir hatten aber so schlappe und veränderliche Lüfte, daß wir nur langsame Fahrt machten. Indessen waren wir, vor Eintritt der Nacht, noch nahe genug, daß wir einen niedrigen Landstrich sehen konnten, der vom Cap aus sich gegen Nordwesten hinzog und die östliche Gegend der Bay vor dem Südwind sicherte. Auch konnten wir noch verschiedene kleine Eilande in der Bay gewahr werden, und einige Klippen, die zwischen dem Cap und dem nordöstlichen Ende der großen Insel hervorragten. An beiden Seiten dieser Felsen schien gleichwohl eine sichere Durchfahrt zu seyn, und ich steuerte die ganze Nacht hindurch immer dagegen hin, bey einer Wassertiefe von drey und vierzig bis zu sieben und zwanzig Klaftern, über Schlammboden.

1778.
May.

Andern Tags, früh um sechs Uhr sprang der Wind, der bisher meistentheils Nordost war, nach

Montag, den 11ten.

1778.
May.

Norden um, und kam uns also gerade entgegen. Ich gab daher mein Vorhaben auf, nach der Mitte der Insel oder nach der Bay hinzusteuern, weil es nicht ohne großen Zeitverlust geschehen konnte, und legte gegen das westliche Ende der Insel an. Der Wind wurde schwach, und um zehen Uhr hatten wir gänzliche Stille. Da wir nicht weit mehr ans Ufer hatten, sezte ich mich in ein Boot, und landete auf der Insel, um zu sehen, was auf der andern Seite liegen möchte. Ich fand aber mehr Hügel als ich mir vorgestellt hatte, und weil der Weg steil und alles mit Holz bewachsen war, mußte ich mein Vorhaben abermals aufgeben. Ich ließ auf einer kleinen Anhöhe, nicht weit vom Ufer, unter einem Baum, eine gläserne Flasche, w ich ein Papier mit dem Namen unserer S und dem Tag dieser Entdeckung steckte. Ich that auch ein Paar silberne Zweystüberstücke mit des Königs Stempel von 1772 hinein, die ich nebst vielen andern, von dem ehrwürdigen Herrn D. Kaye *) erhalten hatte. Zum Denkzeichen meiner Achtung nannte ich auch diese Insel nach seinem Namen Kayes-Eiland. Sie liegt in der Richtung Nordost und Südwest, und ist eilf bis zwölf Seemeilen lang; ihre größte Breite aber wird nicht über eine oder anderthalb Meilen betragen. Ihre südwestliche Spitze, welche im 59° 49' und 216° 58' der Länge liegt, ist an einem nackten Felsen zu erkennen,

*) Damals Unter-Almosenier und Capellan Sr. Majestät, gegenwärtig Dechant zu Lincoln.

1778.
May.

rade entgegen.
nach der Mitte
teuern, weil es
en konnte, und
Insel an. Der
Ufr hatten wir
t mehr ans Ufer
und landete auf
r andern Seite
r Hügel als ich
Weg steil und
nußte ich mein
h ließ auf einer
r, unter einem
ich ein Pa-
ße und dem
ch that auch ein
Königs Stem-
vielen andern,
aye *) erhalten
Achtung nannte
amen Kayes-
g Nordost und
Seemeilen lang;
über eine oder
re südwestliche
5° 58' der Län-
n zu erkennen,
b Capellan Er.
zu Lincoln.

der über das hinter ihm liegende Land beträchtlich hervorragt. Weiter von ihm ab steht noch ein ziemlich hoher Fels, der, in gewissen Standpunkten, einem verfallenen Schloße gleich sieht. Uebrigens endet sich diese Insel, gegen die See, in eine Art kahler, abschüßiger Klippen, mit einem Strande, der, von ihrem Fuß an, nur etliche Schritte breit, und mit großen Kieseln überstreuet ist, die an manchen Stellen, mit einem braunen lehmigen Sande vermengt sind, den die See wieder anzuspülen scheint, nachdem sie ihn, durch die Bäche oder Ströhme, von den höhern Gegenden der Insel erhalten hat. Die Klippen bestehen aus einem bläulichten Gesteine, welches einige Stellen ausgenommen, von weicher, zerfallender Beschaffenheit ist. Einige Theile des Ufers sind durch kleine Thäler und Schluchten unterbrochen, zwischen welchen überall ein Bach oder ein Strohm mit ziemlicher Heftigkeit herunter schießt, die vermuthlich blos von dem schmelzenden Schnee entstehen, und nur so lange Statt haben werden, bis er ganz zerflossen ist. Diese Thäler sind mit Tannenbäumen angefüllt, die bis an die Mündung herunter wachsen, aber nicht über die höhern Gegenden, oder den mittlern Theil der Insel hinauf gehen. Das Gehölze fängt also gleich über den Klippen an, und erstreckt sich bis zu ebengenannter Höhe, so daß die Insel gleichsam mit einem breiten Gürtel von Waldung bedeckt ist, der sich an ihren Seiten, nur zwischen dem obern Theil der Klippen und den hohen

1778.
May.

Gegenden im Mittelpunkte, umherverbreitet. Diese Bäume sind aber, in Ansehung ihres Wachsthums, nicht von großem Belange; es scheint keiner so stark zu seyn, daß man ihn nicht mit beiden Armen umklaftern könne, und ihre Höhe beträgt nicht über vierzig bis funfzig Fuß. Aller Gebrauch, den man also für Schiffe davon machen könnte, würde sich auf Topmäste, Bramstängen und dergleichen kleineres Holzwerk einschränken. Ob die Bäume auf dem nahgelegenen vesten Lande stärker und hochstämmiger sind, können wir nicht gewiß sagen, aber wir bemerkten, daß unter dem Treibholze, was wir am Strande liegen sahen, sich keines vor dem auszeichnete, womit die Insel bewachsen war. Die Bäume waren alle von einer Fichtenart; wir sahen weder canadische Tannen, noch Cypressen; nur bemerkten wir einige wenige, die Erlen zu seyn schienen; aber sie waren sehr gering und hatten noch keine Blätter. Auf den Kämmen der Klippen und an einigen abhängigen Stellen, war die Oberfläche mit einem halbschuhdicken Torfe bedeckt, welcher blos gemeines Torfmoos *) zu seyn schien. Die Koppen, oder höchsten Theile der Insel hatten meistens ebendieselbe Farbe; doch schienen sie mit einer tiefern Moosdecke überzogen zu seyn. Ich fand unter den Bäumen einige Johannisbeer- und Hagedornstauden; eine kleine gelbe *Veilart*, und noch einige andre Pflanzen, wovon wir nur die Blätter aber keine Blüthe sahen. Eine darunter

*) Sphagnum palustre. *Linn.* W.

sahe Herr Anderson für eine Gattung des *Heracleum*, *Linn.* an, nämlich für das Sibirische Heilkraut, welches nach Stellern, der Behring begleitete, von den Americanern auf eben die Art als Gemüse zugerichtet und gegessen wird, wie es die Einwohner von Kamtschatka zu thun pflegen. *)

1778.
May.

Um das Holz herum sahen wir eine Krähe fliegen, imgleichen zwey bis drey weißköpfige Adler, wie wir sie im Nootkasunde gesehen hatten, und eine andere Gattung von eben der Größe, und nur etwas dunklerer Farbe, mit blos weisser Brust. Diese Gattung befindet sich im Leverischen Museum, und Herr Latham hat sie in seiner *Synopsis of Birds*, Vol. I. p. 33. N. 72 unter dem Namen: White-bellied Eagle (Adler mit einem weissen Bauche) beschrieben. Auf unserm Weg an das Ufer sahen wir eine Menge Geflügel auf dem Wasser schwimmen, oder in Schaaren, auch nur Paarweis hin und her fliegen. Die vorzüglichsten darunter waren Knochenbrecher, Taucher, Enten, große Petrellen, Mewen, Tölpel und Meerlerchen (*purres*). Von den Tauchern sahen wir zweyerley Arten, eine große schwarze Gattung, mit weisser Brust und weissem Bauche, und eine kleinere mit einem längern und zugespitzterem Schnabel, welche das gemeine Taucherhuhn (*Guillemot*) **) zu seyn schien. Auch von den

*) S. Müller Voyages et découvertes etc. p. 256.
**) Colymbus Grylle. *Linn.* W.

Dritter Th.   X

1778.
May.

Enten sahen wir zweyerley Arten; eine braune mit schwarzem, oder dunkelblauem Kopfe und Halse, die vielleicht Stellers Steinente seyn möchte; die andere flog in beträchtlichern Schaaren, war aber kleiner und von schmutzigschwarzer Farbe. Die Tölpel waren groß und schwarz, und zeigten im Fluge weisse Flecken hinter den Flügeln. Wahrscheinlich waren es blos die größern Wasser-Cormorane. a) Wir bemerkten übrigens noch einen einzeln herumfliegenden Vogel, der zu dem Mewengeschlechte zu gehören schien, von schneeweisser Farbe, mit einem schwarzen Fleck längs der Oberseite der Flügel. b) Alle diese Bemerkungen habe ich Herrn Anderson zu verdanken. An der Stelle, wo wir ans Land stiegen, kam ein Fuchs vom Walde her, er sah uns ganz gleichgültig an, und gieng gemächlich seines Wegs, ohne die geringste Furcht blicken zu lassen. Er war von röthlichtgelber Farbe, dergleichen Bälge uns einigemal in Nootka zu Kauf gebracht wurden, aber nicht sonderlich groß. Noch sahen wir, etwas vom Ufer ab, zwey bis drey kleine Seehunde, aber sonst keine andern Thiere oder Vögel; auch war auf der ganzen Insel keine Spur anzutreffen, daß sie von Menschen bewohnet sey.

Nachmittags um halb drey kehrte ich wieder an Bord zurück, und steuerte, bey einem leichten Ostwinde, gegen die südwestliche Spitze der Insel, welche wir um acht Uhr ganz umschifft hatten. Sodann legte ich gegen das am meisten westlich

a) Pelecanus Carbo? *L.* b) Larus eburneus, *Phipps?*

gelegene Land an, welches wir, zu der Zeit, im Striche Nordwest halb Nord vor uns sahen. An der Nordwestseite des nordöstlichen Endes von Kayes-Eiland, liegt eine andere Insel, die sich südost- und nordostwärts ungefähr drey Seemeilen weit ausbreitet, und eben so weit von dem nordöstlichen Ende der vorhingedachten Bay belegen ist, die ich durch den Namen Controlleurs-Bay zu unterscheiden gesucht habe.

Tags darauf, des Morgens um vier Uhr, sahen wir noch Kayes-Eiland in Ost ¼ Süden, und waren vier bis fünf Seemeilen weit vom vesten Lande entfernt. Der westlichst gelegene Theil, den wir sehen kounten, stand Nordwest halb Nord, und nun bekamen wir eine steife Kühlung aus Ostsüdosten. Je weiter wir nordwestwärts kamen, je mehr wurden wir in Westen, und nachher südwärts von Westen, Land ansichtig, so daß wir Mittags, als wir uns im 60° 11' der Breite und 213° 28' der Länge befanden, das sich am meisten nähernde Gelände in Südwest gen West halb Westen hatten. Zu gleicher Zeit sahen wir die Ostspitze der großen Oeffnung drey Seemeilen weit in Westnordwesten.

Von der Controlleurs-Bay bis zu dieser Spitze, die ich Cap Hinchingbroke nannte, ist die Richtung der Küste beynahe östlich und westlich. Ueber diese Spitze hinaus schien sie sich mehr südwärts zu beugen, welches gerade das Gegentheil

1778.
May.

Dienstag, den 12ten.

X 2

1778.
May.

von allen neuern Charten ist, die sich auf die jüngern russischen Entdeckungen gründen, so daß wir einige Ursache hatten zu vermuthen, wir würden durch die vor uns liegende Oeffnung eine nördliche Durchfahrt finden, und das Land in West und Südwest sey blos eine Inselgruppe. Hiezu kam noch, daß der Wind aus Südosten wehete, und uns Sturm und Nebel drohete; es war also höchst nöthig, mich nach einem Haven umzusehen, und den Leck zu verstopfen, ehe wir uns einem abermaligen Sturm aussetzen wollten. Diese Gründe waren hinreichend, auf die Oeffnung zu zusteuern; wir hatten sie aber kaum erreicht, als ein so dicker Nebel fiel, daß wir keine Meile weit vor uns hinsehen konnten, und die Schiffe irgendwo unterbringen mußten, um helleres Wetter abzuwarten. In dieser Absicht trieb ich die Schiffe dicht unter Cap Hinchinbrocke, und ankerte vor einer kleinen Bucht, ein wenig innerhalb des Caps, in acht Faden Wasser, auf lehmigen Boden und ungefähr eine englische Viertelmeile vom Ufer.

Ich ließ nunmehr die Boote aussetzen, davon einige die Wassertiefen untersuchen und andere auf den Fischfang ausgehen sollten. In der Bucht wurde das Schlagnetz ausgeworfen, aber ohne Erfolg, weil es schadhaft war. Hie und da verzog sich der Nebel, und wir konnten das umher liegende Gelände erblicken. Das Cap lag eine Seemeile weit von uns in Süd gen West halb Westen; die westliche Spitze der Oeffnung, fünf dieser Meilen weit in Südwest gen Westen und das Land erstreckte sich an dieser Seite bis nach West gen Norden. Zwischen dieser Spitze und dem Striche Nordwest gen Westen war kein Land zu sehen, und das in dieser Richtung gelegene war sehr weit entfernt. Die westliche Spitze, die wir an dem nördlichen Ufer im Gesicht hatten, lag zwey Seemeilen weit in Nordnordwest halb West. Zwischen dieser Spitze und dem Ufer, unter welchem wir vor Anker lagen, ist eine drey Seemeilen tiefe Bay, an deren Südseite zwey oder drey solcher kleinen Buchten befindlich sind, wie die war, in welcher wir geankert hatten, und in ihrer Mitte sind einige felsigte Eilande.

An diese Inselchen ward Herr Gore in einem Boote geschickt, in der Absicht, einige eßbare Vögel zu schießen; aber er hatte sie kaum erreicht, als an die zwanzig Eingebohrne in zwey großen Kähnen erschienen. Bey diesen Umständen hielt er für rathsam, sich wieder nach den Schiffen zurück zu begeben. Sie folgten ihm darauf nach, aber sie wagten sich nicht an die Schiffe, sondern hielten sich in einer gewissen Entfernung, erhoben dabey ein großes Geschrey, schlugen die Arme übereinander und streckten sie aus, und stimmten kurz darauf ein Gesang an, der vollkommen mit den Gesängen im Nootkasunde überein kam. Ihre Köpfe waren eben so mit Federchen bestreuet. Einer streckte uns ein weisses Kleidungsstück entgegen, welches wir für ein Zeichen friedlicher Gesinnungen hielten, und ein anderer erhob sich ganz nackend im Kahn, und

1778.
May.

blieb fast eine Viertelstunde lang, mit kreutzweis ausgestreckten Armen, unbeweglich in dieser Stellung. Ihre Kähne waren nicht, wie die in Georgs- oder Nootkasunde, aus Baumstämmen gemacht, sondern das Gezimmer daran bestand aus dünnen Latten, die mit Fellen von Robben oder andern dergleichen Thieren überzogen waren. So sehr wir auch die Freundschaftszeichen der Eingebohrnen erwiederten, und so bedeutend auch immer unsre Geberden waren, sie einzuladen, näher an die Schiffe zu kommen, so wenig konnten wir sie dazu bewegen. Einige unserer Leute riefen ihnen verschiedene gewöhnliche Worte in der Nootkasprache zu, als Seekemaile und Mahook; aber es schien, als ob sie sie nicht verstünden. Wir warfen ihnen einige Geschenke zu; sie nahmen sie an, ruderten aber wieder ans Ufer zurück, wo sie hergekommen waren, und gaben uns durch Zeichen zu verstehen, daß sie uns am nächsten Morgen wieder besuchen wollten. Gleichwohl blieben ihrer zwey in einem kleinen Nachen die Nacht über bey uns, vermuthlich in der Absicht, uns zu bestehlen, und weil sie sich vorstellen mochten, wir würden uns alle schlafen legen; denn so bald sie merkten, daß wir sie gewahr wurden, machten sie sich davon.

Die ganze Nacht hindurch stand der Wind in Südsüdosten, und wehete sehr hart und in Stößen, wobey wir beständig Regen und dickes nebeliges Wetter hatten. Andern Morgens um zehen Uhr, da der Wind gemäsigter und der Himmel

Mittwoch, den 13ten.

etwas heiterer wurde, giengen wir unter Seegel, um uns nach einer engern Einbucht umzusehen, wo wir den Leck verstopfen könnten, weil unsere dermalige Ankerstelle nicht bequem hiezu war. Anfänglich wollte ich die Bay hinauf steuern, an deren Eingang wir vor Anker lagen; da aber das Wetter so hell wurde, so versuchte ich, nordwärts gegen die große Oeffnung anzulegen, die uns gleichfalls nicht außer dem Wege lag. So wie wir die nordwestliche Spitze der Bay umfahren hatten, sahen wir, daß sich hier die Küste stracks ostwärts wandte. Ich gieng nicht dieser Richtung nach, sondern setzte meinen Lauf nordwärts fort, gegen ein Landende, welches wir in diesem Rumb vor uns sahen.

1778.
May.

Die Einwohner, die uns am vorigen Abend besucht hatten, stießen des Morgens in fünf bis sechs Kähnen wieder vom Lande ab, jedoch nicht eher, als bis sie uns unter Seegel sahen. Sie folgten uns zwar einige Zeit nach, konnten uns aber nicht erreichen. Nachmittags gegen zwey Uhr stellte sich wieder das böse Wetter ein, und es fiel ein so dicker Nebel, daß wir sonst nichts als das nur erwähnte Landende sehen konnten. Wir erreichten dieses gegen halb fünf Uhr, und fanden, daß es eine kleine Insel war, die etwa zwey Meilen von der nächsten Küste oder Landspitze liegen mochte, an deren östlichen Seite wir eine schöne Bay, oder vielmehr einen Haven entdeckten. Wir steuerten, bey einem starken, mit Stößen und Regen begleiteten Preßwinde, und eingereften Mars- und Un-

1778.
May.

terseegeln darauf zu. Dann und wann kam uns in allen Richtungen Land zu Gesicht; übrigens aber war das Wetter so nebelig, daß wir nur die Ufer der Bay sehen konnten, in die wir einzulaufen suchten. Indem wir vor der Insel vorbey fuhren, hatten wir sechs und zwanzig Faden tiefes Wasser, auf Schlammgrunde; aber bald nachher fiel das Senkbley bis auf sechs und siebenzig Faden, auf einen felsichten Boden. Am Eingang der Bay war die Wassertiefe zwischen dreyßig und sechs Faden, und zwar letztere ganz nahe am Ufer. Endlich wurden um acht Uhr die Windstösse so heftig, daß wir uns genöthiget sahen, schon in dreyßig Klaftern Anker fallen zu lassen, ehe wir so weit kommen konnten, als wir uns vorgesetzt hatten; dabey hatten wir noch von Glück zu sagen, daß wir nur so weit in Sicherheit waren; denn die Nacht wurde ganz ausserordentlich stürmisch.

So schlimm auch die Witterung war, so kamen doch drey Eingebohrne zu uns. Zwey Männer in einem Kahne, und einer in einem andern. Dies war aber auch alles, was einer dieser Nachen fassen konnte; denn sie waren gerade so gebauet wie bey den Eskimaux, nur daß das eine zwey Löcher für zwey Mann, und das andere eines für einen hatte. Ein jeder dieser Leute hatte einen, drey Fuß langen Stab in der Hand, woran große Vogelfedern oder Flügel bevestiget waren. Sie hielten diese Stäbe öfters gegen uns zu, vermuthlich

1778.
May.

Donnerstag
den 14ten.

um uns ihre friedfertigen Gesinnungen zu erkennen zu geben. *)

Die gute Aufnahme, die sie bey uns fanden, bewog auch andere uns zu besuchen, und es kamen verschiedene, in großen und kleinen Kähnen, andern Morgens in aller Frühe, zwischen ein und zwey Uhr, an die Schiffe. Einige wagten es so gar an Bord zu kommen, aber nicht eher, als bis etliche von unsern Leuten in ihre Boote herabgestiegen waren. Unter denen, die an Bord kamen, befand sich ein Mann von mittlern Jahren, der sehr wohl aussah, und, wie wir nachher fanden, das Oberhaupt war. Sein Anzug war aus Seeotterfellen gemacht; auf dem Kopf trug er eine Mütze, wie die Einwohner in König Georgs-Sunde, die mit hellblauen Glasperlen von der Größe einer Erbse geziert war. Er schien diese Glaskorallen höher zu schätzen, als unsere weißen. Uebrigens waren diese Leute große Liebhaber von dergleichen Glase, es mochte seyn wie es wollte, und sie gaben uns gerne dafür alles was sie hatten, so gar ihre feinsten Seeotterfelle. Ich muß hierbey bemerken, daß sie auf dieses Pelzwerk, wie die Einwohner im

s) Behrings Schiffsvolk wurde im J. 1741. auf den Schumagin-Inseln eben so empfangen. Müller sagt: On sait ce que c'est que le *Calumet*, que les Americains Septentrionaux présentent en signe de paix. Ceux-ci en tenoient de pareils en main. C'étoient des bâtons avec des *ailes de faucon* attachées au bout. *Découvertes* etc. p. 268.

1778. König Georgs-Sund, keinen größern Werth
May. sezten als auf das andere. Nur dann fiengen sie
an mit der Waare etwas aufzuschlagen, als sie sahen,
daß unsere Leute sie den übrigen vorzogen; dies
dauerte aber auch nicht lange, und die Einwohner
sowohl dieser als jener Gegend, gaben uns weit
lieber Pelze von Seeotterfellen, als von wilden
Katzen und Mardern.

Diese Leute waren auch sehr nach Eisen begierig; sie fragten aber blos nach Stücken, die wenigstens acht bis zehen Zoll lang und drey bis vier Finger dick waren. Kleinere Stücke nahmen sie durchaus nicht an: wir konnten ihnen also nicht viel davon zukommen lassen, weil dieses Metall nunmehr anfieng selbst bey uns rar zu werden. Die Spitzen an ihren Speeren oder Lanzen waren meistentheils von Eisen, zuweilen auch von Kupfer, an etlichen wenigen von Knochen, von welchen letztern auch die Spitzen an ihren Wurfspießen und Pfeilen waren. Ich konnte das Oberhaupt nicht bewegen, mit mir unter das Verdeck zu kommen, auch blieb weder er, noch sein Gefolge lange an Bord. Dem ungeachtet mußten wir, seiner Begleiter wegen, immer ein wachsames Auge auf diesen Besuch haben, weil sie sehr bald ihren Hang zu Diebereyen verriethen. Nachdem sie sich ungefähr drey bis vier Stunden an der Resolution aufgehalten hatten, verließen sie uns alle und giengen an die Discovery. Bis hieher hatte sich noch keiner an ihrer Seite sehen lassen, einen einzigen

Mann ausgenommen, der so eben von ihr her kam, aber auch sogleich, mit den übrigen, dahin zurück kehrte. Ich kam darüber auf die Gedanken, er müßte dort etwas gesehen haben, welches seiner Meynung nach, seinen Landsleuten besser anstehen möchte, als was sie auf unserm Schiffe gesehen hätten; aber ich irrte mich, wie man gleich finden wird.

1778.
May.

So bald sie fort waren, sandte ich ein Boot aus, um den Hintergrund der Bay zu sondiren. Der Wind hatte sich etwas gelegt, und ich hatte noch immer mein Augenmerk auf einen schicklichen Platz, wo ich den Leck könnte verstopfen lassen. Es stand nicht lange an, so hatten schon alle Americaner die Discovery verlassen, und anstatt an unser Schiff zurück zu kommen, ruderten sie gegen das Boot zu, das ich aufs Lothen ausgeschickt hatte. Als der commandirte Officier dieses merkte, gieng er wieder dem Schiffe zu, aber alle Kähne folgten ihm nach. Die Bootsbesatzung war kaum wieder an Bord, nachdem sie ein Paar Mann als Wache darinn zurückgelassen hatte, als einige Americaner hineinsprangen, und ihre Speere gegen unsre Leute richteten; andere machten das Seil los, womit das Boot an das Schiff gelegt war, und die übrigen suchten es fortzuziehen. So bald sie aber sahen, daß wir uns zu Wehre setzten, ließen sie das Boot gehen, sprangen wieder in ihre Kähne, und machten uns Zeichen, daß wir unsre Waffen niederlegen sollten; sie schienen dabey so vollkommen unbeküm-

1778.
May.

mert zu seyn, als wenn sie gar nichts unrechtes vorgenommen hätten. Einen ähnlichen, vielleicht noch kühnern Streich hatten sie schon am Bord der Discovery versucht. Der Eingebohrne, der an die Resolution kam, um seine Landsleute von diesem Schiffe hinweg und an jenes abzuholen, kam von dorther. Er hatte in alle Lücken hinabgesehen; und weil er niemand als den wachthabenden Officier, mit einem oder ein Paar Mann gewahr wurde, so dachte er ohne Zweifel, es würde ihnen ein leichtes seyn, das Schiff auszuplündern, zumal da es eine gute Strecke von uns entfernt lag. Gewiß machten sie sich alle in dieser Absicht dahin; denn einige stiegen ohne weitere Umstände an Bord, zogen ihre Messer, machten dem Officier und den Leuten, die auf dem Verdeck waren, Zeichen, daß sie sich entfernen sollten, und sahen sich um, wo sie etwas mit fortnehmen konnten. Das erste was ihnen aufstieß, war ein Steuerruder von einem Boote, welches sie sodann über Bord und denen von ihrer Partei zuwarfen, die in den Kähnen geblieben waren. Ehe sie etwas anders finden konnten, so ihnen anständig gewesen wäre, wurde Lärm unter dem Schiffsvolk, welches sich sogleich auf das Verdeck machte und mit Säbeln bewaffnet war. Als die raublustige Gesellschaft dieses sah, zogen sie sich alle ganz gemach wieder in ihre Kähne, und schienen dabey so gefaßt und gleichgültig zu seyn, wie nachher da sie unser Boot wieder verließen. Wie die Leute von der Discovery bemerkten, so beschrieben sie ihren

Kameraden, die nicht mit an Bord waren, um wie vieles die Messer der Leute auf dem Schiffe länger als die ihrigen gewesen wären. Gerade um diese Zeit hatte ich mein Boot auf das Lothen ausgeschickt; sie hatten es vermuthlich bemerkt, denn, nachdem ihnen ihr Anschlag auf die Discovery fehlgeschlagen war, ruderten sie geraden Wegs auf das Boot zu, um daran ihr Heil zu versuchen. Aller Wahrscheinlichkeit nach, sind sie bey so frühem Morgen blos des Plünderns wegen zu uns gekommen, und sie mögen sich eingebildet haben, es würde jedermann noch im Schlafe liegen.

Sollte man nicht aus diesen Umständen abnehmen können, daß diese Leute nichts von Feuergewehren wissen? Denn hätten sie die geringste Kenntniß von deren Wirkung gehabt, so würden sie gewiß nicht so vermessen gewesen seyn, unter der Bedeckung von den Schiffskanonen, und im Angesichte von mehr als hundert Mann, eines unserer Boote anzugreifen. Denn jener Vorgang ward sogleich wie er geschah, fast von allen meinen Leuten wahrgenommen. Bey allen diesen Streichen, waren wir doch so glücklich, daß wir nicht nöthig hatten, sie in dieser Rücksicht aus der Unwissenheit zu reissen, in der wir sie fanden, und sie haben keine Flinte von uns abfeuern gesehen, es müßte dann nach einem Vogel gewesen seyn.

In dem Augenblick, da wir die Anker lichteten, um in der Bay weiter aufwärts zu seegeln, fieng es wieder an, so heftig zu stürmen und zu regnen,

1778.
May.

daß wir genöthiget waren, das Ankertau wieder nachzulassen und zu bleiben, wo wir lagen. Als gegen Abend der Wind noch nicht gemäsigter wurde, und es nicht schien, als ob ich so bald Gelegenheit finden würde, tiefer in die Bay zu kommen, so entschloß ich mich, das Schiff an den Platz, wo wir waren, auf die Seite zu legen. Ich ließ es in dieser Absicht mit einem kleinen Werfanker und Halsertau bevestigen; so wie aber der Anker aus dem Boote gehoben wurde, geschah es, daß ein Bootsknecht, es sey nun durch Ungeschicklichkeit oder Unvorsichtigkeit, mit dem Ankertau über Bord geworfen ward, und nebst dem Anker in Grund sank. Indessen hatte er in dieser äusserst kritischen Lage, noch so viel Besonnenheit, sich loß zu machen. Nun kam er wieder über das Wasser und wurde sogleich an Bord genommen; es fand sich aber daß das eine Bein auf eine sehr gefährliche Weise gebrochen war.

Freytag den 15ten.

Andern Tags in aller Frühe hatten wir das Schiff ein gut Theil auf die Seite gebracht, so daß wir ihm nunmehr beykommen, und den Leck verstopfen konnten. Als wir die zweyte Bordung oder Verkleidung aufgehoben hatten, fand er sich in den Fugen, die sowohl in als unter den Barkhölzern sehr weit auseinander standen, und worinn nicht ein Stückchen Werg angebracht war. Mittlerweile die Zimmerleute diesen Gebrechen abhalfen, füllten wir unsere leeren Wasserfässer an einem Bache, der nicht weit vom Schiffe war. Der Wind hatte sich

nunmehr etwas gelegt, die Witterung war aber immer noch dick und nebelig, und es regnete beständig.

1778.
May.

Die Eingebohrnen, die uns Tags vorher, als das Wetter stürmisch wurde, verlassen hatten, stellten sich diesen Morgen wieder ein. Diejenigen, welche zu erst kamen, hatten nur kleine Kähne; nachher folgten ihnen verschiedene in großen Booten, davon eines mit zwanzig Weibspersonen, einem Manne und etlichen Kindern angefüllt war.

Am 16ten gegen Abend klärte sich der Himmel auf, und wir fanden uns auf allen Seiten mit Land umgeben. Wir lagen an der östlichen Seite des Sundes vor Anker, an der Stelle, die in der Charte Snug Corner Bay (Enge Winkelbucht) verzeichnet ist; denn der Platz war ziemlich enge. Ich gieng in Begleitung einiger Officier in einem Boote aus, um den Hintergrund dieser Bay in Augenschein zu nehmen, und wir fanden, daß sie vor alle Winde geschützt war. Die Wassertiefe betrug zwischen sieben und drey Faden, auf einem schlammichten Boden. Das Erdreich an der Küste ist niedrig, und theils blos, theils mit Holz bewachsen. Der nicht bewachsene Theil war zwey bis drey Fuß hoch mit Schnee bedeckt; im Holze aber lag nur wenig. Auch die Gipfel der nahe gelegenen Berge waren mit Gehölze bedeckt, diejenigen hingegen, die weiter in das Land hinein lagen, schienen kahle, im Schnee vergrabene Felsen zu seyn.

Sonnabend den 16ten.

1778.
May.

Sonntag,
den 17ten.

Da nunmehr der Leck verstopft und die Verkleidung wieder hergestellt war, lichteten wir am 17ten Morgens die Anker, und steuerten nordwestwärts, weil ich dachte, daß wenn in dieser Oeffnung eine Durchfahrt nach Norden vorhanden wäre, sie in dieser Richtung zu suchen sey. Wir waren kaum unter Seegel, so besuchten uns die Eingebohrnen nochmals, sowohl in großen als kleinen Kähnen, und wir bekamen dadurch Gelegenheit, in Ansehung ihrer Leibesbeschaffenheit, ihres Anzugs und anderer Umstände, noch mehrere Bemerkungen zu machen, die wir nachher mittheilen wollen. Sie schienen diesmal keine andere Absicht zu haben, als blos ihre Neugierde zu befriedigen, denn sie ließen sich in keine Art Handel mit uns ein. Nachdem wir über die nordwestliche Spitze des Arms, in welchem wir geankert hatten, hinaus waren, bemerkten wir, daß die Fluth durch eben den Kanal in die Oeffnung kam, durch welchen wir hineingeseegelt waren. Wenn dieser Umstand auch einer nördlichen Durchfahrt nicht gerade zuwider war, so war er auch nicht sehr für sie. Ueber jene Spitze hinaus kamen wir mehrentheils auf seichten Grund, und viele blinde Klippen, sogar in der Mitte des Kanals, der hier an fünf bis sechs Seemeilen breit seyn mag. Um diese Zeit fieng der Wind an, schwach zu werden, und es folgten darauf Stillen und leichte Lüfte aus allen Strichen, so daß wir nicht wußten, wie wir uns aus dieser mißlichen Lage würden finden können.

Endlich kamen wir gegen ein Uhr mit Hülfe unsrer Boote, unter dem östlichen Ufer, in dreyzehen Faden Tiefe vor Anker, wo wir ungefähr vier Seemeilen nordwärts von unserer vorigen Stelle zu liegen kamen. Den ganzen Morgen hatten wir dicken Nebel, nachher aber verzog er sich so, daß wir sehr deutlich alles um uns her liegende Land erkennen konnten. Unsere Aussicht war dadurch überall so beschränkt, daß uns wenig Hoffnung übrig blieb, in dieser oder in jeder andern Richtung eine Durchfahrt zu finden, ohne wieder in breite See zu stechen.

Um gleichwohl der Sache gewiß zu werden, schickte ich nicht nur Herrn Gore, sondern auch den Oberbootsmann, jeden mit zwey bewaffneten Booten aus, sowohl den nördlichen Arm zu untersuchen, als auch einen andern, der sich mehr östlich hinzog. Abends ganz spät kamen die Boote zurück; der Oberbootsmann meldete, daß der östliche Arm mit demjenigen zusammenhänge, von welchem wir erst hergekommen wären, und daß dessen eine Landseite blos aus einer Gruppe von Inseln bestände. Herr Gore aber brachte zurück, er habe die Oeffnung eines Arms gesehen, welcher sich, seines Erachtens, weit gegen Nordosten dahin zöge, und daß vielleicht hier eine Durchfahrt zu finden seyn möchte. Herr Roberts hingegen, einer der Gehülfen, den ich Herrn Gore mitgegeben hatte, die Gegenden, die sie untersuchen würden, bey-

Dritter Th.   Y

1778.
May.

läufig aufzunehmen, war der Meynung, der Arm wäre geschlossen, und er habe den Hintergrund davon gesehen. Diese beiden einander entgegenstehenden Meynungen, nebst dem vorhinerwähnten Umstand der von Süden her eindringenden Fluth, machten eine nördliche Durchfahrt auf diesem Wege äusserst zweifelhaft. Da übrigens der Wind diesen Morgen so günstig wurde, daß wir bequem in hohe See kommen konnten, so entschloß ich mich, meine Zeit nicht länger mit Aufsuchung einer Durchfahrt in einer Gegend zu verlieren, in der es so wenig Anschein dazu hatte. Ich zog hieben in Erwägung, daß wenn, den russischen Entdeckungen zufolge, *) das Land an der Westseite wirklich blos eine Gruppe von Inseln ist, wir gar leicht, und in kurzer Zeit nordwärts kommen könnten, wofern wir nicht den schicklichsten Theil des Jahrs mit Hin- und Hersuchen nach einer Durchfahrt in Gewässern versäumten, in welchen sie nicht nur zweifelhaft, sondern sogar unwahrscheinlich war. Wir befanden uns nunmehr wenigstens fünfhundert und zwanzig Seemeilen weit westwärts sowohl von der Hudsons- als Baffins-Bay. Ist in einer oder der andern eine Durchfahrt vorhanden, so müßte sie, oder ein Theil derselben, nordwärts im 70sten Grade der Breite zu suchen seyn. Eine

*) Capitain Cook scheint hier Stählins Charte vor Augen gehabt zu haben, die dem von Dr. Matz herausgegebenen Account of the Northern Archipelago, London 1774 beygefügt ist.

Straſſe oder Durchfahrt von ſolcher Ausdehnung war aber nicht wohl vorauszuſetzen.

    Dieſem Entſchluſſe gemäs ließ ich am nächſten Morgen um drey Uhr die Anker heben, und wir ſeegelten bey einer ſchönen Kühlung von Norden ſüdwärts die Oeffnung hinunter. Wir fanden hier eben ſo klippenreichen Grund, als Tags vorher; doch kamen wir bald darüber hinweg, und das Senkbley zeigte nachher nie weniger als vierzig Klaftern. Nun erblickten wir ſüdweſtwärts der Oeffnung, durch welche wir hereingekommen waren, ein anderes Fahrwaſſer, wodurch unſer Weg in die hohe See um vieles konnte abgekürzt werden. Dieſe beiden Oeffnungen entſtehen durch eine Inſel, die ſich in der Richtung von Nordoſt und Südweſt achtzehen Seemeilen weit dahinſtreckt, und der ich den Namen Montagu-Inſel beygelegt habe.

    In dieſem ſüdweſtlichen Kanale liegen verſchiedene Eilande. Die an der Mündung, nächſt der offenbaren See, ſind hoch und felſicht, diejenigen aber, die mehr einwärts lagen, ſind niedrig, und waren nicht nur ganz frey von Schnee, ſondern auch mit Holz und anderm Grün bedeckt, daher wir ſie auch Grün-Eilande genannt haben.

    Nachmittags um zwey Uhr drehte ſich der Wind nach Südweſt und Südweſt gen Süden; wir ſahen uns alſo genöthiget, hart an dem Wind zu ſteuern. Anfänglich hielt ich mich etwa zwey engliſche Meilen weit an das öſtliche Ufer, und legte darauf in drey und

1778.
May.

Montag,
den 18ten.

1778.
May.

funfzig Faden Waſſer um. Als wir aber unſern Weg wieder rückwärts gegen die Montagu-Inſel nahmen, entdeckten wir eine Reihe theils verborgener, theils über dem Waſſer hervorragender Felſenklippen, die drey Seemeilen weit innerhalb, oder nordwärts der mitternächtlichen Grünen Inſeln-Spitze lagen. Nachher ſahen wir in der Mitte des Kanals, über die Inſel hinaus, noch mehrere, daher ich für mißlich hielt, bey der Nacht noch länger gegen den Wind zu arbeiten, ob ſie gleich nicht ſehr finſter war. Wir hielten alſo für dienlicher, ſie unter Montagu-Eiland mit Ab- und Zuſteuern hinzubringen, weil die Waſſertiefe zu groß war, als daß wir uns hätten vor Anker legen können.

Dienſtag, den 19ten.

Am andern Morgen, als es Tag wurde, bekamen wir etwas günſtigern Wind, und ſteuerten gegen den Kanal zwiſchen Montagu-Eiland und den Grüninſeln, der zwiſchen zwey und drey Seemeilen breit, und vier und dreyßig bis ſiebenzig Faden tief iſt. Wir hatten den ganzen Tag über nur wenig Wind, und Abends um acht vollkommene Todenſtille. Wir ankerten in ein und zwanzig Faden auf einem ſchlammichten Boden, ungefähr zwey engliſche Meilen weit von Montagu-Eiland.

Mittwoch, den 20ſten.

Die Windſtille dauerte bis andern Tags um zehn Uhr. Hier erhob ſich ein leichter Nordwind; wir lichteten die Anker, und Abends gegen ſechs Uhr befanden wir uns wieder in offenbarer See, wo wir die Küſte beſtändig, ſo weit nur das Aug reichen konnte, ſich weſtgenſüdwärts erſtrecken ſahen.

Das fünfte Kapitel.

Die Oeffnung wird **Prinz Wilhelms-Sund** genannt. — Ihre Ausdehnung. — Leibesgestalt der Eingebohrnen. — Ihr Anzug. — Sie haben durchschnittene Unterlippen. — Zierrathen. — Boote. — Waffen. Jagd- und Fischergeräthe. — Hausrath. — Werkzeuge. — Gebrauch des Eisens. — Speisen. — Sprache und Verzeichniß einiger Wörter. — Thiere. — Vögel. — Fische. — Woher sie Eisen und Glasperlen mögen erhalten haben.

1778.
May.

Der Oeffnung, die wir so eben verlassen hatten, gab ich den Namen **Prinz Wilhelms-Sund**. Nach dem, was wir von ihm sahen, nimmt er wenigstens anderthalb Grade der Breite und zwey Grade der Länge ein, die Arme nicht mit gerechnet, deren Ausbreitung uns unbekannt ist. Ihre scheinbare Richtung, so wie die verhältnismäßige Größe der Inseln wird aus der davon genommenen Skizze deutlicher abzunehmen seyn.

Die Eingebohrnen, die uns während unseres Aufenthaltes im Sunde besuchten, waren überhaupt genommen, von mittlerer Größe; doch waren viele darunter noch unter derselben. Sie hatten breite Brust und Schultern; der unproportionirlichste Theil ihres Körpers schien der Kopf zu seyn, welcher sehr groß war, und auf einem kurzen, dicken Halse saß. Sie hatten dabey große, breite, und mehrentheils platte Gesichter; und obgleich ihre Augen an sich nicht klein waren, so waren sie es doch verhältnismäßig mit ihrem Gesichte. Ihre Nasen

1778.
May.

hatten eine volle abgerundete und aufwärts geſtutzte Spitze. Sie hatten breite, weiſſe, gleiche und wohlgereihete Zähne; ſchwarze, dicke, ſchlichte und ſtarke Haare, und insgemein nur wenig oder gar keinen Bart. Hatten einige um die Lippen herum Haare, ſo waren ſie ſteif oder borſtig, und mehrentheils von brauner Farbe. An verſchiedenen ältlichen Männern ſahen wir indeſſen große, und dicke aber ganz ſchlichte Bärte.

Obgleich dieſe Völkerſchaft, in Anſehung der Geſtalt, und der Größe ihrer Köpfe, ſich gleich iſt, ſo entdeckt man doch in ihren Geſichtszügen eine beträchtliche Mannigfaltigkeit. Aber dabey kann man nur von den wenigſten ſagen, daß ſie ſchön wären, ſo viele Lebhaftigkeit, Guthmüthigkeit und offnes Weſen auch ihre Bildung verſpricht. Verſchiedene unter ihnen hatten etwas Finſteres und Zurückhaltendes in ihrem Betragen. Einige Weibsperſonen hatten ziemlich angenehme Geſichter, und viele zeichneten ſich von den Männern durch feinere und ſanftere Züge aus, welches jedoch vornehmlich von den ganz jungen Mädchen, oder den Perſonen vom Mittelalter zu verſtehen iſt. Die Farbe der Weiber und Kinder iſt gemeiniglich weiß, aber ohne die geringſte Miſchung von Roth. Einige Männer, die wir nackt ſahen, hatten eine braune, oder ſchwärzlichte Haut, welches von keinem Anſtriche herrühren kann, denn ſie haben den Gebrauch nicht, ihre Körper zu bemahlen.

1778.
May.

Ihre gewöhnliche Kleidung, die bey Männern, Weibern und Kindern von einerley Form ist, bestehet aus einer Art von zugemachtem Rocke, oder weitem Gewande, welches öfters bis an die Fersen, zuweilen aber nur bis an die Kniee herabgehet. Am obern Theile ist ein Loch, von der Größe, daß der Kopf kann durchgesteckt werden, mit zwey Aermeln, die bis an den Knöchel reichen. Diese Fracks oder Küttel sind von allerley Thierhäuten gemacht, und die meisten waren von Seeottern, grauen Füchsen, Waschbären und Fichtenmardern. Wir sahen auch einige von Robbenfellen; bey allen waren die Haare auswärts gekehrt. Sie haben auch Küttel von Vögelhäuten, woran nur noch die Pflaumfedern gelassen waren, die sie auch auf andere Substanzen aufkleben. Wir sahen ferner noch ein Paar von den wollenartigen Kleidungsstücken, wie wir sie im Nootkasunde gefunden hatten. Die Nähte, wodurch diese Felle aneinander gefügt worden, sind gemeiniglich mit Franssen oder Quasten besetzt, die aus schmahl geschnittenen Streifen von eben dergleichen Häuten bestehen. Einige wenige tragen eine Art von Kapuze; andere haben eine Art von Hüten. Jene sind von der gewöhnlichen Form, und scheinen ihr ganzer Anzug bey schönem Wetter zu seyn. Regnet es, so werfen sie darüber noch ein anderes Gewand, welches sehr geschickt aus Därmen von Wallfischen, oder sonst von einem großen Thier gemacht zu seyn scheint, und so zierlich zugerichtet

1778.
May.

ist, daß es unsern Goldschlagershäutchen ähnlich sieht. Dieses Gewand liegt dicht um den Hals an; die Aermel gehen bis an die Knöchel, um die sie mit einer Schnur zusammengebunden sind. Die Schooße werden, wenn sie in ihren Kähnen sitzen, um den Rand des Lochs, aus welchem der Obertheil des Leibes hervorragt, gleichfalls vestgebunden, so, daß kein Wasser eindringen kann, mithin der ganze Mann trocken bleibt, weil dieser häutige Ueberrock so wasserdicht ist, als eine Blase. Er muß aber beständig feucht oder naß gehalten werden, weil er sonst sehr leicht bricht und zerreißt. Sowohl dieser als jener gemeine, aus Thierfellen gemachte Anzug hat viel Aehnliches mit der grönländischen Tracht, die Cranz beschreibt.*)

Gewöhnlich tragen sie an Schenkeln und Füßen keine Bedeckung; doch haben einige eine Art aus Fellen gemachter Strümpfe, die, bis an die Hälfte

*) S. Cranz Geschichte von Grönland. 1 Thl. S. 136—138. (engl. Ausgabe) Außer dem was Cap. Cook in diesem Abschnitte von einigen Dingen gedenkt, die die Grönländer mit den Americanern in Prinz Wilhelms Sunde gemein haben, wird der Leser noch andere Aehnlichkeiten dieser beiden Völker bemerken. Auch kommt der Anzug der Einwohner auf den Schumagins Inseln, die Behring 1741 entdeckte, der Tracht der Eingebohrnen in Prinz Wilhelms Sunde sehr nahe. Müller schreibt: „Leur habillement „etoit de boyaux de baleines pour le haut du „corps, et de peaux de chiens-marins pour le „bas." *Découvertes des Russes.* p. 274.

des dicken Beines gehen. Selten wird man einen unter ihnen finden, der nicht Handschuhe von Bärentatzen hätte. Diejenigen, welche etwas auf den Kopf trugen, sahen in diesem Stücke unsern guten Freunden von Nootka ähnlich. Sie hatten hohe Mützen von Stroh oder Holz, die die Gestalt eines abgestutzten Kegels hatten, und der dabey angebrachten Mahlerey nach, einem Robbenkopfe gleich sahen.

Die Mannspersonen tragen gewöhnlich die Haare um den Hals und die Stirne rund abgeschnitten; die Weibspersonen aber lassen sie lang wachsen. Die meisten binden sie auf dem Scheitel in einen kleinen Schopf zusammen, einige tragen sie, wie wir, hinten gebunden. Beide Geschlechter haben in dem obern und untern Theile des Ohrensaumes verschiedene Löcher gebohret, worein sie kleine Troddeln von röhrenförmigen Pattern hängen, die, wie bey den Einwohnern von Nootka, aus einer conchylienartigen Substanz gemacht sind. Der Nasenknorpel ist auch durchlöchert, und sie stecken häufig Federkiele von kleinen Vögeln, oder andere kleine Zierrathen von eben erwähnter muschelartigen Substanz hinein, die an eine steife, drey bis vier Zoll lange Schnur angereihet sind, wodurch sie ein wirklich groteskes Ansehen bekommen. Die seltsamste und unvortheilhafteste Mode aber, die sowohl bey Männern als Weibern eingeführt ist, besteht darinnen, daß sie die Unterlippe, etwas unter dem dicken Theile, in der Richtung des Mundes durchspalten.

1778.
May.

Dieser Einschnitt, den sie schon an Kindern vornehmen, die noch an der Brust liegen, ist öfters über zwey Zoll lang, und nimmt, theils durch das unwillkührliche Zurückziehen der Haut, bey noch frischer Wunde, theils vielleicht durch eine wiederholte geflissentliche Operation die vollkommene Gestalt der Lippen an, und wird so groß, daß sie die Zunge hindurch stecken können. Daher kam es, daß einer unserer Matrosen, der zum erstenmale einen Menschen mit einem solchen Einschnitte sah, ein Geschrey erhob, er habe einen Einwohner mit zwey Mäulern gesehen, und so sieht es auch wirklich aus. In diesen künstlichen Mund stecken sie einen flachen, schmalen Zierrath, der aus einer starken Muschelschale oder einem Knochen besteht und dergestalt ausgezackt ist, daß die kleinen, engen Stückchen, gleich Zähnen, fast bis an den untern, oder dickesten Theil der Muschel herunter gehen. An beiden Enden ist ein kleiner hervorragender Knopf, wodurch dieses Stück in der getheilten Unterlippe vestgehalten wird. Der ausgezackte Theil erscheint ausserhalb der Oeffnung. Andere haben die Unterlippe blos mit verschiedenen Löchern durchbohrt, in welche sie, der Zierde wegen, eben so viele spitzige Muschelstücken stecken, so daß die Spitzen innerhalb der Lippen in die Höhe stehen, und gleich unter den natürlichen Zähnen eine andere Reihe Zähne auszumachen scheinen. *)

*) Es ist eben nicht sehr auffallend, daß die, südwestwärts dieser Küste gelegenen Fuchsinsulaner

1778.
May.

Diese Zierrathen waren einheimische Producte und eigene Arbeit; wir fanden aber bey ihnen eine Menge in Europa verfertigter Glaskorallen, melstentheils von hellblauer Farbe, die sie theils in ihre Ohren hängen, theils an ihren Mützen, oder bey ihrem oben gedachten Lippenzierrathe anbringen, an dem jede Spitze mit einem kleinen Loche versehen ist, wodurch diese Glasperlen bevestiget werden. An sie werden wieder andere angehängt, bis sie öfters an die Spitze des Kinns herabgehen. In diesem Fall können sie es nicht, wie mit ihrem einfachen Lippenputze halten, den sie, nach Belieben, mit der Zunge herausstossen oder wieder einsaugen können. Sie haben auch Armbänder von runden Muschelpattern, auch andere walzenförmige, von einer Substanz, die Bernstein gleich sieht, und die sie auch in ihre Ohren und Nasen hängen. Sie halten so viel auf dergleichen Zierrathen, daß sie alles was ihnen vorkommt, in ihre durchlöcherte Lippen stecken. Wir sahen einen dieser Leute, der zwey von unsern eisernen Nägeln darinnen hatte, und ein anderer gab sich Mühe, einen grossen messingenen Knopf hinein zu bringen.

> sich eben so die Unterlippe durchbohren, und mit Knochen und Zähne verzieren; (Pallas n. nord. Beytrage 1 B. Ab. 16.) aber, wie der alte Hans Stade berichtet und in einem Holzschnitte zeigt, so haben die, zwischen der Linie und dem südlichen Wendekreise belegenen Brasilianer eben diese Sitte. W.

1778.
May.

Die Mannspersonen bemahlen öfters ihr Gesicht mit hellrother, mit schwarzer, zuweilen mit blauer oder bleygrauer Farbe, aber ohne regelmäsige Figuren darauf anzubringen. Die Weibspersonen suchen es ihnen nachzuthun, und punktiren oder bestreichen sich das Kinn mit Schwarz, so, daß dieser Bart an jeder Wange sich in eine Spitze endiget; ein Gebrauch, der viel ähnliches mit der Mode der Grönländischen Weiber hat, wie sie Cranz beschreibt.*) Den übrigen Körper bemahlen sie nicht, vielleicht, weil es ihnen an dienlichen Materialien fehlt; denn alle Farbwaaren, die sie uns in Blasen zu Kauf brachten, waren in sehr geringer Quantität. Sonst habe ich nirgendswo Wilde gesehen, die mehr Sorgfalt auf ihren Putz, oder vielmehr auf ihre Verunstaltung gewendet hätten, als diese Leute.

Sie haben zweyerley Arten von Kähnen. Einige sind groß und offen, die andern sind klein und bedeckt. Es ist vorhin schon gedacht worden, daß in einem der großen Boote zwanzig Weiber, mit einem Manne und einigen Kindern befindlich waren. Ich habe dieses Boot genaue untersucht, und nachdem ich die Bauart desselben mit der Beschreibung zusammenhielt, die Cranz von den grönländischen großen, oder Weiber-Booten macht, fand ich daß beide, Stück für Stück auf einerley Art eingerichtet sind, und der ganze Unterschied blos in der Form des Hinter und Vordertheils besteht, welches letz-

*) S. 1 B. S. 138.

1778.
May.

tere hier dem Kopfe eines Wallfisches etwas ähnlich sieht. Das Gerippe daran besteht aus dünnem Holzwerke, über welches Häute von Seehunden oder andern größern Seethieren angespannt sind und die äussere Bekleidung ausmachen. Es scheint auch, daß die Kähne dieser Leute beinahe von eben der Form, und aus eben den Materialien gemacht sind, wie die Kähne der Grönländer*) und der Eskimos; wenigstens wird der Unterscheid nicht groß seyn. Einige dieser Nachen fassen nicht mehr als zwey Mann, wie ich bereits erwähnt habe. Sie sind im Verhältniß mit ihrer Länge breiter, als die der Eskimos, und das Vordertheil oder der Schnabel krümmt sich ungefähr wie ein Geigenhals.

Ihre Waffen, und Geräthe zum Fischen und Jagen, sind die nämlichen, deren sich die Eskimos und Grönländer bedienen, und da bereits Cranz hievon eine sehr genaue Beschreibung gemacht hat,**) so halte ich es für überflüssig, von diesen besondere Nachricht zu ertheilen. Ich sahe bey dieser Völkerschaft kein Stück, von dem er nicht Meldung gethan hätte, und er gedachte keines einzigen, welches nicht auch hier anzutreffen wäre. Sie haben eine Art Wamms oder Panzerhemd,

---

*) Ebend. S. 150. so wie in Andersons Nachrichten von Island, Grönland und der Strasse Davis. S. 254 f. f. W.

**) Ebend. S. 146. Man findet auch daselbst eine Abbildung davon.

1778.
May.

welches aus dünnen mit Sehnen untereinander verbundenen Holzspalten oder Latten gemacht und nicht nur sehr biegsam, sondern auch so genau geschlossen ist, daß kein Pfeil oder Wurfspies durchdringen kann. Es bedeckt nur den Rumpf des Körpers, und kann nicht unschicklich mit einer Frauenzimmer Schnürbrust verglichen werden.

Da weder in der Bay, worinnen wir vor Anker lagen, noch an andern Orten, wo Leute von uns ans Land stiegen, Einwohner lebten, so bekamen wir keine von ihren Häusern zu sehen, auch blieb mir nicht so viel Zeit übrig, einige derselben aufzusuchen. Unter den Geräthschaften, die sie in ihren Kähnen bey sich hatten, befanden sich einige flache, runde und ovale Schüsseln von Holz; auch einige cylinderförmige, die viel tiefer waren. Die Seiten daran waren aus einem Stücke, wie bey unsern Schachteln herumgebogen, nur etwas dicker, und mit ledernen Riemen zusammengeheftet. Der Boden war mit kleinen hölzernen Zwecken eingesetzt. Sie hatten auch kleinere, von zierlicherer Form, die unsern großen, ovalen Buttermulden gleich sahen, nur daß sie flacher und ohne Handhabe waren. Sie sind ebenfalls aus einem einzigen Stücke Holz, oder von einer hornartigen Substanz verfertiget und zuweilen mit artigen Schnitzwerk versehen. Wir sahen auch eine Menge kleiner viereckigter Säcke, von eben dergleichen Gedärmhäuten, wie sie Ueberröcke trugen, und welche sie sehr niedlich mit ganz kleinen rothen Federn besetzt hatten. Da

ran waren wieder einige feine Sehnen und künstlich geflochtene Büschel von kleinen, eben daraus gemachten, Schnüren angebracht. Sie brachten uns auch buntgewürfelte Körbe, die so dicht gebunden waren, daß sie Wasser hielten; hölzerne Modele von ihren Kähnen; eine Menge kleiner, vier bis fünf Zoll langer Bilder, die theils von Holz, theils ausgestopft, mit Stückchen Pelzwerck bekleidet, und statt ihrer Muschelpattern, mit kleinen Federspuhlen geziert, auch an dem Kopfe mit Haaren versehen waren. Wir können nicht sagen, ob diese Figuren blos Spielwaare für Kinder, oder in Ehren gehaltene Vorstellungen von verstorbenen Freunden abgaben, oder ob sie sonst einen abergläubigen Religionsbegriff damit verbanden. Sie haben übrigens viele Instrumente, welche aus zwey oder drey Reifen, oder concentrischen Stücken Holz bestehen, mit einem in der Mitte bevestigten Kreuze, womit man es anfassen kann. An diesen Reifen sind eine Menge Entenmuscheln mit Fäden gebunden; sie dienen ihnen zu Klappern, und machen ein lautes Gerassel, wenn sie geschüttelt werden. Dieses Instrument ist ihnen das, was bey den Einwohnern von Nootka der hölzerne Klappervogel ist, und beide werden vermuthlich bey gleichen Veranlassungen gebraucht. *)

*) Der Schlotter-Ball, den Steller, bey Behrings Expedition 1741, nicht weit in der Gegend von diesem Sunde, angetroffen hat, gehört vermuthlich zu ähnlichem Gebrauche.

1778.
May.

Wir können nicht sagen, mit was für Werkzeugen sie ihre hölzernen Geräthe, das Zimmerwerk an ihren Booten und andere Sachen verfertigen. Das einige Instrument, was wir bey ihnen sahen, war eine Art steinernen Beils, welches fast eben so gemacht war, wie die Beile auf Otaheite und den übrigen Südsee-Inseln. Sie haben eine Menge eiserner Messer, von denen einige ganz gerade, andere aber gekrümmt sind; hierunter befinden sich ganz kleine, mit langen Heften und aufwärts geschmiedeten Klingen, wie an unsern Schusters-Kneifen. Sie haben auch noch Messer von einer andern Art, die zuweilen an die zwey Schuh lang und fast wie Hirschfänger gestaltet sind; mitten durch die Klinge geht der Länge nach, ein erhabener Streif. Sie tragen sie in Scheiden von Thierhäuten, und haben sie unter ihren Kleidern, vermittelst einer Schnur an dem Hals hängen. Wahrscheinlich bedienen sie sich derselben blos als Waffen, da sie die übrigen zu andern Verrichtungen gebrauchen. Alles was wir übrigens bey ihnen sahen, war so gut und zweckmäßig gearbeitet, als wenn sie mit den besten Werkzeugen versehen wären. Besonders kann ihre Nähterey, ihr Geflechte von Sehnen, und die Arbeit an ihren kleinen Beuteln, mit den feinsten Arbeiten dieser Art in irgend einem Welttheile um den Vorzug streiten. Diese ihre Geschicklichkeit wird um so merkwürdiger, wenn man den rohen, uncivilisirten Zustand bedenkt, in welchem diese Völker leben, ihre nörd-

liche Lage, ihr beständig mit Schnee bedecktes Land, und die elenden Werkzeuge, mit denen sie dieses alles leisten.

1778.
May.

Die Speisen die wir sie essen sahen, waren gedörrte Fische und Fleisch von irgend einem Thiere, welches sie entweder geröstet oder gebraten hatten. Von letzterm wurde etwas gekauft, und es schien Bärenfleisch zu seyn, hatte aber dabey einen Fischgeschmack. Sie essen auch die Wurzeln von der größern Art des Farnkrautes, dessen wir bey Nootka gedachten, nachdem sie sie gebacken, oder sonst auf eine Art zugerichtet haben. Unsere Leute haben sie auch etwas, ohne weitere Zurichtung, essen gesehen, welches sie für den innern Theil der Fichtenrinde hielten. Ihr Getränk besteht vermuthlich aus blosem Wasser; denn sie führten in ihren Booten hölzerne Gefäße mit Schnee bey sich, den sie nur mundvoll zu sich nahmen. Vermuthlich macht es ihnen weniger Mühe, in den offenen Geschirren Schnee, als Wasser fortzubringen. Ihre Art zu essen scheint wohlanständig und reinlich zu seyn. Sie sahen genau darauf, ob nicht etwas unreines an den Speisen hieng, und wenn sie auch bisweilen den rohen Speck von einem Seethiere aßen, so schnitten sie ihn doch ganz sorgfältig mit ihren kleinen Messern in Mundbissen. Auch an sich selbst sind sie immer reinlich und ordentlich, ohne Fett oder Schmutz. Die Gefäße worinnen sie ihre Lebensmittel aufbewahren, werden auf das allersauberste

1778.
May.

gehalten, so wie ihre Boote, die immer nett und rein sind, und an denen man nie etwas schadhaftes wahrnimmt.

Ihre Sprache scheint anfänglich schwer zu verstehen zu seyn; nicht als ob sie die Worte und Laute undeutlich aussprächen, sondern weil ihre Wörter mehr als eine Bedeutung zu haben scheinen. Es kann indessen seyn, daß wir bey einem längern Aufenthalte, den Grund des Mißverständnisses auf unserer Seite würden entdeckt haben. Alles was ich von ihrer Sprache beybringen kann, besteht aus folgenden Wörtern, die Herr Anderson gesammelt hat. Das erste hat auch in Nootka dieselbe Bedeutung; sonst aber konnten wir in beiden Mundarten keine weitere Verwandschaft entdecken.

Akashu,	Wie heißt das?
Namuk,	Ein Ohrengehäng.
Lukluk,	Eine braune, zotigte Haut, (vermuthlich von einem Bären.)
Aa,	Ja.
Natooneschuk,	Ein Seeotterfell.
Keeta,	Gieb mir etwas.
Naema,	Gieb mir etwas dagegen, oder handle mir dieses ab.
Oonaka,	Mein, oder mir zugehörig. — Willst du dies kaufen, so mein gehört.

Manaka, }	Ein Speer.	
Ahleu, }		
Weena, oder Veena!	Fremder!	
Reelaschuck,	Darmhäute, woraus sie ihre Wämse verfertigen.	
Tawuk,	Behalte es.	
Amilhtoo,	Ein Stück von einer weissen Bärenhaut, oder vielleicht nur die Haare daran.	
Whaehai?	Darf ich dies behalten? Schenkst du mirs?	
Naut,	Ich will gehen; oder, soll ich fort?	
Chilke,	Eins.	
Taiha,	Zwey.	
Tokke, (Tinke)	Drey.	
Chukelo *)	Vier?	
Roeheene,	Fünf?	
Takulai,	Sechs?	
Reichilho,	Sieben?	
Klu, oder Aliew,	Acht?	

*) In Ansehung der fünf letzten Zahlwörter, war Herr Anderson nicht ganz gewiß; daher die Fragzeichen.

Was die Thiere in diesem Theile des vesten Landes anlangt, so gilt hier eben das, was wir

1778. bey Nootka davon gesagt haben. Wir lernten sie
May. nämlich blos aus den Fellen kennen, die man uns
davon brachte. Die mehresten darunter waren
Robbenhäute; übrigens sahen wir etliche Bälge
von Füchsen, von weißlichten Bergkatzen, oder
Luchsen, gemeinen, und Baummardern, kleinen Hermelinen; Häute von Bären, Schupen oder Rakoonen, und Seeottern. Unter
diesen waren die gemeinsten die Felle von Mardern, Schupen und Seeottern, woraus auch
die Eingebohrnen ihre gewöhnlichen Kleider verfertigen. Die Felle jener zu erst genannten Thiere
waren hier durchgehends von einem helleren Braun,
als in Nootka, hatten auch ungleich feinere Haare; die letztern hingegen, ob sie gleich, wie die
Marder, hier häufiger vorkamen und größer waren, als im Nootkasunde, schienen doch jenen
in der Feinheit und Dichte des Pelzes bey weitem
nachzustehen. Dagegen waren sie aber alle von
jenem glänzenden Schwarz, welches sie vorzüglich
schätzbar macht. Bären- und Robbenhäute waren
hier ebenfalls sehr gemein, und letztere gemeiniglich
weiß, mit schönen schwarzen Flecken. Auch waren
dann und wann ganz weisse darunter. Unter den
Bärenhäuten gab es viele von brauner, oder Rußfarbe.

Auffer diesen Thieren, die wir alle schon in
Nootka antrafen, sahen wir hier noch andere, die
dort nicht zu finden sind. Hieher gehört der weisse

Bär *), von deſſen Häuten uns die Einwohner
verſchiedene Stücke brachten, auch einige Felle von
jungen Thieren, nach welchen ihre Größe nicht
konnte beſtimmt werden. Wir fanden auch hier
den kleinen Wolfsbären (Wolverene, or Quick-
Hatch) **) von ſehr hellen Farben; eine Herme-
lin Art, die viel größer war als die bekannte, und
faſt gar keine ſchwarze Spitze am Schwanz hatte.
Die Eingebohrnen brachten uns die Kopfhaut von
einem ſehr großen Thiere; wir konnten aber nicht be-
ſtimmen, zu welcher Gattung ſie mag gehört haben.
Der Farbe und der Beſchaffenheit der Haare nach,
konnte es kein Landthier ſeyn. Vielleicht war es
ein großes Robbenmännchen, oder ein Seebär. a)
Aber eines der ſchönſten Felle, welches blos dieſem
Lande eigen zu ſeyn ſcheint, und dergleichen wir vorher nie geſehen hatten, war von einem kleinen, zehn
Zoll langen Thiere, von brauner, oder Roſtfarbe,
mit einer Menge mattweiſſer Flecken auf dem Rücken, und bläulicht aſchgrauen, eben ſo eingeſpreng-
ten Seiten. Der Schwanz war nur ein Drittel
des Körpers lang, und die Haare daran hatten
weißlichte Spitzen. Es ſcheint ohne Zweifel Stählins gefleckte Feldmaus zu ſeyn, deren er in der
kurzen Nachricht von dem neulich entdeckten
Nord-Archipelagus gedenkt. b) Aus Mangel

1778.
May.

*) Urſus maritimus. *Linn.*
**) Urſus luscus. *Linn. Edw. birds.* II. p. 103.
Schreb. III. p. 530.
a) Phoca urſina. *Linn.*
b) In den Nachrichten von Kodiak S. 32. 34.

1778.
May.

eines ganz unverstümmelten Felles konnten wir nicht sagen, ob das Thierchen zu den Mäusen oder Eichhörnchen gehörte. Herr Anderson hielt es für Hrn. Pennant's casanisches Murmelthier. *) Nach den vielen Fellen von jeder Gattung zu schließen, müssen angezeigte Thierarten in großer Menge hier vorhanden seyn; aber es verdient bemerkt zu werden, daß wir weder Häute vom Elenthiere, noch vom gemeinen Damwilde hier angetroffen haben.

Von den Vögeln, deren wir bey Nootka gedachten, fanden wir hier bloß den weißköpfigten Adler *), den Tölpel, oder Wasserraben **), den Alcyon a), oder großen Eisvogel mit außerordentlich hellen Farben, und den Kolibri b), der sehr oft an unserm Schiffe herumflatterte, während wir vor Anker lagen; schwerlich kann dieser im Winter hier leben, der in diesem Lande sehr strenge seyn muß. Die Wasservögel bestanden aus Gänsen; einer kleinen Art Enten, wie wir sie in Kerguelens Land angetroffen hatten, und noch einer Gattung, die niemand von uns kannte; ferner in einigen See-Elstern c) mit rothen Schnäbeln, dergleichen wir in Van Diemensland und Neuseeland gefunden hatten. Einige unserer

*) The Casan Marmot. *Syn. of quadr.* p. 273. Mus Citellus. *Linn.* Bilchmaus, Zieselmaus, Zieselratte, Suslik. W.
) Falco leucocephalus. *L.* *) Pelecanus graculus. *Linn.* a) Alcedo Alcyon. *L.*
b) Trochilus Colubris. *L.* c) Alca. *L.* W.

1778.
May.

leute, die ans Land gestiegen waren, schossen ein rothes Haselhuhn (Grous) *), einen Schnepfen und einige Regenpfeifer. **) So zahlreich übrigens hier die Wasservögel und besonders Enten und Gänse sind, die sich am Ufer sehen lassen; so waren sie doch so scheu, daß es nicht leicht möglich war, sie aufs Korn zu bringen, und wir also nur sehr wenig davon für unsre Tafel erhalten konnten. Die vorhin erwähnte Ente ist von der Größe einer gemeinen wilden Ente, dunkelschwarzer Farbe, mit einem kurzen spitzen Schwanze und rothen Füssen. Sie hat einen gegen die Spitze rothgefärbten Schnabel, und nahe an dessen Wurzel, auf jeder Seite, einen fast viereckigten großen schwarzen Flecken, der sich auf eben diese Art ausbreitet. An der Stirn hat sie einen dreyeckigten weißen Flecken, und am Hintertheile des Halses einen noch größern. Das Weibchen ist von weit dunklerer Farbe, und hat am Schnabel blos die zwey schwarzen Flecken, die aber nicht so deutlich gezeichnet sind.

Es befindet sich auch eine Art Taucher ***) hier, die dieser Gegend eigen zu seyn scheint. Sie ist ungefähr von der Größe eines Rebhuns, und hat einen kurzen, schwarzen, zusammengedrückten Schnabel. Der Kopf und obere Theil des Halses ist bräunlicht schwarz; das Uebrige dunkelbraun, mit matten schwarzen Wellen, bis auf den untern Theil, der ganz von schwärzlicher Schattirung und sehr

*) Tetrao umbellus? *L.*
) Charadrius. *L.*   *) Colymbus. *L. W.*

**IMAGE EVALUATION
TEST TARGET (MT-3)**

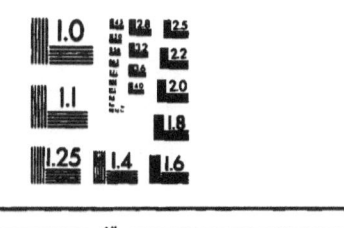

Photographic
Sciences
Corporation

23 WEST MAIN STREET
WEBSTER, N.Y. 14580
(716) 872-4503

1778.
May.

fein mit Weiß gescheckt ist. Ein anderer Taucher, der vermuthlich das Weibchen von jenen seyn mag, ist oben schwärzer und unten weisser. Wir sahen auch einen kleinen Landvogel, der zu dem Finkengeschlechte zu gehören schien, von der Größe eines Goldammers (Yellow-hammer), welcher aber zu denen gehören mag, die ihre Farbe mit der Jahreszeit, und ihrem Striche verändern. Gegenwärtig war er von einem dunkelbraunen Gefieder mit einem röthlichten Schwanze. Was wir für das Männchen ansahen, hatte einen großen gelben Flecken mitten auf dem Kopf; der obere Theil des Halses war schwarzgefleckt wie die Brust des Weibchens.

Von Fischen bekamen wir nur Dorsche (Torsk)*) und Heilbütten**), die uns gröstentheils von den Einwohnern zu Kauf gebracht wurden, auch fiengen wir einige Sculpine, oder Meerscorpionen a), die sich um das Schiff herum aufhielten, und etliche purpurfarbene See-Sterne, die siebenzehn bis achtzehn Strahlen hatten. Die Felsen waren fast ganz von Schaalenthieren entblößt und das einige Gewürme, was wir aus dieser Ordnung sahen, war eine rothe Krabbe oder Seespinne b), voll sehr großer Stacheln.

Wir sahen von Metallen nichts als Kupfer und Eisen. Beydes, besonders das letztere, war

*) Gadus Callarias. *Linn.* Dósch.
**) Pleuronectes Hippoglossus. *Linn.*
a) Scorpaena Furcus? *L.* b) Brachyurus. *L. W.*

nderer Taucher, ienen seyn mag, . Wir sahen u dem Finken= er Größe eines , welcher aber Farbe mit der dern. Gegen= unen Gefieder Was wir für n großen gel= er obere Theil die Brust des

che (Torsk) *) theils von den , auch fien= Meerscorpio= m aufhielten, e, die sieben= Die Felsen entblößt und dieser Ord= e oder See=

als Kupfer letztere, war

us. L. W.

in so großer Menge vorhanden, daß die Spitzen der Pfeile und Lanzen fast alle davon gemacht waren. Die Erdart, mit der sich die Einwohner die Ge= sichter bemahlen, ist ein rother, zerreiblicher, ölich= ter Ocker, oder eine Eisenminer, die, der Farbe nach, dem Zinnober nicht unähnlich ist; ein hell= blaues Pigment, wovon wir aber nichts bekommen konnten, und ein schwarzes Bleyerz. Jede die= ser Minern muß hier ziemlich rar seyn, denn man brachte uns von dem rothen Ocker und dem Bley= erze nur kleine Portionen; die Einwohner schienen sie übrigens sehr sorgfältig aufzuheben.

Von Pflanzen und Gewächsen sahen wir wenig. Die hiesigen vorzüglichen Bäume sind die Cana= dische Tanne und die Sprossen=Fichte; einige darunter sind von beträchtlicher Größe.

Die Glaskorallen und das Eisen, welches wir bey diesen Leuten fanden, haben sie ohne Zweifel von einer civilisirten Nation erhalten. Allen be= reits angeführten Umständen nach, sind wir sicher= lich die ersten Europäer, mit denen sie unmittel= baren Verkehr hatten; nur fragt sich noch, aus welcher Gegend sie unsere Waare durch die dritte Hand mögen bekommen haben? Wahrscheinlich er= hielten sie selbige von der Hudsonsbay, oder andern Niederlassungen an den Canadischen Seen, durch Vermittlung der, tiefer im vesten Land woh= nenden Stämme; man müßte denn annehmen, ent= weder daß die russischen Kaufleute von Kamt= schatka schon ihren Handel so weit ausgebreitet hät=

1778.
May.

1778.
May.

ten, welches nicht wohl zu vermuthen ist; oder daß wenigstens die Einwohner der östlicher gelegenen Fuchsinseln, längs der Küste, mit den Eingebohrnen in Prinz Wilhelms-Sunde in Verkehr stehen. *)

Was das Kupfer betrift, so scheint diese Völkerschaft sich solches selbst zu verschaffen, wenigstens gelangt es nur durch wenige Hände zu ihnen, denn, wann sie welches davon zum Vertauschen brachten, suchten sie den hinlänglichen Vorrath dieses Metalls, dadurch anzuzeigen, daß sie auf ihre Waffen deuteten,

*) Ein Umstand, dessen Müller in seinen Nachrichten von Behrings Reise an der Küste von America 1741, gedenkt, entscheidet die Frage. Seine Leute fanden auf den Schumagin Inseln Eisen, welches aus nachfolgender Stelle erhellet: „Un homme seul avoit un couteau pendu à sa ceinture, qui parut fort singulier à nos gens par sa figure. Il étoit long de huit pouces, et fort épais et large à l'endroit où devoit être la pointe. On ne peut savoir quel étoit l'usage de cet outil." *Découvertes des Russes*, p. 274. Wenn nun die Einwohner dieses Theils der americanischen Küste schon Eisen hatten, ehe sie von den Russen entdeckt wurden, und ehe man von Kamtschatka aus einen Handel mit ihnen errichtete; so ist wohl nicht zu zweifeln, daß sowohl die Einwohner im Prinz Wilhelmssunde als auf den Schumagin Inseln, dieses Metall aus einer wahrscheinlichern Quelle, nämlich von den europäischen Niederlassungen an der nordöstlichen Küste dieses vesten Landes werden erhalten haben.

sie wollten nämlich damit sagen, sie hätten so viel eigenes, daß sie kein anders nöthig hätten.

1778.
May.

Indeß verdient bemerkt zu werden, daß die Einwohner dieses Sundes, welche höchstwahrscheinlich ihre europäische Waare durch die dritte Hand von der östlichen Küste bekommen, niemals den mehr landeinwärts wohnenden Indianern ihre Seeotterfelle dagegen gegeben haben, welche man sonst gewiß von Zeit zu Zeit in der Gegend der Hudsonsbay würde gesehen haben. Meines Wissens ist dieses eher nicht geschehen, und ich kann hievon keinen andern wahrscheinlichen Grund als die große Entfernung angeben. Diese ist zwar nicht vermögend, den Eingang der europäischen Waaren, die von so großer Seltenheit sind, zu verhindern; aber da die Häute, als ein gemeiner Artikel, durch mehr denn zwey oder drey verschiedene Stämme paßiren müssen; so können sie nicht so leicht dahin kommen, weil diese Stämme solche lieber für sich selbst zur Kleidung behalten, und dafür das Pelzwerk ihrer eigenen Thiere, welches bey ihnen von geringerem Werthe ist, ostwärts schicken, bis es die europäischen Kaufleute erreicht hat.

Sechstes Kapitel.

Fortsetzung unserer Reise längs der Küste. — Cap Elisabeth. — Cap St. Hermogenes. — Die Nachrichten von Behrings Reise sind sehr mangelhaft. — Spitzige Bänke. — Cap Douglas. — Cap Bede. — St. Augustins Berg. — Hoffnung eine Durchfahrt in einer Oeffnung zu finden. — Die Schiffe nehmen ihren Weg dahin. — Sichere Kennzeichen, daß es ein Fluß war. — Wird Cooks Fluß genannt. — Die Schiffe seegeln wieder rückwärts. — Etliche Besuche von den Eingebohrnen. — Der Lieutenant King geht aus Land und nimmt von der Gegend Besitz. — Dessen Rapport. — Die Resolution geräth auf eine Untiefe. — Gedanken über die Entdeckung des Cooks Flußes. — Ursache der daselbst bemerkten beträchtlichen Ebbe und Fluth.

1778.
May.

Mittwoch, den 20sten.
Donnerstag den 21sten.

Nachdem wir Prinz Wilhelms Sund verlassen hatten, steuerte ich bey einem angenehmen Nordnordost-Winde, gegen Südwesten. Andern Tags, zu früh um vier Uhr bekamen wir Windstille, bald darauf aber folgte ein frischer Wind aus Südwesten. Da sich dieser nach Nordwesten umsetzte und kühler wurde, setzten wir unsern Lauf südwestwärts fort, und kamen an einem sehr hohen Vorgebirge vorbey, welches im 59° 10' der Breite und 207° 46' der Länge belegen war. Weil wir diese Entdeckung gerade an dem Geburtstage der Prinzessin Elisabeth machten, so nannte ich dieses Vorgebirge Cap Elisabeth. Jenseits desselben konnten wir kein Land sehen, und wir hofften anfänglich, dieß sey das westliche Ende des vesten Landes. Bald darauf aber sahen wir, daß wir uns betrogen hatten; denn nun wurden wir mehr Land gewahr, welches im Striche Westsüdwest lag.

1778. May.

Um diese Zeit wurde der Wind so heftig, daß wir genöthiget waren, uns in ziemlicher Entfernung von der Küste zu halten. Am 22sten Nachmittags, wurde er etwas gemäsigter, und wir steuerten nordwärts gegen Cap Elisabeth, welches Tags darauf, um 12 Uhr, in einer Entfernung von zehen Seemeilen, in Westen lag. Zu gleicher Zeit erblickten wir in Süd 77° West noch mehr Land, welches, unsers Erachtens, das Cap Elisabeth mit dem westwärts gesehenen Lande verbinden mochte.

Freytag, den 22sten.

Sonnabend den 23sten.

Der Wind blieb in Westen stehen, und ich hielt immer südwärts bis um 12 Uhr des folgenden Tages, um welche Zeit wir uns drey Seemeilen weit innerhalb der Küste befanden, die wir am 22sten entdeckt hatten. Sie bildet hier eine Spitze, die uns in Westnordwesten lag. Zu eben der Zeit kam uns neues Land zu Gesicht, welches sich bis Südsüdwesten erstreckte, und alles mochte zwölf bis funfzehen Seemeilen entfernt gewesen seyn. Wir erblickten auf selbigen eine Reihe Berge, die mit Schnee bedeckt waren, und sich hinter dem ersten Lande, welches wir, des darinnen liegenden wenigen Schnees wegen, für eine Insel hielten, gegen Nordwesten ausdehnten. Diese Landspitze liegt im 58° 15' der Breite und 207° 42' der Länge, und so viel sich aus Behrings Reise und der Charte,

Sonntag, den 24sten.

1778.
May.

die der englischen Ausgabe beygefügt ist, errathen läßt, muß es muthmaßlich seyn Cap St. Hermogenes seyn. *) Allein die Nachrichten dieser Reise sind so kurz und die Charte so mangelhaft, daß man weder durch die eine, noch die andere, noch durch das Zusammenhalten beider, einen Platz finden kann, wo dieser Seefahrer gelandet hatte, oder den er von weiten liegen sah. Sollte ich über Behrings Lauf an dieser Küste meine Muthmassung äussern, so würde ich sagen, daß er nahe an dem Schönwetterberg (Mount fair Weather) zuerst das veste Land gesehen hat. Ich bin aber sehr ungewiß, ob er sich in der Bay, der ich diesen Namen gab, vor Anker legte, und ich will nicht für gewiß sagen, daß der Berg den ich St. Eliasberg nannte, eben derselbe ist, dem er diesen Namen beylegte. Was übrigens sein Vorgebirg St. Elias anbelangt, so getraue ich mir gar nicht zu rathen, wo es liegen mag.

An der Nordostseite des Cap St. Hermogenes zieht sich die Küste nordwestwärts und scheint von dem Lande, welches wir Tags zuvor gesehen hatten, gänzlich getrennt zu seyn. In vorhin gedachter Charte ist hier ein leerer Raum; woraus man schliessen muß, Behring habe in dieser Gegend kein Land gesehen, und dieses begünstigen auch Herrn

*) Capitain Cook meynt hier Müllers Nachrichten von Behrings Reise, wovon eine englische Uebersetzung in Londen erschienen ist, ehe Cap. Cook unter Seegel gieng.

Stählins neuere Nachrichten, nach welchen Cap 1778.
St. Hermogenes, nebst allem Gelände, welches May.
Behring südwestwärts davon entdeckte, nichts als
eine Inselgruppe ist. Herr Stählin setzt daben
St. Hermogeneo unter diejenigen Inseln, welche
kein Holz haben. Was wir gegenwärtig sahen,
schien dieses zu bestättigen, und alle Umstände ließen
uns hoffen, hier eine nördliche Durchfahrt zu finden,
ohne daß wir nöthig hätten, weiter südwestwärts zu
seegeln.

Wir wurden auf der Höhe dieses Vorgebirges Montag,
durch veränderliche leichte Lüfte und Windstillen bis den 25sten.
nach zwey Uhr des andern Morgens zurückgehalten.
Hier erhob sich eine Kühlung aus Nordost, und
wir steuerten Nordnordwest längs der Küste hin.
Nun fanden wir, daß das Land dieses Vorgebirges wirklich eine Insel war, die an die sechs Seemeilen im Umfang hatte, und von der nahegelegenen
Küste durch einen Canal, von der Breite einer
Seemeile, getrennt war. Anderthalbe Seemeilen
nordwärts dieser Insel liegen einige Klippen oberhalb Wassers, an deren Nordostseite wir dreyßig
bis zwanzig Faden Wasser hatten.

Mittags lag die Insel St. Hermogenes, acht
Seemeilen weit in Süd halbOsten; und das hievon
nordwestwärts gelegene Land erstreckte sich von Süd-
halbwest bis beynahe an den Strich Westen. In
dieser letzten Richtung endiget es sich in eine niedere
Spitze, die dermalen fünf Seemeilen weit von
uns lag und den Namen Banks-Spitze (Point

1778.
May.

Bank's) bekam. Um diese Zeit war die Breite des Schiffs 58° 41', die Länge 207° 44'. Das Land, welches unserer Meynung nach, Cap Elisabeth mit diesem südwestlichen Gelände verband, lag nunmehr vor uns, und zwar in Nordwesthalbnord. Ich legte gerade darauf an; als wir näher kamen, fanden wir, daß es eine Gruppe hoher Inseln und Felsen war, die auf keine Weise mit einem andern Lande zusammenhiengen. Wir nannten sie Kahle Inseln (Barren Islands) wegen ihres unfruchtbaren Anblicks. Sie liegen im 59° der Breite und in gerader Linie mit Cap Elisabeth und Banks-Spitze; drey Seemeilen von dem erstern, und fünf dieser Meilen von der letztern.

Ich hatte mir vorgenommen, durch einen der Kanäle zu gehen, die diese Inseln voneinander absondern; es kam uns aber eine so starke Ströhmung entgegen, daß ich umlegte und sie alle ostwärts liegen ließ. Das Wetter, welches den ganzen Tag nebelig war, hellte sich gegen Abend auf, und wir wurden ein sehr hohes Vorgebirge gewahr, dessen erhabene Gipfel, die aus zwey ausserordentlich hohen Bergen bestanden, noch über den Wolken zu sehen waren. Dieses Vorgebirge nannte ich, zu Ehren meines guten Freundes, des Doctor Douglas, Canonicus von Windsor, Cap Douglas *). Es liegt im 58° 56' der Breite,

*) Verfasser der Einleitung dieses Werks und der in der Urschrift befindlichen Anmerkungen. W.

und 206° 10' der Länge, zehen Seemeilen weit westwärts von den kahlen Inseln, und zwölf Seemeilen von Banks-Spitze, in der Richtung Nordwest gen West halb West.

Zwischen dieser Spitze und dem Cap Douglas scheint die Küste eine breite und tiefe Bucht zu bilden, welche wir des Rauchs wegen, den wir bey Banks-Spitze aufsteigen sahen, Rauch-Bay (*Smokey Bay*) nannten.

Den 26sten, als am folgenden Morgen, mit Tagesanbruch hatten wir die Nordseite der kahlen Inseln erreicht, und entdeckten nun mehr Land, welches sich vom Cap Douglas nordwärts dahinzog. Es bestund aus einer Kette von Bergen von ausnehmender Höhe. Einen, der über alle erhaben war, nannten wir St. Augustins Berg (*Mount St. Augustin*). Der Anblick so vielen Landes machte uns nicht muthlos, weil wir voraussetzten, es habe gar keine Verbindung mit dem Lande, wovon Cap Elisabeth das Vorgebirge ist. Denn in der Richtung Nordnordost war die Aussicht am Horizonte durch nichts begränzt. Wir dachten also, daß zwischen Cap Douglas und dem St. Augustins Berge eine Durchfahrt gegen Nordwesten seyn möchte; kurz, wir bildeten uns ein, das Land an unserer Backbord- oder linken Seite, nordwärts von Cap Douglas, bestehe aus einer Gruppe von Inseln, die durch eine Menge Kanäle getrennt wären, worun-

1773. May.

Dienstag, den 26ten.

1778.
May.

ter doch einer seyn würde, den wir uns mit Hülfe irgend eines Windes würden zu Nutz machen können.

Mit diesen schmeichelhaften Gedanken steuerten wir, bey einem frischen Nordostwinde, nordwestwärts bis acht Uhr. Nun sahen wir deutlich, daß was wir für Inseln gehalten hatten, Gipfel von Bergen waren, die überall mit niedrigem Lande zusammenhiengen, welches wir, bey dem neblichten Horizonte in der Ferne nicht wahrnehmen konnten. Diese ganze Landschaft war, von dem Koppen der Berge an, bis an die Seestrände herab, überall mit Schnee bedeckt und hatte sonst noch mehrerley Kennzeichen, daß es zu einem großen vesten Lande gehöre. Nunmehr ward ich vollkommen überzeugt, daß ich durch diese Oeffnung keinen Ausweg nach Norden finden würde, und wenn ich mich hier mit dessen Aufsuchung noch einige Zeit abgegeben habe, so geschah es mehr, andere zu überführen, als mich in meiner Meynung zu bestättigen.

Nunmehr lag, drey bis vier Seemeilen weit von uns, St. Augustinsberg in Nord 40° West. Dieser Berg ist kegelförmig und von sehr beträchtlicher Höhe; es bleibt aber zur Zeit noch ungewiß, ob er eine Insel oder ein Theil des vesten Landes ist. Als ich sah, daß gegen Westen nichts zu thun war, legten wir um, und steuerten quer über, gegen Cap Elisabeth, worunter wir Abends um halb sechs Uhr zu stehen kamen. An der Nordseite von Cap Elisabeth befindet sich zwischen diesem und

1773.
May.

einem andern hohen Vorgebirge, welches wir Cap Bede *) nannten, eine Bucht, in deren Hintergrunde zwey wohlgeschlossene Häven zum Vorschein kamen. Wir steuerten zwar nach dieser Bay, wo wir in drey und zwanzig Faden hätten ankern können; weil dieses aber nicht in meinem Plan war, so legten wir um, und hielten westwärts, bey einem sehr stürmenden Winde aus Norden, der mit Regen und dickem Nebel begleitet war.

Am folgenden Morgen ließ der Sturm nach, aber wir hatten noch immer Regen und Nebel bis Nachmittags um drey Uhr, um welche Zeit der Himmel heiter wurde. Jetzt sahen wir Cap Douglas in Südwest gen Westen; St. Augustinsberg in West halb Süd, und Cap Bede in Süd, 15° Ost, in einer Entfernung von fünf Seemeilen. In dieser Lage betrug die Wassertiefe vierzig Faden auf einem felsichten Boden. Von Cap Bede zog sich die Küste Nordost gen Osten, mit einer Kette von Gebirgen, die sich innerhalb Landes in gleicher Richtung erstreckte. An der Küste war die Landschaft sehr holzreich, und es schien ihr nicht an Häven zu fehlen; aber wir sahen es als einen nicht vortheilhaften Umstand für uns an, daß wir in der Mitte des Fahrwassers einen niedern Landstrich entdeckten, der sich von Nordnordost bis zu Nordost gen Ost

---

*) Capitain Cook nannte sowohl dieses Vorgebirge als auch den St. Augustinsberg nach den Tagen des englischen Kalenders.

1778.
May.

halb Osten ausbreitete. Wir ließen indessen den Muth nicht sinken, weil es auch bloß eine Insel seyn konnte. Nun erhob sich ein leichter südlicher Wind, mit welchem ich westwärts gegen den niedern Landstrich steuerte, in welcher Richtung sich nichts zeigte, was unserm Lauf im Wege seyn könnte. Das Senkbley zeigte die Nacht hindurch dreyßig bis fünf und zwanzig Faden.

Donnerstag den 28sten.

Am 28sten Morgens, hatten wir nur matten Wind, und weil ich merkte daß das Schiff nach Süden hinab trieb, so ließ ich, um es aufzuhalten, einen Werfanker mit einem achtzölligen Halsertaue fallen. Indem wir das Schiff heraufbringen wollten, zerriß das Tau nahe an einem Ende, und wir verlohren es samt dem Anker. Wir legten sogleich das Schiff mit einem Buganker an, und brachten fast den ganzen Tag damit zu, den verlohrnen Anker wieder zu finden, es war aber vergebliche Mühe. Wir fanden durch eine Beobachtung, daß unsere Station im 59° 51′ der Breite war. Der vorhin erwähnte niedrige Landstrich erstreckte sich von Nordost bis Süd 75° Ost, und sein nächster Theil war zwey Seemeilen weit von uns entlegen. Das Land am westlichen Ufer lag in einer Entfernung von sieben Seemeilen, und verbreitete sich von Süd 35° West bis gegen Nord 7° Ost, so daß die Ausdehnung des Fahrwassers nunmehr auf drey und einen halben Punkt des Compasses eingeschränkt war, nämlich von Nord halb Ost, bis zu Nordost. Zwischen diesen beyden

Punkten war kein Land zu sehen, aber eine starke
Ebbe ströhmte südwärts aus dem Fahrwasser, und
betrug drey bis vier Knoten in einer Stunde. Um
zehen Uhr war seichtes Wasser, und eine Menge
Seetang, auch einiges Treibholz schwamm uns mit
der Ebbe entgegen. Auch das Wasser wurde dick
und trübe, wie es in Flüssen zu seyn pflegt, aber
wir setzten unsern Lauf getrost fort, weil es noch
eben so salzig als auf hoher See war. Die Stärke
der Fluth betrug drey Knoten, und die Ströhmung
dauerte bis Nachmittags um vier Uhr.

Da wir den ganzen Tag Windstille hatten, so
lagen wir bis Abends um acht Uhr immer auf einer
Stelle. Nunmehr lichteten wir bey einem leichten
Ostwinde die Anker, und steuerten nordwärts das
Fahrwasser hinauf. Wir waren noch nicht lang
unter Seegel, so lief der Wind nach Norden um,
und wurde zu einer steifen Kühlung mit Stössen
und Regen. Dies hinderte uns indessen nicht, während
der Fluth, dicht an den Wind zu seegeln, welches
bis andern Morgens gegen fünf Uhr dauerte.
Das Senkbley gab fünf und dreyßig, bis vier und
vierzig Faden. In dieser letztern Tiefe legten wir uns
ungefähr zwey Seemeilen weit vom östlichen Ufer
vor Anker. Unsere Breite war 60° 8'. Ein niedriger
Landstrich, den wir für eine Insel hielten,
lag unter dem westlichen Ufer, und erstreckte sich, in
einer Weite von drey bis vier großen Meilen, von
Nord halb West, bis Nordwest gen Norden.

1778.
May.

Freytag den
29sten.

1778.
May.

Das Wetter wurde nunmehr schön und heiter, so daß wir alles um uns her liegende Land in jeder Gegend des Horizonts deutlich erkennen konnten; aber nichts fiel uns in der Richtung von Nordnordosten ins Gesicht, was unserer Fahrt Hinderniß in Weg legen konnte. Nur an jeder Seite war eine Reihe von Bergen, die ununterbrochen hinter einander emporstiegen. Gegen zehn Uhr glaubte ich an den Ufern niederes Wasser zu bemerken, aber die Ebbe dauerte bis gegen Mittag. Ihre Stärke war fünfthalbe Knoten in einer Stunde, und ihr senkrechter Fall zehn Fuß, drey Zoll. Dieses ist nur von der Zeit zu verstehen, da wir vor Anker lagen; es ist also zu vermuthen, daß dieses nicht ihr tiefster Fall gewesen sey. Um diese Zeit sahen wir am östlichen Ufer ein Paar Säulen Rauch aufsteigen; ein sicheres Kennzeichen, daß die Gegend bewohnt war.

Sonnabend den 30sten.

Am 30sten zwischen zwey und drey Uhr des Morgens zogen wir beym Eintreten der Fluth abermals die Anker auf. Der harte Wind hatte sich zwar etwas gelegt, aber er war uns noch immer entgegen, und wir mußten bis gegen sieben Uhr laviren, da denn die Fluth zu Ende war. Wir ankerten in neunzehn Faden Wasser, unter dem vorigen Ufer, dessen nordwestlicher Theil in einer Weite von zwey Seemeilen in Nord 20° Ost lag, und eine stumpfe Spitze bildete. Eine andere Spitze am entgegengesetzten Ufer, welche beynahe eben so hoch war, lag in Nord 36 West. Unsere Breite war, einer Beobachtung zu Folge, 60° 37'.

1778.
May.

Um Mittag stießen zwey Kähne, jeder mit einem Manne besetzt, ungefähr von dem Platze ab, wo wir Tags vorher Rauch aufsteigen sahen; sie hatten alle Mühe, durch die starke Fluth an das Schiff zu kommen, und waren nachher ein wenig unentschlossen, ob sie sich ganz nahe heran machen sollten oder nicht. Sie näherten sich endlich, nachdem wir ihnen einige Zeichen gemacht hatten. Der eine hielte eine lange, vergebliche Rede; denn wir verstunden kein Wort von allem was er sagte. Er zeigte dabey nach dem Lande hin, welches wir für eine Einladung ansahen. Sie nahmen einige Kleinigkeiten an, die ich ihnen vom Verdeck aus zulangen ließ. Diese Leute glichen an Gestalt und Kleidung durchgehends den Einwohnern im Prinz Wilhelms Sunde. Auch ihre Kähne waren auf eben dieselbe Weise verfertigt. Einer dieser Männer hatte sein Gesicht kohlschwarz bemahlt und schien keinen Bart zu haben; der andere hingegen, welcher etwas ältlich aussah, war nicht bemahlt, hatte einen starken Bart, und in seinen Gesichtszügen viel ähnliches mit der gemeinen Sorte im Prinz Wilhelms Sunde. An eben diesem Tage sahen wir auch an der flachen westlichen Küste, Rauch aufsteigen. Wir schlossen daraus, daß nur die niedrigern Gegenden und Inseln bewohnt seyn möchten.

Mit der Fluth lichteten wir wieder die Anker, und die Kähne verließen uns. Ich steuerte, bey

1778.
May.

einem frischen Nordnordostwinde gegen das westliche Ufer, und erreichte es unter oben erwähnter stumpfen Spitze, welche mit der, am entgegengesetzten Ufer, den Kanal bis auf vier Seemeilen verenget. Durch diesen Kanal ströhmt eine fürchterliche Fluth; und wir konnten nicht wissen, ob diese heftige Bewegung von dem Strohme, oder dem Brechen der Wellen gegen Klippen oder Sandbänke herrühre. Da wir über keine Untiefen kamen, so schlossen wir, es möchte blos die Ströhmung daran Schuld seyn; wir fanden aber, daß wir uns betrogen hatten. Ich hielt mich nunmehr an das westliche Ufer, weil ich hier am sichersten zu seyn glaubte. Nicht weit davon hatten wir eine Tiefe von dreyzehen- und zwey bis drey englische Meilen weiter, vierzig und mehr Faden. Abends um acht Uhr ankerten wir unter einer drey Seemeilen weit nordostwärts gelegenen Landspitze, in funfzehen Klaftern Wasser. Hier blieben wir, so lange die Ebbe dauerte, die an die fünf Knoten in einer Stunde machte.

So lange wir uns in dieser Gegend aufgehalten hatten, behielt das Wasser, sowohl bey hoher als niederer Fluth, seinen Salzgeschmack, wie mitten im Ocean; nunmehr aber stellten sich alle Kennzeichen eines Flusses ein. Das Wasser, welches bey letzter Ebbe aufgeschöpft wurde, war weit süsser, als alles übrige, so wir bisher gekostet hatten. Ich war vollkommen überzeugt, daß wir uns in keiner Strasse befanden, die mit den nördlichen Gewässern zusammenhieng, sondern in einem großen Flusse; weil wir aber so weit gekommen waren, so wollte ich noch stärkere Beweise haben. Ich gieng also andern Tags mit der nächsten Fluth unter Seegel, und lavierte nordwärts, oder ließ mich vielmehr von der Fluth treiben; denn wir hatten nur wenig Wind.

1778.
May.

Sonntag, den 31sten.

Um acht Uhr wurden wir von verschiedenen Einwohnern in einem großen und einigen kleinen Kähnen besucht. In letztern saß allemal nur eine Person; verschiedene hatten Ruder mit einer Platte an jedem Ende, wie die Eskimos. Auf dem großen Kahne befanden sich Männer, Weiber und Kinder. Ehe sie das Schiff erreichten, steckten sie ein ledernes Gewand auf eine lange Stange, welches wir für ein Zeichen friedlicher Gesinnungen hielten. Sie langten es uns endlich in das Schiff, nachdem wir ihnen einige Kleinigkeiten zugeworfen hatten. Ich konnte weder in der Gestalt noch in dem Anzuge und Putze, noch an den Fahrzeugen dieser Leute etwas finden, welches wir nicht bey den Einwohnern vom Prinz Wilhelms Sunde wahrgenommen hätten, außer daß die kleinen Kähne hier noch enger waren, und nur einen einzigen Mann trugen. Wir tauschten von ihnen einige ihrer Pelzkleider ein, die von Seeottern- Mardern- Haasen- und andern Thierfellen gemacht waren; imgleichen etliche Wurfspieße und einen kleinen Vorrath von Lachsen *) und Platteisen. Sie nahmen dage-

*) Salmo Salar. L. W.

1778.
May.

gen alte Kleider, Glaskorallen und Eisenstücke. Wir sahen, daß sie große eiserne Messer und himmelblaue Glasperlen hatten, wie wir sie bey den Eingebohrnen von Prinz Wilhelms-Sunde antrafen. Letztere schienen bey ihnen in großem Werthe zu seyn, daher sie auch viel aus denen machten, die sie von uns bekamen. Ihre vorzügliche Begierde aber war auf große Stücke Eisen gerichtet, welches Metall sie, wenn ich mich nicht irre, Goone nannten, ob sie gleich, wie ihre Nachbarn im Prinz Wilhelmsunde, mit einem Worte mehrere Bedeutungen zu verknüpfen schienen. Sie sprechen auch vermuthlich einerley Sprache; denn die Worte Keeta, Naema, Oonaka und noch einige andere, die wir in jenem Sunde am häufigsten gehört hatten, kamen auch bey diesem neuentdeckten Stamme öfters vor. Nachdem sich diese Kähne ein Paar Stunden zwischen beyden Schiffen aufgehalten hatten, ruderten sie wieder an das westliche Ufer zurück.

Um neun Uhr kamen wir ungefähr zwey Seemeilen weit von diesem Ufer, in sechszehn Klaftern Wasser vor Anker; und fanden daß die Ebbe schon angefangen hatte. Bey ihren schnellesten Ablaufe betrug sie nur drey Knoten in einer Stunde, und fiel, nachdem wir geankert hatten, ein und zwanzig Fuß in senkrechter Tiefe. Die Witterung war abwechselnd bald nebelig, mit Staubregen vermischt, bald helle. Bey den heitern Augenblicken sahen wir zwischen den Bergen am östlichen Ufer eine Oeffnung, von der Station der Schiffe aus, gerade in Osten, mit einem niedrigen Gelände, welches wir für Inseln hielten, die zwischen uns und dem vesten Lande lagen. Auch gegen Norden sahen wir niedriges Land, welches sich von dem Fuß der Berge auf einer Seite, bis zu dem Fuß der Berge auf der andern zu erstrecken schien; bey der Ebbezeit zeigten sich sogar Klippen und Bänke, die von dieser Niederung in die See liefen, und davon einige nicht gar zu weit von uns entfernt waren. Diese Aspekten machten uns ungewiß, ob sich das Fahrwasser durch gedachte Oeffnung ostwärts zöge, oder ob diese Oeffnung blos ein Arm des großen Fahrwassers oder Kanals sey, der seine Richtung nach Norden durch die niedrige Landschaft, die uns vor Augen lag, hindurch nähme. Die auf jeder Seite des Kanals fortgehende Bergkette und ihre Richtung machten letztere Annahme sehr wahrscheinlich.

Um nun der Sache gewiß zu seyn, und die Untiefen untersuchen zu lassen, sandte ich unter Aufsicht des Schiffers, zwey Boote aus, und so wie die Fluth zu Ende war, folgte ich ihnen mit den Schiffen. Da wir auf der einen Seite gänzliche Windstille, auf der andern aber heftige Ströhmung hatten, sahe ich mich genöthigt zu ankern, nachdem ich etwa zehen englische Meilen ostwärts getrieben worden war. Bey vorhergehender Ebbe ward das Wasser, bey seiner größten Seichte, nicht nur auf der Oberfläche, sondern auf einen Schuh tief, vollkommen frisch befunden; weiter am Grunde aber

1778.
May.

behielt es einen großen Theil seines Salzgeschmacks. Nächst diesem hatten wir noch andere und nur allzu deutliche Beweise, daß wir uns in einem großen Flusse befanden; nämlich niedrige Ufer, dickes und schlammichtes Wasser; große Bäume und allerley Unrath, die von der Ebbe und Fluth ab und zugeschwemmt wurden. Nachmittags besuchten uns wieder die Eingebohrnen in verschiedenen Kähnen und handelten eine geraume Zeit mit unsern Leuten, ohne daß wir Ursache gehabt hätten, uns über sie zu beklagen.

Junius.
Montags, den 1sten.

Andern Tags, als am 1ten Jun. morgens um zwey Uhr, kam der Schiffer zurück und meldete, er habe die Oeffnung, oder vielmehr den Fluß, durch niedriges Land zu beiden Seiten bis auf eine Seemeile verengert gefunden; daß sie von zwanzig bis zu siebzehen Faden Wassertiefe habe, mithin gar wohl von großen Schiffen könne befahren werden. Die geringste Tiefe sey in einiger Entfernung vom Ufer und von den Sand-Bänken, zehen Faden gewesen, und dieses, ehe er noch in die schmale Gegend kam. Während der Ebbe oder dem Ausfluß des Strohms, habe er das Wasser vollkommen süß befunden, mit antretender Fluth aber sey es wieder halb- und bey hohem Wasser, so weit er hinaufwärts gekommen sey, ganz salzig gewesen. Er stieg auf einer Insel aus, welche zwischen diesem und einem östlichen Arme lag, und worauf er Johannisbeerstauden, mit schon angesetzten Beeren und andere ihm unbekannte Fruchtbäume und Gesträuche antraf. Der Boden schien mit Sand vermengter Lehm zu seyn. Ungefähr drey Seemeilen weiter hinaus, als er mit seiner Untersuchung gekommen war, bemerkte er gegen Norden eine andere Trennung der östlichen Bergkette, durch welche, seiner Meynung nach, der Fluß eine nordöstliche Richtung nehme. Mir aber kam es wahrscheinlicher vor, daß es nur ein andrer Arm sey, und daß der große Kanal seine nördliche Richtung zwischen beiden vorhin erwähnten Bergketten behalte. Er bemerkte auch, daß diese Reihen von Gebirgen allmählig immer näher aneinander kämen, sich aber nicht schlössen; daß man auch kein erhabnes Land zwischen beiden sehe, sondern blos Niederungen, die zum Theil mit Holz bewachsen, zum Theil ganz kahl gewesen wären.

Alle Hoffnung, eine Durchfahrt zu finden, war nunmehr verschwunden. Da indessen die Ebbe beynahe zu Ende war, und wir nicht gegen die Fluth zurückkehren konnten, so dachte ich, es käme nicht darauf an, uns lieber letztere noch zu Nutz zu machen, und jenen östlichen Arm genauer zu untersuchen, wobey wir dann endlich erfahren würden, ob das niedere Land an der Ostseite des Flusses eine Insel sey oder nicht. In dieser Absicht lichteten wir mit eintretender Fluth die Anker, und steuerten bey einem schwachen Nordostwinde gegen das östliche Ufer, mit vorangehenden Booten, die die Wassertiefe untersuchen mußten. Sie betrug zwischen zwölf und fünf Faden. Der Boden

1778.
Jun.

1778.
Jun.

bestand aus einem harten Kiessand, und doch war das Wasser ausserordentlich trüb und schlammicht. Um acht Uhr erhob sich ein frischer Ostwind, der unserem Laufe gerade entgegen wehete, und mir alle Hoffnung benahm, noch vor dem hohen Wasser die Mündung des Flusses zu erreichen. Ich gedachte inzwischen, was nicht durch Schiffe geschehen könne, würden Boote thun, und schickte deren zwey, unter Herrn Kings Commando, aus, welche sowohl die Fluth untersuchen, als auch über die eigentliche Beschaffenheit des Flusses nähere Nachricht ertheilen sollten.

Um zehen Uhr stellte sich die Ebbe ein; ich ankerte in neun Faden Wasser auf einem Kieselgrunde. Da ich nunmehr sah, daß der Ablauf der See viel zu stark war, als daß die Boote dagegen hätten fortkommen können, gab ich ein Signal zur Rückkehr, nachdem sie ungefähr halben Weg bis zur Mündung des Arms, den sie untersuchen sollten, gemacht hatten, und welcher von unsern Schiffen aus, drey Seemeilen weit, im Striche Süd 80° Ost lag. Das vorzüglichste, was wir durch diese Expedition erfuhren, war, daß die ganze niedrige Landschaft, die wir für eine, oder mehrere Inseln hielten, ein ununterbrochener Erdstrich war, der von den Ufern des Flusses bis zum Fuß der Berge in einem fortgehe, und sich an dem südlichen Eingange dieses östlichen Armes endige. Diesen Arm nannte ich River Turnagain (Kehrum-Fluß); an seiner Nordseite fängt

), und doch war
und schlammicht.
er Ostwind, der
ehete, und mir
dem hohen Waf-
erreichen. Ich
urch Schiffe ge-
un, und schickte
ommando, aus,
, als auch über
Flusses nähere

Ebbe ein; ich
f einem Kiesel-
aß der Ablauf
daß die Boote
, gab ich ein
ungefähr hal-
s, den sie un-
o welcher von
ilen weit, im
vorzüglichste,
en, war, daß
wir für eine,
interbrochener
es Flusses bis
ehe, und sich
lichen Armes
ver Turna-
rdseite fängt

die Niederung wieder an, und erstreckt sich von dem Fuß der Berge an, bis an den Strand des grossen Flusses, so daß sie vor dem River Turnagain eine grosse Bay bildet, an deren Süderseite wir gegenwärtig vor Anker lagen, und wo wir von halber Fluth bis zu hohem Wasser, von zwölf bis zu fünf Faden Tiefe hatten.

Nachdem wir in diese Bay eingelaufen waren, bemerkten wir, daß die Fluth sehr stark gegen den Fluß Turnagain andrang, aber noch heftiger ströhmte nachher die Ebbe heraus. Während wir vor Anker lagen, betrug der Fall des Wassers zwanzig Fuß senkrechte Höhe. Alle diese Umstände überzeugten mich, daß auf dieser Seite des Flusses eben so wenig an eine Durchfahrt zu denken sey, als in dem großen Arme. Da inzwischen das Wasser während der Ebbe, bey seiner beträchtlichen Frische, doch noch einen hohen Grad von Salzigkeit hatte, so war zu vermuthen, daß man diese beiden Arme noch viel weiter hinauf, als wir mit unserer Untersuchung gekommen waren, mit Schiffen würde befahren können, und daß vermittelst dieses Flusses und seiner verschiedenen Aeste, ein sehr ausgebreiteter und offener Zugang zu dem innern Lande könnte entdeckt werden. Wir haben ihn nicht weiter verfolgt, als bis zu dem 61° 30' der Breite und 210° der Länge, welches über siebenzig Seemeilen von seiner Mündung ist, ohne auf die geringste Spur zu gerathen, wo er entspringen könnte.

1778.
Jun.

1778.
Jun.

Sollte die Entdeckung dieses großen Flusses *), der wegen seiner Bequemlichkeit zu einer ausgebreiteten Schiffahrt innerhalb Landes, bereinst den bekanntesten Flüssen den Vorzug streitig machen kann, jetzt oder in künftigen Zeiten wichtig werden: so hätten wir im Grunde nicht Ursache, die Zeit zu bereuen, die wir dabey zugebracht haben. Da wir aber einen ungleich wichtigern Gegenstand zu verfolgen hatten, so mußten wir einen so langen Verzug als einen wahren Verlust ansehen. Die beste Jahreszeit rückte herbey; wir wußten nicht, wie weit wir noch nach Süden zurückzukehren hatten, und waren vielmehr überzeugt, daß das veste Land von Nord-America sich weiter nach Westen erstrecke, als die besten neuern Charten anzuzeigen schienen. Die Existenz einer nördlichen Durchfahrt in der Baffins- oder Hudsons-Bay wurde dadurch noch unwahrscheinlicher, oder sie müßte sich ausserordentlich weit erstrecken. Es war mir indessen lieb, diese beträchtliche Oeffnung beschifft und untersucht zu haben, weil sonst einige speculative Erdbeschreiber als eine ausgemachte Sache würden angenommen haben, daß sie gegen Norden mit der See, und gegen Osten mit der Baffins- oder Hudsons-Bay zusammenhänge; man würde auch bereinst Charten gesehen haben, in

*) Capitain Cook ließ hier, statt des Namens dieses Flusses, einen leeren Platz. Lord Sandwich ließ ihn mit großem Rechte Cooks-Fluß (Cooks River) nennen.

welchen dieser Zusammenhang mit größerer Deutlichkeit und sicherern Zeichen der Wirklichkeit angezeigt wäre, als die unsichtbaren und eingebildeten Straßen des de Fuca und de Fonte.

Nachmittags schickte ich Herrn King noch einmal mit zwey bewafneten Booten ab, um auf der nördlichen Spitze des niedrigen Landes, an der südöstlichen Seite des Flusses, an Land zu gehen, dort die englische Flagge aufzustecken und, in Sr. Majestät Namen, von dem Lande und dem Flusse Besitz zu nehmen. Sie sollten zugleich eine Flasche mit einigen englischen Münzsorten vom J. 1772, und einem Papiere, worauf die Namen unserer Schiffe und die Zeit der Entdeckung verzeichnet waren, in die Erde graben. Mittlerweile waren die Schiffe unter Seegel gegangen, um den Fluß wieder herabzufahren. Der Wind blies noch immer frisch von Osten; wir waren aber nicht lange unter Seegel, so bekamen wir Windstille, und weil uns ungefähr der Landspitze gegen über, wo Herr King ans Land stieg, die Fluth entgegen kam, so mußten wir wieder die Anker fallen lassen. Die Wassertiefe war sechs Faden; die Landspitze, die wir dieser Besitznehmung wegen, Point Possession nannten, lag südwärts in einer Entfernung von zwey Seemeilen.

Herr King erzählte mir bey seiner Zurückkunft, daß bey seiner Annäherung an das Ufer, an die zwanzig Eingebohrne zum Vorschein gekommen

Dritter Th.   B b

1778.
Jun.

waren, die ihre Arme gegen ihn ausgestreckt hatten, vermuthlich um ihre friedfertigen Gesinnungen zu erkennen zu geben, und zu zeigen, daß sie ohne Waffen wären. Als er und seine Begleiter mit Flinten in der Hand ans Land stiegen, schienen sie sehr unruhig darüber zu seyn, und machten ihnen Zeichen, sie niederzulegen. Kaum hatte aber Herr King darein gewilligt, so wurde ihm und seinen Leuten erlaubt, heranzukommen, und man betrug sich munter und gesellig gegen sie. Sie hatten etliche Stücke von frischem Salm, auch einige Hunde bey sich. Herr Law, Wundarzt der Discovery, der von der Partie war, kaufte einen Hund, nahm ihn mit sich gegen das Boot und erschoß ihn vor ihren Augen. Sie schienen darüber sehr betroffen zu seyn, und weil sie sich in dergleichen Gesellschaft nicht allzu sicher dünkten, so machten sie sich davon. Bald hernach zeigte sich aber, daß sie ihre Speere und andere Waffen, nicht weit hinter sich, im Gebüsche versteckt hatten. Herr King sagte mir noch, daß der Boden sumpfig und das Erdreich mager, leicht und schwarz sey, daß es nur einige wenige Bäume und Stauden hervorbringe, als Fichten, Erlen, Birken, Weiden, Heckenrosen, Johannisbeerstauden, und eine sehr geringe Grasart; er habe aber keine einzige Pflanze in der Blüte gesehen.

So bald die Fluth ihre größte Höhe erreicht hatte, giengen wir unter Seegel und steuerten, bey einer gelinden Luft aus Süden, nach dem westlichen

Ufer, wo wir andern Tags sehr frühe, wegen rück- 1778.
kehrender Fluth, ankern mußten. Bald darauf Jun.
kamen verschiedene große und kleine Kähne mit Eingebohrnen zu uns. Zuerst verhandelten sie ihr Pelz- Dienstag,
werk, nachher aber mußten auch ihre Kleidungs- den 2ten.
stücke daran, so daß verschiedene endlich ganz nackend
waren. Sie brachten uns unter andern eine Menge
Felle von weissen Haasen oder Kaninchen, einige sehr schöne röthliche Fuchsbälge und nur zwey
bis drey Seeotterfelle. Auch überliessen sie uns
einige Stücke Salm, und etliche Heilbütten.
Das Eisen hatte bey ihnen den Vorzug vor allem,
was wir ihnen sonst anboten. Die Lippengehänge
schienen bey ihnen nicht so häufig zu seyn, wie bey
den Einwohnern im Prinz-Wilhelms-Sunde;
dagegen waren die Zierrathen in den Nasenknor-
peln desto gemeiner und überhaupt länger als jene.
Sie hatten auch viel mehr von einer Art weiß und
rother Stickerey an einigen Theilen ihrer Kleidungen und Geräthschaften, als z. B. an ihren Kö-
chern und Messerscheiden.

Um halb eilf Uhr lichteten wir, mit Anfang der
Ebbe, die Anker und seegelten bey einem leichten,
südlichen Preßwinde den Fluß hinab. Hier geschah
es, daß durch die Unvorsichtigkeit des Menschen,
der das Senkbley führte, die Resolution auf einer
Sandbank, ungefähr in der Mitte des Flusses,
etwa zwey Meilen oberhalb der beiden vorerwähn-
ten stumpfen Landspitzen, sitzen blieb. Diese Bank

Bb 2

1772.
Jun.

war ohne Zweifel die Ursache jener starken Bewegung des Strohmes gewesen, die wir bey dem Hinaufseegeln wahrgenommen hatten. Um das Schiff her hatten wir bey der niedrigsten Ebbe, nicht weniger als zwölf Fuß Tiefe, aber an andern Stellen war die Bank trocken. So bald das Schiff vestsaß, gab ich der Discovery ein Zeichen, daß sie vor Anker gehen sollte, und ich erfuhr nachher, daß es ihr an der Westseite der Bank beynahe eben so gegangen wäre. Mit eintretender Fluth, Nachmittags um fünf Uhr, wurde das Schiff wieder flott, ohne daß es den mindesten Schaden erlitten oder uns die geringste Mühe gekostet hätte. Wir steuerten nunmehr gegen das westliche Ufer hinüber, wo tieferes Wasser war, und legten uns vor Anker, um die Ebbe abzuwarten, weil wir noch immer widrigen Wind hattten.

Mittwoch, den 3sten.

Nachts um zehen Uhr, giengen wir bey Ablauf der See unter Seegel, und als am andern Morgen, zwischen vier und fünf Uhr, die Ebbe vorbey war, ankerten wir abermals, zwey Meilen unter der stumpfen Landspitze, am westlichen Ufer, in einer Tiefe von neunzehen Faden. Hier kamen wieder eine Menge Eingebohrne an die Schiffe, und blieben den ganzen Morgen bey uns. Ihr Besuch war uns sehr angenehm; denn sie brachten eine große Quantität schönen Lachs mit, und überließen uns solchen gegen alles, was wir ihnen an Kleinigkeiten zu geben hatten. Er war meistentheils schon zum Trockenen aufgerissen, und wir kauften davon für beide Schiffe etliche Centner.

Nachmittags sahen wir das erstemal seit unserer Ankunft im Flusse, die Berge von Wolken entblößt, und entdeckten, daß einer davon, an der Westseite, ein Vulcan war. Er liegt im 60° 23' der Breite, und ist der erste hohe Berg nordwärts von Mount St. Augustin. Der Feuerbecher befindet sich an der Seite des Flusses und ist nicht gar weit unter dem Gipfel des Berges. Er hatte gegenwärtig kein allzu auffallendes Ansehen; denn es stieg blos ein weisser Rauch davon auf, und kein Feuer.

Der Wind blieb immer in Süden und wir trieben mit der Ebbe den Fluß herab. Am 5ten, des Morgens kamen wir wieder in die Gegend, wo wir unsern Werfanker verlohren hatten; wir machten einen Versuch, ihn wieder aufzufischen; aber unsere Mühe war vergebens. Ehe wir weiter giengen, stießen sechs Kähne vom östlichen Ufer ab, in welchen zuweilen nur ein, zuweilen auch zwey Mann saßen. Sie hielten nicht gar weit von den Schiffen, und betrachteten sie wenigstens eine halbe Stunde lang in stiller Bewunderung, ohne weder gegen uns, noch unter einander ein Wort fallen zu lassen. Endlich faßten sie Muth und kamen an die Schiffsseite, wo sie sich mit unsern Leuten in einen Tauschhandel einließen, und uns nicht eher verließen, als bis sie ihre ganze Ladung, die in einigem Pelzwerk und etwas Lachs bestand, angebracht hatten. Bey dieser Gelegenheit will ich noch erinnern,

1778.
Jun.

daß alle Anwohner, die wir in diesem Flusse gefunden haben, wegen so vieler auffallender Züge der Aehnlichkeit, mit denen in Prinz-Wihelms-Sunde eine und dieselbe Nation auszumachen scheinen, daß sie hingegen, sowohl in Ansehung der Person als der Sprache, von denen im Nootka- oder König Georgs-Sunde wesentlich verschieden sind. Sie sprechen zwar etwas mehr durch die Gurgel als jene, sie reden aber, wie jene, laut und deutlich, und in wenigen Worten, die vielleicht körnig waren.

Ich habe bereits erinnert, daß sie Eisen besitzen, oder vielmehr daß die Spitzen ihrer Speere und ihre Messer von diesem Metalle sind. Einige der erstern waren von Kupfer. Ihre Speere sehen wie unsere Spontons aus, und ihre Messer, die sie in Scheiden tragen, sind von beträchtlicher Länge. Diese und einige Glaskorallen, waren die einzige fremde Manufaktur-Waare, die wir bey ihnen wahrgenommen haben. Wie sie zu diesen mögen gekommen seyn, habe ich bereits oben zu erklären gesucht, hier will ich nur noch erinnern, daß, wenn sie diese Sachen nicht durch die dritte oder vierte Hand von Nachbarn erhalten haben, die mit den Russen in einigem Verkehr stehen, es noch unwahrscheinlicher ist, daß die Russen selbst hier gewesen sind, weil wir in diesem Falle bey den Einwohnern schwerlich mehr Kleider von so kostbaren Pelzwerke als die Seeotterfelle sind, würden angetroffen haben.

1778.
Jun.

Ohne Zweifel könnte ein sehr einträglicher Pelz, handel mit den Einwohnern dieser weitausgebreite, ten Küste getrieben werden. Allein so lange keine nordische Durchfahrt entdeckt wird, kann Großbrittanien, wegen seiner großen Entlegenheit, keinen Vortheil daraus ziehen. Uebrigens ist zu gedenken, daß die kostbarsten, oder vielmehr die einzigen kostbaren Felle, die ich an dieser westlichen Seite von America gesehen habe, die Seeotter, Felle sind. Alle übrigen, besonders die Fuchs und Marder-Bälge sind von weit geringerer Güte. Hiezu kommt noch, daß die meisten Felle schon zu Kleidungstücken verarbeitet waren, und wenn auch verschiedene darunter sich noch in gutem Zustand befanden, so waren doch andere alt und lumpicht genug, und alle wimmelten von Ungeziefer. Indessen da diese armen Leute von ihrem Rauchwerke keinen andern Gebrauch zu machen wissen, als ihre Blöße damit zu bedecken, so ist ihnen wohl nicht zuzumuthen, daß sie sich mit Zubereitung eines grösern Vorrathes, als sie selbst nöthig haben, viel Mühe geben sollten. Sie mögen auch wohl blos der Bekleidung wegen, Landthiere erlegen; denn sowohl das Meer als die Flüsse scheinen ihnen den hauptsächlichsten Lebensunterhalt zu verschaffen. Ganz anders würde es sich verhalten, wenn sie sich dereinst zu einem fortdauernden Handel mit Fremden zu versehen hätten. Ihre Bedürfnisse würden sich alsdann vermehren, sie würden mit neuen Artikeln des Luxus bekannt werden, und um diese zu kaufen,

1778.
Jun.

würden sie weit eifriger daran seyn, Felle herbey zu schaffen, deren schneller Vertrieb ihnen bald in die Augen fallen würde, und von denen sie sich gar bald einen sehr großen Vorrath würden sammeln können.

Aus dem, was ich gelegenheitlich von der Fluth in diesem Flusse gesagt habe, wird man abnehmen, daß sie sehr beträchtlich ist, und der Schiffahrt in demselben sehr zu Statten komme. An den Tagen des Voll- und Neumondes ist zwischen zwey und drey Uhr hohes Wasser im Strohme, und die Fluth steigt senkrecht drey bis vier Faden hoch. Die Ursache weswegen die See hier stärker antritt als an andern Gegenden der Küste, läßt sich leicht erklären. Die Mündung des Flusses befindet sich in einer Ecke der Küste, mithin wird die Fluth, die aus dem Ocean kömmt, von beiden Ufern eingedrängt, und muß auf diese Weise zu einer beträchtlichen Höhe steigen. Ein Blick auf die Charte wird die Sache anschaulich machen.

Die östliche Abweichung der Magnetnadel war 25° 40 Minuten.

Siebentes Kapitel.

Entdeckungen, nachdem man den Cooks-Fluß verlassen hatte. — Insel S. Hermogenes. — Cap Whitsunday (Pfingst-Cap.) — Cap Greville. — Two-headed Cap (Zweyköpfiges Vorgebirg.) — Trinity-Island (Dreyfaltigkeits-Insel.) — Behrings Nebel-Insel. — Beschreibung eines schönen Vogels. — Kodiak- und die Schumagins-Inseln. — Ein Eingebohrner bringt einen russischen Brief an Bord. — Muthmassungen wegen dieses Briefs. — Rock-Point (Felsenspitze.) — Halibut-Eiland. — Feuerspeyender Berg. — Glücklich überstandene Gefahr. — Ankunft der Schiffe zu Oonalaschka. — Verkehr mit den Eingebohrnen. — Ein zweyter russischer Brief. — Beschreibung des Havens Samganoodha.

1778.
Jun.

Freytags, den 5ten.
Sonnabend den 6ten.

So bald uns die Ebbe günstig wurde, hoben wir die Anker und steuerten bey einem leichten Preßwinde zwischen Westsüdwest und Südsüdwest, den Fluß hinab, bis uns die Fluth nöthigte, sie wieder fallen zu lassen. Endlich erhub sich um ein Uhr des folgenden Morgens ein frischer Westwind, mit dessen Hülfe wir unter Seegel giengen. Um acht Uhr kamen wir an den kahlen Inseln vorbey, und richteten unsern Lauf nach Cap St. Hermogenes. Dieses Vorgebirge lag um Mittag acht Seemeilen weit in Südsüdosten, und der Kanal, zwischen der Insel dieses Namens, und dem vesten Lande, in Süden. Ich steuerte gegen diese Oeffnung, in der Absicht durch sie hinzuseegeln; allein bald darauf verließ uns der Wind, und wir bekamen

1778.
Jun.

leichte, neckende Lüfte aus Osten, daß ich meinen Vorsatz aufgab, zwischen der Insel und dem grössern Lande hindurchzufahren.

Um diese Zeit sahen wir an der Küste des vesten Landes, nordwärts der Oeffnung, einige Säulen Rauch aufsteigen, die wahrscheinlich Signale seyn sollten, uns dorthin zu ziehen. Hier bildete das Land eine Bay oder vielleicht einen Haven, an dessen Nordwestspitze ein niedriges, felsichtes Eiland liegt. Zwischen dieser Gegend und der Bankes-Spitze sind noch verschiedene Inseln, von gleichem Ansehen, längs der Küste verstreuet.

Abends um acht Uhr erstreckte sich die Insel St. Hermogenes von Südhalbost bis zu Südsüdostquartost, und die Klippen an ihrer Nordseite lagen drey englische Meilen weit in Südost. Hier hatten wir vierzig Faden Wassertiefe in einem Sand- und Muschelgrunde. Wir warfen unsere Angeln und Leinen aus, und fiengen einige Heilbutten.

Sonntag, den 7ten.

Um Mitternacht hatten wir die Klippen zurückgelegt, und seegelten südwärts. Um Mittag lag St. Hermogenes vier Seemeilen weit in Norden, und die südlichste Spitze des vesten Landes innerhalb, oder westwärts der Insel, lag in einer Entfernung von fünf Seemeilen in Nordhalbwest. Die Breite dieses Vorgebirges, welches ich, nach dem heutigen Tage, das Pfingstcap (*Cape Whit-Sunday*) nannte, ist 58° 15', und seine Länge 207° 24'. Westwärts davon ab ist ein großer

daß ich meinen und dem grö-

Küste des vesten einige Säulen) Signale seyn ier bildete das Javen, an des lsichtes Eiland) der Bankes v von gleichem

sich die Insel bis zu Süd- hrer Nordseite in Südost. rtiefe in einem warfen unsere a einige Zeil-

Klippen zurück- n Mittag lag eit in Norden, Landes inner- in einer Ent- Nordhalbwest. ches ich, nach (*Cape Whit-* seine Länge ein großer

Meerbusen, den ich ebenfalls mit dem Namen Pfingstbay (*Whitsuntide - Bay*) bezeichnete. Das Land an der Ostseite dieser Bucht, deren südliche Spitze das Pfingstcap, und die nördliche Point-Banks ist, gleicht in allem Betracht der Insel St. Hermogenes, und scheint von allem Gehölze und zum Theil auch von Schnee entblößt zu seyn. Es kam uns indessen vor, als wenn es mit einer Moosdecke bewachsen wäre, wodurch es ein bräunliches Ansehen bekam. Auch hatten wir einige Ursache zu vermuthen, daß es eine Insel sey, und in diesem Falle wäre die vorhin erwähnte Bay nur eine Strasse oder Durchfahrt, welche die In- sel vom vesten Land trennte.

Nachmittags zwischen ein und zwey Uhr sprang der Wind, der bisher von Nordosten kam, auf ein- mal gegen die südlichen Striche um. Bis gegen sechs Uhr blieb er unbeständig; nun setzte er sich aber in Süden vest, welches gerade unser Fahrstrich war. Wir sahen uns also genöthigt zu laviren. Der Him- mel war trübe, die Luft trocken, aber kalt. Bis Mitternacht liefen wir ostwärts, alsdann legten wir um, und steuerten gegen das Land. Zwischen sieben und acht Uhr des folgenden Tags, befanden wir uns vier englische Meilen weit unter der Küste und nur eine halbe Seemeile weit von einigen verborgenen Klippen, die in Westsüdwest lagen. Hier legten wir in fünf und dreyßig Faden Wasser um. St. Hermogenes Insel lag in Nord 20° Ost und das

1778. Jun.

Montag, den 8ten.

1778.
Jun.

am meisten südlich gelegene Land, so wir entdecken konnten, gerade gegen Mittag.

Indem wir gegen die Küste hinsteuerten, kamen wir vor der Mündung der Pfingstbay vorüber, und sahen nunmehr, daß sich das Land überall um den Busen herum zieht, so daß es entweder zusammenhängt, oder die Spitzen der Oeffnungen decken einander. Ich glaube indessen das erstere, und halte das Land ostwärts von der Bay für einen Theil des großen Geländes. Westwärts von der Bay liegen etliche kleine Inseln. Südwärts wird die Seeküste etwas niedrig und hat einige hervortretende felsichte Spitzen, zwischen denen sich kleine Buchten und Einschnitte befinden. Hier sah man kein Holz und nur wenig Schnee an der Küste, da hingegen die mehr landeinwärts liegenden Gebirge gänzlich mit letzterm bedeckt waren. Bis gegen Mittag steuerten wir ab vom Lande, und dann wieder gegen den Wall. Unsere Breite war um diese Zeit 57° 52½'. Cap St. Hermogenes war, acht Seemeilen weit, in Nord 30° West, und der südlichste Theil der Küste, den man sehen konnte, und welchen wir vorher schon wahrgenommen hatten, war zehen Seemeilen weit in Südwest. Hier läuft das Land in eine Spitze aus, die ich Cap Greville nannte. Sie liegt im 57° 33' der Breite und 207° 15' der Länge, und ist, in der Richtung von Süd 17° West, funfzehen Seemeilen weit vom Cap St. Hermogenes entfernt.

Dienstag, den 9ten.

Die drey folgenden Tage hatten wir beständig neblichte Witterung und Staubregen, so daß uns die Küste nur selten zu Gesicht kam. Der Wind war Südost gen Süden oder Südsüdost, immer leicht und frisch und die Luft rauh und kalt. Bey diesem Wind und Wetter mußten wir blos gegen die Küste hin und her laviren, und wir machten Gänge von sechs bis acht Seemeilen. Die Tiefe des Wassers blieb zwischen dreyßig und fünf und funfzig Faden über einem groben schwarzen Sandboden.

1778.
Jun.

Mittwoch, den 10ten.
Donnerstag den 11ten.

Als sich Abends auf den 12ten ein Südwestwind erhob, verzog sich der Nebel, und das Land erschien zwölf Seemeilen weit in Westen. Andern Morgens in aller Frühe richteten wir unsern Lauf gegen dasselbe. Gegen Mittag waren wir nicht über drey englische Meilen mehr davon entfernt. Eine hohe Spitze, die ich Cap Barnabas nannte, lag zehen dieser Meilen weit in Nordnordost halb Ost. Ihre Breite war 57° 13′. Die Küste erstreckte sich von Nord 42° Ost bis gegen Westsüdwest; das nordöstliche Ende derselben war in Nebel verhüllt, aber die südwestliche Spitze zeigte in der Höhe zwey runde Berge, und wurde deswegen Zweyköpfige Spitze (Two headed Point) genannt. Dieser Theil der Küste hat verschiedene kleine Buchten und besteht aus hohen Gebirgen und tiefen Thälern. Hin und wieder kamen uns Gipfel von andern Bergen zu Gesicht, die über jenen an der Küste hervorragten. Letztere hatten nur wenig Schnee, und sahen überhaupt sehr kahl und unfruchtbar aus. Weder Baum, noch Strauch war hier zu sehen, und alles hatte ein bräunliches Anse-

Freytag, den 12ten.

1778.
Jun.

hen, welches vermuthlich von dem Moose herrührt, womit diese Berge bedeckt sind.

Ich seegelte immer mit dem Preßwinde längs der Küste nach Südwest gen Westen hinab. Abends um sechs Uhr befanden wir uns halben Wegs zwischen Cap Barnabas und der Zweykopfspitze, zwey Seemeilen vom Ufer. Das Senkbley brachte zwey und sechzig Faden. In dieser Lage zeigte sich in Süd 59° West, über der Zweykopfspitze, ein niedriger Erdstrich, und ausserhalb desselben, in Süd 59° West, ein anderer, welcher eine Insel zu seyn schien.

Sonnabend den 13ten.

Als wir uns am 13ten Mittags im 56° 49 der Breite befanden, blieb uns Cap Barnabas in Nord 52° Ost, und die Zweykopfspitze sieben bis acht englische Meilen weit, in Nord 14° West. Die Küste des vesten Landes erstreckte sich bis nach Süd 72° ½ West und der Erdstrich, den wir Abends zuvor gesehen und für eine Insel gehalten hatten, sah nun wie zwey Inseln aus. In welchem Gesichtspunkte man auch die Zweykopfspitze betrachtete, hatte sie immer das Ansehn einer Insel. Vielleicht ist sie eine Halbinsel, deren Ufer an jeder Seite eine Bay bildet. Der Wind, der immer in leichter Kühlung wehte, stand beständig im westlichen Viertel. Der Himmel war trüb und nebelig, und die Luft scharf und trocken.

Sonntag, den 14ten.

Am folgenden Morgen, als wir uns schon ziemlich nahe am südlichsten Lande befanden, sahen wir, daß es eine Insel war. Ich gab ihr den Namen

Dreyfaltigkeits Insel (Trinity Island). Ihre
größte Länge beträgt in der Richtung von Ost nach
Westen, sechs Seemeilen; an jedem Ende ist das
Land hoch und kahl, in der Mitte aber niedrig,
so daß es in gewissen Gesichtspunkten in der Ferne
wie zwey Inseln erscheint. Sie liegt im 56° 30'
der Breite und 205° der Länge, zwischen zwey
und drey Seemeilen vom vesten Lande. Dieser
Zwischenraum ist wieder mit kleinen Eilanden und
Klippen besäet, durch welche man aber leicht dahin
kommen und sicher Anker werfen kann. Anfangs
waren wir geneigt, diese Insel für Behrings
Nebel-Insel *) zu halten, allein nach seiner
Charte muß diese viel weiter vom vesten Lande
entlegen seyn.

Abends um acht Uhr steuerten wir gegen die
Küste, bis wir uns eine Seemeile weit von den oben
gedachten kleinen Eilanden befanden. Der westlichste Theil des vesten Landes, den wir entdecken
konnten, besteht aus einer, der Dreyfaltigkeits-
Insel gegenüber liegenden, niedrigen Spitze, der
ich den Namen Trinitatiscap (*Cape Trinity*)
beylegte. Sie blieb uns in Westnordwest. Hier
legte ich um, in vier und funfzig Faden Wassertiefe, über einen schwarzen Sandboden, und steuerte gegen die Insel, in der Absicht zwischen ihr
und dem vesten Lande hinzusegeln. Westwärts
der Zweykopfspitze ist es nicht so bergicht, als

*) *Tumannoi-ostrow*, L'Isle nebuleuse. *Muller* Découvertes, &c. p. 261.

1778.
Jun.

1778.
Jun.

es nordostwärts von derselben ist, auch liegt wenig Schnee darauf. Gleichwohl sieht man hier und da verschiedene Berge von beträchtlicher Höhe, die aber durch große Strecken flachen Landes getrennt werden, welches durchgehends von Holz entblößt und sehr öde und unfruchtbar zu seyn scheint.

Indem wir uns der Insel näherten, begegneten uns zwey Männer in einem kleinen Kahne, die von der Insel nach dem vesten Lande ruderten. Anstatt uns nahe zu kommen, schienen sie uns vielmehr auszuweichen. Nunmehr fieng der Wind an südlich zu werden, und es hatte allen Anschein, daß er bald südöstlich werden würde. Da wir aus der Erfahrung hatten, daß die südöstlichen Winde dicke Nebel mitbringen, so wollte ichs nicht wagen, mich zwischen die Insel und das veste Land zu begeben, weil ich nicht wissen konnte, ob ich noch vor Nachts, oder vor dem Nebel hindurchkommen würde; und ob ich nicht genöthigt seyn möchte, zu ankern und darüber den günstigen Wind zu verlieren. Ich gieng also lieber in die See hinaus, und kam an zwey bis drey kleinen felsichten Eilanden vorbey, die am östlichen Ende von der Dreyfaltigkeits Insel lagen. Nachmittag um vier Uhr hatten wir die Insel passirt, und wendeten nunmehr um, um bey einem frischen Südwestwinde, West gen Süden zu steuern. Noch vor Mitternacht aber drehte sich derselbe nach Südosten, und war, wie gewöhnlich, mit Nebel und dünnem Regen begleitet.

| uch liegt wenig
| man hier und
| icher Höhe, die
| Landes getrennt
| Holz entblößt
| seyn scheint.
| erten, begegne-
| nen Kahne, die
| Lande ruderten.
| nen sie uns viel-
| ng der Wind an
| n Anschein, daß
| Da wir aus der
| hen Winde dicke
| cht wagen, mich
| ant zu begeben,
| och vor Nachts,
| en würde; und
| zu ankern und
| verlieren. Ich
| us, und kam an
| nden vorbey, die
| ltigkeits Insel
| tten wir die In-
| m, um bey einem
| Süden zu steuern.
| ch derselbe nach
| ich, mit Nebel

Bey dem Laufe, den wir die ganze Nacht hindurch fortsetzten, hofte ich mit anbrechendem Tage nahe am vesten Lande zu seyn. Wir würden es auch ohne Zweifel gesehen haben, wenn der Himmel heiter gewesen, und der Nebel uns nicht daran verhindert hätte. Gegen Mittag, als wir noch nichts von Land sahen, und Wind, Regen und Nebel immer stärker wurde, ließ ich westnordwärts steuern, und zwar mit so vielen Seegeln, als man bey diesem Winde nur gebrauchen konnte. Ich sah zwar wohl ein, wie mißlich es war, bey so dickem Nebel, in der Nachbarschaft einer unbekannten Küste, vor einem starken Winde zu seegeln: allein es war nöthig, bey günstigem Winde etwas zu wagen; denn wir hatten erfahren, daß sich mit dem heiteren Wetter allemal die Westwinde einstellten.

Zwischen zwey und drey Uhr Nachmittags, sahen wir durch den Nebel hindurch in Nordwesten Land, welches nicht über drey bis vier englische Meilen von uns entfernt war. Wir legten sogleich, dicht an dem Winde, nach Süden um; und nicht lange hernach zerrissen nicht nur die beiden Untersegel, an deren Stelle wir andere anschlagen mußten, sondern es wurden auch einige andere sehr beschädiget. Um neun Uhr ließ der Wind etwas nach, der Himmel wurde heiter, und wir bekamen die Küste wieder zu Gesicht, die sich, in einer Entfernung von vier bis fünf Seemeilen, von West gen Süd bis gegen Nordwesten erstreckte. Die Wassertiefe be-

Dritter Th.   C c

1778.

Jun.

Montag,
den 15ten.

1778.
Jun.

Dienstag,
den 16ten.

trug hier hundert Faden über einem schlammichten Grunde. Bald darauf stellte sich der Nebel wieder ein, und wir sahen die ganze Nacht hindurch nichts mehr vom Lande.

Andern Morgens früh um vier Uhr, hatte sich der Nebel verzogen, und wir sahen uns beynahe allenthalben mit Land umgeben; denn das veste Land erstreckte sich von Westsüdwest bis nach Nordostgen Norden, und ein andrer erhabener Erdstrich lag in Südost halb Süden, nach ungefährer Schätzung, acht bis neun Seemeilen weit; das nordöstliche Ende des vesten Landes war eben dasselbe, welches wir bereits durch den Nebel gesehen hatten; wir nannten es das neblichte Cap (Foggy-Cape.) Seine Breite ist 56° 31'. Wir hatten die ganze Nacht hindurch nur wenig Wind; nunmehr aber kam eine Kühlung in Nordwesten auf, die wir uns zu Nutz machten, um südwärts zu steuern, und das in dieser Richtung gesehene Land näher in Augenschein zu nehmen.

Um neun Uhr fanden wir, daß es eine Insel von ungefähr neun Seemeilen im Umkreis war. Sie liegt im 56° 10' der Breite und 202° der Länge, und ist auf unsrer Charte mit dem Namen *Foggy-Island* (Nebelige Insel) verzeichnet, weil wir ihrer Lage nach, Ursache hatten zu glauben, daß es eben die Insel sey, der Behring diesen Namen beylegte. Zu gleicher Zeit sahen wir vor einer Bay an der Küste des vesten Landes, drey bis vier Inseln in Nord gen Westen; und in Nordwest gen Westen, eine Spitze, mit drey oder vier zackichten Felsen, die ich Pinnacle=Point (Giebelspitze) nannte. In Südsüdosten, ungefähr neun Seemeilen weit von der Küste, lag noch eine Gruppe von kleinen Eilanden oder Klippen.

Um Mittag, als wir uns unter dem 56° 9' der Breite und 201° 45 der Länge befanden, lagen diese Klippen, zehn englische Meilen weit, in Süd 58°; die Giebelspitze, sieben Seemeilen weit, in Nordnordwest; der nächste Theil des vesten Landes, sechs Seemeilen weit, in Nordwest gen Westen; und das am meisten südwestwärts herauslaufende Land, welches das Ansehen einer Insel hatte, in Westen, etwas südwärts. Nachmittags hatten wir wenig oder keinen Wind, wir machten also keine große Progressen. Abends gegen acht Uhr erstreckte sich die Küste von Südwest bis zu Nordnordosten; ihr nächster Theil kann etwa noch acht Seemeilen weit entfernt gewesen seyn.

Am 17ten blieb der Wind zwischen West und Nordwest, wehte aber so leicht, daß er sich zuweilen in eine gänzliche Stille zu verlieren schien. Das Wetter war heiter und die Luft scharf und trocken. Um Mittag erstreckte sich das veste Land von Südwest bis zu Nord gen Osten, und sein nächster Theil war sieben Seemeilen weit von uns entlegen. Eine große Inselgruppe, die ungefähr in gleicher Entfernung von dem vesten Lande abliegt, erstreckt sich von Süd 26° West bis zu Süd 52° West.

1778.
Jun.

Mittwoch, den 17ten.

1778.
Jun.

Donnerstag
den 18ten.

Den 18ten war es größtentheils windstille, und wir hatten heiteres, angenehmes Wetter, welches wir benutzten, um Beobachtungen, sowohl in Ansehung der Länge als der Abweichung des Compasses anzustellen. Letztere beträgt 21° 27' gegen Osten. Es ist wohl keinem Zweifel unterworfen, daß zwischen der Dreyfaltigkeits-Insel und dem neblichten Cap, das veste Land ununterbrochen fortgehe, wenn uns gleich das trübe Wetter die Aussicht benahm. In einer gewissen Entfernung südwärts von diesem Cap, ist die Gegend ungleich abgesetzter und rauher, als wir sie sonst an einem andern Theile gesehen hatten, und dieses gilt nicht nur von den Bergen selbst, sondern auch von der Küste, die voller kleinen Buchten oder Oeffnungen zu seyn scheint, wovon aber keine von geräumiger Tiefe ist. Bey einer genauern Untersuchung würde sich vielleicht zeigen, daß die heraustretenden Spitzen, zwischen diesen Buchten, zum Theil Inseln sind. Alles hat übrigens ein trauriges, wüstes Ansehen, und ist vom Gipfel der höchsten Berge an, bis unweit der Küste herab, mit Schnee bedeckt.

Bey Gelegenheit eines Bootes, welches ich an Bord der Discovery abschickte, schoß einer von unsern Leuten einen sehr schönen Vogel von dem Geschlechte der Papageytaucher. Er ist etwas kleiner als eine Ente, und von schwarzer Farbe, den vordern Theil des Kopfs ausgenommen, welcher weiß ist. Ober und hinter jedem Auge erhebt sich ein sehr zierlicher, gelblichtweißer Busch, der sich wie ein Widderhorn rückwärts krümmt. Schnabel und Füsse sind roth. Vielleicht ist es Stellers *Alca monochroa* deren in der Geschichte von Kamtschatka Erwähnung geschieht.*) Meines Erachtens, hatten wir diese Vögel zuerst etwas südwärts von Cap St. Hermogenes gesehen, und seit der Zeit kamen uns mehrere, theils einzeln, theils in grossen Schaaren zu Gesicht. Nächst diesen sahen wir auch täglich alle die Seevögel, die gewöhnlich in andern nordichen Meeren angetroffen werden, als Meven, Wasserraben**) Puffins oder Meerelstern a), Wasserscheerer b) und zuweilen Enten, Gänse und Schwanen. Es gieng auch selten ein Tag vorbey, da wir nicht Seehunde, Wallfische und andere grosse Fischarten zu sehen bekommen hätten.

Nachmittags bekamen wir einen gelinden südlichen Wind, mit dessen Hülfe wir westwärts in den Kanal gehen konnten, den wir zwischen der Insel und dem vesten Lande erblickten, und andern Morgens, mit Tagesanbruch befanden wir uns nicht weit mehr davon. Innerhalb der Inseln, die wir bereits gesehen hatten, fanden wir jetzt noch mehrere, von verschiedener Höhe und Grösse; zwischen diesen und jenen aber, einen andern ganz

1778.
Jun.

*) S. Steph. Kraschennikow's History of Kamtschatka and the Kurilifki Islands, transl. by Grieve etc. p. 153. *The Tufted Auk.* (der gehörnte Papageytaucher) *Pennant's Arct. Zool.* II. No. 432. (Deutsche Ausgabe, No. 349. S. 475.)

**) Pelecanus Graculus. a) Alca arctica. *Linn.* b) Procellaria Puffinus. *Linn.* W.

1778.
Jun.

freyen Kanal, nach welchem ich zusteuern ließ, weil es mir gefährlicher schien, mich nahe an die Küste des vesten Landes zu halten, wo ich leicht eine Spitze desselben für eine Insel ansehen, dadurch in einen Meerbusen gerathen, und darüber den günstigen Wind, den wir hatten, verlieren konnte.

Dem zufolge hielt ich mich längs der südlichsten Inselreihe, und befand mich um Mittag im 55° 18′ der Breite, und in der engsten Gegend des Kanals, der auf der einen Seite von diesen, auf der andern, von jenen längs dem vesten Lande liegenden Inseln begränzt wird, und hier ungefähr anderthalbe oder zwey Seemeilen breit seyn mag. Die größte Insel dieser Gruppe lag uns nun zur Linken, und heißt, einer nachher erhaltenen Nachricht zufolge, Kodiak. *) Die übrigen Inseln blieben ohne Namen; indeß halte ich sie für Behrings Schumagins Inseln, **) oder, die von ihm also genannten Eilande sind wenigstens ein Theil dieser sehr ausgebreiteten Inselkette. So weit als nur Inseln zu erkennen waren, sahen wir deren nach Süden hin. Sie fangen im 200° 15′ östlicher Länge an, und ziehen sich anderthalb oder zwey Grade gegen Westen. Genauere Nachricht kann

---

*) S. Nachrichten von Kodjak, in Stählins New Northern Archipelagus, p. 30-39. (Kurze Nachricht von dem neulich entdeckten Nord-Archipelagus, im Petersburg. geographischen Kalender. — Pallas, Norb. Beyträge, 2. Thl. S. 315. W.)

**) Müller, Découvertes des Russes, p. 262-277.

ich nicht von ihnen geben, weil sie nicht alle von der Küste des vesten Landes zu unterscheiden waren. Viele dieser Inseln sind von ansehnlicher Höhe, rauh und unfruchtbar, voller Felsen, schroffer Klippen, und anderer romantischer Ansichten. Hin und wieder fanden sich wohlgesicherte Bayen und Buchten an denselben; von den höhern Gegenden rannen frische Wasserbäche herab; um sie herum schwamm eine Menge Treibholz, auf ihrer Oberfläche aber war auch nicht ein Baum oder Busch zu sehen. Viele hatten noch eine Menge Schnee, und die Gegenden des vesten Landes, die zwischen den innersten Inseln hindurch gesehen wurden, waren gänzlich damit bedeckt.

Nachmittags um vier Uhr, hatten wir alle Eilande, die südwärts von uns lagen, zurückgelegt. Das südlichste blieb uns um diese Zeit in Süd 3° Ost, und die westlichste Landspitze, die wir noch sehen konnten, in Süd 82° West. Gegen diese richteten wir unsern Lauf, und seegelten zwischen ihr und zwey oder drey hohen Klippen hin, die etwa eine Seemeile weit ostwärts von derselben lagen.

Bald nachdem wir diesen Kanal passirt hatten, in welchem wir vierzig Faden Wassertiefe fanden, that die Discovery, die noch zwey englische Meilen zurück war, drey Kanonenschüsse, legte bey, und gab uns ein Zeichen, daß sie uns sprechen wollte. Ich wurde darüber nicht wenig betroffen, und weil man bey Durchseeglung des Kanals nicht die geringste Gefahr bemerkt hatte, so konnte ich mir

1778.
Jun.

nichts anders vorstellen, als daß das Schiff einen
leck bekommen, oder sonst einen dergleichen Zufall
gehabt habe. Ich schickte sogleich ein Boot hin,
welches bald hernach mit Capitain Clerke zurück-
kehrte. Ich hörte von ihm, daß einige Eingebohrne, in drey bis vier Kähnen, dem Schiffe eine
Zeitlang nachgefolgt und endlich an das Hintertheil
gekommen wären. Einer von ihnen habe sodann
allerley Zeichen gemacht, seine Mütze abgenommen,
und nach europäischer Art Verbeugungen gemacht.
Man habe ein Seil heruntergelassen, an welches er
eine kleine, dünne hölzerne Schachtel gebunden habe,
und nachdem er sie wohl bevestiget gesehen hätte,
habe er einige Worte gesprochen, verschiedene Zeichen dabey gemacht, und die Kähne hätten sich zurück
begeben und die Discovery verlassen. Kein Mensch
an Bord des Schiffs stellte sich vor, daß etwas in
der Schachtel enthalten wäre, bis man sie von ungefähr, nach Abzug der Kähne, eröffnete und ein
sorgfältig zusammengelegtes Blatt Papier darinnen
fand, worauf etwas geschrieben war, welches wir
für Russisch hielt. Oben stand die Jahreszahl
1778; in der Schrift selbst, mußte sich auch etwas
auf das Jahr 1776 beziehen. So ungeschickt wir
auch waren, die Buchstaben des Briefstellers zu
entziffern, so waren doch schon diese Züge hinlänglich, uns zu überzeugen, daß bereits vor uns diese
traurige Gegend des Erdbodens von Menschen besucht worden war, mit denen wir in näherer Verbindung standen, als durch die allgemeinen Bande

1778.
Jun.

der Natur. Es läßt sich leicht denken, wie sehr uns die Hofnung, nunmehr vielleicht bald russischen Kaufleuten zu begegnen, mit Freude erfüllen mußte, da wir so lange keines andern Umgang genossen, als mit den rohen Eingebohrnen des Südmeeres oder der Küste von Nordamerica.

Capitain Clerke war anfangs der Meynung, es möchten Russen hier Schiffbruch gelitten haben, die bey Ansicht unserer Schiffe sich dieses Mittels bedienten, uns von ihrer Lage Nachricht zu ertheilen. Dieser Gedanke fiel seinem menschenfreundlichen Herzen so auf, daß er uns das Zeichen zum Beylegen gab, damit wir so lange warten möchten, bis diese Unglücklichen uns erreichen könnten. Ich muß gestehen, daß ich hierauf nicht verfiel; denn, meiner Meynung nach, würde in diesem Falle, für dergleichen Verunglückte, denen mehr als den Eingebohrnen an ihrer Rettung liegen mußte, das erste gewesen seyn, eine Person aus ihrem Mittel mit den Kähnen an die Schiffe zu schicken. Ich kam vielmehr auf die Gedanken, daß das Papier eine zurückgelassene Nachricht von russischen, an diesen Inseln gewesenen Kaufleuten sey, die sie für ihre nächst hieher kommenden Landsleute bestimmten; daß die Eingebohrnen beym Vorüberseegeln unserer Schiffe uns für Russen angesehen, und den Zettel blos in der Absicht nachbrachten, um uns zu einem längeren Aufenthalte zu bewegen. Ich hielt die Sache für so gewiß, daß ich mich auf keine weitere Untersuchung einließ, sondern meinen Lauf westwärts

1778.
Jun.

Sonnabend
den 20ſten.

längs der Küſte fortſetzte, oder vielleicht längs den Inſeln; denn ich konnte nicht für gewiß ſagen, ob wir das veſte Land oder Inſeln zur Seite hatten. Waren es keine Inſeln, ſo hat hier die Küſte verſchiedene beträchtliche und tiefe Bayen.

Wir ſeegelten die ganze Nacht hindurch immer in derſelben Richtung und hatten ſanften Wind aus Nordoſten. Des Morgens um zwey Uhr erblickten wir, etwa zwey engliſche Meilen weit, zu unſeren Seiten, einige Brecher. Zwey Stunden hernach ſahen wir deren mehrere gerade vor dem Schiffe, und an der Backbordſeite, zwiſchen uns und der Küſte, waren ihrer eine unendliche Menge. Wir ſteuerten nach Süden und kamen noch ſo eben an ihnen vorbey. Dieſe Brecher entſtanden von Klippen, welche zum Theil aus dem Waſſer hervorragten und ſich an die ſieben Seemeilen weit vom Lande erſtreckten. Sie ſind in dieſer Gegend um ſo gefährlicher, da an dieſer Küſte beſtändig trübes, nebeliges Wetter zu ſeyn ſcheint. Um Mittag befanden wir uns gerade auſſerhalb derſelben, und, zu folge einer Beobachtung, im 54° 44' der Breite, und 198° der Länge. Der nächſte Theil des Landes lag auf ſieben bis acht Seemeilen weit, in Norden. Es war eine hohe, ſtumpfe Spitze, welche wir Rock-Point (Felſenſpitze) nannten. Das weſtliche Ende des großen, oder wenigſtens unſerer Meynung nach, veſten Landes, blieb uns in Nord 80° Weſt, und auſſerhalb deſſelben lag in einer Entfernung von dreyzehn Seemeilen, in Süd

65° West, ein runder Berg, den wir Halibut-Head, (Heilbutten-Cap) nannten, und nachher für eine Insel erkannten.

1778.
Jun.

Wir hatten matten Wind und Stillen, und waren am 21sten Mittags nicht gar weit gekommen. Halibut-Head, welches im 54° 27′ der Breite und 197° der Länge belegen war, hatten wir im Striche Nord 24° West; die Insel aber, zu der es gehört, und die wir Halibut-Eiland nannten, erstreckte sich von Nord gen Osten, bis Nordwest gen Westen, und war noch zwey Seemeilen weit von uns entfernt. Diese Insel hat sieben bis acht Seemeilen im Umkreise, und ist, das Cap ausgenommen, niedrig und unfruchtbar. Es liegen bey derselben noch einige andere Inseln, vom gleichem Ansehen, die aber zwischen sich und dem vesten Lande eine zwey bis drey Seemeilen breite Durchfahrt zu haben scheinen.

Sonntag, den 21sten.

Die vorhin erwähnten Klippen und Brecher nöthigten uns, von dem vesten Lande in einer gewissen Entfernung zu bleiben, so daß wir die Küste zwischen Rock-Point und dem Halibut-Eilande nur von weitem erkennen konnten. Ueber dieser Insel und den nahgelegenen Eilanden sahen wir indessen das veste Land, und besonders einige Berge mit Schnee bedeckt, die ihre erhabenen Gipfel über den Wolken zeigten, und von erstaunlicher Höhe seyn mußten. Der südwestliche Theil dieser Berge war ein Vulcan, aus welchem unaufhörlich dicke Säulen von schwarzem Rauche aufstiegen. Er

1778.
Jun.

stehet nicht weit von der Küste, im 54° 48′ der Breite und 195° 45′ der Länge. Er zeichnet sich vor allen durch seine vollkommene kegelförmige Gestalt aus, und die Oeffnung des Feuerschlundes ist gerade in seinem Gipfel. Selten sahen wir ihn, oder einen andern dieser Berge, ohne Wolken; zuweilen war der Fuß und der Gipfel ganz zu sehen, aber eine schmale Wolke, auch manchmal zwey bis drey übereinander, umgaben ihn in der Mitte wie ein Gürtel. Wurde nun noch die gerade aufsteigende, überaushohe Rauchsäule, gleich einem langen Schweife, vor dem Winde dahingetrieben, so gewährte das Ganze einen ausnehmend mahlerischen Anblick. Es verdient vielleicht bemerkt zu werden, daß der Wind in der Höhe, zu ....her der Rauch aus dem Vulcane aufstieg, zuweilen eine ganz andere Richtung hatte, als auf der See, wenn er hier gleich noch so heftig wehete.

Nachmittag, da wir drey Stunden Windstille hatten, fiengen unsere Leute über hundert Stück Heilbutten*), deren verschiedene einen Centner, keine aber unter zwanzig Pfund wogen. Eine Erfrischung dieser Art kam uns in diesem Augenblicke sehr zu Statten. Auf der Höhe, wo wir fischten, ungefähr drey oder vier Meilen vom Ufer, und bey einer Wassertiefe von fünf und dreyßig Faden, kam ein kleiner Kahn, mit einem Menschen, von der großen Insel zu uns. Als er sich dem Schiffe näherte, nahm er seine Mütze ab, und bückte sich

*) Pleuronectes Hippoglossus. L. W.

n 54° 48' der
Er zeichnet sich
zelsförmige Ge-
erschlundes ist
ahen wir ihn,
e Wolken; zu
ganz zu sehen,
hmal zwey bis
der Mitte wie
ade aufsteigen-
einem langen
rieben, so ge-
) mahlerischen
kt zu werden,
er der Rauch
eine ganz an-
See, wenn er

en Windstille
undert Stük
nen Centner,
. Eine Er-
Augenblicke
wir fischten,
Ufer, und
nßig Faden,
nschen, von
dem Schiffe
b bückte sich
w.

eben so wie die, welche Tags vorher an die Discovery gekommen waren. Schon aus dieser nachge-
ahmten Höflichkeit, und dem obengedachten Briefe
war deutlich abzunehmen, daß die Russen Umgang und Verkehr mit diesen Leuten haben müssen.
Wir erhielten jetzt davon einen neuen Beweiß; denn
der Mann im Kahne hatte ein Paar Hosen von
grünem Tuche, unter seinem innländischen Küttel von
Fischdarm, und eine Jacke von schwarzem Tuche oder
Zeuge. Er hatte nichts zum Vertauschen als ein
graues Fuchsfell, und einiges Fischergeräthe, oder
Harpunen. Die Spitzen daran waren über einen
Schuh lang und von Knochen sehr nett gearbeitet,
von der Dicke eines spanischen Rohrs und mit
Schnitzwerk versehen. Er hatte noch eine angefüllte Blase bey sich, worinnen vermuthlich Thran-
öl war, denn er öffnete sie, nahm einen Mund voll
daraus und band sie wieder zu.

Sein Kahn war von eben der Gestalt und Beschaffenheit wie diejenigen, welche wir zuvor gesehen hatten, nur etwas kleiner. Er hatte ein Ruder mit einer Schaufel an jedem Ende, wie die
andern, die an der Discovery gewesen waren.
Der Statur und den Gesichtszügen nach, glich er
völlig den Einwohnern im Prinz Wilhelms-Sunde und am großen Strohme. Er war aber
nirgends bemahlt; seine Unterlippe war in schiefer
Richtung durchschnitten, und kein Zierrath darinnen anzubracht. Wir sagten ihm einige Worte vor,
die wir von den Anwohnern im Sunde am meisten

1778.
Jun.

1778.
Jun.

Montags
den 22sten.

Dienstag
den 23sten.

Mittwoch
den 24sten.

gehört hatten, er schien aber kein einziges zu verstehen; vermuthlich aber lag es mehr an unserer übeln Aussprache, als an seiner Unkunde dieser Mundart.

Bis zum 22sten Nachmittags, war der Himmel bewölkt und nebelig, und nur dann und wann ließ sich die Sonne blicken. Nunmehr aber setzte sich der Wind nach Südosten um, und wir bekamen, wie gewöhnlich, dickes, regnerisches Wetter. Noch vor dem Nebel war, außer dem Vulcane und einem andern nahe daran gelegenen Berge, kein Theil des vesten Landes zu sehen. Ich ließ immer westwärts steuern bis Abends um sieben Uhr, richtete aber nunmehr meinen Lauf an den Wind nach Süden, um nicht bey der dicken Luft zu nahe ans Land zu kommen. In dieser Richtung hielten wir uns bis zwey Uhr Morgens, und wandten uns sodann wieder westwärts. Der Wind war schwach und veränderlich, und wir kamen nicht sehr von der Stelle. Endlich setzte er sich in die westliche Gegend, und wir bekamen, bey einem Sonnenblicke, in Nord 59° West, Land zu sehen, welches in einzelnen Bergen, gleich Inseln erschien.

Um sechs Uhr des Morgens vom 24sten erblickten wir das veste Land, und um neun Uhr erstreckte es sich von Nordost gen Osten bis Südwest gen West halb Westen; der nächste Theil lag an die vier Seemeilen von uns. Nunmehr zeigte sich, daß das Land, welches wir am vorigen Abend gesehen hatten, Inseln gewesen waren; das übrige war eine Fortsetzung des vesten Landes, und keine

einzige Insel versperrte unsere Aussicht dahin. 1778.
Abends, da wir kaum vier Seemeilen weit vom Jun.
Ufer, in einer Wassertiefe von zwey und vierzig
Faden gewesen waren, und wenig oder gar keinen
Wind hatten, wollten wir wieder unser Glück mit
Angel und Leine zu versuchen; wir fiengen aber
nicht mehr als zwey bis drey kleine Kabeljaue.

Am folgenden Morgen bekamen wir Ostwind, Donnerstag
und, zu unsrer großen Verwunderung, zugleich den 25sten.
mit ihm helles Wetter, so daß wir nicht nur den
Vulcan und die ost- und westwärts von ihm gelegenen Berge, sondern auch die ganze Küste des vesten
Landes unter ihnen, viel deutlicher als bisher erkennen konnten. Sie erstreckte sich von Nordost gen
Nord bis Nordwest halb West, wo sie sich ganz zu
endigen schien. Zwischen diesem Landende und den
ausserhalb desselben gelegenen Inseln, erschien eine
breite Oeffnung, gegen welche ich zusteuerte, bis
auch hinter ihr Land zum Vorschein kam. Ob wir
zwar eben nicht sahen, daß es mit dem vesten Lande
zusammenhieng, so wurde ich doch in Ansehung einer
Durchfahrt zweifelhaft; eben so zweifelhaft war es,
ob die Küste, die wir in Südwesten sahen, eine
Insel, oder ein Theil des vesten Landes sey. Im
letztern Falle konnte die Oeffnung nichts anders
seyn, als eine große Bay oder ein Fahrwasser, in
welches wir, mit dem östlichen Winde, zwar ganz
leicht hineinseegeln, aber nicht wieder so geschwind
herauskommen könnten. Um mich also nicht zu sehr
auf den Anschein zu verlassen, ließ ich lieber süd-

1778.
Jun.

wärts steuern, und so bald ich alles vor Augen liegende Land verlohren hatte, richtete ich meinen Lauf nach Westen, in welcher Richtung die einzelnen Berge lagen, die wir nunmehr wirklich für Inseln erkannten.

Um acht Uhr hatten wir deren schon drey zurückgelegt, die alle von ziemlicher Höhe waren, und wir sahen deren noch mehrere in diesen Strichen, wovon die südwestlichste, in Westnordwest zu stehen kam. Das Wetter war schon Nachmittag finster geworden und hatte sich endlich ganz in Nebel verwandelt, wobey der Ostwind immer stärker wurde. Ich steuerte also um zehn Uhr in der Nacht, nahe am Winde, gegen Süden, bis der Tag anbrach, da ich dann meine Fahrt wieder nach Westen fortsetzte.

Freytag, den 26sten.

Die Rückkehr des Tages half uns indeß wenig; denn die Witterung war so trüb und die Luft so dick, daß wir nicht dreyhundert Schuh weit vor uns hin sehen konnten. Weil aber der Wind gemäßigter war, so wagte ich es doch, den Lauf fortzusetzen. Um halb fünf Uhr erschracken wir nicht wenig, an unserer Backbordseite das Geräusch von Brechern zu hören. Die Lothleine zeigte uns beym ersten Wurf, acht und zwanzig, und beym zweyten, fünf und zwanzig Klafter. Ich legte unverzüglich bey, die Vordersteve nach Norden gerichtet, ließ in letzter Tiefe die Anker in groben Sandboden fallen, und rief der Discovery zu, die dicht bey uns war, ein Gleiches zu thun.

1778.
Jun.

Als sich nach einigen Stunden der Nebel etwas verzogen hatte, zeigte sichs, daß wir von Glück zu sagen hatten, einer so nahen Gefahr entgangen zu seyn. Wir waren nicht weiter als drey Viertel einer englischen Meile von der nordöstlichen Seite einer Insel, die sich von Süd gen West halb West, bis Nord gen Ost halb Ost ausstreckte, und deren beyde Enden etwa eine Seemeile von uns entlegen waren. Ungefähr eine halbe Seemeile von den Schiffen, und eben so weit von einander, lagen zwey hohe Klippen; die eine in Süd gen Ost, die andere in Ost gen Süd, und um sie her brach sich die See in mehrere Brandungen. Dennoch führte die Vorsehung hier die Schiffe im Finstern, zwischen diesen Felsen hin, in die ich mich bey lichtem Tage nicht würde gewagt haben, und brachte uns auf einen Ankerplatz, den ich mir selbst nicht besser hätte wählen können.

Wie wir nun dem Lande so nahe waren, so schickte ich ein Boot aus, um es in Augenschein nehmen zu lassen. Es kam Nachmittags wieder zurück, und der mitgeschickte Officier meldete, daß man ziemlich gutes Gras, nebst andern kleinen Pflanzen darauf gefunden habe. Eine darunter sähe fast aus wie Portulak, und wäre sowohl in der Suppe als auch als Sallat wohl zu essen. Von Stauden oder Bäumen hätte er nichts gesehen, am Strande aber seyen etliche Stücke Treibholz gelegen. Seiner Meynung nach, war zwischen zehen

Dritter Th.   D d

1773.
Jun.

Sonnabend
den 27sten.

und eilf Uhr niedrige See gewesen; und wir bemerkten auf unserem Ankerplatze, daß die Fluth von Osten oder Südwesten herkam.

In der Nacht wehete der Wind sehr stark aus Süden; gegen Morgen wurde er aber etwas gemäßigter und der Nebel zertheilte sich. Wir lichteten also um sieben Uhr die Anker und steuerten nordwärts, zwischen den Inseln, unter denen wir sie hatten fallen lassen, und zwischen einem andern kleinen Eilande, welches nicht weit von ihnen entlegen war. Der Kanal wird nicht über eine englische Meile breit seyn; wir waren noch nicht hindurch, als sich der Wind legte und uns nöthigte, in vier und dreyßig Faden wieder vor Anker zu gehen. Wir hatten nunmehr in allen Richtungen Land um uns her; das südliche erstreckte sich, in einer Reihe von Gebirgen, nach Südwesten hin: wir konnten aber nicht deutlich erkennen, ob diese Berge zu einer, oder zu mehreren Inseln gehörten. Nachher fand sich, daß es nur eine einzige Insel war, die unter dem Namen Unalaschka bekannt ist. Zwischen dieser und dem nordwärts gelegenen Lande, welches einer Inselgruppe gleich sah, schien ein Kanal in der Richtung Nordwest gen Westen durchzugehen. Auf einer Landspitze, die drey Viertel einer englischen Meile weit vom Schiffe, in Westen lag, erkannten wir verschiedene Eingebohrne und ihre Wohnungen. Sie zogen zwey Wallfische ans Land, die sie so eben mochten getödet haben. Von Zeit zu Zeit kamen einige wenige an

die Schiffe, und verhandelten etliche Kleinigkeiten an unsere Leute; sie hielten sich aber nie länger als eine Viertelstunde auf, und schienen überaus schüchtern zu seyn, ob sie gleich, unserm Vermuthen nach, schon mehrere Schiffe wie die unsrigen, müssen gesehen haben. Sie zeigten übrigens in ihrem Betragen einen Grad von Höflichkeit, den wir noch bey keinem wilden Volksstamme gefunden hatten.

1778.
Jun.

Als wir Nachmittags, um ein Uhr, nicht nur einen leichten Nordostwind, sondern auch günstige Fluth hatten, lichteten wir die Anker und legten nach vorhin erwähnten Kanal an, in der Meynung, daß jenseits desselben entweder das Land eine nördliche Richtung nehme, oder sich wenigstens westwärts eine Durchfahrt in die offene See finden würde; denn wir vermutheten, — was sich auch nachher zeigte, — daß wir uns nicht in einer großen Einbucht des vesten Landes, sondern zwischen Inseln befänden. Wir waren nicht lange unter Seegel, so drehete sich der Wind nach Norden, und wir mußten laviren. Die Bleyschnur brachte vierzig bis sieben und zwanzig Faden, über einem sandigen mit Schlamm vermischten Boden. Abends kam uns die Ebbe entgegen, und wir ankerten ungefähr drey Seemeilen weit von unserer letzten Ankerstelle, wo uns der Kanal in Nordwesten zu stehen kam.

Andern Morgens, bey anbrechendem Tage, giengen wir mit Hülfe eines leichten Südwindes

Sonntag, den 23sten.

1778.
Jun.

unter Seegel, und trieben gerade in den Kanal. Bald darauf erhoben sich aus allen Strichen des Compasses gelinde, veränderliche Lüfte; da uns aber die Fluth nunmehr wieder zu Statten kam, so war das Schiff schon hindurch, ehe die Ebbe eintrat. Die Discovery war nicht so glücklich, denn sie wurde mit dem Ablaufe fortgerissen, und hatte alle Mühe aus der Ströhmung zu kommen. Ueber dem Kanal hinaus sahen wir das Land sich von einer Seite nach Westen und Südwesten, von der andern aber nach Norden hinziehen, und hofften, daß die Küste des vesten Landes nunmehr für uns eine vortheilhafte Richtung nehmen würde. Es fieng an, uns an frischem Wasser zu gebrechen, auch merkte ich, daß wir Gefahr liefen, in die Gewalt der Meerströhmung zu gerathen, und uns nicht wohl auf einen Wind zu verlassen hätten, mit dem wir das Schiff regieren könnten; ich ließ also gegen einen Haven anlegen, den ich an der Südseite des Kanals entdeckte. Aber wir waren bald darüber hinausgetrieben, und um nicht wieder in den Kanal zurückgeführt zu werden, ließ ich in acht und zwanzig Faden Wasser, und ganz nahe am südlichen Ufer, die Anker fallen, wo ich vor der größten Gewalt der Ströhmung sicher war, ob gleich ihre Geschwindigkeit hier noch sechsthalb Knoten in einer Stunde betrug.

Während wir hier vor Anker lagen, kamen verschiedene Eingebohrne, jeder auf einem besondern Kahne zu uns, und vertauschten einiges weniges

Fischergeräthe gegen Tabak. Einer von ihnen, der noch sehr jung war, schlug mit seinem Kahne an der Seite eines unserer Boote um. Unsere Leute zogen ihn sogleich aus dem Wasser, aber sein Kahn wurde von den Wellen fortgetrieben, und von einem andern aufgefangen, und ans Land gebracht. Durch diesen Zufall kam der junge Mensch zu mir an Bord, und er stieg auf meine erste Einladung, sogleich in meine Kajüte herab, ohne die geringste Abneigung oder Verlegenheit zu bezeugen. Seine Kleidung war ein hemdähnlicher Ueberrock von Gedärmen eines großen Seethiers oder Wallfisches, worunter er noch ein anderes Gewand von gleicher Form anhatte, welches aus artig zusammengenähten Vogelhäuten gemacht war, und deren gefiederten Theil er einwärts auf der bloßen Haut trug. Diese Kleidung war hie und da mit Lappen von Seidenzeug ausgestickt, und seine Mütze mit zwey oder dreyerley Arten von Glaskorallen geziert. Da seine Kleider naß waren, so gab ich ihm andere, die er so geschickt anzog, als ich es nur selbst hätte thun können. Das Betragen dieses Menschen und einiger seiner Landsleute überzeugte uns, daß sie mit Europäern, und verschiedenen ihrer Gebräuche bekannt sind. Indessen erregte etwas an unsern Schiffen große Aufmerksamkeit bey ihnen; denn diejenigen, welche uns nicht in Kähnen besuchen konnten, versammelten sich auf den nächsten Hügeln, um sie zu betrachten.

1778.
Jun.

Mit Ablauf der Ebbe zogen wir die Anker auf, liessen darauf das Schiff in den Haven boogsiren, und ankerten in neun Faden Wasser, über einem mit Schlamm vermischten Sandboden. Bald hernach kam auch die Discovery hinein, und nun wurde die Pinasse nach Wasser und ein Boot nach Fischen ausgeschickt, welches letztere aber nur vier Forellen und einige andere kleine Fische mitbrachte.

Wir waren noch nicht lange vor Anker, als ein Eingebohrner von der Insel noch einen dergleichen Brief an Bord brachte, wie letzthin Capitain Clerke bekommen hatte. Er wurde mir überreicht; da er aber ebenfalls in russischer Sprache geschrieben war, die, wie gesagt, kein Mensch von uns verstand, er mithin für uns von gar keinem Nutzen war, andern hingegen doch einigen Bescheid geben konnte: so gab ich ihn dem Ueberbringer zurück, und entließ 'n mit einigen Geschenken, die er mit allen Zeichen des Danks annahm, worauf er sich mit mehrern tiefen Verbeugungen wieder hinweg begab.

Montag, den 29sten.

Als ich am folgenden Tage längs dem Strande spazieren gieng, fand ich eine Gruppe Eingebohrne von beyderley Geschlecht bey einer Mahlzeit roher Fische im Grase sitzen, die sie sich eben so herrlich schmecken ließen, als uns eine Steinbütte (Turbot), in der kostbarsten Brühe würde geschmeckt haben. Gegen Abend hatten wir unsern Wasservorrath ergänzt, und so viele Beobachtungen angestellt, als es Zeit und Witterung erlaubten. Ich fand die

Schnelligkeit der Fluth ausserhalb des Havens un= 1778.
gleich stärker als innerhalb, wo sie sehr unbeträcht=
lich war. Um Mittag war niedriges Wasser, Abends   Jun.
um halb sieben Uhr aber hohe Fluth. Sie stieg
drey Fuß, vier Zoll, senkrechter Höhe; man konnte
aber am Ufer bemerken, daß sie zuweilen einen
Schuh höher antrete.   Julius.

Dicke Nebel und widrige Winde hielten uns
bis am 2ten Julius im Haven zurück. Wir hatten Donnerstag
also Gelegenheit, das Land und seine Einwohner den 2ten.
etwas näher kennen zu lernen. Unsere Bemerkungen
sollen an einem andern Orte eingeschaltet werden.
Gegenwärtig will ich nur den Haven beschreiben.

Die Eingebohrnen nennen ihn Samganoodha.
Er liegt an der Nordseite von Unalaschka, im
53° 55' der Breite und 193° 30' der Länge, in
der Strasse oder Durchfahrt, welche diese Insel
von den ihr nordwärts gelegenen Eilanden trennt,
durch deren Lage aber der Haven vor den Winden
aus dieser Gegend geschützt ist. Er erstreckt sich
an die vier englische Meilen weit nach Süd gen
Westen, und ist an seiner Mündung ungefähr eine
Meile breit. Tiefer hinein wird er schmäler, so
daß am Ende seine Breite keine Viertelmeile be=
trägt. Hier können die Schiffe, ganz vom Lande
umgeben, in sieben bis sechs und vier Klaftern vor
Anker liegen. Frisches Wasser ist hier im Ueber=
flusse zu bekommen, aber nicht ein Stück Holz,
weder groß noch klein.

Achtes Kapitel.

Fortsetzung der Fahrt nach unserer Abreise von Unalaschka. — Die Inseln Oonella und Acootan. — Oonremak. — Seichtes Wasser längs der Küste. — Bristol-Bay. — Rund-Eiland. — Calm Point (Windstille Spitze.) — Cap Newenham. — Lieutenant Williamson geht ans Land; dessen Bericht. — Die Schiffe müssen der Untiefen wegen zurückgehen. — Besuch der Eingebohrnen. — Tod des Herrn Anderson; dessen Charakter; Eine Insel wird nach ihm benannt. — Point-Rodney. — Sledge Island (Schlitten-Insel), und Bemerkungen bey einer Landung daselbst. — Kings-Island. — Prinz von Wales Cap, oder westliches Ende von America. — Lauf nach Westen. — Ankerstelle in einer Bay an der asiatischen Küste.

1778.
Julius.

Donnerstag den 2ten.

Nachdem wir mit einem gelinden Südsüdostwinde in die See gegangen waren, steuerten wir nordwärts, ohne in unserm Laufe aufgehalten zu werden; denn, wie bereits oben erwähnt worden, zog sich die Insel Unalaschka an einer Seite nach Südwesten, und auf der andern erstreckte sich nordwärts kein Land mehr weiter als bis Nordost, und dieses war eine Fortsetzung eben derselben Inselgruppe, auf die wir am 25sten Junius gestoßen hatten. Die Insel, welche vor Samganoodha liegt und die nordöstliche Seite des Kanals bildet, durch den wir gekommen waren, heißt Oonella und hat sieben Seemeilen im Umkreise. Eine andre, nordostwärts von dieser, heißt Acootan. Sie ist um vieles größer als Oonella, und hat einige sehr hohe, mit Schnee bedeckte Berge. Es schien, als wenn wir ohne alle Gefahr zwischen diesen beyden Inseln und dem vesten Lande hätten hindurchseegeln können, dessen südwestliche Spitze, in der Richtung von Nord 60° Ost, dem nordöstlichsten Ende von Acootan gegen über, zum Vorschein kam, und welches die nämliche war, die wir am 25sten Juny gesehen hatten, als wir die Küste des vesten Landes verließen, um unsern Weg ausserhalb der Inseln zu nehmen. Diese Spitze nannten die Eingebohrnen Oonemak; sie liegt im 54° 30' der Breite und 192° 30' der Länge. Ueber dem Cap, welches an sich selbst schon hohes Land ist, ragt ein abgerundeter, erhabener Berg hervor, der jetzt über und über mit Schnee bedeckt war.

Abends um sechs Uhr stand uns dieser Berg in Ost 2° Nord, und um acht Uhr sahen wir gar kein Land mehr vor uns. Wir schloßen daraus, daß die Küste des vesten Landes eine nördliche Richtung müßte genommen haben, und ich wagte es, eben diesen Strich zu halten, bis andern Morgens, um ein Uhr, da die Wache auf dem Verdecke gerade vor uns hin, Land zu sehen glaubte. Wir legten hierauf um, steuerten ein Paar Stunden lang nach Südwesten und setzten sodann von neuem unsern Lauf nach Ostnordosten fort.

Um sechs Uhr sahen wir auf fünf Seemeilen weit, Land in Südosten; und je weiter wir fuhren, je mehr kam dessen zum Vorschein, welches alles zusammenhieng, und ungefähr gleiche Richtung mit

1778.
Jul.

Freytags, den 3ten.

1778.
Jul.

unserm Fahrtstrich zu halten schien. Um Mittag erstreckte es sich von Südsüdwest bis Osten, und sein nächster Theil mochte fünf bis sechs Seemeilen von uns entfernt gewesen seyn. Um diese Zeit waren wir in 55° 21′ der Breite und 195° 18′ der Länge. Die Küste liegt an der Nordwestseite des Feuerspeyenden Berges, den wir ohne Zweifel würden gesehen haben, wenn das Wetter etwas heller gewesen wäre.

Nachdem wir von Mittag bis Abends um sechs Uhr, immer in der Richtung Ost gen Westen, acht Seemeilen gemacht hatten, ließen wir die Bleyschnur fallen und fanden acht und vierzig Faden über einem schwarzen Sandboden. Wir waren vier Seemeilen weit vom Lande, dessen östlicher Theil in Ostsüdost lag, und einen ziemlich hohen runden Hügel bildete, der von dem größern Lande getrennt zu seyn schien.

Sonnabend den 4ten.

Wir hatten die ganze Nacht hindurch Ostnordost gehalten. Am 4ten Morgens um acht Uhr zeigte sich die Küste in Südsüdwest bis nach Ost gen Süden, und dann und wann wurden wir hinter derselben hohes Land gewahr, welches mit Schnee bedeckt war. Bald hernach bekamen wir Windstille; wir waren in einer Tiefe von dreyßig Faden, und warfen Angeln aus, die uns einen ziemlichen Vorrath von schönen Kabeljauen verschaften. Um Mittag befanden wir uns bey einem kühlen Ostwinde, der helles Wetter mitbrachte, sechs Seemeilen weit vom Lande, welches sich von Süd gen Westen, bis

1778.
Jul.

zu Oſt gen Süden erſtreckte. Der runde Hügel, den wir am vorigen Abend geſehen hatten, lag zehn Seemeilen weit in Südweſt gen Süden. Unſere Breite war jetzt 55° 50' und unſere Länge 197° 3'. Eine große, hohle Deinung, die von Weſtſüdweſten her ſtröhmte, zeigte uns deutlich, daß in dieſer Richtung kein Land in der Nähe ſeyn konnte. Ich ſteuerte nordwärts bis Abends um ſechs Uhr; da ſich aber jetzt der Wind nach Südoſt umſetzte, konnten wir unſern Lauf gegen Oſtnordoſten richten, in welcher Richtung die Küſte lag, die andern Tags um Mittag, etwa vier Seemeilen von uns entfernt ſeyn mochte.

Sonntag, den 5ten.

Den 6ten und 7ten hatten wir immer den Wind aus dem nördlichen Viertel, und kamen alſo nicht ſehr von der Stelle. Am 7ten Abends um acht Uhr, waren wir auf neunzehn Faden Waſſer, und etwa drey bis vier Seemeilen weit von der Küſte, die ſich, am 8ten, von Südſüdweſt bis Oſt gen Norden erſtreckte, und aus lauter niederem Lande beſtand, hinter welchem eine Reihe mit Schnee bedeckter Berge hervorragte. Wahrſcheinlich zieht ſich dieſes niedere Land, eine gute Strecke weit, ſüdweſtwärts, und die Stellen, die wir manchmal für Oeffnungen oder Bayen gehalten haben, ſind weiter nichts als Thäler zwiſchen den Gebirgen.

Montag, den 6ten. Dienſtag, den 7ten.

Mittwoch, den 8ten.

Am 9ten des Morgens ließ ich bey einem Nordweſtwinde, Oſt gen oſtwärts ſteuern, um näher an die Küſte zu kommen. Gegen Mittag befanden wir uns im 57° 49' der Breite und 201° 33' der Länge

Donnerſtag den 9ten.

1778.
Jul.

und ungefähr zwey Seemeilen weit vom Lande, welches sich von Süd gen Ost bis Ostnordost erstreckte, und überall niedrige Küsten zeigte. An manchen Stellen, liefen einige Spitzen davon in die See aus; die vom Verdecke wie Inseln aussahen, vom Mastkorbe aber durch niedre Erdstriche zusammenhängend befunden wurden. Die Wassertiefe war hier funfzehen Faden, und der Grund ein feiner schwarzer Sand.

Diese Tiefe nahm allmälig ab, je weiter wir nordostwärts kamen, auch die Küste fieng an, sich nach und nach mehr gegen Norden zu ziehen. Nur die hinter ihr hervorragende Reihe von Bergen behielt die nämliche Richtung, wie die mehr westlich gelegenen, so daß blos die Niederungen zwischen dem Fuß der Gebirge und der Seeküste allmälig breiter wurden. Sowohl das niedere, als das hohe Land war von allem Gehölze entblößt; es schien aber, bis auf die mit Schnee bedeckten Berge, mit einem grünen Torfmoose überzogen zu seyn. Je nachdem wir, bey einem angenehmen westlichen Winde, längs der Küste hinschifften, nahm die Wassertiefe nach und nach von funfzehen bis zu zehen Faden ab, ob wir gleich noch acht bis zehen englische Meilen vom Ufer entfernt waren. Abends um acht Uhr lag auf ein und zwanzig Seemeilen weit, in Südost gen Osten, ein hoher Berg, den wir schon seit einiger Zeit bemerkt hatten; und in Ost 3° Nord hatten wir, in noch größerer Entfernung, andere Berge, die zu eben dieser Kette gehörten. Die

Küste breitete sich bis nach Nordost halb Nord aus, wo sie sich in eine Spitze zu verlieren schien, jenseits welcher sie, unserm Wünschen und Hoffen gemäß, eine östlichere Richtung nehmen sollte. Allein wir sahen bald hernach, daß sich hinter derselben niedriges Land befand, welches sich bis nach Nordwest gen Westen erstreckte, und sich daselbst im Gesichtskreise verlohr. Hinter dieser Niederung erblickten wir hohes Land, welches sich in einzelnen Hügeln zeigte.

Auf solche Art verschwand mit einemmale unsere schöne Hoffnung, nordwärts zu kommen. Ich setzte meinen Lauf bis Abends um neun Uhr fort, weil es so lange helle blieb, und nunmehr lag die obenerwähnte Landspitze an die drey Seemeilen weit in Nordost halb Osten. Jenseits dieser Spitze befindet sich ein Fluß, dessen Mündung eine englische Meile breit zu seyn scheint; seine Tiefe aber kann ich nicht bestimmen. Das Wasser hatte keine Farbe, wie über Untiefen; aber auch eine Windstille hat ihm gleiches Ansehen geben können. Es schien als wenn er sich in verschiedenen Wendungen durch das große flache Land dahin zöge, welches zwischen der südöstlichen Bergkette und den Hügeln in Nordwesten liegt. Er muß viele Lachse haben; denn wir sahen nicht nur eine Menge vor seiner Mündung in der See in die Höhe springen, sondern fanden auch einige in dem Magen der Rabeljaue, die wir gefangen hatten. Die Mündung dieses Flusses, den ich Bristol-River (Bristolfluß) nannte,

1773.
Jul.

Freytag,
den 10ten.

liegt im 58° 27′ der Breite und 207° 55. der Länge.

Nachdem wir die Nacht auf den 10ten mit Hin- und Hersteuern zugebracht hatten, seegelten wir mit Tagesanbruch, bey einem angenehmen Nordostwinde, westsüdwärts. Um eilf Uhr kam uns vor, als wenn sich die Küste in Nordwesten in eine Spitze verlöhre, und weil nunmehr die Wassertiefe von neun Faden bis auf vierzehen zugenommen hatte, so ließ ich gegen die Spitze anlegen, und befahl der Discovery voranzugehen. Sie hatte aber kaum eine englische Meile zurückgelegt, so gab sie uns ein Zeichen, daß das Wasser seicht würde; in eben dem Augenblick hatten wir selbst nicht mehr als sieben, und ehe wir noch das Schiff wenden konnten, kaum fünf Faden. Die Discovery hatte weniger als vier gehabt.

Wir steuerten drey oder vier Meilen weit wieder rückwärts nach Nordosten; weil wir aber hier eine starke Ströhmung verspürten, die nach Westsüdwesten, oder gegen die Untiefe trieb, so ankerten wir in zehen Faden, über einem feinen Sandboden. Zwey Stunden darauf, war das Wasser über zwey Schuh tief gefallen; es war also klar, daß die Ströhmung von der Ebbe kam, die aus dem Bristolfluß hertrieb. Wir nahmen etwas Wasser auf, und fanden es nicht halb so salzig, als gemeines Seewasser; ein neuer Beweis, daß wir uns vor einem breiten Flusse befanden.

Um vier Uhr Nachmittags sprang der Wind nach Südwesten um, wir giengen also südwärts unter Seegel, und schickten die Boote voraus, die Wassertiefe zu untersuchen; hier kamen wir, in sechs Faden Wasser, an dem südlichen Ende der Untiefe vorbey, und bekamen bald darauf dreyzehn bis funfzehn Faden. In letzter Tiefe ankerten wir um halb neun Uhr; ein Theil der Bergkette am südöstlichen Ufer, lag uns in Südost halb Süden, und das westliche Land am andern Ufer, in Nordwesten. Den Tag über hatten wir in Nord 60° West sehr hohes Land gesehen, welches nach Schätzung ungefähr zwölf Meilen entlegen war.

Tages darauf, früh um zwey Uhr wurden bey einem gelinden Südwestgenwestwinde die Anker gelichtet, und wir manövrirten gegen den Wind bis um neun Uhr; weil aber nunmehr eine nachtheilige Fluth zu erwarten war, so legten wir uns in vier und zwanzig Faden wieder vor Anker. Hier lagen wir bis um ein Uhr; der Nebel, den wir den ganzen Morgen hatten, verzog sich, und weil uns die Ebbe zu Statten kam, giengen wir wieder hart am Winde südwestwärts unter Seegel. Gegen Abend bekamen wir sehr veränderliche Lüfte, und hörten zum erstenmale auf dieser Küste donnern; es war aber in großer Entfernung.

Am 12ten in aller Frühe setzte sich der Wind wieder in das südwestliche Viertel; wir steuerten nordwestwärts, und um zehen Uhr kam uns das veste Land zu Gesicht. Um Mittag erstreckte es

1778.
Jul.

Sonnabend den 11ten.

Sonntag, den 12ten.

1778.
Jul.

Montag,
den 13ten.

sich von Nordost gen Nord, bis Nordnordwest quart West, und wir sahen auf zehen Seemeilen weit, einen hohen Hügel in Nordnordwesten. Es zeigte sich nachher daß es eine Insel war, die wir ihrer Gestalt wegen, Rund Eiland (Round Island) nannten. Sie liegt in 58° 37′ der Breite, und 200° 6′ der Länge, und sieben englische Meilen vom vesten Lande. Abends um neun Uhr, als wir bis auf drey Seemeilen weit vom Ufer nordwärts gekommen waren, legten wir in vierzehen Klafter Wasser um, und hatten die beiden Enden der Küste in Ostsüdost halb Ost, und in Westen. Der Wind drehete sich nunmehr nordwestwärts, und wir konnten bis um zwey Uhr des andern Morgens eine beträchtliche Strecke Wegs, längs dem Ufer zurücklegen; nunmehr aber befanden wir uns auf einmal in einer Seichte von sechs Faden, wo das Gestade noch zwey Seemeilen entfernt war. Wir waren aber kaum ein wenig seewärts gerückt, so hatte die Wassertiefe schon wieder um vieles zugenommen, und wir hatten um Mittag zwanzig Klafter. Unsere Breite war hier 58° 13′ und unsere Länge 199°. Rundeiland blieb in Nord 5° Ost, und das Westerende der Küste, auf sieben Seemeilen weit, in Nord 16° West. Es ist eine ziemlich hohe Spitze, und weil wir gerade auf ihrer Höhe Windstille hatten, so nannte ich sie Calm-Point. Nordwestwärts von Rundeiland sahen wir zwey bis drey kleine Hügel, welche Inseln zu seyn schienen. Die

1778.
Jul.

Küste war indessen so weit entfernt, daß wir es nicht zuverlässig sagen können.

Wir hatten den 14ten und 15ten so wenig Wind, daß wir kaum von der Stelle kamen, dabey war das Wetter so nebelig, daß wir kaum eine Schiffslänge vor uns hinsehen konnten. Die Wassertiefe war vierzehn bis sechs und zwanzig Faden, und es glückte uns einige Kabeljaue, auch hin und wieder einige Platteise zu fangen. Als sich am Morgen des 16ten, der Nebel verzogen hatte, befanden wir uns weit näher am Lande, als wir uns vorgestellet hatten. Calm-Point lag uns in Nord 72° Ost; und acht Seemeilen westwärts davon, drey englische Meilen von den Schiffen, lag noch eine Landspitze in Nord 3° Ost. Zwischen diesen beiden Spitzen bildet die Küste eine Bay, in deren Mitte an verschiedenen Stellen, selbst vom Mastkorbe aus, fast kein Land zu sehen war. An der nordwestlichen Seite der letzt erwähnten Spitze, zwischen ihr und einem ziemlich hohen Vorgebirge, welches um diese Zeit, auf sechzehn Meilen weit, in Nord 36° West stand, bemerkten wir eine zweyte Bay. Um neun Uhr schickte ich den Lieutenant Williamson ab, um auf diesem Vorgebirge an Land zu gehen, und zu untersuchen, was jenseits desselben die Küste für eine Richtung nehme, und was das Land wohl hervorbrächte, indem es von den Schiffen aus, ein sehr kahles Ansehen hatte. — Wir fanden, daß nunmehr die

Dienstag, den 14ten.
Mittwoch, den 15ten

Donnerstag den 16ten.

Dritter Th.   E e

1778.
Jul.

Fluth gewaltig nach Nordwest, längs der Küste, trieb. Um Mittag war höchstes Wasser und wir ankerten in vier und zwanzig Klaftern, vier Seemeilen vom Ufer. Abends um fünf Uhr machten wir uns die Ebbe zu Nutz und ließen uns forttreiben, denn wir hatten keinen Wind.

Bald darauf kam Herr Williamson zurück. Er war an der Spitze gelandet, und nachdem er den höchsten Hügel erstiegen hatte, fand er, daß der entferntste Theil der Küste, der nur immer zu erkennen war, fast gerade in Norden lag. Er hatte hierauf im Namen Sr. Majestät von dem Lande Besitz genommen, und auf dem Hügel eine Flasche mit einem Papiere zurückgelassen, worauf er die Namen der Schiffe und den Tag der Entdeckung verzeichnet hatte. Dieses Vorgebirge, welchem er den Namen Newenham beylegt, ist eine felsichte Spitze, von ziemlicher Höhe und liegt im 58° 42′ der Breite und 197° 36′ der Länge. Jenseits, oder vielmehr innerhalb desselben, steigen zwey hohe Hügel hinter einander empor, von denen der innerste oder östlichste der beträchtlichste ist. So weit Herr Williamson das Land übersehen konnte, trägt es weder Baum noch Staude. Die Hügel sind ganz nakt, aber in den niedrigern Gegenden fand sich etwas Gras, nebst andern Kräutern, von denen nur wenige blühten. Von Thieren sah er nichts als ein Damreh, mit dem Jungen, und am Strande, ein todes Wallroß. *) Von letz-

*) Trichecus Rosmarus. Lim. W.

terer Thierart ist uns seit kurzem eine ganze Menge vorgekommen.

Da die Küste vom Cap Newenham an, eine nördliche Richtung nimmt, so ist dieses Vorgebirge das mitternächtliche Ende des großen Meerbusens und der Bay, die vor dem Bristolflusse liegt, und welcher ich zu Ehren des Admirals, Grafen von Bristol, den Namen Bristol-Bay gegeben habe. Cap Ooneemak ist derselben südliches Ende und liegt, in der Richtung Südsüdwest, zwey und achtzig Seemeilen weit vom Cap Newenham.

Abends um acht Uhr erhob sich eine leichte Kühlung, die sich in Südsüdost vestsetzte; wir steuerten nach Nordwest und Nordnordwest, um das Cap Newenham herum, welches uns andern Tags am zwölf Uhr, auf vier Seemeilen weit, in Süd gen Osten lag. Das am meisten gegen Norden heraustretende Land zeigte sich nunmehr in Nord 30° Ost. Unsere Wassertiefe war siebenzig Faden, und das nächste Ufer war viertehalbe Seemeilen von uns entlegen. Wir hatten den ganzen Nachmittag sehr wenig Wind, und waren zu Nachts um zehen Uhr nur drey Seemeilen weit nordwärts gekommen.

Wir hielten immer den Strich Nord gen West bis acht Uhr des Morgens, und da wir die Wassertiefe auf einmal bis auf sieben, und endlich fünf Faden abnehmen sahen, legten wir bey, und schickten von jedem Schiffe ein Boot mit dem Senkbley voraus, und folgten sodann nordostwärts. Um Mittag

1778.
Jul.

Freytag, den 17ten.

Sonnabend den 18ten.

1778.
Jul.

hatten wir wieder siebenzig Klafter; Cap Newenham lag uns, auf eilf bis zwölf Seemeilen weit, in Süd 9° Ost; das nordöstliche Landende in Nord 66° Ost, und bis aus nächste Ufer hatten wir ungefähr vier bis fünf Seemeilen. Unsere beobachtete Breite war 59° 16'.

Zwischen dieser Breite und dem Cap Newenham wechselt die Küste mit Hügeln und niedrigem Lande ab, und scheint verschiedene Buchten zu bilden. Nachmittags gegen ein Uhr machten die vorausgeschickten Boote ein Zeichen, daß sie wieder Untiefen fänden; ihre Lothleine zeigte nicht mehr als zwey Klafter, und wir selbst hatten nicht mehr als sechs. Wir richteten das Schiff etwas mehr nordwärts und erhielten uns, bis zwischen fünf und sechs Uhr, ungefähr in eben derselben Tiefe, als die Boote auf einmal weniger Wasser fanden, und ich der Discovery, die vor uns war, das Signal machte, vor Anker zu gehen, welches wir gleichfalls thaten. Indem wir damit beschäftigt waren, riß das Kabeltau dicht am Ringe, und wir mußten einen andern Anker fallen lassen. Wir waren in sechs Klaftern Wasser über einem Sandboden, und vier bis fünf Seemeilen vom vesten Lande; Cap Newenham hatten wir auf siebenzehn Seemeilen weit in Süden. Die entferntesten nördlichen Berge, die wir sehen konnten, lagen in Nordost gen Osten; aber es erstreckten sich auch von dem hohen Lande niedrige Erdstriche bis nach Nord gen Osten hin. Ausserhalb dieser Niederungen bemerkten wir Bänke von Sand und Steinen, die bey halber Ebbe trocken waren.

Ich hatte die zwey Lootsen, jeden in einem Boote abgeschickt, zwischen diesen Sandbänken und der Küste zu peilen. Sie meldeten bey ihrer Zurückkunft, daß sich daselbst ein Kanal befinde, worinn sie sechs bis sieben Faden Wasser gefunden hätten, er sey aber schmal und hätte viel Krümmungen. Während der Ebbezeit machten wir einen Versuch, den verlohrnen Anker aufzufischen, es war aber vergebens. Da ich jedoch entschlossen war, ihn nicht zurückzulassen, bis alle Wahrscheinlichkeit ihn wieder zu finden verschwunden war, so beharrte ich bey dieser Arbeit, und wir bekamen ihn, am 20sten Abends, glücklich wieder.

Indem wir so beschäftiget waren, beorderte ich Herrn Clerke, durch seinen Lootsen, nach einer Strasse im südwestlichen Viertel suchen zu lassen, es war aber nicht nur kein Kanal in dieser Richtung zu finden, sondern es schien auch kein anderer Ausweg durch diese Untiefen vorhanden zu seyn, als der, durch welchen wir gekommen waren. Es hätte zwar seyn können, daß uns der Kanal, in dem wir uns befanden, längs der Küste hinab, über die Untiefen hinaus, weiter gegen Norden gebracht hätte; allein wir hätten hieben doch viel gewagt, und hätte der Versuch fehl geschlagen, so würden wir unendlich viel Zeit verlohren haben, die uns ohnehin äusserst kostbar war. Ich hielte also

1778.
Jul.

Montag, den 20sten.

1778.
Jul.

für rathsamer, geraden Wegs wieder umzukehren, und die Untiefen zu verlassen.

Nach einer beträchtlichen Reihe von Mondesbeobachtungen, die sowohl Herr King als ich seit den fünf vorhergehenden Tagen angestellt hatten, und welche alle auf unserm gegenwärtigen Ankerplatz reducirt wurden, ergab sich

die Länge auf — — 197° 45′ 48.″
Nach der Längenuhr war sie — — 197 26 48.
Unsere Breite war — — — 59 37 30.

Die Abweich. der Magnetnadel, nach dem Mittel von drey Compassen,
{ Vormitt. 23° 34′ 3″
  Nachmitt. 22 19 40 } Mitt. 22° 56′ 51″ östl.

Der nördlichste Theil der Küste, den wir von unserer Ankerstelle aus sehen konnten, liegt, meines Erachtens, im 60° der Breite und scheint eine niedrige Spitze zu bilden. Ich nannte sie Shoal Neß (Spitze der Untiefen).

Die Springfluth geht nach Norden und die Ebbe nach Süden. Sie steigt und fällt fünf oder sechs Fuß hoch, und es scheint an den Tagen des vollen und neuen Lichtes, um acht Uhr hohes Wasser zu seyn.

Dienstag, den 21sten.

Wir waren am 21sten des Morgens unter Seegel gegangen und steuerten bey einem leichten Nordnordwestwinde wieder rückwärts nach Süden. Ob wir nun gleich wegen der Untiefen drey Boote vorausschickten, die uns leiten sollten, so fanden wir doch mehr Schwierigkeit bey der Ruckkehr als auf dem Hinwege, und wir mußten endlich doch Anker

r umzukehren,

von Mondes-
ng als ich seit
ellt hatten, und
zen Ankerplatz

7° 45′ 48.″
7 26 48.
9 37 30.

.22° 56′ 51″ östl.

, ben wir von
liegt, meines
cheint eine nie-
te sie Shoal

n und die Ebbe
fünf oder sechs
gen des vollen
es Wasser zu

ns unter See-
leichten Nord-
Süden. Ob
en Boote vor-
so fanden wir
ckkehr als auf
ch doch Anker

werfen, um nicht auf einer Bank sitzen zu bleiben, wo das Wasser nur fünf Fuß tief war. Indem wir hier vor Anker lagen, ruderten sieben und zwanzig Küstenbewohner, jeder in einem besondern Nachen, auf die Schiffe zu; näherten sich aber denselben mit größter Behutsamkeit, wobey sie ein lautes Geschrey erhoben und ihre Arme ausstreckten, vermuthlich uns ihre friedfertigen Gesinnungen dadurch zu bezeugen. Endlich kamen etliche doch so nahe, daß wir ihnen einige Kleinigkeiten zuwerfen konnten. Dies machte den andern Muth, ebenfalls an die Schiffsseiten zu kommen, und nunmehr gieng zwischen ihnen und unsern Leuten ein Tauschhandel an. Diese bekamen von ihnen verschiedene Pelze, Bögen, Pfeile, Wurfspieße, hölzerne Gefäße u. d. gl. und jene nahmen mit allem fürlieb, was man ihnen anbot. Sie schienen zu eben dem Volke zu gehören, welches wir bishieher beständig an dieser Küste gesehen haben; sie trugen eben solche Zierrathen in den Lippen und Nasen, waren aber viel schmutziger und schlechter gekleidet. Wahrscheinlich waren ihnen noch keine Menschen unserer Art vorgekommen; der Gebrauch des Tabaks war ihnen unbekannt, auch fanden wir bey ihnen keine ausländische Waare, wir müßten denn eine Art von Messer dafür annehmen, welches aber weiter nichts als ein Stück Eisen in einem hölzernen Griffe war. Den Werth und Gebrauch dieses Instrumentes kannten sie indeß sehr wohl, und sie schienen darnach am meisten zu verlangen. Die meisten hat-

1778.
Jul.

1778.
Jul.

ten die Haare abgeschoren, oder sehr kurz wegge-
schnitten bis auf ein Paar Locken, die entweder hinten,
oder an der einen Seite stehen blieben. Den Kopf
bedeckten sie mit einer Art von Kapuzze von Pelzwerk, und einer Mütze, die von Holz zu seyn
schien. Unter den von ihnen erhandelten Kleidungsstücken, war eine Art sehr sauber aus Fellen zusam-
mengesetzter Gürtel, mit herunterhängenden Streifen und Zierrathen, welcher zugleich zwischen die
Schenkel hindurchgezogen wird und die nahen Theile
bedeckt. Nach dem Gebrauch dieses Gürtels zu
urtheilen, sollte man denken, daß sie, ihrer hohen
nördlichen Lage ungeachtet bisweilen nackend gehen;
denn es läßt sich wohl nicht gedenken, daß sie ihn
unter ihrer gewöhnlichen Kleidung tragen.

Ihre Kähne waren, wie alle, die wir in diesen
Gewässern gesehen hatten, aus Fellen gemacht, nur
mit dem Unterschied, daß sie breiter, und die
Oeffnungen, worinnen man saß, geräumiger
waren. Unsere vom Sondiren zurückkommende
Boote schienen sie in Verwirrung zu setzen, und sie
verließen uns eher, als sie vielleicht sonst würden
gethan haben.

Mittwoch, den 22sten.
Wir hatten bis den 22sten Abends zu thun,
um uns ganz aus den Untiefen herauszuarbeiten,
und weil die Nacht vor der Thür war, so hielt ich
es nicht für rathsam, westwärts zu steuern, sondern
brachte sie auf der Höhe von Cap Newenham zu.

Donnerstag den 23sten.
Mit Anbruch des Tages seegelte ich gegen Nordwesten, und ließ die Discovery vorangehen.

Wir hatten kaum zwey Seemeilen zurückgelegt, 1778.
so verlor sich die Wassertiefe wieder bis auf sechs Jul.
Faden. Aus Furcht sie möchte in dieser Richtung
noch geringer werden, stellte ich meinen Lauf südwärts. Wir hatten sehr frischen Ostwind, und
weil jetzt die Tiefe nach und nach auf achtzehn Faden zugenommen hatte, so wagte ich es, mich etwas mehr westwärts zu halten. Endlich bekamen
wir sechs und zwanzig Klafter, und nun hielt ich
ganz West.

Am 24sten war unsere beobachtete Breite 58° Freytag den
7', und unsere Länge 194° 22'. Drey Seemei- 24sten.
len weiter westwärts zeigte das Senkbley acht und
zwanzig Faden, und als ich nachher westnordwest-
wärts lief, hatte die Tiefe wieder bis auf vier und
dreyßig Faden zugenommen. Ich versuchte nunmehr das Schiff gegen Norden zu lenken; es ließ
sich aber nicht thun, weil sich der Wind gerade in
diesen Strich gesetzt hatte.

Den 25sten Abends hatten wir starken Nebel, Sonnabend
und schlaffen Wind, so daß wir genöthigt waren, den 25sten.
in dreyßig Faden Anker zu werfen. Unsere Breite
war 58° 29', unsere Länge 191° 37'. Andern Sonntag,
Morgens um sechs Uhr, klärte sich der Himmel den 26sten.
etwas auf; wir giengen bey einem leisen Ostwinde
gegen Norden unter Seegel und hatten acht und
zwanzig bis fünf und zwanzig Faden Wasser. Nachdem wir an die neun Seemeilen weit diesen Com-
paßstrich gehalten hatten, wich der Wind abermals

1778.
Jul.

nach Norden ab, und wir mußten uns mehr westwärts halten.

Dienstag, den 28sten.

Die neblichte Witterung dauerte fast ununterbrochen bis zum acht und zwanzigsten. Gegen Mittag hatten wir etliche Stunden Sonnenschein, die wir denn benutzten, um Mondsbeobachtungen anzustellen. Das mittlere, auf Mittag reducirte Resultat derselben bestimmte, bey der beobachteten Breite von 59° 55', die Länge auf 190° 5'; nach dem Zeithalter war sie nur 189° 59'. Die östliche Abweichung der Magnetnadel war 18° 40'. Bey unserem westlichen Laufe war die Wassertiefe nunmehr bis zu sechs und dreyßig Faden angewachsen, und

Mittwoch, den 29sten.

andern Morgens, am 29sten, früh um vier Uhr, sahen wir in Nordwest gen Westen, auf sechs Seemeilen weit, Land. Wir beseegelten es bis halb eilf Uhr, legten sodann in vier und zwanzig Faden bey, und befanden uns nur Eine Seemeile weit von dessen südöstlicher Spitze, welche uns in Nordnordwesten lag, und aus einem senkrecht emporsteigenden, hohen Felsen bestand. Wir nannten sie **Point Upright** (Gerade Spitze), und bestimmten ihre Breite auf 60° 17'. Ihre Länge war 187° 30'. Westwärts erblickten wir noch mehr Land, und wann die Sonne hervorkam, konnten wir in West gen Süden noch einen sehr hohen Erdstrich erkennen, der von dem übrigen Lande ganz getrennt zu seyn schien. Wir sahen hier eine unglaubliche Menge Vögel, die alle zu der vorhin erwähnten Papageytaucher Art zu gehören schienen. *)

Den ganzen Nachmittag hatten wir neckende, leichte Winde, bey welchen wir nicht von der Stelle kamen. Auch verhinderte uns die mehrentheils trübe Witterung die ganze Ausbreitung des vor uns liegenden Landes zu bestimmen. Wir vermutheten blos, daß es eine der vielen Inseln seyn könne, die Herr Stählin in seiner Charte des neuerlich entdeckten Nord-Archipelagus verzeichnet hat; und wir erwarteten alle Augenblicke, es würden deren mehrere zum Vorschein kommen.

Am 30sten Nachmittags um vier Uhr, lag Point Upright, auf sechs Seemeilen weit in Nordwest gen Westen. Mit diesem stellten wir unsern Lauf nach Nordosten, bis andern Morgens um vier Uhr. Hier sprang der Wind mehr ostwärts, und das Schiff wurde Nordwest gekehrt; nicht lange hernach setzte er sich in Südosten, da wir denn Nordost gen Ost steuerten, und bis andern Tags um Mittag in dieser Richtung blieben, wobey wir immer zwischen fünf und dreyßig bis zwanzig Faden Wassertiefe hatten. Wir befanden uns damals im 60° 58′ der Breite und 191° der Länge. Der Wind drehete sich nunmehr nach Nordosten, und ich seegelte eine Strecke von zehen Seemeilen weit, nordwestwärts; da ich aber in diesem Striche kein Land ausichtig ward, steuerte ich wieder ungefähr funfzehn Seemeilen weit ostwärts, wo ich

*) Alca cirrhata. Pall. W.

1778.
Jul.

Donnerstag
den 30sten.

Freytag,
den 31sten.

August.

Sonnabend
den 1sten.

1778.
August.

Sonntag, den 2ten.
Montag, den 3ten.

aber nichts als Treibholz zu Gesicht bekam. Das Senkbley brachte zwey und zwanzig bis neunzehen Faden.

Am 2ten hatten wir den ganzen Tag leichte, unbeständige Winde mit Regenschauern. Am 3ten des Morgens setzten sie sich ins südöstliche Viertel und wir nahmen unsern Lauf wieder nordwärts. Wir befanden uns um Mittag, zufolge einer Beobachtung, im 62° 34′ der Breite. Unsere Länge war 192°, und die Wassertiefe sechzehen Faden.

Diesen Nachmittag, zwischen drey und vier Uhr, starb Herr Anderson, mein Wundarzt, der schon ein ganzes Jahr her an einer Auszehrung gelitten hatte. Er war ein verständiger junger Mann, und ein sehr guter Gesellschafter; er besaß nicht nur in seiner Wissenschaft große Geschicklichkeit, sondern er hatte sich auch außer dem, beträchtliche Kenntnisse erworben. Der Leser dieses Tagebuchs wird bemerkt haben, was für einen nützlichen Gefährten ich an ihm hatte, und wäre er länger am Leben geblieben, so würden wir ohne Zweifel, in verschiedenen Zweigen der Naturgeschichte dieser von uns besuchten Länder, noch manche Nachrichten von ihm erhalten haben, welche dieses ihm gebührende Lob hinlänglich rechtfertigen würden.*) Er war kaum

*) Hrn. Andersons Tagebuch scheint etwa zwey Monate vor seinem Tode aufgehört zu haben. Das letzte Datum in seinem Manuscript ist der 3te Jun.

445

1778.
August.

verschieden, so erblickte man, auf zwölf Seemeilen weit, in Westen, Land, welches eine Insel zu seyn schien, und welches ich, zum Angedenken des Verstorbenen, den ich so sehr hochschäzte, Andersons-Eiland nannte. Tags darauf nahm ich Herrn Law, den Wundarzt der Discovery auf die Resolution, und ernannte Hrn. Samuel, ersten Wundarzts-Gehülfen auf meinem Schiffe, zum ersten Chirurgus der Discovery.

Am 4ten, Nachmittags um drey Uhr, sahen wir Land vor uns, welches sich von Nordnordost bis Nordwest erstreckte. Wir steuerten bis um vier Uhr gegen dasselbe hin und legten sodann um; weil aber bald hernach Windstille wurde, so ankerten wir, in dreyzehen Faden Wasser auf einem Sandboden, und waren ungefähr noch zwey Seemeilen weit vom Lande, und nach unserer Schätzung, im 64° 27′ der Breite, und 194° 18′ der Länge. Dann und wann konnten wir bemerken, daß sich die Küste von Osten bis nach Nordwesten ausbreitete, und wir sahen in West gen Westen, auf drey Seemeilen weit, eine sehr hohe Insel.

Dienstag, den 4ten.

Die vor uns gelegene Küste, welche ein Theil des vesten Landes von America zu seyn schien, sah an der See ganz niedrig aus, aber tiefer im Lande erhoben sich Hügel, die hinter einander zu ansehnlichen Bergen empor stiegen. Das Land hatte ein grünlichtes Ansehen, schien aber von Bäumen entblößt, und hatte keinen Schnee. Während daß wir hier vor Anker lagen, kam die Fluth von Osten

1778.
August.

Mittwoch,
den 5ten.

und trieb nach Westen bis Abends zwischen zehn und eilf Uhr. Von der Zeit an ströhmte die Ebbe ostwärts bis andern Morgens um zwey Uhr, und das Wasser fiel drey Fuß tief. Die Fluth trieb heftiger und dauerte länger als die Ebbe, woraus ich schließe, daß ausserdem noch eine westliche Ströhmung hier vorhanden seyn muß.

Am 5ten, Morgens um zehn Uhr, giengen wir mit einem Südwestwinde unter Seegel, und ankerten sodann zwischen der Insel und dem vesten Lande, in sieben Faden Wasser. Bald darauf stieg ich mit Herrn King und einigen andern Officieren, auf der Insel ans Land. Ich hoffte wir würden daselbst die Küste und See nach Westen hin in Augenschein nehmen können, allein der Nebel war in dieser Richtung so dick, daß wir hier nicht mehr sehen konnten, als auf dem Schiffe. Die Küste des vesten Landes schien von einer niedrigen Landzunge an, die ich Point Rodney nannte, und welche auf drey bis vier Seemeilen weit von der Insel in Nordwest halb West lag, eine nördliche Wendung zu nehmen; das hohe Land aber, welches sich mehr nordwärts zog, zeigte sich in einer ungleich größern Entfernung.

Die Insel, die ich Sledge Island (Schlitten Insel) nannte, und welche im 64° 30' der Breite, und 193° 57' der Länge liegt, hat ungefähr vier Seemeilen im Umkreise. Die Oberfläche derselben ist größtentheils mit großen einzelnen Steinen bedeckt, die in verschiedenen Gegenden mit Moos

1778.
August.

und andern Kräutern bewachsen sind, von denen wir zwischen zwanzig bis dreyßig besondere Gattungen und zwar meistentheils in Blüthe sahen. Auf einem kleinen Fleck, nicht weit vom Strande, wo wir ans Land stiegen, stand eine Menge wilder **Portulak**, **Erbsen**, **Angelika**, *(long-wort)* u. d. g. wovon wir etwas für unsere Küche an Bord mitnahmen. Wir sahen auch einen Fuchs, etliche Regenpfeifer und andere kleine Vögel. Auch stießen wir auf einige verfallene Hütten, die zum Theil unter die Erde gebauet waren; es müssen auch nicht lange vorher Leute auf der Insel gewesen seyn, und sie wird wahrscheinlich oft besucht; denn wir haben von einem Ende derselben bis zum andern stark betretene Fußpfade wahrgenommen. Nicht allzu weit vom Ufer, wo wir ausstiegen, fanden wir einen Schlitten, der obige Benennung der Insel veranlaßte. Er war ohngefähr von der Art, deren sich die Russen in Kamtschatka bedienen, um ihre Waaren über Schnee und Eis von einem Handelsplatze zum andern zu bringen. Er war zehn Schuh lang und zwanzig Zoll breit; an den Seiten hatte er eine Art von Gitterwerk und die Kufenschienen waren von Knochen. Ueberhaupt war die ganze Bauart daran bewundernswerth, und jeder Theil mit dem andern auf das netteste verbunden, theils vermittelst hölzerner Zwecke, mehrentheils aber mit Riemen oder Streifen von Fischbein, woraus ich vermuthete, der ganze Schlitten sey eine Arbeit der dortigen Eingebohrnen.

1778.
August.

Donnerstag
den 6ten.

Am folgenden Morgen um drey Uhr lichteten wir, und seegelten mit einem leichten südlichen Winde nordwestwärts. Wir hatten Gelegenheit, zu Bestimmung unserer Breite, die mittägliche Sonnenhöhe zu beobachten, und sowohl Vor- als Nachmittag correspondirende Höhen zu nehmen, um unsere Länge nach dem Zeithalter zu erforschen. Wir hatten matten und dabey veränderlichen Wind und kamen daher nur gemach von der Stelle, und weil wir Abends um acht Uhr bemerkten, daß das Schiff ziemlich stark gegen das Land in Untiefen trieb, so ankerte ich in sieben Faden Wasser, an die zwey Seemeilen weit von der Küste. Sledge Eiland lag, in einer Entfernung von zehn Seemeilen, in Süd 57° Ost, und erschien oberhalb der Süderspitze des vesten Landes.

Wir hatten uns nicht lange vor Anker gelegt, so verzog sich der bisher anhaltende Nebel, und wir sahen von Nord 40° Ost, bis Nord 30° West hohes Land, welches dem Anschein nach, von der Küste, unter der wir lagen, und die sich gegen Nordosten zu ziehen schien, getrennt war. Zu gleicher Zeit erblickten wir auf acht bis neun Seemeilen weit, in Nord 81° West, eine Insel, von nicht sonderlichem Umfange, die wir Ring's Eiland nannten.

Freytag,
den 7ten.

Um acht Uhr des andern Morgens hoben wir die Anker und steuerten Nordwest. Gegen Abend wurde das Wetter heller und wir sahen, daß sich das nordwestliche Land von Nord gen Westen, bis Nordwest gen Norden erstreckte, und etwa drey Seemeilen weit von uns entfernt war. Die Nacht brachten wir mit Ab- und Zusteuern hin; denn wir hatten Nebel und Regen, und nur wenig Wind. Zwischen vier und fünf Uhr des Morgens bekamen wir wieder das nordwestliche Land zu Gesicht. Bald hernach hatten wir Stille, und eine Ströhmung trieb uns gegen das Ufer. Wir ließen also in zwölf Faden Wasser den Anker fallen, und hatten noch zwey englische Meilen an die Küste. Ueber dem westlichen Landende sahen wir einen hohen spitzen Berg, dessen Breite 65° 36' und dessen Länge 192° 18' ist. Um acht Uhr kam ein frischer Wind in Nordost auf; wir giengen wieder unter Seegel und steuerten südostwärts, in der Meynung zwischen der Küste, an der wir am 6ten Abends geankert hatten, und dem nordwestlichen Lande einen Kanal zu finden; allein wir kamen bald in sieben Faden seichtes Wasser und fanden, daß sowohl die beiden Küsten, als auch das hintere hohe Land durch Niederungen zusammenhieng.

Da ich nunmehr vollkommen überzeugt war, daß dies Alles nur eine fortgesetzte Küste sey, wandte ich das Schiff, und nahm meinen Lauf gegen den nordwestlichen Theil derselben, unter welchem ich nachher in siebzehn Faden ankern ließ. Das Wetter, welches um diese Zeit sehr neblicht und regenhaft war, hellte sich am folgenden Morgen, um vier Uhr, auf, und wir konnten das Land um uns her sehen. Ein hoher, steiler Fels oder eine

Dritter Th.   F f

1778.
August.

Sonnabend den 8ten.

Sonntag, den 9ten.

1778.
August.

Insel lag in West gen Süden, ein anderes nordwärts davon gelegenes und größeres Eiland, in West gen Norden; der oben erwähnte spitze Berg in Südost gen Osten, und das unter ihm befindliche Landende in Süd 32° Ost. Am Fuß dieses Berges liegt etwas niedriges Land, welches sich gegen Nordosten erstreckte und dessen äusserste Spitze ungefähr auf drey englische Meilen weit in Nordost gen Osten stand. Ueber und jenseits derselben erblickten wir etwas hohes Land, welches wir für die Fortsetzung der Küste hielten.

Diese Landspitze, die ich Prinz Wales Cap nannte, ist um so merkwürdiger, da sie die äusserste nunmehr bekannte Westspitze von ganz America ist. Sie liegt im 65° 46′ der Breite und 191° 45′ der Länge. Ob wir zwar bey Bestimmung derselben dieses Cap vor Augen hatten, so kann das trübe Wetter doch einen kleinen Irrthum bey den Beobachtungen veranlaßt haben. Es deuchte uns, als wenn wir an der Küste Leute gesehen hätten, und wir irrten uns auch wohl nicht; denn wir wurden an eben diesem Platze einige Erhöhungen gewahr, die zum Theil wie Gerüste, zum Theil wie Hütten aussahen, dergleichen wir schon auf dem vesten Lande, innerhalb der Schlitten-Insel und an andern Gegenden der Küste bemerkt hatten.

Wir hatten Windstille bis Morgens um acht Uhr; hier fieng ein gelinder Nordwind an zu wehen, und ich ließ die Anker heben. Kaum waren wir aber unter Seegel, so fieng er an, sehr heftig

zu werden, und Nebel mitzubringen. Der Wind 1778.
und die Ströhnung hatten ganz entgegengesetzte August.
Richtungen, und dabey gieng die See in so hohen
Wogen, daß sie häufig über das Schiff zusammen-
schlugen. Mittags hatten wir einige Minuten
Sonnenschein, und waren im Stande, obenge-
dachte Breite zu bestimmen.

Nachdem wir bis zwey Uhr Nachmittags, immer
dicht an den Wind gehalten hatten, und nicht weit
gekommen waren, lenkte ich meinen Lauf gegen die
Insel, die wir westwärts gesehen hatten, und gedachte, dort vor Anker zu kommen, bis sich der
Wind würde gelegt haben. Während daß wir näher kamen, fand sich, daß es nicht eine, sondern
zwey kleine Inseln waren, die nicht über drey bis
vier Seemeilen im Umkreise hielten, und bey denen
auf diese Weise wenig Schutz und Sicherheit zu
erwarten war. Anstatt also zu ankern, fuhren wir
fort, uns gegen Westen zu halten, in welcher Richtung wir auch Abends um acht Uhr Land sahen,
welches sich von Nordnordwest bis West gen Süd
erstreckte, und dessen nächster Theil sechs Seemeilen
weit von uns entfernt war. Ich steuerte darauf
zu, bis gegen zehn Uhr, und machte sodann einen
Gang ostwärts, um die Nacht abzuwarten.

Am 10ten mit Tagesanbruch nahmen wir wie- Montag,
der unsern Lauf westwärts gegen das Land, wel- den 10ten.
ches wir am vorigen Abend gesehen hatten. Um
sieben Uhr eilf Minuten, als wir uns, nach dem

1778.
August.

Zeithalter, im 189° der Länge befanden, erstreckte sich dasselbe von Süd 72° West, bis Nord 41° Ost. Zwischen seinem südwestlichen Ende und einer zwey Seemeilen weit in Westen gelegenen Landspitze bildet das Ufer eine große Bay, in der wir, Vormittags um zehen Uhr, zwey englische Meilen von der Küste, in zehen Faden Wasser, über einem Kieselgrunde, vor Anker giengen. Die Süderspitze der Bay lag in Süd 58° West, die Nordspitze in Nord 43° Ost, der Hintergrund der Bay, auf zwey bis drey Meilen weit, in Nord 60° West, und die beiden Inseln an denen wir Abends vorher vorbeysegelten, in einer Entfernung von vierzehn Seemeilen, in Nord 72° Ost.

Ende des dritten Bandes.

Druckfehler und Verbesserungen.
Nachtrag zum zweyten Band.

S. 6 Z.	12 v. o.	für frisch	lies	frisch
— 37 —	4 v. o.	— Leibe	—	Leib
— 102 —	16 v. o.	— Schuplages	—	Schauplatzes
— 160 —	2 v. u. Anmerk. l)	Coripboena	—	Coryphaena
— 161 —	7 v. u. Anmerk. p)	Ostraceon	—	Ostracion
— 326 —	2 v. u.	— einen Mensche	—	einen Menschen
— 330 —	1 v. o.	— weggenomme	—	weggenommen,
— 440 —	1 v. o.	— der größte Vortheil	—	den größten Vortheil
— 444 —	2 v. o.	— ein langen	—	einen langen
— 453 —	3 v. o.	— beobachte ich	—	beobachtete ich
— — —	3 v. u.	— ihm	—	ihn
— 461 —	5 v. u.	— Orre,	—	Orro

Im Dritten Bande.

— 16 —	11 v. u.	— Stof,	—	Stoff.
— 24 —	2 v. u.	— jedem	—	jeden
— 32 —	8 v. o.	— vor ihm her	—	vor ihr her
— 54 —	14 v. o.	— an einem	—	an einen
— 55 —	11 v. o.	— Gülle	—	Hülle
— 61 —	11 v. o.	— ein Weib	—	eine Frau
— 65 —	13 v. u.	— dieser	—	er
— 73 —	1 v. o.	— ihres	—	ihrer
— 85		Der Schnapper, den ich in diesem Theile Klapperfisch, und in einem der vorigen Schnepfisch, oder Centriscus Scolopax, L. benennte, gehört wohl unter die Salm-Arten, und ist entweder der Salmo Lavaretus, oder S. Albula, L. welcher an der Elbe Schneppel und in Dännemark Snebbel gennenet wird.

— 88 —	1 v. o.	— wären	—	waren
— 94 —	1 v. u.	— Seewelle	—	Seemelle
— 97 —	1 v. o.	— Löcher bohren gebrauchen könne,	—	Löcher bohren besser gebrauchen
— 145 —	1 v. o.	— leinen schwarzen	—	kleinen schwarzen
— 162 —	2 v. u.	— gänsliche	—	gänzliche
— 171 —	6 v. o.	— ihn	—	ihm
— 186 —	15 v. o.	— bemerken	—	bemerkten
— 193 —	5 v. o.	— der Strasse	—	oder Strasse
— 195 —	3 v. u. Anmerk. * für apogryphische		—	apokryphische
— 223 —	13 v. o.	— Eingebohrnen	—	Eingebohrne
— 229 —	2 v. o.	— Aerme	—	Aeme
— 243 —	1 v. u. Anmerk. *)	Sparus chrysops	-	Cottus Gobio.
		**) Cottus Gobio.	—	Sparus chrysops.

S. 325	—	7 v. u.	für ein	ließ	einen
—328	—	6 v. u. —	das eine	—	der eine
——	—	5 v u. —	das andere	—	der andere
—343	—	12 v. u. —	Eini	—	Einige
——	—	7 v. u. —	genaue	—	genau
—350	—	6 v. u. —	verfertiget	—	verfertiger
—408	—	9 v. u. —	hielten	—	hielt
—415	—	6 v. o. —	zu — deleatur.		
——	—	2 v. u. —	könnten	—	konnten
—430	—	6 v. o. —	kam uns	—	kam es uns

www.ingramcontent.com/pod-product-compliance
Lightning Source LLC
Chambersburg PA
CBHW051845300426
44117CB00006B/272